U0336303

数字化运维
创新与实践

陆兴海 ◎等编著

Innovation and
Practice for Digital
Operations and Maintenance

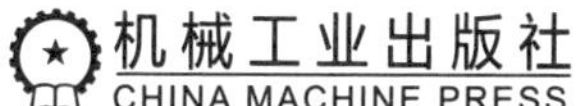

图书在版编目（CIP）数据

数字化运维创新与实践 / 陆兴海等编著 . -- 北京 : 机械工业出版社, 2024. 11. -- ISBN 978-7-111-76974-3

Ⅰ. F272.7

中国国家版本馆 CIP 数据核字第 2024FK5186 号

机械工业出版社（北京市百万庄大街 22 号 邮政编码 100037）

策划编辑：王 颖　　责任编辑：王 颖 章承林

责任校对：杜丹丹 李可意 景 飞　　责任印制：李 昂

河北宝昌佳彩印刷有限公司印刷

2025 年 1 月第 1 版第 1 次印刷

165mm × 225mm · 20.25 印张 · 3 插页 · 349 千字

标准书号：ISBN 978-7-111-76974-3

定价：99.00 元

电话服务

客服电话：010-88361066

010-88379833

010-68326294

网络服务

机 工 官 网：www.cmpbook.com

机 工 官 博：weibo.com/cmp1952

金 书 网：www.golden-book.com

机工教育服务网：www.cmpedu.com

本书编委会

主　编　陆兴海

副主编　黄　晓　戚依军

编写组　（按姓氏音序排列）

杜方宇　高驰涛　何　君　孔　文

李伯岩　李泓川　李　慧　廖嘉辉

王书航　汪樟发　吴雪雪　伍　杰

杨　帆　郑铁樵

推荐序一

随着全球数字时代的到来，数字经济不仅成为推动全球经济发展的重要引擎，也是各国新一轮科技革命的重要战略基础。近年来，我国深入实施网络强国战略、国家大数据战略，《数字经济发展战略纲要》《“十四五”数字经济发展规划》等相继出台，形成了推进我国数字产业化和产业数字化，推动数字经济蓬勃发展的强大合力。展望 2035 年，我国数字经济将迈向繁荣成熟期，数字经济发展基础、产业体系发展水平将位居世界前列。

在数字时代，软件已经成为实现各种新技术的重要承载。大数据、区块链、人工智能，尤其是生成式 AI 等新技术的蓬勃发展，让我们看到了软件定义更加美好世界的可能性。通过软件的定义使各种技术得以实现和应用，可以实现对物理世界的数字化建模和控制，从而实现智能化的生产、管理和服务。软件定义也推动了各行各业的数字化转型。在数字时代，金融、医疗、教育、制造、农业、交通等几乎所有行业都需要依靠软件来实现其业务。软件定义也为创新和创造提供了无限可能。过去很多看似不可能的事情，现今通过软件的定义和创新，都得以实现。软件定义也让创新者有更多的空间和平台，可以实现他们的无尽想象力和创造力。

运维工具与平台属于一种特殊的多技术与领域相结合的应用软件类型，不仅涉及大数据、人工智能、数字孪生、流程挖掘和知识工程等，同时也需要融入运维领域的管理理念、方法论与最佳实践，以高效解决各类场景应用问题，实现运维价值的目标。相信本书提到的各种管理方法与技术实践能够启发广大读者思维，拓展广大读者视野，为运维软件定义美好世界贡献一份力量。

清华大学软件学院院长
王建民

推荐序二

在数字时代，政府 / 企业云化的速度已经远超预期。如何真正用好云，实现云上的高效、稳定创新是所有组织关心的共同话题。数字化转型不仅仅是“搬迁上云”，为充分发挥云的价值，各类应用尝试从传统 IT 架构向云原生架构转型。数字化转型进入到“深度云化”的阶段，应用既要支撑业务创新，做好用户体验，还要关注安全可信、稳定可靠、资源高效与业务敏捷，上云、用云后，管好云是数字化转型成功的关键。

运维变革正是这种数字化转型的助推器，运维组织从成本组织转变为生产力组织。在组织 IT 业务深度数字化的过程中，业务的可用性压力骤然提升，稳定可靠是最基本的“生命线”。数字化业务从“慢”向“快”，运维既要保“稳”，又要能“快”，这就意味着运维模式变革势在必行。华为云在过去几年中高速发展，业务量得到上千倍的增长，这促使着运维开始变革。华为云总结出的“确定性运维”能力体系，正是运维变革的一个样例。我欣喜地发现，本书中提到的数据驱动运维、四位一体构建智能运维体系、IT 运维流程化构建、大模型与新一代人工智能在运维领域的应用和运维指标体系建设等观点和方法论，与确定性运维成熟度不同阶段的关注点（如标准化运维体系构建、风险治理中的变更风控与重大保障、业务可用性度量设计与监控设计等）都是相通的，所以我相信这些认知的共识，一定能够促进彼此思想与解决方案的进一步升华，形成更好的合力，从而更好地为客户创造价值，为运维领域的发展贡献一份力量。

华为云 SRE 运维使能中心总监

林华鼎

推荐序三

2023 年 12 月中旬，我去美国参加了由全球知名的信息技术研究和咨询公司高德纳（Gartner）举办的“基础设施、运维与云战略大会”（Gartner IT Infrastructure, Operations & Cloud Strategies Conference），在聆听分享以及与国外同行专家交流过程中我深刻感受到中国与国外在运维领域的“同”与“不同”，也体会到新技术给运维带来的变革性影响。

所谓不同之处，举个例子，分析师介绍 Gartner 在 2023 年以后便取消了 IT 服务管理领域（ITSM）的魔力象限评比，原因在于市场的高成熟度以及软件的能力已经达到了相对固化的程度。但是在我国，IT 服务管理依然是众多行业组织的刚需，甚至于很多组织的 IT 服务管理还处于起步建设阶段——这可能是由于成熟度阶段不同导致的，但是我国很有可能会选择跨越式发展的道路，随着企业对精细化运营管理的不断深入，人工智能重塑后的 ITSM 工具会雨后春笋般不断涌现，真正为企业降低成本，提高运营效能。

所谓相同之处也有很多，比如智能运维在美国，依然处于不断探索和落地阶段。在现场的调研中，有 51% 受访者认为目前他们的智能运维平台提供的价值很小，甚至没有价值。分析师在分享中给出了原因与解答：要让智能运维真正发挥价值，需要有方法论的指导，需要基于场景化的用例的选择与实施，需要基于指标体系反复与业务目标对齐。我发现本书的很多观点与 Gartner 是不谋而合的，而且由于我国 IT 架构的高度复杂性、运维管理的高度不确定性以及场景的高度丰富性，本书给出的一些方法更具落地性。

在我国千行百业数字化转型的大背景下，就数字化运维而言，为了实现保质、降本、增效等目标，在战略对齐业务数字化目标基础上，往往需要统筹考虑组织、协同、智能、工具、算法、标准、流程、数据、知识和文化等诸多要素，只有与时俱进迭代与进化并持续创新，才能满足组织不断发展的需要。

数字化运维给运维赋予了全新的内涵与价值。多年来一代代运维人为之努力奋斗，当然其中也包括我和本书的很多作者，我的很多同事。很高兴看到他们将经验与思考汇编成书，希望借此能给读者一点点启迪、一点点感悟。

运维，永远在路上。

云智慧创始人兼 CEO

般晋

推荐序四

数字时代的到来加快推动着企业组织创新、技术创新、融合创新、跨界创新，且深入推进着数字化转型工作、促进着质量变革、效率变革、动力变革。随之而来的是数字化运维难度的增加，依靠人力堆积的传统方式运维已经无法满足数字时代对数字化运维的要求，借助更先进工具和技术手段成为应对这些挑战的必然选择。运维领域正由制度和流程驱动的运维快速向由数据与算法驱动的智能运维迈进。智能运维已然成为迎接挑战不可或缺的科技力量和解决方案。然而由于缺乏统一标准和框架指导，实践应用效果参差不齐，有很多疑惑亟待解决。

2020 年 10 月，我作为智能运维国家标准的核心编委之一，与一批志同道合的用户、厂商及研究机构在全国信息技术标准化委员会信息技术服务分技术委员会指导下，在 ITSS 数据中心运营管理组（DCMG）组织下，成立了智能运维国家标准编制组，并开始启动智能运维系列标准的编写工作，形成了围绕通用要求、数据、算法、技术四个部分的系列国家标准研制目标，其中《信息技术服务　智能运维　第 1 部分：通用要求》(GB/T 43208.1—2023）已顺利通过国家标准委报批并于 2023 年 9 月 7 日正式发布，2022—2023 年，国家标准编制工作已从“研制为主”进入到“研制与应用推广并行阶段”。围绕之前发布的阶段性成果，我们在金融行业五家单位开展了应用试点评估工作，验证智能运维建设水平以及标准的可行性。

三年来，在与同是国家标准编写组成员的陆兴海等各位专家数十次会议沟通中我深受启发，我国的智能运维已经有很多的探索和积淀，在理念、方法论、工具技术以及场景应用等各方面也已渐入深水区。正所谓百家争鸣，正是有像陆总这样具有深度思考并且常年奋战在运维一线的专家们，不断地把他们的想法、观点与经验分享出来，再经过行业的讨论与不断实践，我国的整体运维水平一定能够进入下一个成熟度阶段，为组织业务和数字化转型贡献价值！

翰纬科技副总经理

陈宏峰

推荐序五

我是一名 ITIL 老兵，作为国际授权 ITIL 大师级课程讲师，经历了 ITIL 在中国播撒种子、开花与结果的过程，也见证了 ITIL 从“IT 是技术工具”到“IT 是服务”、从“IT 是服务化商品”到“IT 是生产力”不断迭代演进发展的过程。本书很多观点比较新颖，也与我近二十年来培训与咨询工作中的想法不谋而合，这里简单谈谈三点想法。

一是关于价值。在当今的数字时代，价值已成为企业生存与发展的关键因素，而 IT 作为支撑和推动企业数字化转型的关键力量，必须将价值置于首位。ITIL4 强调了 IT 服务管理的价值链，IT 的价值在于促进和引领业务的发展，所以我们要建立端到端的 IT 服务绩效考核指标，并最终要落实到促进和引领业务发展的绩效增长上。使用 IT 手段推进业务变革，让业务绩效来证明 IT 的价值，毕竟，商业模式的数字化最终还是需要数字化运维模式的数字化来支撑和实现的。

二是关于流程化。IT 服务管理的体系化和数字化必须以流程化为基础。流程化可以针对特定服务场景实行标准化的闭环管理，从管理的无序转变为对偏差的管理，固化运作机制；能够实现数据驱动的持续改进，逐步推进流程自动化和对流程过程的精细化管控；也能够实现可预测和可预防的风险管控，提高合规性。由于我们不可能在同一个时间点将流程生命周期各个阶段的问题一次性解决，所以要阶段性地聚焦当前最主要的问题。

三是关于 CMDB 的建设方法。本书创造性地提出了云智慧 CMDB 成熟度模型，让人眼前一亮。不少企业在建设 CMDB 的过程中走了重复建设、反复失败的弯路，包括我曾亲身参与的某头部商业银行的 CMDB 建设项目。本书作者结合了云智慧众多资深顾问的实际项目经验，提出新一代的 CMDB 实践方法，强调规划统筹的重要性，强调数据消费场景导向，提倡精益思想和敏捷迭代；强调持续验证和改进。这些指导思想和经验之谈确实振聋发聩，令人醍醐灌顶，为各运维组织建设 CMDB 提供了很好的指引，防止重复踩坑。本书还提出了很多关于数字化运维的方法论和实践，比如数据驱动运维、大模型领域实践、四位一体构建智能运维体系的建设等，都是作者在大量实践中积累的经验，相信这些独特的视角和深入的实践能为读者贡献很多新知识，能为急需数字化转型的组织提供一条通向数字化运维成功的道路。

ITIL 先锋论坛创始人、国际授权 ITIL 大师级课程讲师

长河

前言

1. 要敬畏运维

这是十几年前刚接触数字化运维时，一位行业老专家对笔者说过的话，当时不理解，甚至无感，但在做了多年运维产品和咨询工作后，如今细品起来，确实感悟颇深且意味悠长。可能有部分人对运维的认知依然停留在“安装硬件、调试网络、部署程序、维护应用”这些工作上，一说到运维人就会想到“背锅侠”“救火队”，究其原因，这些可能与组织中管理层对于运维工作的定位认识有关，也可能是这一行业长期处于公众视野暗处所致，但这绝对不是运维人和运维工作的全部。

2. 运维在数字化进程中，有其独特站位

事实上，从 1946 年世界上第一台电子计算机诞生之始，数字化运维已经存在了。数字化运维的演进过程，与几十年来信息技术不断迅猛发展相辅相成，从第一代的 IBM PC 到第二代的计算机、局部网络和软件体系，从第三代的 PC 互联网到移动互联网，再到如今的 AI+ 边缘计算 +5G，业务与技术发展的双轮驱动将建设之后的“运维”推到了一个前所未有的重要位置。

数字化系统建设只是第一步且一次性的，而运维是每时每刻都不能缺少的——运维将 IT 对业务的作用具象化为 4 个价值创造：提高业务连续保障水平、提升业务交付效率、辅助提升客户体验、提升 IT 运营服务质量。这印证了行业那句经典表述：“三分建设、七分运维”，所以相对短暂的系统建设完成后，转移到漫长的运维与运营阶段，所谓“建转运”发生时，就迎来了运维的下一站——数字化运维。

3. 运维本应是“更数字化”的

这看似一个悖论，但是事实确实发生了。从行业或企业组织架构看，与 IT 应用建设最相近的运维理应是数字化水平较高的领域，或者说运维早已身

处数字世界中了。一方面，运维领域不缺方法论，无论是 ITIL 、ISO20000、ITSS 等最佳实践，还是 DevOps、BizOps、AIOps 等思想或方法论，都推动了运维线上化与能力发展；另一方面大量开源、商业或自研的各类运维工具的应用，大幅提升了监控、管理等方向的运维效率与水平。但不幸的是，在近些年笔者参与多个项目的经历中，大家发现人们对数字化运维的理解以及在实际项目实施过程中，还存在很多“非数字化”的思维和做法。比如对运维数据治理的重视程度不高，导致运维数据的治理方法、相应的组织与人员、技术与工具、场景化的运维数据应用乃至数据文化缺失；比如很多组织的 IT 服务管理应用还大量采用了表格等无法进行数据和知识沉淀的原始记录方式——更别提体系化、工具化的 IT 流程实践；比如有人在论述新一代智能运维时，片面强调算法和数据的重要性，忽视了流程对于运维的基础作用，认为流程是上一代运维的特征，当前的运维仅是数据驱动的；再比如运维体系建设与落地过程中过分追求技术而远离了运维的应用场景，忘记了以终为始解决业务实质问题。

数字化的本质是思维、管理、体系乃至文化的全面变革，绝非单纯技术。所以本书用“数字化运维”为题，意图探讨运维的根本，并与大家一起深入思考如何做更好的运维，让运维更数字化。

4. 运维包罗万象、深奥精微而又妙趣横生

运维本身是个很宽泛的概念：涉及文化、管理与技术，涉及诸如 ITIL、ITSS、IT4IT 等很多领域经典方法论及标准，涉及可观测性、研发运维一体化、确定性运维、SRE、智能运维等几十种不同的运维概念分类，涉及研发、测试、运维等工种，涉及安全运维、桌面运维、网络运维、数据库运维、应用运维以及业务运维等不同的运维岗位，涉及安全、流程、数据、云、设备、数据中心等无数个概念，涉及分布式调控、大规模流式数据处理、认知智能、低代码等很多前沿技术，也涉及为运维领域服务的各类官方机构、社会团队和商业公司，更别说在金融、运营商、互联网、政府和制造业等不同行业中运维的发展阶段、政策法规、人才梯队等方面均存在较大的差异，由此衍生出在运维的方方面面、各个行业与组织发展是参差不齐的，但又是百花齐放的。一个人如果进了运维领域，可能穷其毕生，也无法完全发掘运维之精华与奥妙，但是相信他肯定能够有很多收获，心因运维而安，不断挖掘运维的乐趣——这点体会相信只有运维人才有吧！

5. 运维工程师是群可爱的人

没有接触过运维人，谁又能理解他们的日常工作、他们的殚精竭虑、他们

的辛酸苦辣？比如，曾有一位运维人，因为误操作彻底删除了线上生产环境的数据库导致数十万用户无法访问，他满头大汗、瑟瑟发抖；再比如，曾有一位运维人，他的运维管理是非常核心的、关系到国计民生的某个商业系统，几年前一次意外宕机，处置过程暂且不表，他数日未眠，一夜白头；早些年，我参加过一次某互联网电商公司的大促前系统压力测试演练，经过多次波折后，凌晨四点半当宣布测试结果顺利通过时，运维研发负责人声音颤抖，满脸是泪。

从业十几年，走访的运维人不下数千名，看到的是主动钻研技术、认真负责、刻苦突破的运维工程师；看到的是有想法、有创新、有担当的信息化和运维负责人。正是他们给了我们太多的实际需求、业务场景和领域知识，也正是他们的不断成长与对质量与性能的苛求，促进了行业整体水平的发展与进步，不断缩短了中国数字化运维与国际领先者之间的距离。

中国的运维人，是一群可敬且可爱的人。

6. 关于本书的目的、内容和结构编排

本书基于以运维为主题的各种思考，和大家一起重新认识运维，进一步认清运维的作用和价值。在云计算、大数据、人工智能等新技术、新时代背景下，运维该怎么做？有哪些方法论、标准和体系？需要重视哪些维度和环节？有什么可借鉴的方法和案例？本书会围绕这些进行阐述和说明，旨在给读者一些启发和借鉴。

本书是集体智慧的结晶，主要内容由云智慧咨询部的各位同事完成，但一些章节也得到了公司的多位专家共同参与。陆兴海与黄晓负责本书的整体策划和部分章节编写，何君负责本书的校订工作，吴雪雪负责本书的项目管理、协调。本书的撰写分工如下：第 1 章由陆兴海和汪樟发执笔，第 2 章由汪樟发执笔，第 3 章由杨帆执笔，第 4 章由陆兴海、戚依军和李慧执笔，第 5 章由郑铁樵、陆兴海执笔，第 6 章由陆兴海执笔，第 7 章由陆兴海执笔，第 8 章由黄晓和李伯岩执笔，第 9 章由黄晓和王书航执笔，第 10 章由黄晓执笔，第 11 章由伍杰执笔，第 12 章由廖嘉辉执笔，第 13 章由李泓川执笔，第 14 章由高驰涛执笔，第 15 章由孔文和杜方宇执笔。

依然是那句话，运维实在是博大精深，本书也不可能涵盖运维所有的方方面面，即便千言万语也属管中窥豹，实难穷尽其精妙绝伦，未免多有不足与偏颇之处，还望读者海涵。

编　者

目 录

第1章 CHAPTER 1

数字化转型背景下的新运维

编者按：数字化转型已成为国家战略，其不断蓬勃且高质量的发展衍生出了对“新IT”与“新运维”的要求，这就需要能够适应和应对当前及未来趋势下的数据治理、基础架构与应用、创新与成本等诸多挑战，在此背景下，新运维被历史赋予了更多内涵与使命。

1.1 数字化转型深入推进并上升为国家战略

数字化发展经历的变迁主要有数字转换（Digitization）、数字化（Digitalization）、数字化转型（Digital Transformation）等。数字转换和数字化在计算机出现后不久就相继出现。有人将数字转换称为计算机化，是指利用数字技术将信息由模拟格式转化为数字格式的过程。数字化是指数字技术应用到业务流程中并帮助企业（组织）实现管理优化的过程，主要聚焦于数字技术对业务流程的集成优化和提升。数字化转型则超越了单纯的数字化，亦非简单的技术转型。数字化转型不仅需要利用技术实现全面数字化，还需要进行组织变革。数字化转型是对某个行业、企业或组织活动及战略进行数字化改造，更是一种思维方式的转型，甚至是颠覆，是对社会进行的全局性、变革性的全方位改造。数字化转型也为智能化提供了基础性支撑，是未来智能时代的序章。

我国自2017年以来已经连续多年将“数字经济”写入政府工作报告，并在《中华人民共和国国民经济和社会发展第十四个五年规划和2035年远景目标纲要（草案）》中提出“迎接数字时代，激活数据要素潜能，推进网络强国建设，加快建设数字经济、数字社会、数字政府，以数字化转型整体驱动生产方式、生活方式和治理方式变革”，数字化转型从企业（组织）层面上升为国家战略。

2023 年 2 月，中共中央、国务院印发了《数字中国建设整体布局规划》(以下简称《规划》)。《规划》指出，建设数字中国是数字时代推进中国式现代化的重要引擎，是构筑国家竞争新优势的有力支撑。加快数字中国建设，对全面建设社会主义现代化国家、全面推进中华民族伟大复兴具有重要意义和深远影响。《规划》提出，到 2025 年，基本形成横向打通、纵向贯通、协调有力的一体化推进格局，数字中国建设取得重要进展。数字基础设施高效联通，数据资源规模和质量加快提升，数据要素价值有效释放，数字经济发展质量效益大幅增强，政务数字化智能化水平明显提升，数字文化建设跃上新台阶，数字社会精准化、普惠化、便捷化取得显著成效，数字生态文明建设取得积极进展，数字技术创新实现重大突破，应用创新全球领先，数字安全保障能力全面提升，数字治理体系更加完善，数字领域国际合作打开新局面。《规划》明确，数字中国建设按照“2522”的整体框架进行布局，即夯实数字基础设施和数据资源体系“两大基础”，推进数字技术与经济、政治、文化、社会、生态文明建设“五位一体”深度融合，强化数字技术创新体系和数字安全屏障“两大能力”，优化数字化发展国内国际“两个环境”。

近年来我国数字技术与经济、政治、文化、社会、生态文明建设“五位一体”加快融合，在智慧交通、智慧能源、智能制造、智慧农业及水利、智慧教育、智慧医疗、智慧文旅、智慧社区、智慧家居、智慧政府等领域都形成了丰富的应用场景。我国数字化转型制度体系日趋成熟，陆续出台了推进国有企业、银行保险、各类中小企业数字化转型政策，例如《关于加快推进国有企业数字化转型工作的通知》《关于银行业保险业数字化转型的指导意见》《中小企业数字化转型指南》等。

1.2 数字时代 IT 的定位变化及其带来的挑战

随着经济和社会的发展，企业对数字技术的依赖程度越来越高，企业中的 IT 组织或团队比以往任何时候都要处理更多的事情，以确保一切顺利进行。从传统的信息化建设进阶到数字化转型新阶段，IT 的定位发生了根本变化，从作为支撑业务线上化的成本中心，逐步成为需要与业务深度融合的创新中心，给 IT 组织或团队带来了诸多前所未有的挑战。

1.2.1　提高业务敏捷性的挑战

在数字化转型的背景下，企业业务面临着不断变化和快速发展的挑战。这要求企业能够快速响应市场需求和变化，以及能够灵活地调整业务战略和流程，这对业务的敏捷性提出了更高的要求。

为提高业务的敏捷性，企业要加强 IT 部门与业务部门的融合。IT 如何与业务有效融合一直是各部门所关注的问题，虽然 IT 与业务的融合在我国已经推进了很多年，但两者深入融合的少，IT 与业务脱节成“两张皮”的现象随处可见。企业需要重新构想 IT 部门中的作用，包括确立技术作为业务和创新合作伙伴的角色，设计技术领先的业务战略（例如，技术支持的产品和业务模型），并提供卓越的用户体验。

IT 部门还要重塑技术交付方式，提高业务敏捷性，为企业注入创新力量。例如，敏捷开发有助于消除耗时耗力的项目和大量返工工作，通过“左移”（shift-left）将蓝图制定和测试规划等活动结合在一起，形成一种基于冲刺的迭代式流程设计和系统演进方法。这种方法不仅有助于加速开发流程，而且能提供更高质量的软件，更符合业务用户的需求。DevOps（Development 和 Operations 的组合词）将敏捷开发向前推进了一步，在开发周期早期阶段纳入了新功能运维影响评估，最大程度减少任何不必要的问题。敏捷开发和 DevOps 的关键是在冲刺和发布管理流程中融入自动化和云计算技术。

1.2.2　IT 升级换代带来的挑战

IT 的升级换代给企业的数字化转型和数字化运维带来了诸多挑战。随着技术的快速更新，企业需要不断跟进和适应新的技术趋势，以保持竞争力和创新能力。

对于数字化转型而言，快速更新的 IT 意味着企业需要投入大量的时间和资源来培训员工，以使其掌握新的技术知识和技能。这对于一些规模较小或资源有限的企业来说是一项巨大的挑战。此外，快速更新的 IT 还可能导致企业在数字化转型过程中投资过多，而无法获得预期的回报。在追求最新技术的同时，企业需要权衡投资和收益之间的关系，以确保数字化转型的可持续性和盈利能力。

对于数字化运维而言，快速更新的 IT 要求 IT 运维团队不断学习和适应新的技术，以不断提高竞争力。团队成员需要花费更多的时间和精力来学习和接受培训，以确保他们能够有效地管理和维护企业的 IT 系统。同时，快速更新的IT也给IT运维团队带来了更大的压力和更多的工作量。新IT的引入需要进行系统升级、迁移和集成，同时还需要保持系统的稳定性和可靠性，及时解决可能出现的故障和问题。团队成员还需要具备良好的沟通和协作能力，以促进跨部门的合作和信息共享。

综上所述，面对IT的快速更新，企业需要灵活应对，及时更新技术和安全措施，并在投资决策上谨慎权衡，以确保数字化转型的成功和可持续发展。同时，数字化运维团队需要不断学习和适应新的技术，承担更多的工作量和压力，并具备良好的沟通和协作能力，以应对快速变化的IT环境。

1.2.3 数据治理及实施的挑战

在数字化转型时代，数据治理变得至关重要。数据治理是指组织在收集、存储、处理和使用数据时所采取的一系列策略、流程和控制措施。它涉及数据的质量、安全、合规性和可用性等方面，对于保证数字化转型的成功起着至关重要的作用。

数据治理对数字化转型的重要性体现在以下几个方面。首先，数据是数字化转型的基石，只有准确、完整、一致的数据才能支持企业的决策和运营。数据治理可以提高数据质量，确保数据的准确性、可靠性和一致性，进而提高决策的准确性和运营的效率。其次，数据治理可以确保数据的安全性和合规性。随着数字化转型的深入，企业面临着越来越多的数据安全和隐私合规的挑战，数据治理可以帮助企业建立健全的数据安全和合规框架，保护企业和客户的数据免受威胁。最后，数据治理可以提高企业数据的可用性和可共享性。通过数据治理，企业可以建立一套完善的数据管理流程和标准，使数据能够在企业内部和外部的各个业务和部门之间流通和共享，促进合作和创新。

然而，数据治理实施也面临着IT部门的挑战。首先，数据治理需要跨部门的合作和协调，而不同部门之间的数据拥有和使用权可能存在冲突和竞争。IT部门需要在不同部门之间建立合作机制和沟通渠道，解决数据治理中的利益冲突和合作问题。其次，数据治理需要投入大量的人力和资源，包括数据管理工具、技术设备和人员培训等。IT部门需要制定合理的预算和资源分配策略，确保数据治理项目的顺利进行。此外，数据治理涉及数据的采集、存储、处理和分析等多个环节，需要IT部门具备专业技术和专业知识。因此，IT部门需要不断提升自身的技术能力和专业素养，以应对数字化转型中数据治理的挑战。

综上所述，数据治理对于数字化转型来说至关重要，它可以提高数据的质量和可用性，支持企业决策和业务流程的优化。然而，数据治理实施也面临着IT 部门的挑战，需要跨部门合作和资源投入。因此，IT 部门需要充分认识到数据治理的重要性，加强技术能力和合作能力，为企业的数字化转型提供有力支持。

1.2.4　日益严峻的数据安全挑战

在数字时代，数据安全比以往任何时候都更严峻。物联网技术应用、移动设备越来越多、远程办公等使得 IT 部门面临更广泛的数据安全挑战。尤其企业纷纷面向客户、合作伙伴和供应商开放 IT 架构，同时还在积极采用基于云的应用和工具，在这种背景下对关键数据的保护刻不容缓。

研究表明，在过去十年中数据泄露和黑客攻击事件一直在稳步增加，多达 50% 的违规行为是通过恶意软件实现的。虽然迄今为止，人工智能驱动的下一代网络攻击还不是很突出，但可以预计这种情况会在未来五年内发生变化，AI 驱动的黑客攻击只是时间问题。

随着数据的增长和数字化的加速，IT 部门必须面对越来越多的数据安全和隐私保护的问题。一旦数据泄露或遭到攻击，企业将面临严重的后果，包括品牌声誉损失、法律诉讼等。因此，IT 部门需要采取更为严格的措施来保护数据的安全和隐私。提高安全的一个解决方案是将安全责任传递给所有相关人员，也就是说提供技术培训使开发人员以安全为基本前提来创建代码，以便整个团队能够高效地处理和解决问题。除了解决组织及其合作伙伴安全方面的已知漏洞外，还应该着眼于采用 AI 技术并将其集成到企业的安全基础架构中。

1.2.5　平衡创新与成本的挑战

企业必须平衡创新和成本以保持竞争力和财务稳定。如果一个组织过于关注创新，就可能会忽视成本控制，从而导致财务不稳定。另外，过度关注成本控制可能会导致错失创新机会，最终导致公司落后于竞争对手。

数字化创新的领导者和 IT 部门必须准备好承担创新风险，因为并非每项创新都会成功。创新需要鼓励创造力和试验。随着新技术不断涌现，技术创新加速了对技术进行战略性投资，以确保在有效地管理成本的同时跟上技术发展趋势。

数字化转型通常需要大量的投资，包括硬件、软件、培训和人员成本等。

IT 部门需要与管理层及业务部门合作，确保数字化转型的预算充足，并管理好预算，以确保数字化转型的成功。

1.3 数字时代的新 IT 与新运维

1.3.1 数字时代的新 IT 及其核心要素

从国家层面来看，IT 基础设施是当前我国新型基础设施建设的核心组成部分。2018 年 12 月，中央经济工作会议确定 2019 年重点工作任务时提出“加强人工智能、工业互联网、物联网等新型基础设施建设”，这是新基建首次出现在中央层面的会议中。2020 年 4 月，国家发改委指出，当前新型基础设施的主要框架体系是信息基础设施、融合基础设施和创新基础设施三方面。其中，信息基础设施主要是指基于新一代信息技术演化生成的基础设施，如 5G、物联网、数据中心、人工智能、卫星通信、区块链等。融合基础设施主要是指传统基础设施应用新一代信息技术进行智能化改造后所形成的基础设施形态，包括以工业互联网、智慧交通物流设施、智慧能源系统为代表的新型生产性设施，和以智慧民生基础设施、智慧环境资源设施、智慧城市基础设施等为代表的新型社会性设施。创新基础设施是指支撑科学研究、技术开发、新产品和新服务研制的具有公益属性的基础设施。国家发改委还特别指出，伴随着技术革命和产业变革，新型基础设施的内涵、外延不是一成不变的。

从企业和组织层面来看，现阶段决定竞争成败的主导逻辑不再是规模经济、物资资源、关系的稳定程度等，创新、敏捷、速度、韧性、动态能力、学习迭代等逐渐成为更加重要的决定因素，新 IT 需要承担这样的全新使命。中国信息通信研究院发布的《新 IT 重塑企业数字化转型（2022 年）》提出，新 IT 主要指以云计算、大数据、人工智能等为代表的新一代信息技术，以及基于相关技术底座所构建的智慧中台和相关业务应用。传统 IT 关注系统建设、稳态保障，侧重降低线下成本，以人为主、以 IT 为辅，为物理世界服务，依赖厂商建设，各职能独立建设、信息孤岛林立，刚性较强、交付迟缓。相比而言，新 IT 关注业务赋能、敏态创新，侧重新价值创造，追求以 IT 为主、以人为辅，为数字世界服务，强调用户参与治理运营，立足全局建设、流程和数据贯通，具有韧性、交付敏捷。新 IT 的核心要素分为新 IT 基础架构、新 IT 中台架构、新 IT 应用架构三个层面。

新 IT 基础架构是指“云（云计算）—边（边缘计算）—端（智能物联网终

端）—数（数据采集传输应用）—智（行业智能）”的数字基础设施的一体化融合。在面对数字时代的基础设施平台化、分布式等高阶需求时，技术架构更加强调对于云计算、大数据、人工智能等新一代信息技术的融合应用，以面向复杂场景、典型业务提供一站式、一体化的基础设施，夯实数字底座。

新 IT 中台架构是指采用中台模式来实现共性能力的沉淀和跨场景、跨领域的扩展与应用，从而赋能业务快速创新。为应对数字时代快速变化的市场需求，如何对商业模式和业务模式进行抽象沉淀，并进行共享复用成为关注重点。中台可以有效支撑企业业务的快速拓展、创新和试错，成为新 IT 架构中不可或缺的核心要素。

新 IT 应用架构是指通过微服务、组件化等方式对现有应用边界进行重新划分和应用分层设计，重构应用系统，承接基础架构、中台架构，进而重塑业务价值。在数字化转型的全新阶段，企业更加关注业务单元间的应用数据协同、跨业务职能的流程贯通和价值链条优化，这依赖于以新 IT 和架构思维来重塑应用系统。

1.3.2　数字时代的新运维及其特点

专家研究和大量实践表明，在 IT 项目的生命周期中，大约 20% 的时间与开发建设有关，大约 80% 的时间与数字化运维有关，这说明数字化运维对于数字化转型 IT 项目的整体表现至关重要。根据 GB/T 28827.1—2022《信息技术服务 运行维护 第 1 部分：通用要求》，IT 运行维护服务是指采用信息技术手段及方法，依据需方提出的服务要求，对其信息系统的机房基础设施、物理资源、虚拟资源、平台资源、应用和数据，以及满足用户使用信息系统过程中的需求等提供的综合服务。随着数字化转型深入推进和新 IT 的快速发展，数字化运维面临的挑战加剧，数字化运维的理念、目标、方法、工具、技术、流程、人员能力等都在发生变化，面向数字时代的“新运维”蓬勃兴起。

新运维是指在数字时代，运用新 IT，通过数据化、数字化和智能化等手段，对 IT 基础设施和业务应用等进行管理和维护的一种运维方式。新运维强调数据驱动、数字化、智能化、可视化和可编程化等特点，能够更好地适应数字时代的业务需求和用户体验。新运维具有以下特点：

1. 数据驱动

在数字时代，数据已经成为企业运营的重要组成部分，数据的收集、分析和利用对于企业的发展至关重要。新运维通过大数据技术，实时收集、分析和处理各种日志、指标和性能数据，从而实现对 IT 基础设施和业务应用的精细化管理和优化。

2. 数字化

随着人工智能和机器学习技术的不断发展，数字化已经成为数字时代运维的必然趋势。新运维通过数字化工具和技术，实现对 IT 基础设施和业务应用的自动配置、自动监控、自动修复、自动扩容等操作，从而提升运维效率和可靠性。

3. 智能化

随着人工智能和机器学习技术的不断发展，运维也开始向智能化方向发展。新运维通过智能化技术，对 IT 基础设施和业务应用进行智能分析和预测，从而实现更加智能化的运维管理。

4. 可视化

在数字时代，可视化已经成为企业运营的重要手段。新运维通过可视化技术，将各种运维数据和指标以图表、仪表盘等形式展示出来，从而帮助运维人员更加直观地了解和管理 IT 基础设施和业务应用。

5. 可编程化

在数字时代，软件定义的基础设施（SDI）已经成为企业运营的重要组成部分。新运维通过可编程化技术将运维过程数字化和可编程化，从而实现对 IT 基础设施和业务应用的快速部署、配置和管理。

6. 柔性架构

传统运维使用单体架构，即将应用程序和数据库等所有组件部署在同一个服务器上，而新运维使用微服务架构，将应用程序和数据库等组件拆分成微服务，并在不同的服务器上部署，以提高系统的可扩展性和容错性。

第 2 章 CHAPTER 2

数字化运维的概念与内涵

编者按：概念和定义可以将复杂现实世界简单化、抽象化，使我们能够更好地理解和应对复杂的问题和情况。运维概念之多，让人眼花缭乱，希望借本书之力，帮助各位读者厘清运维脉络，形成基本认知。

2.1 什么是数字化运维

数字化运维一般是指对大型组织已经建立好的软硬件的维护，其定义非常广泛。比如英国中央计算机与电信局（CCTA）将 IT 运维定义为“IT 服务全生命周期中的一个阶段，通过对 IT 服务与 IT 基础设施进行监控，实现备份恢复与作业调度等活动”。IT 专业媒体 TechTarget 对 IT 运维的定义是“由组织的 IT 部门提供，同时面向组织内外部用户的一系列流程及服务，其中包括了对软硬件的管理和运行维护”。IT 专业咨询机构 Gartner 将 IT 运维定义为“与 IT 服务管理相关的人员及管理流程，其目的是将具有成本与质量要求的服务交付给用户”。总结来看，本书的数字化运维指的是为实现业务目标（以保障生产稳定、高效、安全、低成本运行）而对 IT 环境包括各类基础设施、软硬件、网络、用户体验、业务质量进行维护的一系列技术与管理活动。

2.2 数字化运维的发展阶段

在数字化运维发展阶段的划分方法中，相对较为通用的是云计算开源产业联盟在 2019 年发布的《企业 IT 运维发展白皮书》中的一种划分方法。该划分方法从组织信息系统规模、复杂程度变化及对信息通信技术应用等方面考虑，如图 2-1 所示。

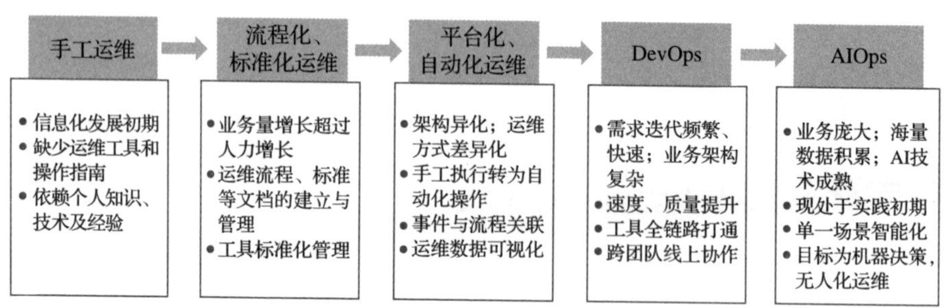

图 2-1 企业 IT 运维发展阶段

资料来源：《企业 IT 运维发展白皮书》

随着多元化的 Ops（运维）概念的出现，Ops 呈现了百花齐放的状态与趋势。笔者将图 2-1 进行了适当调整，如图 2-2 所示。

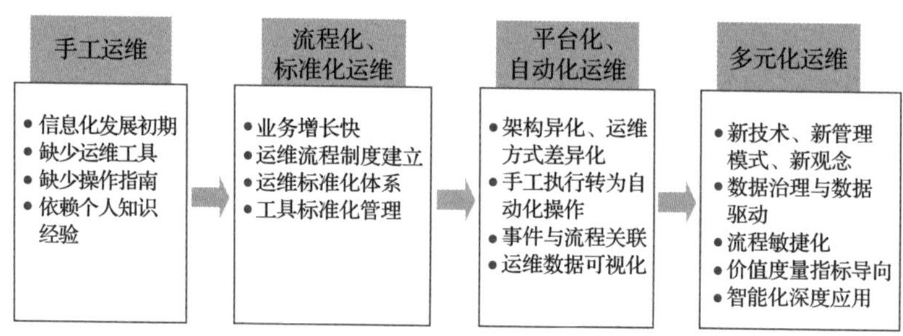

图 2-2 走向多元化运维

1. 手工运维阶段

该阶段依赖个人知识、技术、经验解决信息系统问题。手工运维工作主要为机房及服务器选型、软硬件初始化、服务上下线、配置监控和处理告警等。手工运维和开发职责划分不清晰，通过命令行和脚本的方式解决遇到的各类系统问题。组织的手工运维水平往往取决于团队中核心运维人员的经验、知识和技术。

2. 流程化、标准化运维阶段

该阶段重视流程说明、标准规范等文档的建立与管理。组织信息系统规模逐渐扩大，业务量增长开始超过运维人员增长，手工运维难以满足系统要求。

IT 运维管理步入标准化阶段的同时，业务的部署和运维管理逐渐转向工具化，对分散的运维工具逐步进行标准化管理。标准化运维阶段提高了管理效率，降低了手工操作的不确定性风险。

3. 平台化、自动化运维阶段

该阶段聚焦组织的统一运维平台建设，具备自动化运维能力。为保障系统安全稳定运行，解决架构异构、运维方式差异化以及各类竖井问题进行平台化建设，并在信息系统上层进行有针对性的工具化建设，提供自动化支撑与管理。平台化、自动化运维使组织的数字化运维更为集约化，同时运维数据的可视化分析也为运维人员提供了决策依据。

4. 多元化运维阶段

在多元化运维阶段，尤其是对 DevOps、AIOps、FinOps、DataOps 等不断地探索应用下，催生出很多的新理念、新技术和新标准，对于行业和组织来讲，有了更多的新观念和新选择。本书中对当前流行的多种 Ops 概念并进行了梳理与分析，具体使用哪些 Ops 更好，建议组织运维管理决策者根据自身情况选择更适合当前及未来发展的模型与模式。

2.3　多元化运维的定义

随着云计算、大数据等新兴技术不断深入发展，数字化运维相关领域逐步出现了 ITOps、AIOps、DevOps、SecOps、DataOps、CloudOps、FinOps、XOps 等几十种“ Ops（运维 / 运营）”，这给运维领域带来了更多选择，同时也带来了挑战。表 2-1 给出了 36 种 Ops 术语的概要介绍。

表 2-1　Ops 术语的概要介绍

名称	概要介绍
ITOps	ITOps（通常称 IT 运营或 IT 运维）是实施、管理、交付和支持 IT 服务以满足内部和外部用户的业务需求的过程。ITOps 的主要作用是确保 IT 和业务技术的平稳运行，以便业务运营能够不间断地进行。ITOps 是 IT 部门的核心职能，是 ITIL 中定义的四个功能之一（另外的为技术管理、应用程序管理和服务台管理）
AIOps	AIOps 通常被称为“用于 IT 运营的人工智能”。使用自动化 IT 运营平台取代手动 IT 运营工具，该平台收集 IT 数据、识别事件和模式以及报告或修复问题——所有这些都不需要人工干预

（续）

名称	概要介绍
DevOps	DevOps 是一套结合软件开发（Dev）和信息技术运营（Ops）的实践，旨在缩短系统开发生命周期并提供高质量软件的持续交付
SecOps	SecOps 被译为安全运维，简单理解就是整合安全与运维之间的合作，以确保系统和数据的安全
DataOps	DataOps 是一种协作数据管理学科，专注于端到端的数据管理和消除数据孤岛，其将敏捷开发、DevOps 和精益制造应用于数据分析（Data）开发和运营（Ops）
CloudOps	CloudOps 是一种基于“持续运营”机制管理云环境中运行的 IT 服务和工作负载的交付、优化和性能的实践，通过使用 CloudOps，可以促进实现云环境的零停机，包括应用程序的一部分或全部将不会再停止服务，软件也可以在不中断服务的情况下更新并投入生产
FinOps	FinOps 可以简单地理解为“财务 + 运维”，它是一种将财务相关的任务、责任引入云计算的运营费用（OpEx）支出模式的方法，在这种模式下，IT 团队、开发和财务部门将一起协同工作，以促进产品交付更快、推动 IT 资源高效管理，同时也可管理和预测成本，实现降本增效的目标
BizOps	BizOps 诞生于组织追求数字化转型的背景下，它是一个数据驱动的决策框架，其将 IT 工作与投资、业务成果联系在了一起，利用 IT 工作中产生的数据，驱动投资与业务的开展，换句话说，BizOps 将组织的业务置于核心，围绕着业务，开展开发、运维、价值管理等工作
BiZDevOps	BiZDevOps 以 DevOps 为基础，融入 BizOps，围绕企业业务的商业价值，协调企业各部门，同时借助一体化作业流程，支撑业务的商业价值交付及业务端到端的生命周期管理
ModelOps	ModelOps 是在企业规模的整个生命周期中自动化部署、监控、治理和持续改进 7×24 小时运行的数据分析模型，相对于 MLOps 只关注于 AI 中的机器学习模型，ModelOps 则关注并操作所有 AI 中的模型
MLOps	MLOps 是 ModelOps 的一个子集，通过使用已建立且成熟的实践（例如 CI/CD）构建、部署和维护 ML 模型，目的是标准化和简化生产中机器学习的生命周期，并协调系统之间机器学习模型、数据和结果的移动
NoOps	NoOps 是 DevOps 方法的进一步发展，通过完全自动化 IT 基础设施来消除对单独运营团队的需求。在这种方法中，所有供应、维护和类似任务都被自动化到不需要人工干预的水平
XOps	XOps 中的“X”表示 IT 学科的组合，包括 DevOps，可以将其理解为一个创新平台，提供了用于创建和执行这些自动化任务的全套功能，包括机器人、工作流、集成和通信。XOps 可以使企业轻松构建自己的自动化并提高组织的绩效
DevSecOps	DevSecOps 将安全视为端到端集成的共同责任，强调需要在 DevOps 计划中建立安全基础
NetOps	NetOps 是指利用工具和技术更有效灵活地对网络进行运维

（续）

名称	概要介绍
TestOps	TestOps 的基础是基于 Google 所描述的软件工程师在测试中的作用，旨在从测试的角度推动研发、运维、持续测试到持续集成
ArchOps	ArchOps 的本质与 DevOps 较为相似，DevOps 是开发和运营的组合，而 ArchOps 则是工具、实践和文化理念的组合，是一种提升 IT 对企业经营贡献度的设计方法，其背后的技术支撑是 big software、Machine Learning、Artificial Intelligence
ServiceOps	ServiceOps 是基础设施和应用程序监控环境与 ITSM 事件管理实践的融合，以创建更快、更有效的事件诊断和解决机制。这两种环境与人工智能背景的结合可以显著减少事件的数量和影响
ChatOps	ChatOps 使用聊天客户端、聊天机器人和实时通信工具来促进软件开发和操作任务的沟通和执行
GitOps	GitOps 可以看作是利用了 DevOps 实践的一个操作框架，如版本控制、协作、合规性和 CI/CD 工具，并将其应用于基础设施自动化
ValueOps	ValueOps 是一项 IT 运营战略，提供了一套全面的框架、方法和理念，使企业领导能够根据业务需求利用适当的战略进行运维
PlatformOps	PlatformOps 负责策划、维护、连接和保护平台，该平台为 DevOps、SecOps 和 NetOps 团队提供完成工作所需的内容
AnalyticsOps	AnalyticsOps 可利用自动化的工具分析整个组织的消费，由于考虑到了数据分析的分析层，因此 AnalyticsOps 可以大大提高分析的可靠性，并有效避免了低采用率、缺乏信任、高成本和不合规等问题
AppOps	AppOps 认为应用程序开发人员也在生产中负责运行，应用程序管理的操作包括发布自动化、修复、错误恢复、监控、维护
DataSecOps	DataSecOps 可协调不断变化的数据和用户之间的交互关系，一方面为了快速地提供数据价值，另一方面要确保数据的安全和隐私
DataGovOps	DataGovOps（数据政务运维），利用了类似于 DataOps 的方法和框架，为政务服务数据提供持续治理和运维，目的在于提高政务大数据的安全性，并进一步确保政务大数据可以得到大规模的安全使用
SecXOps	SecXOps 即 XOps for security，其目的在于将安全分析充分融入安全运营涉及的全场景中，涉及数据采集、模型开发、模型部署、模型管理，告警研判、攻击溯源、关联决策、应急响应等阶段
NetDevOps	NetDevOps 是基于 DevOps 的一个实践，利用 NetDevOps 以更加自动化、高效和可靠的方式执行网络运维，在此模式下的运维网络变化将会变得小而频繁
EdgeOps	EdgeOps 是一种通过采用自动化方式管理边缘网络的方法，其将边缘处理的优势与边缘增强的 AI/ML 边缘推理、执行和控制结合起来，大大减少了部署、管理和排除远程分支机构基础设施故障所需的人工干预
IoTOps	IoTOps 主要与设备物联网上设备全生命周期运维管理有关

（续）

名称	概要介绍
DigitalOps	DigitalOps 因组织数字化转型应运而生，包含了感知和行动的技术，帮助组织协调内部资源，为组织数字化转型提供动态学习和优化支持，提高组织的活动效率，可以看作是组织数字化转型的处理中心
DesignOps	DesignOps 涉及对设计流程、人员和技术的优化，可改善产品的设计和商业价值
ContentOps	ContentOps 将战略和管理联系在一起，是人员、流程和技术的必要基础，促使组织能够自始至终有效和高效地维护其内容（战略制定、内容创建、发布、分发和管理）生命周期
ResearchOps	ResearchOps 是支撑研究人员规划、开展和应用高质量研究的框架 / 方法
ProductOps	ProductOps 将组织的日常工作与业务成果联系起来，使得组织的工作更有效率并能创造更多的业务价值
PeopleOps	PeopleOps 专注于员工发展，是提高员工参与度和保留人才的一种实践

利用“Google 趋势”这一工具，比较分析了这些术语自 2012 年 1 月以来的检索热度，可表明受关注程度和重要性。

从全球来看，DevOps 的热度“一枝独秀”，相比其他 Ops 术语具有压倒性优势，且仍处在上升趋势；除 DevOps 之外，热度前五名分别是 DevSecOps、MLOps、FinOps、AIOps、DataOps，它们也处于持续上升态势。

从我国来看，DevOps 的热度呈现上升趋势，热度超过其他 Ops 术语，但优势没有全球情况下明显，MLOps、FinOps、AIOps、DataOps 等热度自 2015 年起明显更高，但此后没有明显的上升趋势。

2.4 数字化运维术语及其演进

2.4.1 现有观点介绍

当前关于 Ops 之间关系并没有一致认识，但 Ops 之间并非完全“杂乱无章、无迹可寻”，Ops 的产生和演进是有逻辑性的。当前关于 Ops 之间关系的代表性观点有以下几种。

1. DataOps 衍生自 DevOps，DevOps、DataOps 是各自领域 Ops 的基础

DataKitchen 公司认为，随着软件行业的兴起，精益原则在软件开发环境中同样具有变革性，从而产生了 DevOps 等原则和实践。DevOps 和敏捷带来

的灵活性帮助许多公司在其市场中获得了领导地位，但 DevOps 本身不足以在数据组织中实现敏捷，因此数据分析领域创建了 DataOps。DevOps 是 IT 团队和软件团队的基础技术环境，DevOps 是 DevSecOps、GitOps、AIOps、CloudOps、AppOps、NoOps 等的基础；DataOps 则是数据分析团队的技术环境，DataOps 是 ModelOps、MLOps、AnalyticOps 等的基础（见图 2-3）。

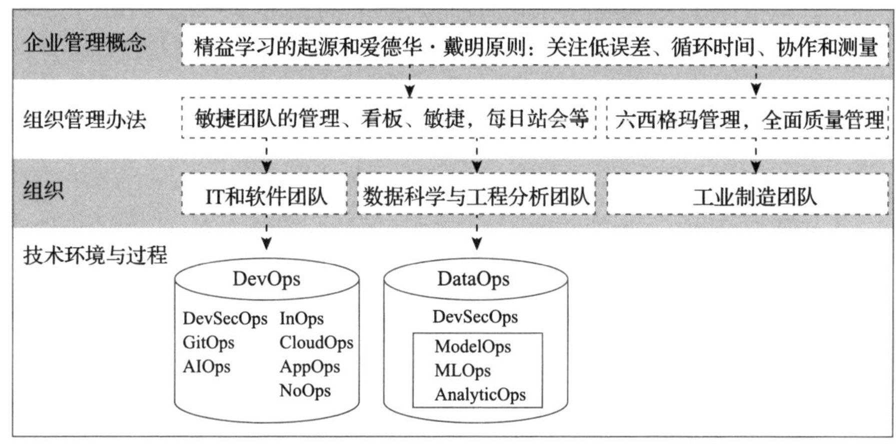

图 2-3　DevOps 和 DataOps 的演进

资料来源：DataKitchen，2020

2. DevOps 是大部分 Ops 术语的基础，也有一些与 DevOps 无关的 Ops 术语

Software AG 公司认为，DevOps 以更高效的方式将软件开发（Dev）和数字化运维 / 运营（Ops）结合在了一起。DevOps 的对象是软件产品。由于 DevOps 非常成功，因此该方法也适用于其他对象，特别是有以下主要特征的对象。

- 由单独处理的多个部分组成，可以自动构建与部署。
- 可以自动测试对象。
- 具有“生产性使用”的概念，生产环境可以使用声明方式描述，并且它们的设置是自动化的。
- 可以自动部署到生产环境中，也可以从它回滚到早期版本。
- 可以定义和自动收集目标环境中对象的性能指标（KPI）。DevOps 衍生品的采用率很高，其中 DataOps 是最成熟的例子。

3. 将 Ops 按与 DevOps 的接近程度不同，可分为多个类型

- 原始 DevOps 的扩展，例如 BizDevOps（将业务添加到范围）和 DevSecOps（添加安全性）。
- 将 DevOps 应用于具有可部署代码主要特征的对象，如 DataOps 和 MLOps。
- 将 DevOps 应用于任何不同于代码但可以在描述性模型中描述的东西，然后可以在类似软件部署的自动化过程中将其付诸实践。例如，GitOps 结合了特定工具（Git）和 DevOps 原则来自动部署和实施基础架构。
- 通过学习 DevOps 的原则和最佳实践，可以以正确的工具、系统和实践来促进团队协作。比如 DesignOps、ContentOps、ResearchOps、ProductOps 等。
- Ops 只是作为“Operations”的缩写，与 DevOps 无关，例如 AIOps 是将 AI 应用于运营，但并未采用 DevOps 原则，与 DevOps 无直接关系。

4. XOps 是 DataOps、ModelOps、MLOps、Platform Ops 等数据和 AI 领域 Ops 的总称

在 Gartner 2021 年发布的“十大数据和分析趋势”中，将 XOps 列为十大趋势之一。XOps 将 DevOps 原则扩展到 AI 领域的所有关键工件。XOps（DataOps、MLOps、ModelOps、PlatformOps 等）的目标是使用 DevOps 最佳实践，实现数据、机器学习、模型开发应用等的效率和规模经济，并确保可靠性、可重用性和可重复性，同时减少技术和流程的重复并实现自动化。

Gartner 描述了 XOps 的以下要素。

- DataOps 侧重于数据管道。
- MLOps 的目标对象是机器学习模型，是可部署的对象。
- ModelOps 涵盖了所有作为对象的 AI 和决策模型，包括 ML 模型（MLOps 是 ModelOps 的一个子学科）、图模型、启发式模型、语言模型等。
- PlatformOps 不是针对特定对象，而是描述了整个 AI 系统的编排，包括对 DataOps、MLOps、ModelOps 和 DevOps 的编排。图 2-4 展示了 XOps 的组成及 PlatformOps 的作用。

5. XOps 是数字化运维领域各种 Ops 等的统称

与 Gartner 认为 XOps 是 DataOps、MLOps、ModelOps、PlatformOps 等数据和 AI 领域 Ops 的统称不同，一些国外机构、中国信息通信研究院（简称中国信通院）等所理解的 XOps 要更加宽泛，包含了更多内容。

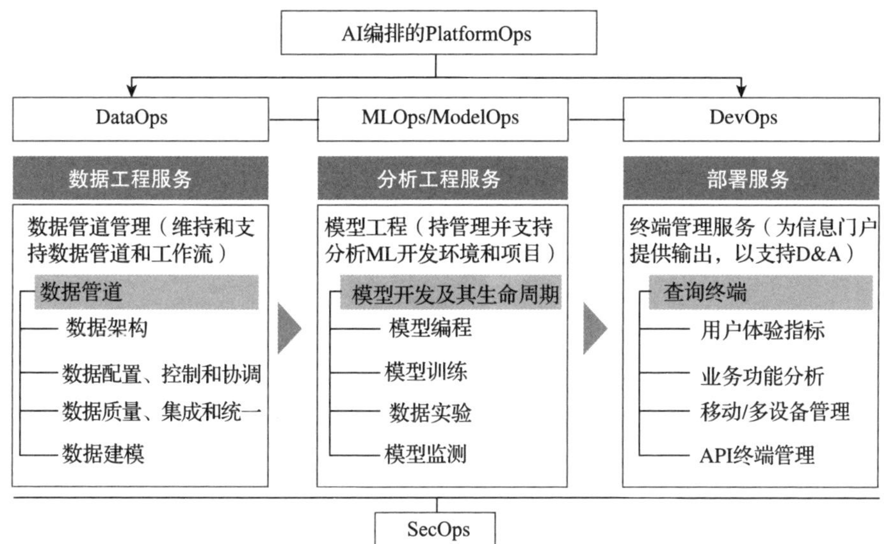

图 2-4 XOps 的组成及 PlatformOps 的作用（来源 Gartner，2021）

在“2022 首届 XOps 产业生态峰会”上，中国信息通信研究院发布了“2022 XOps 十大关键词”，解读了 XOps 产业的重要发展趋势，同时发布了“XOps 评估”和“优秀案例评选”结果。根据大会发布结果，2022 XOps 十大关键词是 DevOps、DevSecOps、持续测试（Continuous Testing)、研发效能度量、AIOps、BizDevOps、FinOps、ArchOps、数字化治理。可以认为，XOps 产业生态峰会将 XOps 的理解为“各种 Ops”的统称。

在 2022 大数据产业峰会上，中国信通院发布了“2022 大数据十大关键词”，DataOps 位列其中。根据发布会，2022 年中国信通院正式牵头启动了 DataOps 的标准建设工作。厂商中，诸如腾讯、阿里、亚信、海南数造等公司纷纷采纳 DataOps 的理念构建新一代数据研发工具平台。企业中的一些头部机构，例如中国工商银行、中国农业银行、中国移动等也在对 DataOps 进行实践。

Tredence 是一家数据科学领域的公司，它提出了一个 XOps 框架（见图 2-5）。Tredence 认为 XOps 的核心是 BizOps，没有这个核心整个业务价值链就会崩溃；DevSecOps 可确保生产中的业务应用程序在遵守安全规范的同时继续保持相关性；DataOps 处理流入生产应用程序（跨环境）的过多数据输入并对其进行维护；MLOps 专注于在应用程序中维护机器学习模型（如果存在)；AIOps 将所有各层缝合在一起，以确保在运行维护、快速问题识别和解决方面的无缝体验；最后，CloudOps 使所有这些层能够以最佳方式适应云计算时代。

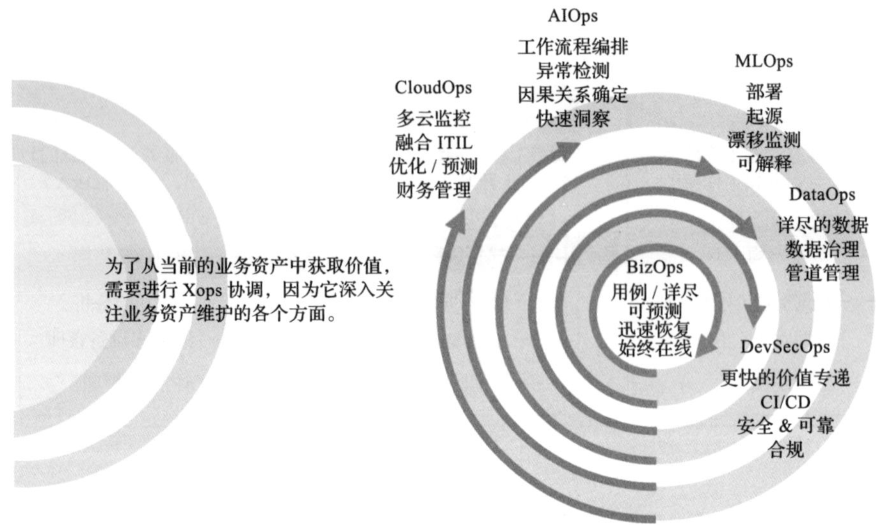

图 2-5 Tredence 公司使用的 XOps 框架

2.4.2 演进机制分析

基于以上基础工作和进一步分析，提出了 Ops 演进的五种机制如图 2-6 所示。前三种机制适用于与 IT、数据和 AI 相关领域的 Ops 演进，覆盖了 80% 的 Ops 演进；另两种适用于 IT、数据及 AI 领域之外的 Ops 演进，覆盖了 20% 的 Ops。

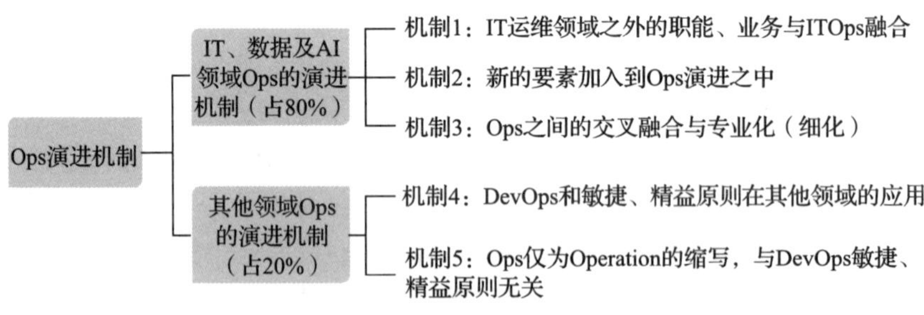

图 2-6 Ops 演进机制之间的关系

1. IT、数据和 AI 领域运维术语的演进

与 ITOps、数据及 AI 相关的 Ops 的演进主要有三个机制：一是 IT 相关的

职能、业务与 Ops 的交叉融合；二是敏捷和精益的原则、数据和 AI 的应用、新一代信息技术和基础设施等新要素加入 Ops 演进之中；三是 Ops 之间的交叉融合、自身细化。

（1）IT 相关的职能、业务与 Ops 的交叉融合　在 Ops 发展中，数字化运维领域之外的职能、业务与 ITOps 不断加强融合。

- ITOps 与开发融合，加上敏捷和精益原则，形成了 DevOps。
- ITOps 与安全（团队）融合，形成了 SecOps。
- ITOps 与业务融合，形成了 BizOps。
- ITOps 与 IT 服务融合，形成了 ServiceOps。
- CloudOps 与财务融合，形成了 FinOps。

（2）新要素加入 Ops 演进之中　新要素在 Ops 演进之中发挥了巨大作用，主要的新要素包括敏捷和精益的原则、数据和 AI 的应用、新一代信息基础设施。

- 敏捷和精益原则，加上 ITOps 与开发融合，形成了 DevOps。
- 数据、AI，加上敏捷和精益原则、DevOps，形成了 DataOps、MLOps、ModelOps、PlatformOps、AnalyticOps 及 XOps 框架。
- 数据、AI，加上 ITOps，形成了 AIOps。
- 新一代信息技术和基础设施，加入 ITOps、DevOps 中，形成了 CloudOps、APPOps、InfraOps、GitOps、ArchOps、NetOps、IotOps 等。

（3）Ops 之间的交叉融合、自身细化　Ops 之间的交叉融合及细化（专业化）也是新 Ops 产生的一个机制。

- DevOps，加上 SecOps，形成了 DevSecOps。
- SecOps 和 XOps 结合，形成 SecXOps。
- BizOps，加上 DevOps，形成了 BizDevOps。
- DevOps、AIOps、ITOps 等融合，指向了未来的 NoOps。
- DevOps 的进一步细分、专业化，形成了 CloudOps、AppOps、GitOps、ArchOps、NetOps、IoTOps 等。
- XOps 可以分为 DataOps、MLOps、ModelOps、AnalyticOps 等。

2. IT、数据和 AI 领域各运维术语的关系图

基于以上分析绘制出 IT、数据及 AI 领域 Ops 之间的关系图，如图 2-7 所示。

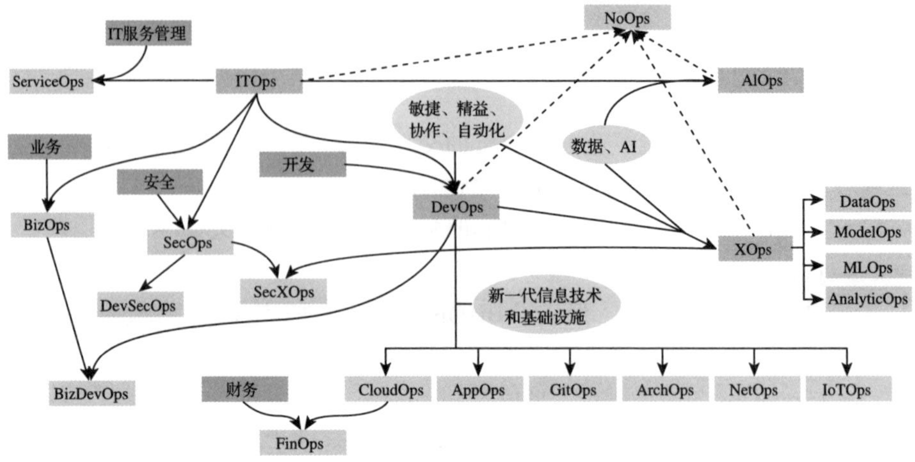

图 2-7　Ops 之间关系图（IT、数据及 AI 领域）

3. IT、数据和 AI 领域之外的 Ops 术语演进

IT、数据及 AI 领域之外 Ops（术语）的演进，主要是两个机制：一是 DevOps 和敏捷、精益理念在 IT、数据及 AI 领域之外的应用；二是 Ops 仅是作为 Operations（运营）的缩写，与 DevOps 和敏捷、精益理念无直接关系。

（1）DevOps 和敏捷、精益理念在 IT、数据及 AI 领域以外的应用　随着 DevOps 的成功，DevOps 和敏捷、精益原则在产品、设计、研究、销售等领域都获得关注和应用，甚至存在一定滥用。

- DevOps 和敏捷、精益，在产品领域的应用，形成了 ProductOps。
- 在设计领域的应用，形成了 DesignOps。
- 在研究领域的应用，形成了 ResearchOps。
- 在内容领域的应用，形成了 ContentOps。
- 在营销、销售领域，形成了 MarketingOps、SalesOps。
- 在收入（Revenue）领域，形成了 RevOps。

（2）Ops 仅是作为 Operations（运营）的缩写，与 DevOps 和敏捷、精益理念无显著关系　组织运营（Operations）涉及的范围非常广，外部供应链、内部价值链上各环节都是组织运营的一部分，远不止 IT、数据这两个方面。所以运营（Operations）一词在很多地方有应用，有些也简称为 Ops，与 DevOps 和敏捷、精益无显著关系，如 DigitalOps、PeopleOps。

2.4.3 演进趋势分析

基于对运维 Ops 术语之间关系和演进机制的分析，总结 Ops 术语演进的十个趋势如下：

- Ops 术语还会持续推陈出新，这是因为 DevOps 的“敏捷、精益、协作”的内涵还会继续扩展衍生，也因为 Ops 是运营（Operations）的缩写，运营本身会不断创新。
- DevOps 还处在上升势头（从搜索热度来看），预期 DevOps 热度还将维持很长时间，DevOps 相关的 DevSecOps 也保持相同态势。
- “敏捷、精益、自动化、协作”和 DevOps 成功实践在数据、AI 领域的成功应用，将创造 DataOps、MLOps、ModelOps、AnalyticOps、PlatformOps 及 XOps 的繁荣，PlatformOps 因为在其中的调排作用会变得不可或缺。
- AIOps 融合了 Ops 和数据、AI，未来将持续繁荣，并与 DevOps、XOps（DataOps、MLOps、ModelOps、AnalyticOps 等）、SecOps 等持续融合，为迈向理想的 NoOps 而努力。
- 业务价值、降本增效是 ITOps 持续发展的动力，BizOps、FinOps、BizDevOps 因为将业务、财务与 Ops 融合，将获得持续深入发展并成为刚需。
- 随着新一代信息技术、基础设施的发展，CloudOps 越来越普及，IotOps 也将越来越重要。
- DevOps、ITOps、SecOps 等相关 Ops 一方面不断细化（专业化），另一方面又必须加强融合。例如，DevOps 不断细化出现了 AppOps、ArchOps、GitOps、NetOps 等，而这些 Ops 都必须加强与业务、数据及 AI、安全等的融合。
- XOps 框架因其包容性、灵活性，可能会成为 ITOps 的升级版。
- Ops 在运维、数据等领域之外的应用会越来越多并取得实效，比如 DesignOps、ContentOps、ResearchOps、ProductOps 等。
- 随着组织的运营的数字化、自动化，数字化运营（DigitalOps）因为融合了业务流程建模与分析、流程 / 任务执行、绩效监测，促进了 DTO（数字孪生组织）、超自动化的实现，会逐步成为新热点。

第 3 章 CHAPTER 3

数字化运维领域的标准与方法论

编者按：为解决建设与实施落地中所遇的诸类问题，人们总是提出各种理念、方法论及标准，以求能拨开云雾、有章可循。运维亦是如此，本文选取了ITIL、ITSS、ISO 20000 等经典理念与方法论，不图面面俱到，只求管中窥豹，以飨读者。

3.1 国际运维服务领域的经典：ITIL

3.1.1 ITIL 的发展历史

想要介绍运维领域的方法论，不得不从大名鼎鼎的 ITIL 说起，ITIL 是解决 IT 如何为组织更好地服务并赋能组织问题的方法论，如今 ITIL 已经作为最佳实践框架在国内外被广泛应用。ITIL 是信息技术基础架构库（Information Technology Infrastructure Library）的缩写，早在 20 世纪 80 年代由英国政府中央计算机和电信局（Central Computer and Telecommunications Agency，CCTA）制定，由英国政府商务办公室（Office Government Commerce，OGC）发布管理。

想要更好地了解一个理论的精髓，需要了解它的前世今生。ITIL 自发布以来，已经迭代了 4 个版本，每一次版本迭代都是基于当时的时代背景，重新定位运维以及 IT 对业务发展的作用。在详细介绍 ITIL 4 个版本的内容之前，先抓住 ITIL 4 个版本的发展主线，如图 3-1 所示。

1. ITIL V1：面向技术的运维管理

在 20 世纪 80 年代，英国政府面临着 IT 服务商提供的服务质量不理想的困扰，为解决这个问题，让 CCTA 开始做改善课题，以帮助英国政府在经济合理的前提下，高效地使用信息技术资源，提高 IT 的服务质量和效率。

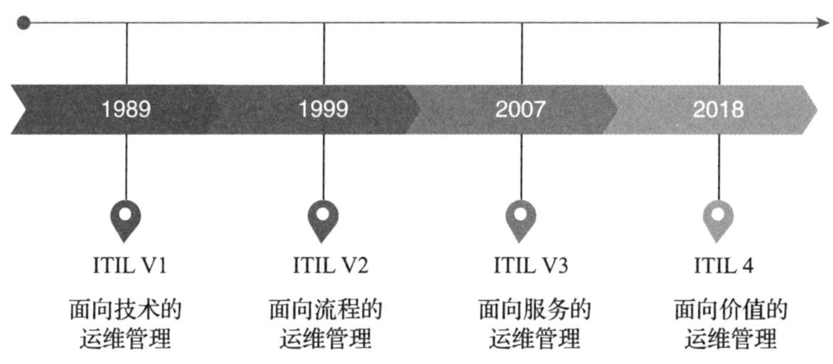

图 3-1　ITIL 的发展历程

CCTA 在观察研究了大量 IT 服务提供方是如何提供服务和支持的基础上，总结归纳形成了 ITIL V1，于 1989 年发布。ITIL V1 是四十多卷小册子的集合，包括很多技术性的内容，这也体现了最初人们对运维的理解，即运维就是技术的。当然，ITIL V1 也描述了许多和如今的 ITIL 相同的主题，如服务台管理、变更管理、软件分发控制、容量管理、可用性管理、成本管理等。ITIL V1 和当前的 ITIL 有比较大的差别，基于当时信息技术发展的时代背景以及 ITIL V1 还不够完善等原因，ITIL V1 并没有引起太大的反响。

2. ITIL V2：面向流程的运维管理

难能可贵的是制定方坚持不懈地对 ITIL 的理论进行完善，十年磨一剑，终于在 1999 年的时候发布了 ITIL V2，也引发了不小的轰动。ITIL V2 完成了运维服务的第一次转换，即从技术的视角到流程的视角，这对习惯了搞运维就是搞技术的运维人来说，是一次思想上的重大转变。

ITIL V2 的框架，把 IT 服务分为服务提供和服务支持两大阶段，包括 10 个核心流程和一个服务平台的服务职能。ITIL V2 是具有里程碑意义的，自此，IT 服务管理的理念逐步建立，IT 不仅仅是关于技术的，更是关于流程和服务的。

ITIL V2 的框架如图 3-2 所示。

3. ITIL V3：面向服务的运维管理

随着信息技术的发展，IT 和运维在组织中承担的角色也在转变，从最开始的简单的技术工作，到 IT 部门能够为业务部门提供完整的技术解决方案和服务支持。因此，ITIL V3 诞生了，ITIL V3 完成了运维服务的第二次转换，即从流程的视角到服务的视角，运维工作者不是管理好技术、运行好流程就行了，而是要把运维的工作内容打包成服务，整体提供出去。

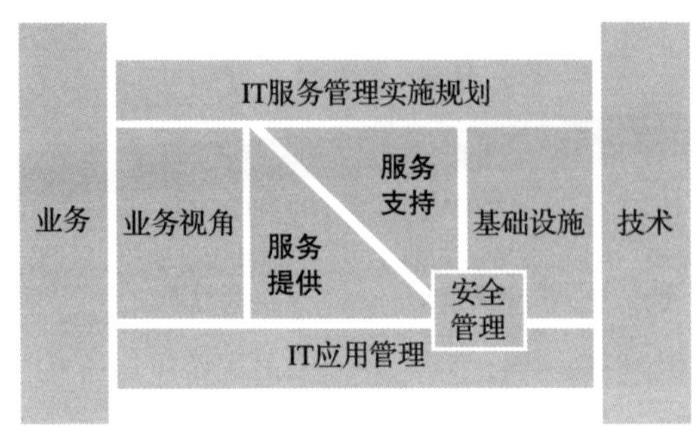

图 3-2　ITIL V2 框架

2007 年，ITIL V3 发布，并且在 2011 年的时候做了修订和更新。ITIL V3 是对 ITIL V2 的继承和发展，它在 ITIL V2 的基础上，对整体的理论框架进行了完善，将 IT 服务管理划分为服务战略、服务设计、服务转换、服务运营四大阶段，再加上跨生命周期的服务持续改进，形成了完整的 IT 服务生命周期框架，这是对 IT 服务管理认识的一大进步，运维不仅仅是流程，更是服务，且是全生命周期的服务。不得不承认，现在回头看 ITIL V3 版本的框架，也是非常经典的，制定方当年甚至戏称，ITIL V3 已经完美，再也不会需要 ITIL 4 了。ITIL V3 的框架如图 3-3 所示。

4. ITIL 4：面向价值的运维管理

官方再怎么称 ITIL V3 后不会再迭代，ITIL 4 最终还是来了。ITIL 4 由 AXELOS 于 2019 年 2 月发布，ITIL 4 和之前的版本相比有很大的不同，为了彰显其颠覆性，ITIL 4 没有延续之前 V1、V2、V3 的叫法，而是直接命名 ITIL 4。

有人认为，ITIL 4 的到来是被动的、不得不做出的改变，伴随着数字化转型的浪潮、迅速变化的市场需求、云和 AI 等新兴技术对 IT 行业带来的冲击、敏捷、Devops 等新兴理论的影响等，原有的 ITIL 体系已经不能够完全适用于当前的组织，所以必须进行变革。

笔者认为 ITIL 4 的到来需要综合来看。一方面，轰轰烈烈的数字化转型，改变了 IT 在组织中的地位和作用，以前 IT 是服务提供方，即业务是甲方，IT

是乙方，而伴随着数字化转型，IT 除了需要有能力支撑业务，还要承担转变业务运营的模式，为组织创造更多的价值，赋能业务的责任，即 IT 和业务变成了平等的、协作的关系，基于此，IT 工作者必须换一种视角来重新认识自己的工作，重新定位 IT 在组织的价值。另一方面，近年来敏捷和 Devops 的思想确实为 IT 工作模式带来了冲击，有很多关于 ITIL 流程过于死板、不够灵活、不能够适应当前组织的要求的声音，因此 ITIL 4 也融入了很多敏捷、Devops 的思想，以更好地适应时代要求。另外，在笔者看来，用我国传统思想"道法术"的角度来看，ITIL V2 和 ITIL V3 固然经典，尤其是 ITIL V3 给出了详细的流程落地的办法，但是 ITIL V2 和 ITIL V3 都是"术"这个层面的内容，ITIL 4 把"道"和"法"两个层面的内容进行了补充。道是根本性的规律，可以匹配于 ITIL 4 的服务价值系统；法是方法、策略，做某种事情一般的方法，可以匹配于 ITIL 4 的服务管理四个维度；术是具体的实践方法，可以类比于 ITIL 4 的 34 个实践。正所谓"有道无术，术尚可求也，有术无道，止于术"，学习 ITIL 的时候不可仅仅局限于学习实践，充分理解其背后的指导思想也是非常重要的。

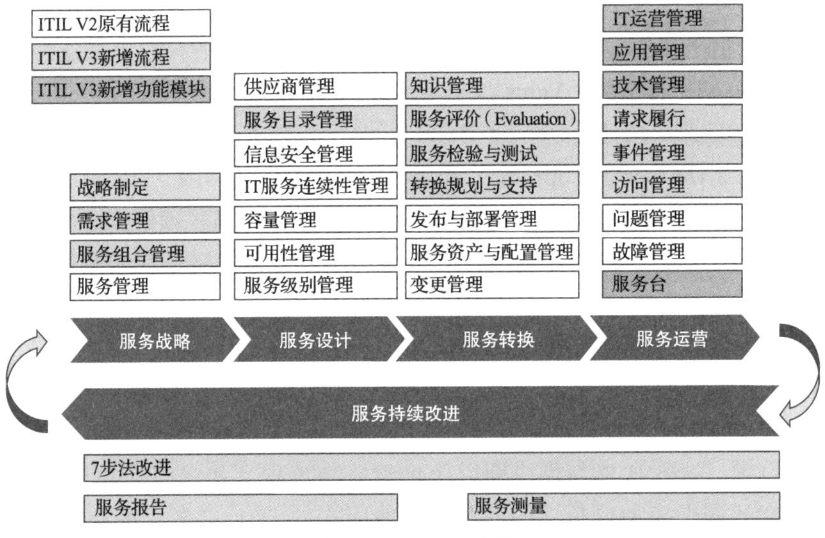

图 3-3 ITIL V3 框架

ITIL 4 的整体理念是以价值交付为中心的，去掉了 ITIL V3 中 IT 服务生命周期的框架，取而代之的是服务价值系统框架、服务管理四个维度，以及 34 个实践，组织可以更灵活地运用这些实践。

（1）IT 服务管理之“道”：服务价值系统和服务价值链　任何 IT 活动都应该是以价值交付驱动的，这是 IT 服务管理之道，是最高的原则，IT 的任何活动都应该思考此项活动是为了交付什么价值。ITIL 4 服务价值系统（Service Value System，SVS）描述了组织的所有组件和活动是如何作为一个系统来协同工作并实现价值创造的，框架如图 3-4 所示：

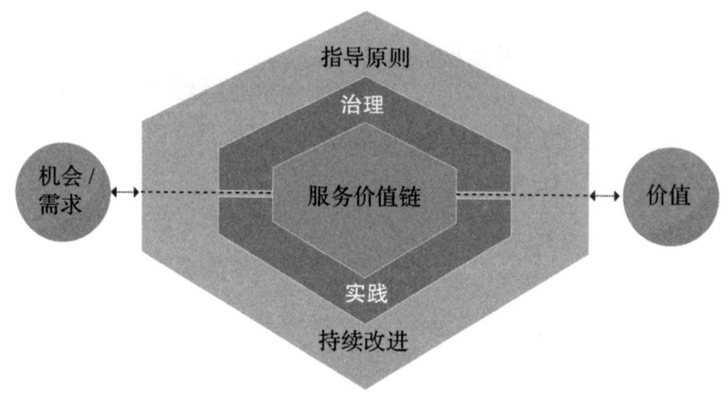

图 3-4　ITIL 4 服务价值系统

服务价值链（Service Value Chain）是服务价值系统的核心，是连接机会 / 需求（Demand）与价值（Value）的所有环节，其中包括：计划（Plan）、改进（Improve）、获取 / 构建（Obtain/ Build）、设计和转换（Design & Transition）、交付和支持（Deliver & Support）、产品和服务（Products & Service）。需要注意的是，在不同的价值交付活动中，价值流是不一样的，理解 ITIL 4 的关键在于能否转变思想，打破传统流程的节点，用服务价值链的视角重新思考 IT 服务管理的工作环节。

服务价值链的框架如图 3-5 所示。

（2）IT 服务管理之“法”：服务四维模型　ITIL 4 概述了服务管理的四个维度，是整体思考服务管理的方法，四个维度（见图 3-6）分别是组织与人员、信息与技术、合作伙伴与供应商以及价值流与流程。和之前的 ITIL 版本比，服务管理的四维模型也是新的变革，之前版本的 ITIL 更多地关注流程本身，甚至流传着做 ITIL 就是建流程的说法。但是，如果组织在做服务管理的时候，忽略了其中某一个维度，则有可能会带来服务管理不理想的结果，比如，如果在做事件、变更等流程建设的时候，忽略了人员的职责、角色或者工具的支撑能力等，都会削弱流程的落地效果。

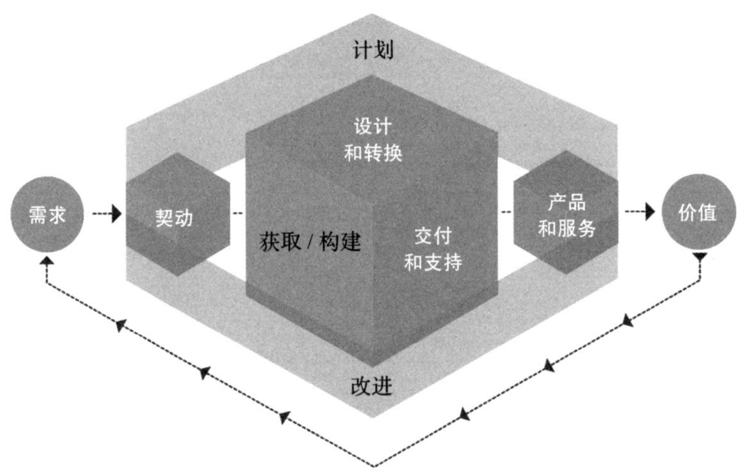

图 3-5　ITIL 4 服务价值链

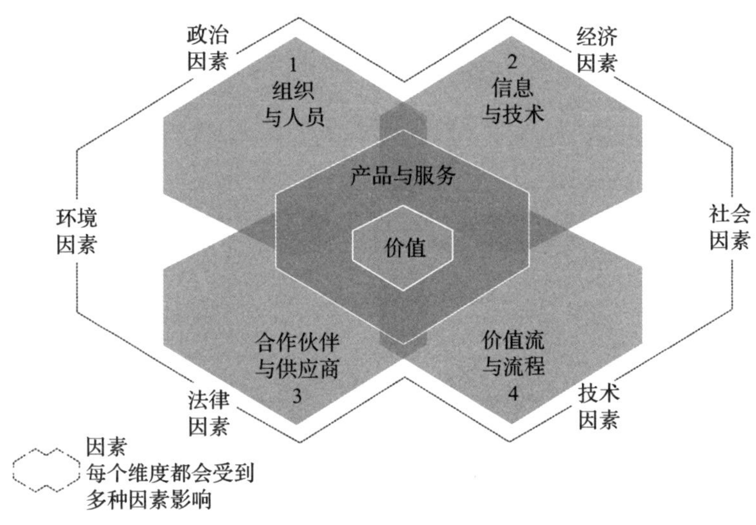

图 3-6　ITIL 4 服务四维模型

（3）IT 服务管理之“术”：34 个实践　目前 ITIL 4 包含 34 个实践，这 34 个实践归为三大类，分别是通用管理实践（General Management Practices，共 14 个）、服务管理实践（Service Management Practices，共 17 个）和技术管理实践（Technical Management Practices，共 3 个）。同时需要注意的是，在落地指导实践的时候，也需要从组织与人员、信息与技术、合作伙伴与供应商、价值流与流程这四个维度分别考虑，落地 ITIL 绝不是单单落地流程，组织人员是基础，工具平台是重要支撑，良好的服务伙伴关系让组织事半功倍。34 个实践见表 3-1。

表 3-1　ITIL 4 的 34 个实践

通用管理实践	服务管理实践	技术管理实践
架构管理	可用性管理	部署管理
持续改进	商业分析	基础架构和平台管理
信息安全管理	容量和性能管理	软件开发及管理
知识管理	变更使能	
度量和报告	事件管理	
组织变革管理	IT 资产管理	
组合管理	监控和事态管理	
项目管理	问题管理	
关系	发布管理	
风险管理	服务目录管理	
服务财务管理	服务配置管理	
战略管理	服务连续性管理	
供应商管理	服务设计	
人力资源管理	服务台	
	服务级别管理	
	服务请求管理	
	服务验证和测试	

（4）ITIL 4 和 ITIL V3 的对比　表 3-2 从不同维度将 ITIL 4 和 ITIL V3 进行了对比，有助于把握两者的区别。

表 3-2　ITIL 4 与 ITIL V3 的对比

维度	ITIL V3	ITIL 4
覆盖范围	IT 服务管理	服务管理
IT 的定位	为业务服务	赋能业务发展
体系框架	生命周期	价值流
驱动方式	流程	价值驱动

首先，从覆盖范围上来看，以往的 ITIL 是专注于 IT 服务管理的，但是到了 ITIL 4 的模型，不仅仅可以应用于 IT 领域，而是可以应用于所有服务管理的领域，强调了整个组织在提供服务过程中的角色和职责，视野更为开阔。

其次，从对 IT 的定位来看，ITIL V3 将其定位为业务服务，而 ITIL 4 则是赋能业务发展，意味着 IT 的目标是为业务创造价值和创新。

再次，在体系框架方面，ITIL V3 采用了生命周期的概念，强调了服务管理的不同阶段。而 ITIL 4 则采用了价值流的概念，将服务管理看作一个连续流动的过程，强调了价值的持续交付。

最后，在驱动方式上，ITIL V3 以流程为驱动方式，强调了标准化、规范化的流程管理。而 ITIL 4 则以价值驱动为核心，强调了以价值为导向的服务管理，关注如何为客户和组织创造更大的价值。

3.1.2　ITIL 在中国的落地

ITIL 在中国的发展情况，大致可分为 3 个阶段（见图 3-7），第一个阶段是启蒙阶段，大约从 2000 年初到 2009 年；第二个阶段是发展阶段，大约是在 2010 年到 2019 年；第三个阶段大约从 2020 年开始，伴随着云原生、人工智能、数字化转型等新技术、新理念，逐步进入了 ITIL 理论新探索和新增长。

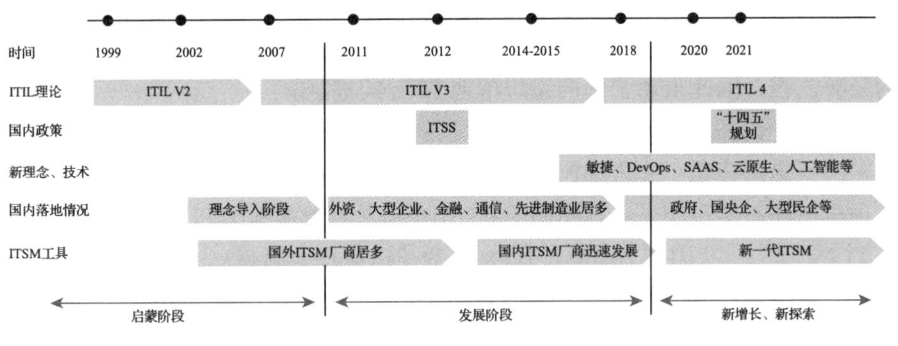

图 3-7　ITIL 在中国的落地

（1）第一阶段：启蒙阶段（约 2000 年—2009 年）　ITIL 的理念最早是由谁、什么时候引入中国的各家众说纷纭，但这个时间点基本可以追溯到 2000 年初，即 ITIL V2 发布后的几年，那时 ITIL 在我国还属于启蒙阶段，国内出现了第一批本土从事 ITIL 相关工作的咨询公司，如瀚伟科技等。从 2002 年开始，短短的几年内，ITIL 相关的组织、论坛、出版物等层出不穷。翰纬科技出版了第一本中文 ITIL 专著《中国 IT 服务管理指南》,《中国计算机用户》周刊创办了中国第一个 IT 服务管理专栏，第一个面向 ITIL 的门户网站“ITSM 资讯网”建立，我国政府成立首家 IT 服务管理专业委员会，itSMF 在中国成立了分会，借此 ITIL 在中国的影响力开始逐步形成。

在 21 世纪初，国内的企业和组织开始接受 ITIL 的理念导入，但是着手做 ITIL 体系建设以及工具落地的并不是特别多。零星有一些外资背景的跨国集团公司、大型合资公司算是 ITIL 落地的先驱，比如法国的圣戈班公司，2006 年的时候就在我国建立了 IT 共享服务中心，用 ITIL 支撑 IT 共享服务中心的管理工作。

当时的 ITIL 咨询和 ITSM 工具市场，还是外资比较占优势，一些知名的外资公司，带着 ITIL 咨询服务以及 ITSM 工具进入中国市场，比如 HP 的 OpenView，IBM 的 Tivoli，CA 的 Unicenter，BMC 的 Remedy 等。最开始做 ITIL 咨询和工具落地的费用也比较昂贵，甚至多达数百万，所以当时 ITIL 还给人一种不接地气、高高在上的感觉。

（2）第二阶段：发展阶段（约 2010 年—2019 年） 从理论和国内政策、标准的层面看，2007 年 ITIL V3 发布，2009 年中国 ITSS 工作组成立，开始逐步建立起我国运维服务管理的相关标准，尤其是 2012 年 ITSS 正式发布了 GB/T 28827《信息技术服务　运行维护》系列标准以及对应的成熟度评估模型，在国内的组织也掀起了一股以评促建的热潮。这个标准很大程度上参考了 ITIL 的经典流程，因此推动了国内组织落地 ITIL 的进程。

在这个阶段，不仅仅是带外资背景的公司和组织，很多国内的大型国央企、大型集团公司、先进的制造企业等，也开始探索 ITIL 在组织内部的落地。如中国海洋石油集团、万达集团等在 2010 年左右就落地了 ITIL 的管理体系以及 ITSM 工具。尤其是在 2012 年 ITSS 的《信息技术服务　运行维护标准》发布后，很多地区对于通过 ITSS 成熟度评估的组织是有补贴政策的，这也大大鼓励了很多公司和组织落地 ITIL。2013 年有 12 家组织通过了 ITSS 的成熟度评估，到了 2019 年，这个数字是 734 家。

同时，基于市场需求的增加，大约在 2014 年、2015 年左右，国内早期的 ITSM 工具的厂商雨后春笋般涌现，我国本土的厂商凭借着离客户更近、更懂中国国情、服务更方便、成本更低等优势，逐渐在中国的 ITSM 市场上占有一席之地。同时，国外厂商的弊端也逐渐显露出来，比如价格昂贵、软件部署后的服务工作跟不上、无法支持本土客户需求进行定制化等，这也给了国内厂商很好的发展契机。

（3）第三阶段：新增长、新探索阶段（2020 年以后） 自 2015 年以来，敏捷、DevOps 等理论迅速火爆，ITIL 也在 2018 年发布了 ITIL 4 新版本，充分地拥抱了敏捷、DevOps、精益等新理念，同时聚焦价值交付。我国也是全面进入了数字化转型的阶段，国家“十四五”规划报告提出“十四五”时期要围绕加快发展现代产业体系，推动互联网、大数据、人工智能等同各产业深度融合，实施“上云用数赋智”，大力推进产业数字化转型，发展现代供应链，提高全要素生产率，提高经济质量效益和核心竞争力。伴随着新理念、国家的规划以及组织本身数字化转型的发展，信息化建设在组织内部的重要程度越来越高，随之对应的运维工作也越来越重要，因此掀起了一波新的 ITIL 体系建设和工具落地的热潮。

根据笔者从事 ITIL 咨询的实际感受，自 2019 年，尤其是 2020 年以来，国内掀起了一轮新的 ITIL 服务管理体系建设的浪潮。从 ITSS 成熟度评估的数据的增长情况来看，与笔者的实际感受相同，2020 年有 1040 家组织通过评估，且通过评估的组织数量以每年 40% 到 50% 的速度在增长。自 2020 年以来的增长，来源于两部分。一部分是之前没有做过 ITIL 体系建设的组织，如果说过去 ITIL 落地集中在大型国央企、大型集团公司，那么在这个阶段，越来越多的大中型国企、民企，不分行业，都开始重视运维工作，着手开始建立运维服务管理体系了。另一部分是之前最早建立过 ITIL 体系、搭建过 ITSM 平台的组织，伴随着 ITIL 理念的更新，旧的 ITSM 系统无法满足现有工作需要等原因，需要迭代组织的 ITIL 体系，替换原来的旧的 ITSM 平台，在我们经历过的项目中，这样的组织也不在少数。

从 ITSM 工具的发展情况来看，厂商的竞争也愈发激烈，互联网时代带来了组织业务模式和工作模式的转变，不断有云原生、大数据、人工智能等技术涌入市场，客户和用户对于 ITSM 产品的期待和要求也是越来越多，原来老一代 ITSM 工具不足以满足当下客户的需求，因此市场上也涌现了很多新一代 ITSM 工具的厂商。根据 IDC 2021H1 中国统一运维软件的市场份额来看，中国的 ITSM 市场还处于竞争激烈、群雄割据的时代，还没有巨头企业出现。

3.1.3 ITIL 的未来以及新一代 ITSM 的畅想

关于 ITIL 是否还适用组织，是否会被敏捷、DevOps 取代的争论喋喋不休，从百度指数上看过去 10 年关于 ITIL 和 DevOps 的热度可以看出，ITIL 在过去

10 年内的搜索热度基本稳定，并没有下滑的趋势，DevOps 的热度逐年攀升，也确实超过了 ITIL，但是笔者认为并不能因为 DevOps 的火爆，就说明 ITIL 会被取代，毕竟两大理论的关注点是不一样的，DevOps 关注的是如何更快更好地交付新功能和新产品，ITIL 关注的是如何更高质高效地支撑长尾的运维阶段。

百度搜索指数中关于 ITIL 和 DevOps 的搜索热度如图 3-8 所示。

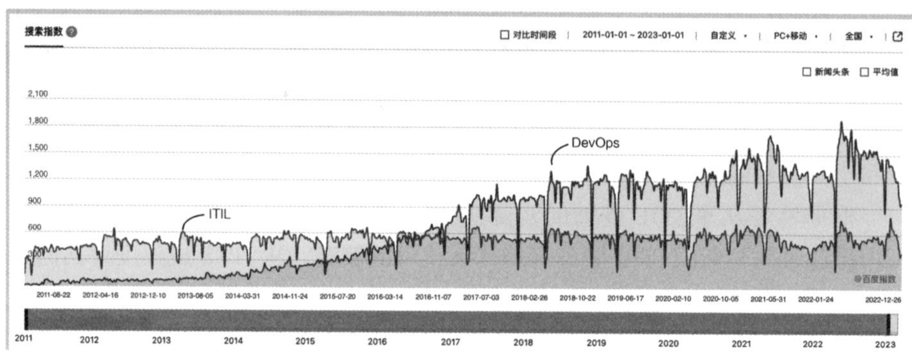

图 3-8　ITIL 和 DevOps 的搜索热度

另外，ITSM 工具作为支撑 ITIL 落地的工具，基于新一代信息技术的发展，如云原生、大数据、人工智能等，传统的 ITSM 工具确实面临着重大的转型挑战，著名软件公司 CA 还专门写过一篇文章 *ITSM at a crossroads: What will it take to move IT Service Management into the 21st Century?*（ITSM 站在十字路口，21 世纪的 ITSM 何去何从？）分析了 ITSM 工具当前的处境和发展问题，其中也提到了传统 ITSM 的一些问题，比如传统的 ITSM 更关注流程而不是用户本身、对于协作场景的支撑不足、ITSM 离用户较远，使用不便等问题。

从笔者近些年来丰富的 ITSM 落地经验来看，新一代的 ITSM 必须关注当前的用户需求，拥抱新技术、新趋势，在和众多客户和用户交流中，笔者总结了一些客户和用户提到最多的希望 ITSM 具备的能力，如：

1）能够提供基于 SAAS 的 ITSM 服务，更加适配云原生时代需求。

2）关注用户体验，为用户打造产品而不是为流程打造产品，如用户移动办公的需求、多渠道接入 ITSM 的需求、跨团队协作的场景需求等。

3）关注真实的工作场景，而不是僵化的流程，能够有根据真实需要灵活调整流程的能力。

4）打破孤岛，能够充分地与监控、CMDB、报表、DevOps 等平台联动，实现不同场景的联动和自动化。

5）能够采用智能化技术，如智能客服、智能知识推荐，智能解决方案推荐等，提升使用人的感受和工作效率。

6）数据分析的能力，能够充分支撑运维服务量化决策分析。

3.2　信息技术服务管理体系国际标准：ISO/IEC 20000

3.2.1　ISO/IEC 20000 的发展历史

2001 年的时候，英国标准协会正式发布了以 ITIL 为核心的英国国家标准 BS15000；2002 年，英国将 BS15000 提交给国际标准化组织（ISO），申请成为 IT 服务管理国际标准。经过国际标准化组织的投票、讨论、改写和编辑工作，在 2005 年 12 月 15 日正式发布为国际标准，这是一个重大的里程碑，是信息技术服务在标准化落地的一大步。

ISO/IEC 20000 国际标准也分别在 2005 年、2011 年和 2018 年进行了更新。

ISO/IEC 20000 标准包含以下两个方面的内容：

- ISO/IEC 20000-1，即《信息技术　服务管理　第 1 部分：服务管理体系要求》，是一个正式规范，明确了组织向客户提供品质合格的管理服务的要求。
- ISO/IEC 20000-2，即《信息技术　服务管理　第 2 部分：服务管理系统应用指南》是一项行为准则，描述了 ISO/IEC 20000-1 范围内的服务管理的最佳范例。

ISO/IEC 20000 最新的服务管理体系框架如图 3-9 所示。

3.2.2　ISO/IEC 20000 在中国的落地情况

伴随着我国信息技术服务企业的发展，越来越多的组织完成了 ISO/IEC 20000 的认证工作，尤其是在金融机构、电信、高科技产业、服务型企业等。通过该认证，对内提升了组织管理的效率和质量，对外也是组织能力的一张名片。

过去几年，通过 ISO/IEC 20000 认证的组织数量，每年都保持着稳定的增长（见图 3-10），可见中国企业对 ISO/IEC 20000 认证的认可度还是很高的。

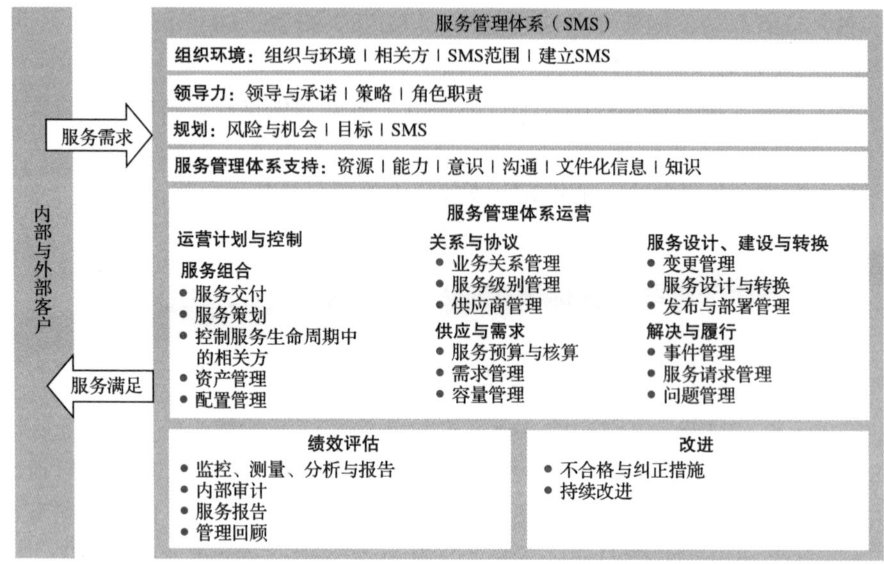

图 3-9　ISO/IEC 20000：2018 服务管理体系框架

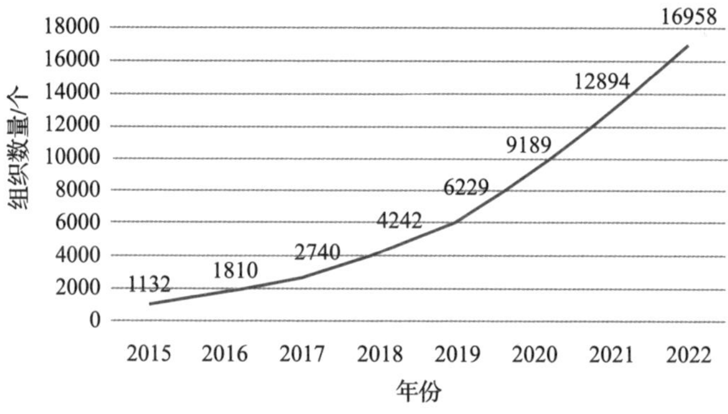

图 3-10　通过 ISO/IEC 20000 认证的组织数

3.3 中国 ITSS 运维相关标准

3.3.1 ITSS 概述

1. 背景和发展

ITSS（Information Technology Service Standards，信息技术服务标准）是

一套体系化的信息技术服务标准库。ITSS 全面规范了 IT 服务产品及其组成要素，用于指导实施标准化和可信赖的 IT 服务。

2009 年，在工信部的领导下，信息化和软件服务业司组织成立了 ITSS 指导协调组和 ITSS 工作组。对比一下 ITIL、ISO/IEC 20000 发布的时间和我国 ITSS 工作组成立的时间（见图 3-11），会发现我国在信息技术服务领域起步还是比较晚的，路漫漫其修远兮。

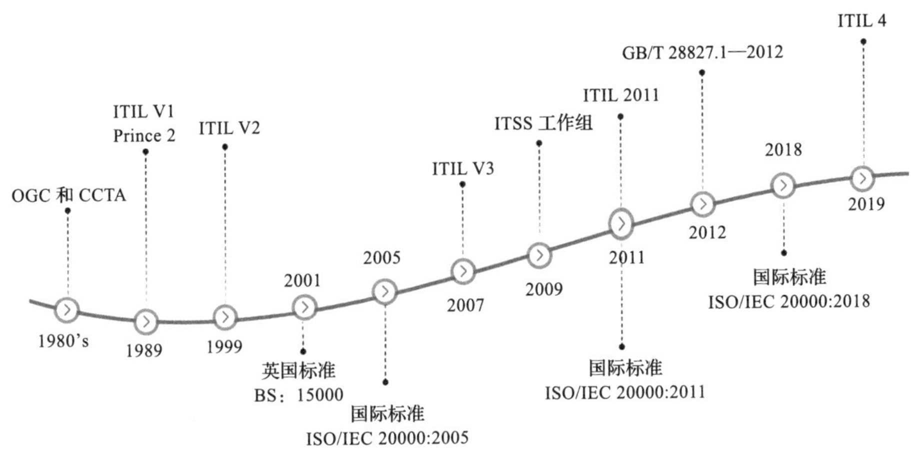

图 3-11　ITIL 和国际国内标准时间线

2. ITSS 核心理念

ITSS 的框架（见图 3-12）由能力要素、生命周期、持续改进和监督管理组成，通过人员、流程、技术和资源能力四要素构建能力标准，通过规划设计、部署实施、服务运营的周期构建产品和业务全生命周期管理标准，通过持续改进和监督管理确保产品和业务的实施质量，同时不断持续改进。

我国的信息技术服务标准化工作起步相对较晚，2009 年才开始，但是 ITSS 核心原理有自身的优势。直到 2019 年 ITIL4 才提出服务管理四个维度：组织与人员、信息与技术、合作伙伴与供应商、价值流与流程，我国的 ITSS 从一开始就定义了人员、流程、技术、资源四个维度的能力要素，从这一点来看，ITSS 的核心理念又是领先的。

3. ITSS 5.0 标准体系

自从 2009 年 ITSS1.0 版本发布至今，ITSS 标准体系框架已更新迭代了

6 个版本，目前最新的 ITSS 5.0 版本，分为基础标准、通用标准、保障标准、技术创新服务标准、数字化转型服务标准、业务融合标准 6 大类，ITSS 5.0 体系框架如图 3-13 所示。

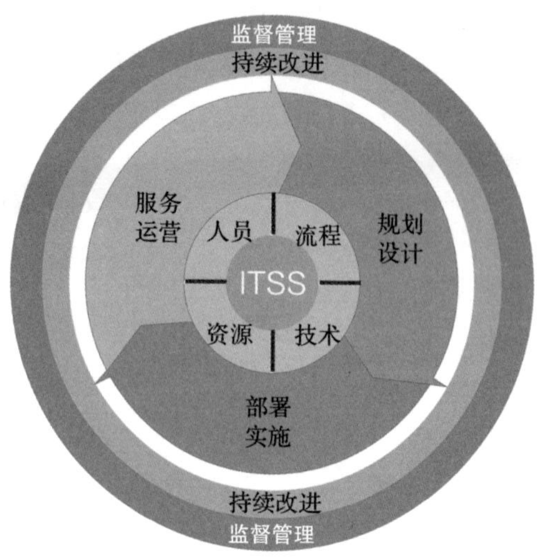

图 3-12　ITSS 框架

因 ITSS 标准体系包含的标准数量较多，所以在图 3-13 中仅标出了一些较重要的标准。另外，由于本书的篇幅有限，下面会重点介绍一些在运维领域比较重要的标准，ITSS 还有很多和运维相关的标准，本书不做赘述。

3.3.2　GB/T 28827《信息技术服务　运行维护》系列标准

GB/T 28827《信息技术服务　运行维护》是基础服务标准里的一系列标准，目前已经发布了 8 部分，关系如图 3-14 所示。

1. GB/T 28827.1《信息技术服务　运行维护　第 1 部分：通用要求》

GB/T 28827.1《信息技术服务　运行维护　第 1 部分：通用要求》是 GB/T 28827 相关标准中的第 1 部分。这部分标准里的运维能力框架，是在治理的要求下，以运行维护能力体系为支撑，最终实现价值的实现。其中运行维护能力体系规定了人员、流程、技术、资源四个维度的要求以及关键指标，并且结合了策划、实施、检查和改进的方法。

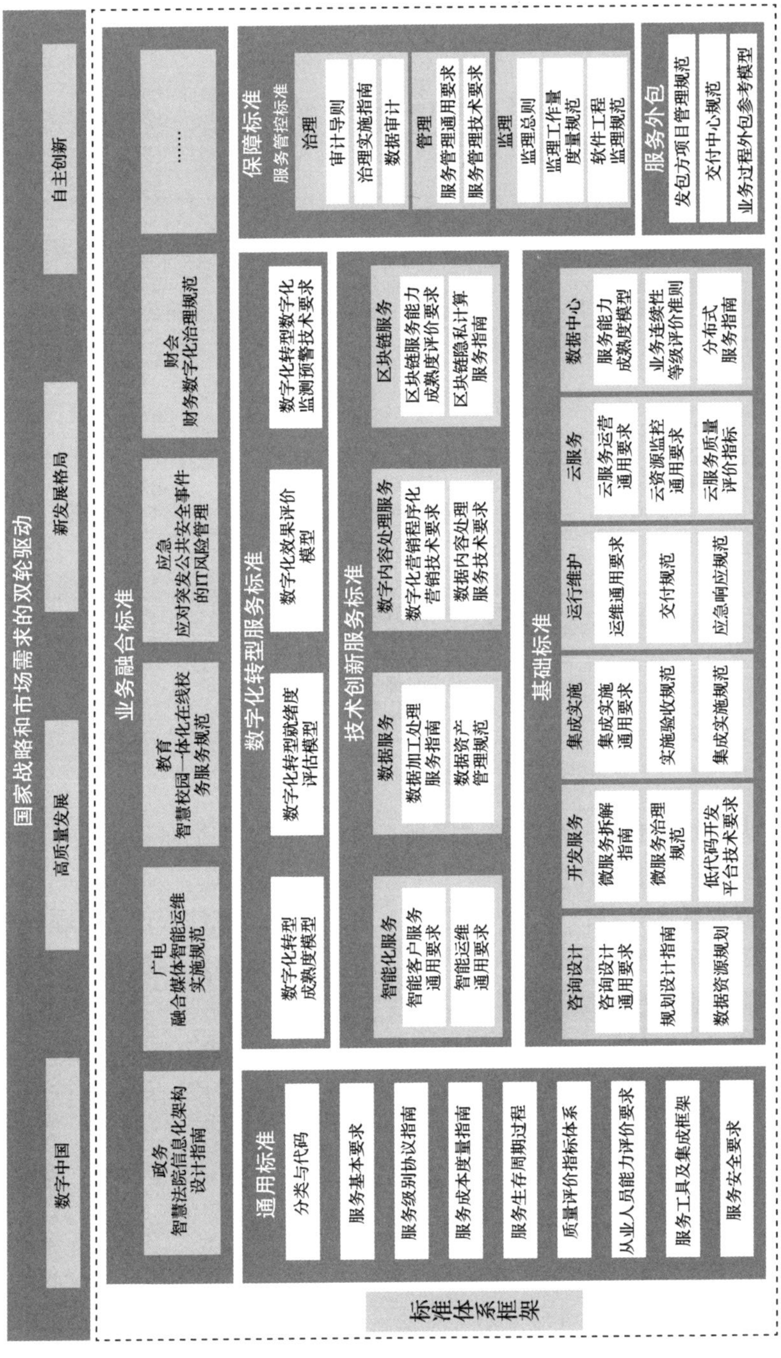

国家战略和市场需求的双轮驱动
- 数字中国
- 高质量发展
- 新发展格局
- 自主创新

标准体系框架

业务融合标准
- 政务 智慧法院信息化架构设计指南
- 广电 融合媒体智能运维实施规范
- 教育 智慧校园一体化在线校务服务规范
- 应急 应对突发公共安全事件的IT风险管理
- 财会 财务数字化治理规范
- ……

通用标准
- 分类与代码
- 服务基本要求
- 服务级别协议指南
- 服务成本度量指南
- 服务生存周期过程
- 质量评价指标体系
- 从业人员能力评价要求
- 服务工具及集成框架
- 服务安全要求

数字化转型服务标准
- 数字化转型成熟度模型
- 数字化转型就绪度评估模型
- 数字化效果评价模型
- 数字化转型数字化监测预警技术要求

技术创新服务标准
- 智能化服务：智能客户服务通用要求；智能运维通用要求
- 数据服务：数据加工处理服务指南；数据资产管理规范
- 数字内容处理服务：数字化营销程序化营销技术要求；数据内容处理服务技术要求
- 区块链服务：区块链服务能力成熟度评价要求；区块链隐私计算服务指南

基础标准
- 咨询设计：咨询设计通用要求；规划设计指南；数据资源规划
- 开发服务：微服务拆解指南；微服务治理规范；低代码开发平台技术要求
- 集成实施：集成实施通用要求；实施验收规范；集成实施规范
- 运行维护：运维通用要求；交付规范；应急响应规范
- 云服务：云服务运营通用要求；云资源监控通用要求；云服务质量评价指标
- 数据中心：服务能力成熟度模型；业务连续性等级评价准则；分布式服务指南

保障标准
- 服务管控标准
  - 治理：审计导则；治理实施指南；数据审计
  - 管理：服务管理通用要求；服务管理技术要求
  - 监理：监理总则；监理工作量度量规范；软件工程监理规范
- 服务外包：发包方项目管理规范；交付中心规范；业务过程外包参考模型

图 3-13　ITSS 5.0 体系框架图

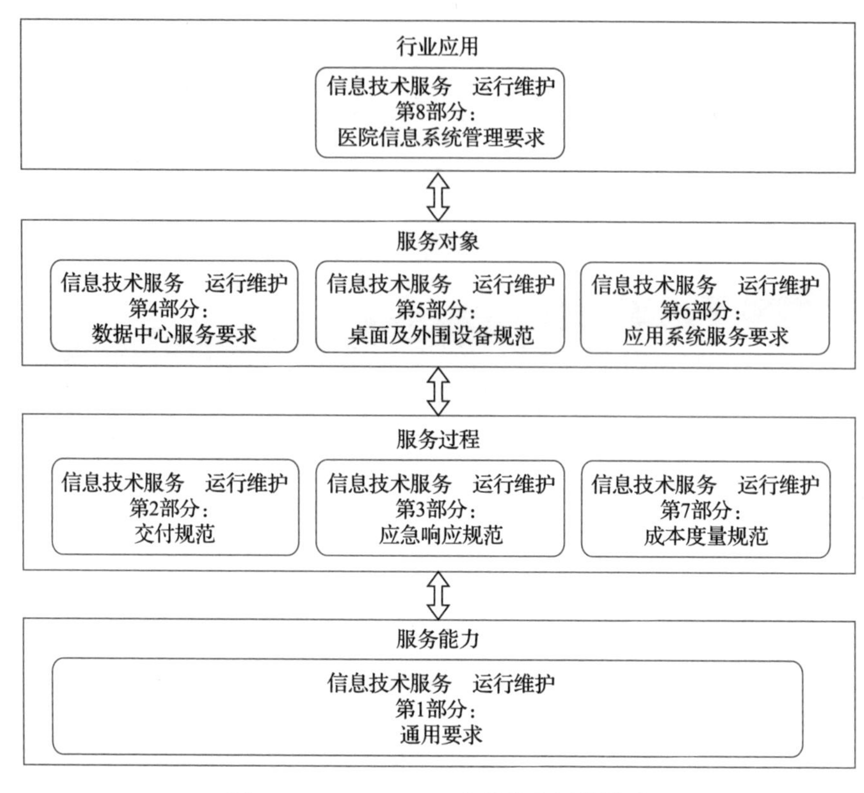

图 3-14 GB/T 28827 各部分之间的关系

- 人员维度包括：人员能力策划、岗位结构、人员储备、人员培训、绩效管理、能力评价。
- 流程维度包括：服务级别管理、服务报告、事件管理、问题管理、变更管理、发布管理、配置管理、服务可用性和连续性管理、系统容量管理和信息安全管理。
- 技术维度包括：技术管理、技术研发、技术应用。
- 资源维度包括：运行维护工具、服务台、备件库、最终软件库、服务数据、服务知识。

GB/T 28827.1—2022《信息技术服务 运行维护 第 1 部分：通用要求》中关于运维能力的模型框架如图 3-15 所示。

2. GB/T 28827.2《信息技术服务 运行维护 第 2 部分：交付规范》

GB/T 28827.2《信息技术服务 运行维护 第 2 部分：交付规范》是 GB/

T 28827 相关标准中的第 2 部分，旨在为运行维护服务交付过程中涉及的交付管理、交付内容、交付方式、交付成果提供指导，可作为需方选择供方的依据，也可作为供方改进运行维护服务交付能力的指南。

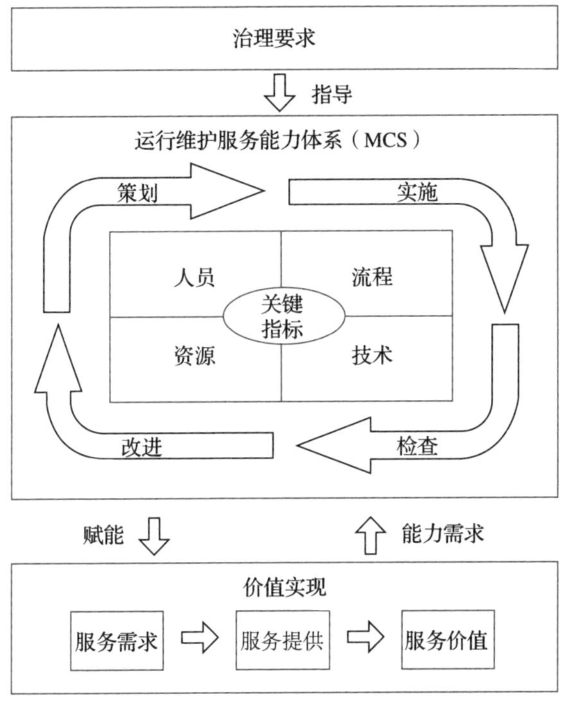

图 3-15　GB/T 28827.1—2022 运维能力模型框架

3. GB/T 28827.3《信息技术服务　运行维护　第 3 部分：应急响应规范》

GB/T 28827.3《信息技术服务　运行维护　第 3 部分：应急响应规范》是 GB/T 28827 相关标准中的第 3 部分，这部分提出了应急响应的基本过程，以及过程管理要求，旨在提升组织的应急响应能力，提前发现隐患，及时解决问题，降低应急事件可能带来的不良影响。

4. GB/T 28827.4《信息技术服务　运行维护　第 4 部分：数据中心服务要求》

GB/T 28827.4《信息技术服务　运行维护　第 4 部分：数据中心服务要求》是 GB/T 28827 相关标准中的第 4 部分，这部分提出了数据中心的运行维护（简称：运维）管理框架，规定了数据中心运行维护的对象、交付内容和管理要求。

5. SJ/T 11564.5《信息技术服务　运行维护　第 5 部分：桌面及外围设备规范》

SJ/T 11564.5《信息技术服务　运行维护　第 5 部分：桌面及外围设备规范》是 GB/T 28827 相关标准中的第 5 部分，它是一个行业标准，这部分定义了桌面及外围设备类运行维护对象和交付内容的关系，提出了规范管理、安全可控、及时便捷和节能环保四项基本要求，并详细了五类服务对象的基本服务内容。

6. GB/T 28827.6《信息技术服务　运行维护　第 6 部分：应用系统服务要求》

GB/T 28827.6《信息技术服务　运行维护　第 6 部分：应用系统服务要求》是 GB/T 28827 相关标准中的第 6 部分，这部分提出了应用系统运行维护服务模型，规定了运行维护对应用系统设计、交付、运行、终止和评价的要求。应用系统的运行维护服务模型包括运行维护对象、运行维护要求和运行维护评价要求。

7. GB/T 28827.7《信息技术服务　运行维护　第 7 部分：成本度量规范》

GB/T 28827.7《信息技术服务　运行维护　第 7 部分：成本度量规范》是 GB/T 28827 相关标准中的第 7 部分，这部分提出了信息系统运行维护服务成本的构成、度量模型及度量过程，旨在为运行维护成本管理提供依据，帮助运行维护服务甲乙双方统一项目预算，明确运行维护内容、有效利用资金，解决采购预算编制难，引导运行维护服务双方高效、有效地配置资源，在确保服务质量的基础上，保障相关组织的信息系统运行维护工作正常开展，确保信息化对业务的有效支撑和保障。

8. GB/T 28827.8《信息技术服务　运行维护　第 8 部分：医院信息系统管理要求》

GB/T 28827.8《信息技术服务　运行维护　第 8 部分：医院信息系统管理要求》是 GB/T 28827 相关标准中的第 8 部分，这部分承接 GB/T 28827.1《信息技术服务　运行维护　第 1 部分：通用要求》的管理要求，结合医院信息系统管理需求，从信息系统服务规划、日常事务处理、供应商管理、沟通协同、信息安全等方面给出医院信息系统服务的基础组成部分，以及提供医院信息系统服务的各类组织在这些方面应具备的条件和能力。

3.3.3　ITSS.1《信息技术服务　运行维护服务能力成熟度模型》

1. 基本信息

ITSS 运行维护服务能力成熟度模型是基于 GB/T 28827《信息技术服务 运行维护》的要求，反映运维服务能力水平的框架。

和 ISO/IEC 20000 认证相比，ISO/IEC 20000 仅评价组织是否达到了标准的要求，而 ITSS 成熟度模型给组织的运维体系建设提供了清晰的发展路径，组织可以根据实际情况沿着四级、三级、二级以及一级的路径不断提升。体系建设本就不是一蹴而就，建完则完的事情，而是应该持续改进的，如果说 ISO/IEC 20000 像是每 3 年考一次试，看看组织是否能够达到 60 分，ITSS 成熟度认证就像是我今年 60 分，明年可以定目标要考到 70 分，后年要考到 80 分，再后年要到 90 分，不断提升。

信息技术运维服务能力成熟度模型包括基本级、拓展级、改进（协同）级和提升（量化）级四个等级，从低到高分别用四、三、二、一表示。模型规定了各级运维服务能力成熟度在管理、人员、过程、技术和资源方面应满足的要求，框架如图 3-16 所示。

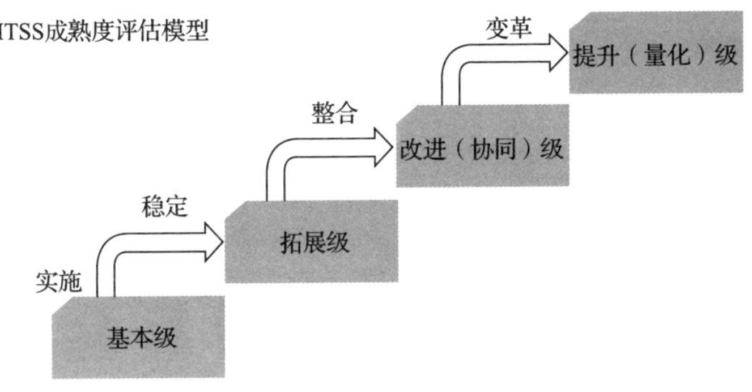

图 3-16　运维服务能力成熟度模型框架

2. ITSS 在我国推广的情况

伴随着组织对运维重要性的认识不断提升，以及政府相关补贴政策，我国通过 ITSS 认证的组织数量不断攀升，尤其是自 2018 年以来，通过认证的组织数量激增。自《信息技术服务　运行维护服务能力成熟度模型》发布以来，每年通过 ITSS 认证的组织的数量如图 3-17 所示。

截至 2022 年 12 月，我国已经有 6467 家组织取得了 ITSS 成熟度的认证，其中通过一级的组织 65 家，通过二级的组织 638 家，通过三级的组织 5229 家，通过四级的组织 535 家，分布如图 3-18 所示。

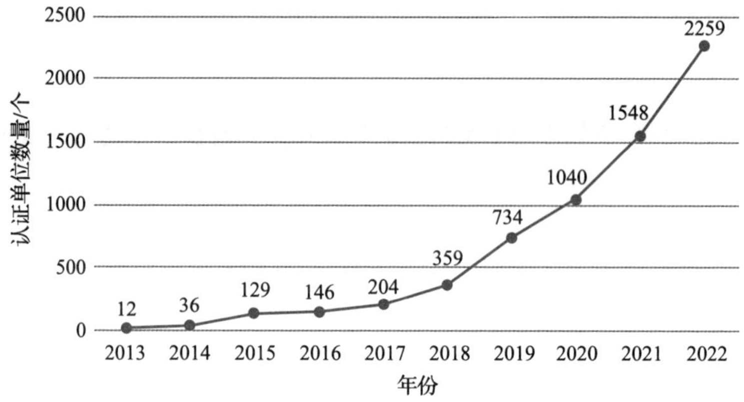

图 3-17　通过 ITSS 认证组织的数量

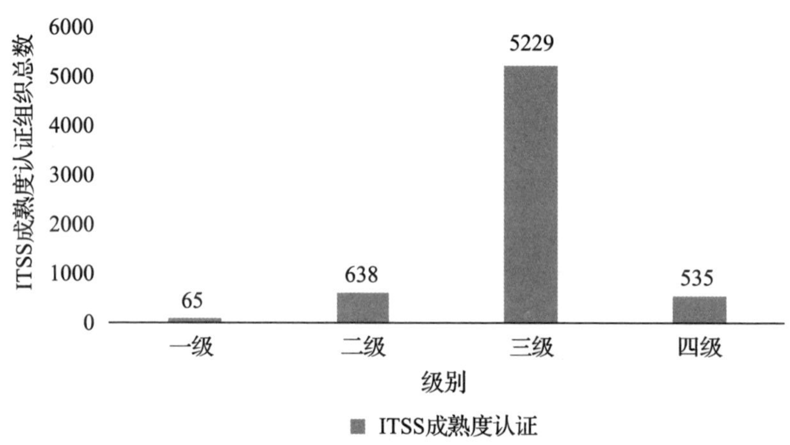

图 3-18　ITSS 成熟度认证组织总数

3.3.4 GB/T 43208.1—2023《信息技术服务　智能运维　第 1 部分：通用要求》

智能运维可谓是近年来的火热话题，那么关于组织构建智能运维应该具备哪些能力，具体达到什么目标，则可以在 GB/T 43208.1—2023《信息技术服务　智能运维　第 1 部分：通用要求》中找到答案。这个标准提出了智能运维的能力框架，描述了智能运维的特征，明确了智能运维所需要的组织治理、智能运维场景实现的方式、能力域和能力要素的要求，为智能运维的能力建设提供指导。

GB/T 43208.1—2023《信息技术服务　智能运维　第 1 部分：通用要求》中智能运维能力框架如图 3-19 所示。

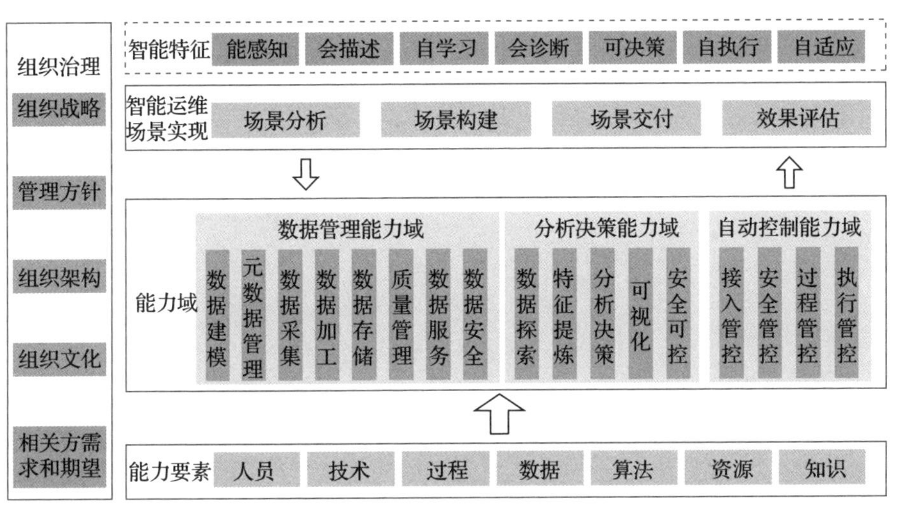

图 3-19　GB/T 43208.1—2023《信息技术服务　智能运维　第 1 部分：通用要求》智能运维能力框架

3.3.5　GB/T 33850《信息技术服务　质量评价指标体系》

GB/T 33850《信息技术服务　质量评价指标体系》建立了信息技术服务质量模型，规定了信息技术服务质量评价指标、测量方法以及质量评价过程等，框架如图 3-20 所示。

3.3.6　GB/T 33136《信息技术服务　数据中心服务能力成熟度模型》

数据中心服务能力成熟度是指一个数据中心对其提供服务的能力实施管理的成熟度。从数据中心相关方实现收益、控制风险和优化资源的基本诉求出发，确立数据中心的目标以及实现这些目标所应具备的服务能力。根据

GB/T 33136—2016《信息技术服务　数据中心服务能力成熟度模型》，服务能力按特性划分为33个能力项，每个能力项基于证据进行评价得出其成熟度，如图3-21所示。经过加权计算，单个能力项成熟度得到数据中心服务能力成熟度。

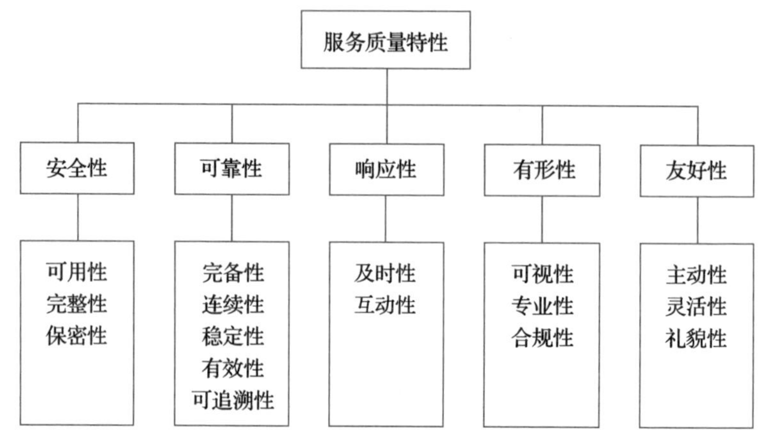

图3-20　信息技术服务质量模型框架

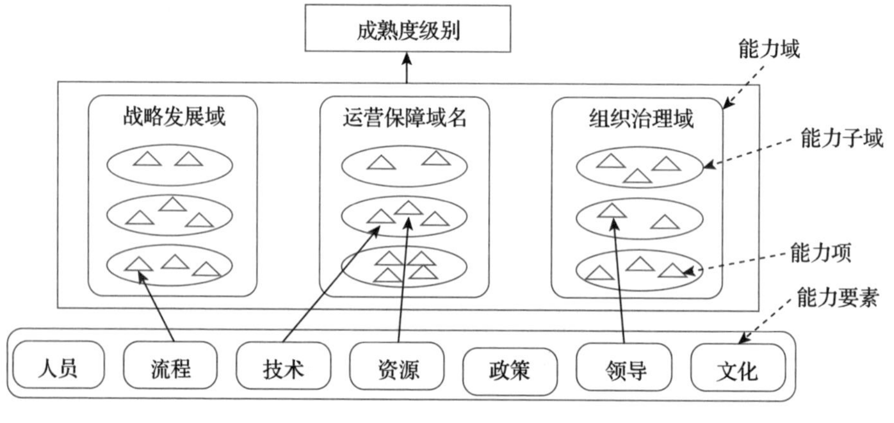

图3-21　数据中心服务能力成熟度模型构成

3.3.7　ITSS其他标准

除以上标准，ITSS标准族还包括很多标准，表3-3～表3-5列出了ITSS已经发布的标准清单，由于篇幅原因，就不一一详细介绍了。

表 3-3　ITSS 国家标准列表

序号	标准编号	标准名称
1	GB/T 19668.1—2014	信息技术服务　监理　第 1 部分：总则
2	GB/T 19668.2—2017	信息技术服务　监理　第 2 部分：基础设施工程监理规范
3	GB/T 19668.3—2017	信息技术服务　监理　第 3 部分：运行维护监理规范
4	GB/T 19668.4—2017	信息技术服务　监理　第 4 部分：信息安全监理规范
5	GB/T 19668.5—2018	信息技术服务　监理　第 5 部分：软件工程监理规范
6	GB/T 19668.6—2019	信息技术服务　监理　第 6 部分：应用系统：数据中心工程监理规范
7	GB/T 29264—2012	信息技术服务　分类与代码
8	GB/T 33770.1—2017	信息技术服务　外包　第 1 部分：服务提供方通用要求
9	GB/T 33770.2—2019	信息技术服务　外包　第 2 部分：数据保护要求
10	GB/T 33770.6—2021	信息技术服务　外包　第 6 部分：服务需方通用要求
11	GB/T 34941—2017	信息技术服务　数字化营销服务　程序化营销技术要求
12	GB/T 34960.1—2017	信息技术服务　治理　第 1 部分：通用要求
13	GB/T 34960.2—2017	信息技术服务　治理　第 2 部分：实施指南
14	GB/T 34960.3—2017	信息技术服务　治理　第 3 部分：绩效评价
15	GB/T 34960.4—2017	信息技术服务　治理　第 4 部分：审计导则
16	GB/T 34960.5—2018	信息技术服务　治理　第 5 部分：数据治理规范
17	GB/T 35293—2017	信息技术　云计算　虚拟机管理通用要求
18	GB/T 36074.2—2018	信息技术服务　管理　第 2 部分：实施指南
19	GB/T 36074.3—2019	信息技术服务　管理　第 3 部分：技术要求
20	GB/T 36325—2018	信息技术　云计算　云服务级别协议基本要求
21	GB/T 36326—2018	信息技术　云计算　云服务运营通用要求
22	GB/T 36463.1—2018	信息技术服务　咨询设计　第 1 部分：通用要求
23	GB/T 36463.2—2019	信息技术服务　咨询设计　第 2 部分：规划设计指南
24	GB/T 37696—2019	信息技术服务　从业人员能力评价要求
25	GB/T 37736—2019	信息技术　云计算　云资源监控通用要求
26	GB/T 37738—2019	信息技术　云计算　云服务质量评价指标
27	GB/T 37741—2019	信息技术　云计算　云服务交付要求
28	GB/T 37961—2019	信息技术　服务基本要求
29	GB/T 39770—2021	信息技术　服务安全要求
30	GB/T 40685—2021	信息技术　服务数据资产管理要求

表 3-4　ITSS 行业标准列表

序号	标准编号	标准名称
1	SJ/T 11435—2015	信息技术服务　管理技术要求
2	SJ/T 11445.2—2012	信息技术服务　外包　第 2 部分：数据（信息）保护规范
3	SJ/T 11445.4—2017	信息技术服务　外包　第 4 部分：非结构化数据管理与服务规范
4	SJ/T 11445.5—2018	信息技术服务　外包　第 5 部分：发包方项目管理规范
5	SJ/T 11564.4—2015	信息技术服务　运行维护　第 4 部分：数据中心规范
6	SJ/T 11565.1—2015	信息技术服务　咨询设计　第 1 部分：通用要求
7	SJ/T 11623—2016	信息技术服务　从业人员能力规范
8	SJ/T 11673.3—2017	信息技术服务　外包　第 3 部分：交付中心规范
9	SJ/T 11674.1—2017	信息技术服务　集成实施　第 1 部分：通用要求
10	SJ/T 11674.2—2017	信息技术服务　集成实施　第 2 部分；项目实施规范
11	SJ/T 11674.3—2017	信息技术服务　集成实施　第 3 部分：项目验收规范
12	SJ/T 11684—2018	信息技术服务　信息系统服务监理规范
13	SJ/T 11690—2017	软件运营服务能力通用要求
14	SJ/T 11691—2017	信息技术服务级别协议指南
15	SJ/T 11693.1—2017	信息技术服务管理第 1 部分：通用要求
16	SJ/T 11739—2019	信息技术服务呼叫中心运营管理要求

表 3-5　ITSS 团体标准列表

序号	标准编号	标准名称
1	T/CESA 1077—2020	信息技术服务　治理　IT 风险治理
2	T/CESA 1078—2020	信息技术服务　治理　数据审计
3	T/CESA 1101—2020	信息技术服务　治理　安全审计
4	T/CESA 1154—2021	信息技术服务　从业人员能力评价指南（设计与开发服务）
5	T/CESA 1155—2021	信息技术服务　从业人员能力评价指南（集成实施服务）
6	T/CESA 1156—2021	信息技术服务　从业人员能力评价指南（运行维护服务）
7	T/CESA 1157—2021	信息技术服务　从业人员能力评价指南（云计算服务）
8	T/CESA 1158—2021	信息技术服务　从业人员能力评价指南（信息安全服务）

3.4　确定性运维体系

确定性运维是华为云提出的一个面向云时代高效能、高质量的运维体系，是由“高可用架构”“动态风险治理”“高度智能运维框架”形成的一个有机结合体（见图 3-22）。覆盖了从产品设计、开发到部署上线，再到日常运行的生命周期全过程。通过“确定性运维”，组织能够将业务高速发展带来的“不确定性”变成不断进阶的“确定性”。

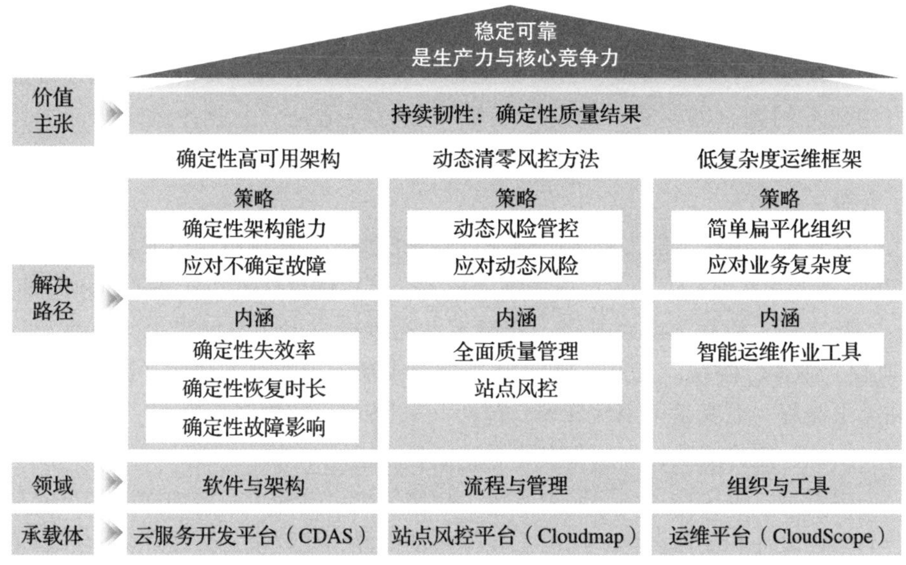

图 3-22　持续韧性框架

确定性运维思想以及方法论体系源于华为云业务从小量到大量再到海量的高速发展以及新型技术和开发模式引入的全过程。为了应对解耦的网络（Messy Complex）、快速迭代（Active Iteration）、安全生产（Trustworthy Operation）和全栈运维（Evolution FullStack）带来的不确定的挑战，华为云 SRE 用“确定性运维”能力支撑了华为云“稳定可靠”，平台质量和运维效率均得到大幅改善。

华为云 SRE 经过多年实践，总结出“持续韧性”（Continue Resilience）标准，即韧性是从架构设计、到交付、到现网运行的持续改进。运维新常态是接受部分故障，处在部分故障中的系统要求仍能正常对外提供服务。持续韧性价值主张是“确定性质量结果”，即“确定性运维”能力，包括以下几个部分。

- 确定性高可用架构：包括确定性失效率、确定性恢复时长以及确定性故障影响。

- 动态清零风控方法：包括全面质量管理（被动响应为主）和站点风控（主动运维为主）。
- 低复杂度运维框架：在业务高度复杂的情况下，通过智能运维作业工具的深化开展，提升效率，确保运维组织规模不线性增长。

组织在业务快速增长、数字化转型或深入云化改造，可能遇到可用性管理、责任分工、容量管理、云资源配置、安全生产、效率提升、智能运维能力构建等问题，需要将“确定性运维”能力转化为云上业务运维的能力体系，在运维体系进阶过程中，“组织、流程、工具”也在业务驱动下分别做了升级：

首先是“组织”能力升级，确定性运维模型下，运维组织需要转型为“建构师”，主要承担三个角色：可用性守护者、可用性设计者和软件工程开发者。

其次是“流程”能力升级，在确定性运维模式下，不仅需优化原有流程（监控、事件、问题、变更管理），还需增加主动管理业务可用性、运营、资源和需求流程。尤其是可用性管理，包括 PPR 高可用架构能力检查、交付验收、容灾演练、压力测试、应急预案等混沌工程流程。

再者是“确定性运维”能力升级，相比传统运维能力，增加深度参与前端产品架构设计和监控设计、混沌工程等活动内涵，建议重点关注保障业务稳定和部分能力的逐步自动化与智能化，提升整体效率。

运维可靠是确定性运维思想的基础与核心构成，为此华为云总结出“确定性运维之运维可靠”体系。通过“确定性”的各项能力，支撑业务团队既“快”又“稳”地发展业务。稳定可靠的核心要义（见图 3-23）是：质量文化是基础，高可用架构是前提，动态风险治理是保障，智能运维是未来。“稳定可靠”体系，是面向云时代的高效能、高质量的运维体系，其将“建构师”的思想注入产品设计与开发阶段，从源头构建产品可用性能力，在日常运维过程中用软件工程的思想解决问题，将风险、隐患系统性管理起来，将琐碎活动自动化，提升效率。通过“稳定可靠”将业务高速发展带来的“不确定性”变成服务水平目标（Service Level Objective，SLO）是指服务水平目标）的“确定性”，而这一切需要全员共识的质量文化作为基础。

稳定可靠“1+*N*”：“1”为标准化运维，“*N*”为稳定可靠专项能力。基于 ITIL 标准构建标准化运维，建立三线运维支撑团队，建立覆盖关键运维活动的流程规范，建设统一运维平台。在标准化运维的基础上开展 SRE 变革，构建稳定可靠能力。根据生命周期，稳定可靠共有六大领域能力，六大领域能力下有多个专项能力。

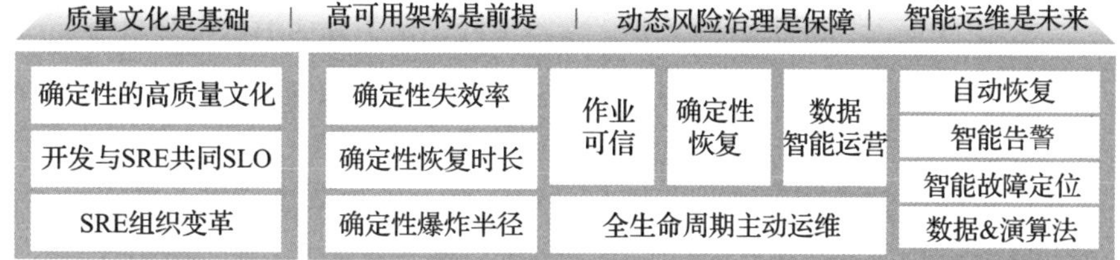

图 3-23　确定性运维之稳定可靠要义

1. 专项能力定义

- 高可用设计：业务可用性度量（SLO/SLI）设计、架构高可用设计、监控设计。
- 上线管理：生产准备度评审（PRR）、性能压测。
- 确定性恢复：故障管理、混沌工程。
- 风险治理：告警优化、变更风控、风险冒泡、重大保障、数据运营。
- 资源治理：容量管理、成本管理。
- 运维合规：安全生产。

2. 能力体系升级

云上数以万计的客户，虽然所运维的对象不同，但是面对的挑战却有不少的共同之处。当企业在业务快速增长、数字化转型或深入云化改造时，可能会遇到可用性管理、责任分工、容量管理、云资源配置、安全生产、效率提升、智能运维能力构建等问题，华为云 SRE 将自身的“稳定可靠”实践结合云上应用维护实践，梳理出如下适用于云上业务的“稳定可靠”体系，相较于传统运维体系，有如下变化：

- 传统运维关注问题快速定界定位，关注产品的可维护性，稳定可靠体系中，运维团队不仅关注可维护性，更多地参与到产品的架构设计中，落实“产品高可用架构”。
- 传统运维以被动响应为主、主动巡检为辅，稳定可靠体系全面加强了主动运维的活动，开展“动态风险治理”。
- 传统开发模式下版本交付经过较长周期的质量管理且变更并不频繁（趋于稳态），但现在更多组织执行“持续交付”流程（趋于敏态），为保障业务稳定，须强调自动化变更以降低风险。

- 传统业务体量小的时候，运维合规的压力并不高，体量变大以后参与的团队增多，交付越发频繁，安全生产的压力和能力诉求都很大。
- 基础设施云化以后，面对种类繁多的云化资源（包括操作系统、网络、数据库、容器等），需要自动化的“资源治理”能力以提升质量和效率。

为了帮助组织有效地规划和制定运维策略，华为云还推出了确定性运维成熟度模型，基于运维模式，对组织、文化、体系、能力、工具进行评估，共同探讨优化策略。该模型中每项能力都有自己的成熟度，综合成熟度主要将各项成熟度进行汇总，大体从组织、流程、确定性运维三方面进行综合评估，如图 3-24 所示。

- 基本运维：没有流程，也没有承载流程的工具，主要靠专家经验做运维，结果没有保障。运维人员被动响应，疲于奔命，变更引入重大事件，人因事件占比高，重大事件平均恢复时长（MTTR）不确定，安全生产存在较大不确定性。
- 标准化运维：引入 ITIL 标准化流程，但运维人员仍然被动响应，变更引入重大事件有所缓解，人因事件占比减少，琐事缠身，MTTR 平均恢复时长初步有所改善。
- SRE 转型：组织全面开展 SRE，使用软件工程方法解决运维课题、构建自动化作业能力，基础设施高可用能力、全方位的拨测能力，应急演练能力、负向改进能力，建立运维业务的质量意识和可靠性的文化，回溯改进复盘文化等。
- 初步确定性：开展广义 SRE，运维延伸到研发组织，共同守护 SLO 指标，设计 SLO/SLI 体系、构建混沌工程验证可靠性能力、确定性恢复能力、故障自愈能力，深度参与到产品设计和上线活动，构建先于客户发现故障的能力。
- 高度确定性：构建面向业务的动态风险治理能力、构建 AIOps 智能定界定位的能力、故障自愈的能力，敢于挑战高于 99.99% 的可用性，人因事件率优于 6σ 水平。

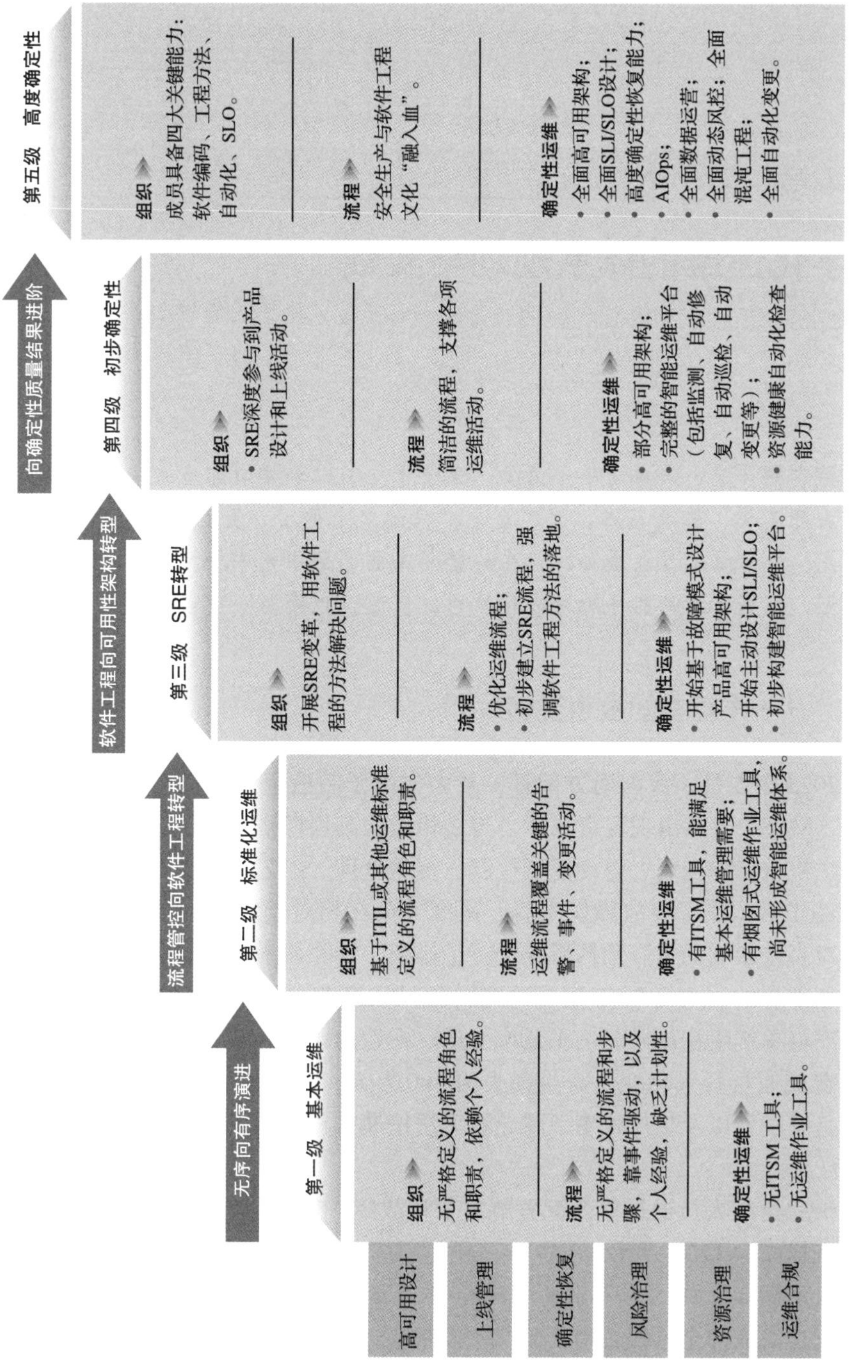

高可用设计
上线管理
确定性恢复
风险治理
资源治理
运维合规

无序向有序演进

第一级　基本运维

组织
无严格定义的流程角色和职责，依赖个人经验。

流程
无严格定义的流程和步骤，靠事件驱动，以及个人经验，缺乏计划性。

确定性运维
- 无ITSM 工具；
- 无运维作业工具。

流程管控向软件工程转型

第二级　标准化运维

组织
基于ITIL或其他运维标准定义的流程角色和职责。

流程
运维流程覆盖关键的告警、事件、变更活动。

确定性运维
- 有ITSM工具，能满足基本运维管理需要；
- 有烟囱式运维作业工具，尚未形成智能运维体系。

软件工程向可用性架构转型

第三级　SRE转型

组织
开展SRE变革，用软件工程的方法解决问题。

流程
- 优化运维流程；
- 初步建立SRE流程，强调软件工程方法的落地。

确定性运维
- 开始基于故障模式设计产品高可用架构；
- 开始主动设计SLI/SLO；
- 初步构建智能运维平台。

向确定性质量结果进阶

第四级　初步确定性

组织
- SRE深度参与到产品设计和上线活动。

流程
简洁的流程，支撑各项运维活动。

确定性运维
- 部分高可用架构；
- 完整的智能运维平台（包括监测、自动修复、自动巡检、自动变更等）；
- 资源健康自动化检查能力。

第五级　高度确定性

组织
成员具备四大关键能力：软件编码、工程方法、自动化、SLO。

流程
安全生产与软件工程文化“融入血”。

确定性运维
- 全面高可用架构；
- 全面SLI/SLO设计；
- 高度确定性恢复能力；
- AIOps；
- 全面数据运营；
- 全面动态风控；全面混沌工程；
- 全面自动化变更。

图 3-24　确定性运维成熟度模型

第 4 章 CHAPTER 4

数字化运维的体系规划与实践

编者按：宋·朱熹《朱子语类·朱子十一》："今学者亦多来求病根，某向他说头痛灸头，脚痛灸脚，病在这上，只治之上便了，更别求甚病根也。"治病如此，做运维工作亦是如此，在纷繁复杂的问题中切中根本，不仅需要系统性谋划，也需要清晰有序地阶段化执行，当然，也需要一点点耐心。

4.1 从一个真实的故事说起

2023 年 5 月，我国南方某省，某大型电子制造企业，其关键的制造执行系统（MES）突然出现宕机故障，与之相关的流程规格管理、配方管理、制程控制、机台流程控制、自动派货控制、传送管理、工艺控制等十几个核心系统均无法正常工作。在故障发生后，运维人员在相对较短时间内得到了问题反馈，对直接影响的生产预约系统进行了排查，排除该系统本身问题后进一步确定是新部署的网络终端 IP 配置冲突问题，MES 相关的自动派货进程缓慢，导致生产订单产生积压同时加工效率变低。在途的原材料长时间没有到达指定机台，造成原材料氧化变质直接损失为 500 万元，同时由于生产积压导致在制品的良率变低以及生产效率下降导致无法按期交货，造成总的间接违约损失约 700 万元。

最后运维人员通过修改配置解决了该故障，但是前后持续时间为 5 小时，总经济损失为 1200 万元。

众所周知，MES 是制造业的核心 IT 系统之一，负责管理从生产原材料到成品制造完成的全过程，用于监控、控制和优化制造，包括建立和跟踪制造工单，根据工艺路线决定制造程序，采集记录制造过程中的原料使用和工时，分析生产效率。同时在离散型制造企业中，MES 往往又扮演着“中枢”的角色，其与上游的企业资源计划（ERP）和下游的生产控制系统（PCS）关系非常紧密，像上述提到的某电子制造企业，其 MES 每天要处理输入和输出大约 1000 万条以上的指令且不能出错，可以看到其生产业务对 MES 的依赖是极高的。

在该事故发生后的第二天，CIO 组织研发与运维相关人员进行了为期一整天的故障复盘，在这个开放而又激烈的会议中，不同部门人员的出发点和建议有很大不同。

网络运维组的王经理提到需要考虑做整个生产园区的 IP 规划与管理，需要划分为多个子网，以实现不同设备和系统的隔离和管理。例如，可以将生产设备、监控系统、办公设备等划分到不同的子网中。要实现活跃 IP 扫描，使用 IP 地址管理工具来跟踪和管理网络中的 IP 地址，记录每个设备的 IP 地址、分配状态和其他重要信息，以便网络管理员进行有效地管理和故障排除。

应用运维的负责人李经理提到要加强统一监控的能力，花了很长时间才从应用缓慢排查到了网络配置问题，这次故障明显反映出故障诊断支持工具完备度不足，故障链路中的各类数据分散于不同团队和工具，数据富集和共享消耗了大量时间，建议建立统一的运维监控平台。

综合管理部的邵总提到，本次事故明显反映出团队的应急管理能力极其不足，表现在风险级应急机制覆盖不足，遗漏对设备的风险控制，没有很好地执行应急预案，甚至说“我们有应急预案吗？”同时团队也缺少全栈运维工程师，各运维团队仅熟悉各自领域的业务和技能，不能通盘分析和诊断故障。

流程管理部的董经理激动地说，这是管理和机制的问题，对于变更管理的缺失是本次事故发生的根本原因，团队在变更前没有充分评估技术风险、未制定全面的测试方案，甚至还没有建立覆盖全面的变更管理流程！有变更必然会有风险，所以必须加强对变更过程的控制，以防变更过程中的疏忽、资源短缺、准备不足等原因造成生产事故。

以上种种建议，各位读者是否觉得都是解决问题的手段呢？是的，笔者也是这么认为，各位当事人提出的建议都是正确的，但可能也都是片面的，如何能够举一反三？如何能够尽量全面而系统性地审视与解决业务连续性问题？CIO 郭总的发言引起了大家的进一步思考，当 IT 出现故障后，团队进行复盘分析，不能光看故障表面的原因，仅仅解决表现出来的局部问题，而是要系统性思考，能够举一反三，能够从整体性，全局性的角度思考，从体系化的高度来构建解决 IT 故障预防与处置的应急的、短期和长期的解决方案，评估每种方案的时效性、投入和产出才能更加客观地对运维整体性有规划、有方案、有落地、有效果、有评价。

4.2 数字化运维体系规划方法

运维体系规划是一个全面的、系统化的计划，旨在确保组织的运维工作能够高效、可靠地运作，以支持业务的稳定运行和持续发展。运维体系规划的范围主要和组织计划规划的部门，团队范围有关，小的可以只规划运维部门，大的可以涵盖开发，测试，项目组等其他 IT 部门或团队。不同的范围为后续规划的方法，理论依据都相关。运维体系规划的参考方法如图 4-1 所示。

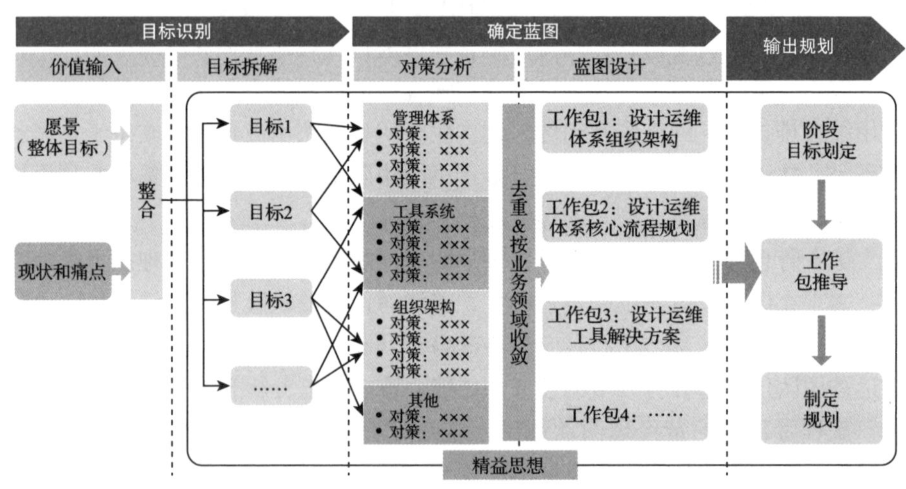

图 4-1 运维体系规划参考方法

从过程来说，运维体系规划分为三个阶段：目标识别、确定蓝图、输出规划。

1. 阶段一：目标识别

对于做运维体系规划来说，最开始要论证清楚其实是两个问题，即“起点”和“终点”。

“起点”，即当前组织所在的位置，现状是什么，存在什么问题，有哪些痛点。“起点”通过以现状评估及差距分析报告体现。

“终点”，即运维体系的愿景是什么样，最后这个体系要做到什么程度。

通过“起点”和“终点”推导出运维体系建设的各项目标，这些目标是后续工作推导的输入。

2. 阶段二：确定蓝图

本阶段是将“目标”的拆解为不同维度的工作任务，首先针对各项目标制定具体的对策，然后从“管理体系”“工具系统”“组织架构”等维度将工作任务进行收敛汇总。在此基础上投建运维体系蓝图。

3. 阶段三：输出规划

在运维体系蓝图作为输入的前提下，对整体工作进行分阶段拆分，明确各阶段目标，以及目标对应的工作，形成最终体系规划。

4.3　数字化运维成熟度分级模型

在整个规划的过程中，难度最高的环节是价值输入，而其中“现状和痛点”的识别对于运维组织来说尤为困难。一方面，作为“局内人”由于习惯了组织中的既定机制，所以很难客观看待现状；另一方面，对于各类事务的好坏缺少指导性的参考标准。为了解决这个问题，笔者给出一个“数字化运维成熟度模型”作为参考，帮助组织有效评估当前现状并识别出问题和痛点。

数字化分级运维成熟度模型是一种基于现代运维管理理念和数字化转型需求的评估工具，模型基于评价技术和方法学，结合管理经验进行成熟度能力评估的模型和方法，通过采取调研问卷的方式实施，旨在帮助组织全面了解其运维管理水平，为组织设计可行的智能运维实践路线提供依据。

4.3.1　组织运维水平需要通过标准化的评估

两千多年前，秦始皇统一六国的一大贡献，就是统一度量衡，制定了统一的计量单位。如今大多数组织的运维体系正从被动激活式、问题驱动式的经验操作式运维向“主动精细化、价值驱动型”的智能驱动式运维转型。在这个转型的关键过程中，对于组织运维水平的量化评估变得尤为重要，而标准化的评估成为不可或缺的工具。

标准化的评估能够提供客观、科学的评估指标和方法，帮助组织全面了解其运维现状，找出存在的问题和潜在挑战。通过明确统一的计量单位，组织可以进行实际数据的收集和比较，从而了解其运维水平在行业或同类组织中的地位，发现优势与薄弱之处。

在智能运维体系的高阶化转型升级中，标准化评估具有“持续化”和“纵深化”的双重属性。通过持续性的评估，组织可以跟踪其运维水平的变化和发展趋势，及时发现并解决问题。而纵深化的评估则意味着它为组织提供了一种有标准可依、有尺可量、有径可循、有具可用的综合指引，指导组织在运维体系升级和转型中找到最合适的工具和方法，设计出最适宜的升级框架和实施路径。

4.3.2 数字化运维分级成熟度模型

数字化运维分级成熟度模型是通过多年来在为不同客户服务过程中积累了丰富的运维转型实践经验，结合现有模型和标准体系，基于智能运维国家标准组的指导，汇集数百家国内外头部客户的运维体系现状，研究开发了面向新场景、适应新形势、具有普适性，且符合中国市场的智能运维分级成熟度模型及其测评工具，致力于推动国内运维实践工作发展。

数字化运维分级成熟度模型将智能运维演进路线分为从 Level 0 到 Level 5 的六个阶段，分别从业务用户体验、运维组织管理、流程管理、工具应用、数据管理和应用平均故障恢复时间等几个维度，描述了每个阶段的运维管理特征，同时为每个阶段的演进提供了相应的关键提升手段，具体如图 4-2 所示。

Level 0（人力运维阶段）：该阶段的运维较为原始，运维人员疲于解决各种故障，监控工具有待建设，工具短板有待补齐，需要借助专业工具实现实时监控并发现异常或故障、及时告警。

Level 1（辅助运维阶段）：该阶段通过工具辅助监控与实现部分告警，但工具使用未形成闭环，有待构建和优化数字化运维管理体系，包括对组织架构、岗位角色、管理制度、流程、考核指标、运维工具的整合规划，以实现人与工具的有效结合，最终保证服务交付的准确性和高效性。

Level 2（一体化运维阶段）：该阶段集成整合各类工具，IT 服务管理功能较为完善，但仍需要进一步引入运维中台的理念，以推进运维数据的统一采集、存储、分析和治理，为初步实现智能运维打下基础。

Level 3（初步智能化运维阶段）：该阶段已引入运维中台，联动并打通了运维服务管理的全流程，可对运维数据加以分析，但有待引入机器学习和算法模型，以实现智能决策。

能力级别		Level 0	Level 1	Level 2	Level 3	Level 4	Level 5
定义		人力运维	辅助运维	一体化运维	初步智能化运维	高度智能化运维	完全智能化运维
主题词		原始	辅助	整合	打通	预测	自治
业务用户体验		服务长时间中断、无申诉渠道、响应慢、恢复时间不确定	服务经常中断、直接联系负责人解决、恢复时间有预期	服务偶尔中断、有明确申诉渠道和流程、服务质量有重大提升	业务效能提升、用户体验明显改善、可实现智能自助服务	业务持续洞察、业务运营活动可决策	服务中断、切换、升级、扩容均无感知
运维特征	运维组织管理	运维人员身兼数职、被动救火，且全凭个人经验	"竖井"状或"烟囱"状组织结构，专人专岗、被动运维	初步运维体系化（角色、岗位、KPI），有制度、有规范、有平台、有考核、有计量	数据驱动型组织，业务可观察、资产可知、状态可视、运维可管、安全可控	算法驱动型组织，有能力实现异常检测、根因分析、故障预测、关联分析和容量预测和优化	业务战略目标驱动型组织，可无人值守、自主进化、故障自愈
	流程管理	无追溯、无审计	有表格记录，或有记录无规范	引入 IT 服务管理	运维服务管理流程全覆盖	开发、运维、安全流程一体化	流程精益、以价值驱动为中心
	工具应用	手工方式，低效、高风险	使用工具辅助部分告警，离散化、低效无闭环	监管控集中整合，包括统一告警、IT 服务管理、运维操作自动化、IT 资产管理、运维数据可视化	引入运维中台（业务视角、场景化、用户体验），包括用户体验监控、统一配置管理数据库（CMDB）、运维大数据、运维指标体系	行业运维数据模型、算法库、算法范式、算法白盒化、业务场景看板	流程挖掘、超自动化、人工智能（AI）化
	数据管理	无运维数据概念	部分关注监控、日志、性能数据	关注监控、日志、性能数据，开始建立运维数据汇集层	全面关注监控、日志等各类数据，构建运维大数据平台。统一采集、存储、分析，评价 IT 基础设施和应用对于业务运营的影响	形成丰富的数据消费场景，提供自助式数据消费服务，将机器优势与运维专家经验相结合，形成运维知识图谱、数据洞察和预测等能力	对数据自主分析、AI 自主决策
应用平均故障恢复时间（MTTR）		天级	小时级	小于 1 小时级	分钟级	秒级	毫秒级

提升手段：Level 0 人力运维 → 监控工具建设，补全工具短板 → Level 1 辅助运维 → 构建和优化 IT 运维管理体系 → Level 2 一体化运维 → 运维数据大集中，引入运维中台 → Level 3 初步智能化运维 → 引入机器学习和算法模型，实现决策智能 → Level 4 高度智能化运维 → 充分利用流程挖掘、超自动化技术、人工智能化 → Level 5 完全智能化运维

图 4-2　数字化运维分级成熟度模型架构

Level 4（高度智能化运维阶段）：即已建立由算法驱动、可对故障进行预测，诊断乃至自动处理等工作，但有待充分利用流程挖掘，超自动化技术（RPA），以及人工智能化。

Level 5（完全智能化运维阶段）：即达到理想的自治状态，即系统能够无人值守、故障自愈、自主优化，同时可做到远程接管等。

笔者通过该模型调研了多家企业，发现目前我国大部分企业的运维成熟度仍略低于平均水平。这意味着国内的智能运维发展刚起步，未来面临的挑战无疑是巨大的，而数字化运维分级成熟度模型不仅可作为各行业实践智能运维业务发展的参考，还可以帮助企业更准确地评估自己在运维方面所处的阶段，进而推动运维在中国市场的快速发展和落地。

4.3.3 基于成熟度模型的评估方法

基于数字化分级成熟度模型，从其评估维度、成熟度阶梯、方法论等，设计了运维成熟度调研问卷，该问卷用于初步了解组织的运维成熟度。通过填写该问卷，可以大致评估组织的运维能力，并确定其在各个方面的成熟度水平。评估结果对于后续运维体系规划至关重要，一方面可以对制定有效的战略和规划提供有力的依据和指导；另一方面，通过调研结果可以发现组织在运维领域的潜在短板和改进空间，识别具体的改进建议和行动项。

1. 运维成熟度调研问卷

在做成熟度评估调研时，问卷是常用的工具之一，建议从以下 4 个维度设计调研问卷：业务用户体验、运维组织管理、运维流程管理、运维数据与知识管理。

（1）业务用户体验　因为所有的技术和管理手段都是为最终的组织业务发展服务的，衡量业务发展的一个关键要素是用户体验，良好的用户满意度是数字化运维建设具有成效的重要标志。

（2）运维组织管理　组织管理是数字化运维的一项关键能力。伴随着信息技术不断成熟、运维场景日益复杂，需要通过科学的组织管理适应新的智能运维建设，确保 IT 服务持续产生价值，组织建设可以从岗位职责、人才能力、考核体系等因素着手。

（3）运维流程管理　清晰、高效、敏捷且符合标准的流程是运维面向规模化与效率化发展的关键，组织需要规划和设计覆盖广泛的运维及 IT 服务管理场景的流程体系，组织也需要专业和强大的 IT 服务管理工具落地最佳实践，同时面向组织高效和高质量执行与协作，适用的自动化运维以及不断的流程优化是确保持续改进的重要抓手。

（4）运维数据和知识管理　“以数据为基础、以场景为导向，以算法为支撑，以知识为驱动”已成为构建和实现智能运维的业界共识。智能运维一定来源于非常好的数据基础，同时如果没有明确的业务场景，所谓的智能化就是为了 AI 而 AI，也是没有意义的。工程化算法是要拟合数据的，根据数据和场景需求才能选择或研发合适的算法。为切实落地企业的智能业务运维规划，一方面要强调运维数据的基础作用，另一方面要形成运维数据管理与应用的全局体系，围绕规划、系统与实施三个核心阶段工作，面向运维数据的全生命周期与业务导向结果，从数据的整体规划、运维数据平台、CMDB、指标管理体系等规划与实施建立数据典型应用场景等多角度进行思考。

2. 组织运维成熟度评价报告

借助数字化运维成熟度分级模型设计调研问卷，对组织进行综合调研。基于该评价模型，为每个组织生成一份专业完整的评估报告，该报告包括业务用户体验、运维组织管理、运维流程管理和运维数据与知识管理四个维度。报告将在这四个维度上进行评分，形成综合评估结果，并以直观方式展示组织当前的运维成熟度等级。通过这份报告，组织可以全面了解其当前的运维成熟度等级，并获得针对具体问题的适当建议。同时，该报告还为组织后续提升运维成熟度等级提供了输入和依据。

4.4 某能源企业运维体系规划实践

4.4.1 背景：重构运维模式

某能源行业企业，由互联网部承担整体 IT 信息化建设和规划。在“十三五”规划期间，企业已基本完成了业务数字化转型，业务系统信息化建设也基本完成。“十四五”开局之年，企业内部进行了数字化建设规划，总结了信息化建设成果及存在问题。结合企业“十四五”规划和数字化转型要求，在采用新技术、提供新服务的同时，同步加强运维服务体系和运维技术能力建设。以组织职责优化、运维流程标准化为管理切入点，以资产全生命周期管理、统一监控告警平台建设、运维数据融合、智能客服平台建设、信息安全保障为技术切入点，制定符合企业实际现状及未来发展需求的智能运维体系规划。新的数字化建设目标是建设统一运维服务支撑能力，包括：

- 一体化监控管理：提升基础设施、网络及系统、平台及应用的统一采集感知能力，实现对数字化资产实时动态采集、数据统一汇聚。
- 资源全生命周期管理：实时在线监测预警、运维管理一体化、智慧客户服务。
- 运维数据的有效利用：数据分析能够辅助领导决策部署及指挥调度，提高运维工作质效，提升用户服务效率和满意度。

4.4.2 规划过程：从启动到效果验证的闭环

该规划项目主要由该企业互联网部负责人牵头，下属各个团队处长、中心负责人、厂商咨询顾问、技术专家、解决方案专家，规划从项目开始至项目结束，四个阶段，历时 6 个月顺利完成规划定稿。

1. 拉齐愿景：明确终点

在项目启动阶段该企业主要以明确项目的安排为主，沟通内部和厂商的资源投入，制定了整体规划项目实施计划。明确了项目目标、工作内容、项目资源投入情况、整体计划以及项目管理机制。一般笔者建议在项目启动阶段建议增加理念培训环节，保证项目组及企业内部认知意识统一，项目语言一致，为下一阶段现状调研做准备。

2. 现状及痛点：明确起点

调研阶段主要目标是收集信息，主要方式以访谈加资料收集为主，该企业调研时咨询顾问要分多组同时进行，效率高的同时保证了不同来源信息时间戳的一致性。在调研阶段以咨询顾问视角对该企业数字化运维能力进行调研，收集共 40 余份文档资料，包括内部规章制度、运维报告、记录表单、规划报告等。开展访谈超 30 人次，涉及 9 个团队，访谈对象为领导、各个团队负责人、操作工程师、技术工程师以及用户部门代表。

通过对现状调研的结果进行汇总整理，并应用“数字化运维成熟度分级模型”形成《现状及差距分析报告》。

报告表示该组织还未达到“数字化运维程度分级模型”中的第二级。

四大维度的分项得分情况见表 4-1：

表 4-1　四大维度分项得分表

评估维度	业务用户体验	运维组织管理	运维流程管理	运维数据与知识管理
得分	1.75 分	2.00 分	2.00 分	1.60 分

经计算，该组织得分为 1.84 分，处于辅助运维向一体化运维发展阶段。

报告表述该组织在管理能力维度主要存在以下问题：

- 职责边界不清晰。
- 缺少人员激励和晋升机制。
- 服务台人员专业划分过细。
- 人员流动对服务提供产生的影响较大。
- 未能发挥服务台资源池的优势。
- 缺少外包人员统一管理要求。

在技术能力维度主要存在的问题：

- 九成以上业务系统未接入统一计算运营平台。
- 监控不全，业务系统缺乏性能检测。部分机房设备未监控；设备硬件管理不规范，管理网段未隔离；动环监控、基础设施、云上资源监控未统一管理；缺少网络性能监控手段。
- 缺乏数字化手段记录机房设备信息，当前采用原始方式对在运及库房 IT 资产进行管理。运维标签的规格无法统一，标签编辑内容局限，无法达到标识要求；不能实现快速盘点，无法快速对账卡物一致性进行核对；无法对机房机柜实时资源进行可视化管理，使用情况统计需要人工核算；数据中心资源统计分析困难，统计效率较低；监控系统发现故障后，无法关联到设备资产，不能快速定位设备位置。
- 工单系统对内支撑不足，只在客服组内部使用，当出现客服组协调建设、网络、安全等其他组别时，需要线下将工单转入其他组别；目前的工单系统对用户端是关闭的，无法实现用户对自己提报的问题进行进度查看；运维过程积累的知识沉淀，用户查看率低。同时，因运维顾问自己记录自己使用，对团队进行知识赋能较差；当前工单记录内容简单，所能提供分析数据有限，无法起到运营分析及量化考核的目的。
- 运维数据分散，系统以点建设，侧重解决特定专业领域和某一管理对象的具体需求，数据尚未融合和打通；需要加强对数据的应用，例如：

数据对监控和告警的支撑，告警和设备的联动，故障原因分析，资产和管理项目的关联等；现有运维数据可以部分实现对设备运行状态管理，但缺乏数据的分析和应用，来支撑决策工作。

3. 确定蓝图：体系设计

该阶段咨询顾问依据客户现状调研结果结合该企业提出的新的数字化建设目标，建设统一的运维服务支撑，进行细化以成为可执行的方案。规划设计过程中，顾问提出了“治数据、融场景、建平台”的指导原则（见图 4-3），智能运维来源于优质的数据基础，以平台技术能力支撑用户的应用场景和需求；以运维需求场景为导向，通过制定数据管理制度、搭建数据平台实现数据集中管控；构建指标体系，建立数据保障机制，提升运维数据质量，实现数据资源交换共享，发挥数据价值，从而提升企业整体运维能力。

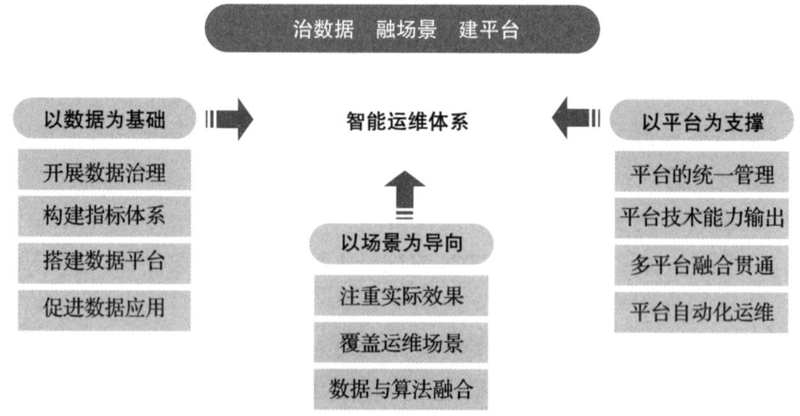

图 4-3　智能运维体系规划指导原则

整体方案与调研结果分析保持一致，从“管理”和“技术”两个维度设计智能运维平台建设方案，提出优化组织架构、科学配置人员岗位、逐步开展制度建设、制定有效体系度量指标等相关建议；在技术层面提出搭建智能运维管理平台，支撑组织运维业务开展的方案。其中技术层面以最终实现系统稳定、业务连续、科学决策、精准管控的智能运维高效平台为目标的五个平台“运行监控平台”“网络管理平台”“资产管理平台”“客户服务管理平台”“运维数据平台”的详细规划（见图 4-4）。

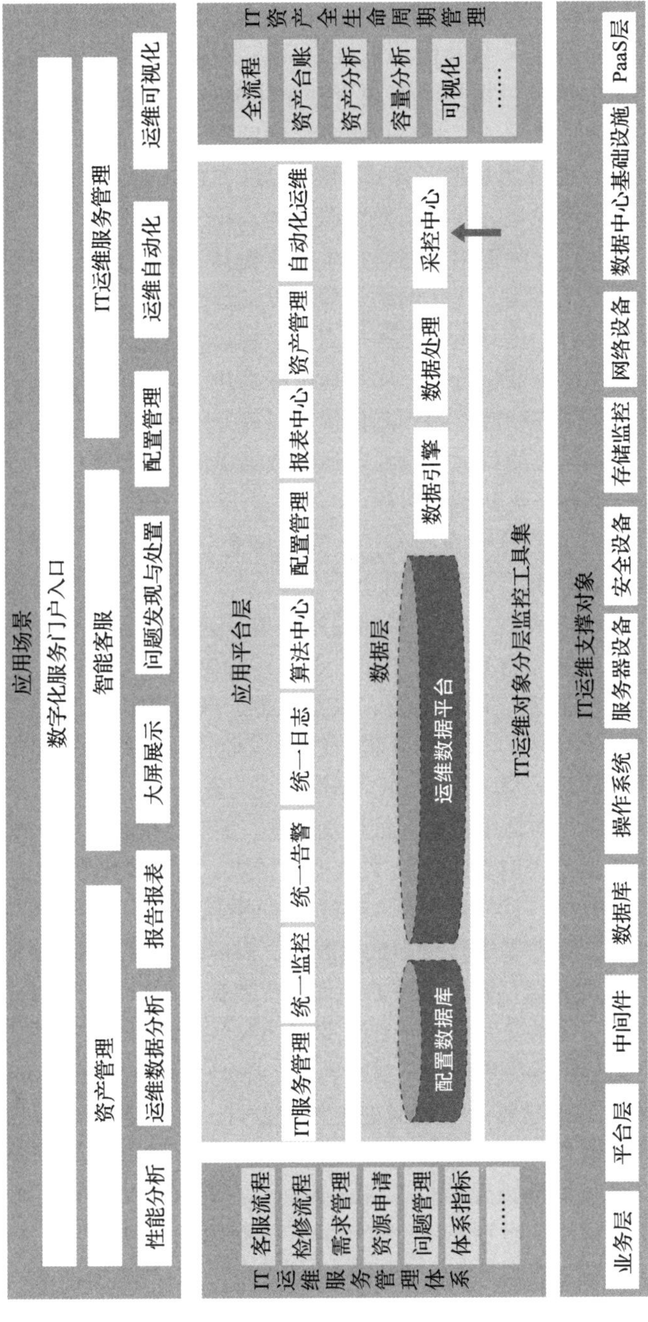

图 4-4　智能运维体系详细规划蓝图

图 4-5 所示为该企业智能运维体系技术蓝图，整体思路是需要提升基础设施、网络及系统、平台及应用的统一采集感知能力，实现对数字化资产实时动态采集、数据统一汇聚。实现资产全生命周期智慧管理、实时在线监测预警、运维管理一体化、智慧客户服务。辅助领导决策部署及指挥调度，提高运维工作质效，提升用户服务效率和满意度。加强运维体系能力建设，能够帮助实现运维持续优化，匹配高效组织架构，科学地进行人员配置，以制度建设为核心，指标建设为输出，完善技术能力提升，规划运行监控平台建设，全面收集运维数据无遗漏，优化网络管理、设备资产管理，完善客户服务机制，提供客户服务接口，提升运维服务能力，汇总运维数据，对运维数据综合收集分析处理，开发运维数据价值，实现运维标准化、体系化、信息化、数字化和智能化，保障业务连续性，达到降低成本、提升效率、安全运行、客户满意、资源优化、风险可控的目标。以实现运维数据赋能业务，判定科学决策，精准管控，驱动组织数字化转型的目标。

- 底层：完善基础设施监控。完善该企业信息资产管理，打造智慧运维可视化场景，建设智能仓库，降低人工盘点工作量，资产管理实时查看，动态客观。对于基础设施的监控建设向多样化发展，对核心、关键设备细节保障，例如，对于机房除常规温湿度状态量的监控，还应对环境风速、地板压力、虫鼠检测，气体浓度、光照等进行监控，打造整体环境—机柜微环境—IT 系统监控的精细化、层析化监控。有效联动动力环境、IT 设备、操作系统与业务系统。
- 采集层：对运维数据进行初步管理。针对运维数据中 95% 以上为非结构化数据、实时数据和流式数据的特点，对于实时流数据（如日志数据、流量数据、性能数据等）通过工具便捷读取，再通过接口进行数据同步处理，在前端进行指标数据展现。以内存数据库 Redis 和 HBase 为主进行主要数据存储，必要的统计分析数据以 MySQL 等方式进行存储。使该企业能够实时从多个数据源中抽取新的数据，并在数据之间创建关系从而分析业务事件，可在毫秒（或更短）时间内对这些事件做出响应。
- 数据层：开展运维数据平台架构设计。运维数据形成资产管理后可支撑运维数据中台建设。梳理基础数据目录体系和数据资源，在数据层开展数据治理及数据管理，数据资产管理模块功能可规划为：元数据管理模块、数据标准管理模块、数据质量管理模块和主数据管理模块。运维数据治理系统需要将广义元数据、广义数据标准、广义数据模型和运维主数据管理作为基本模块，同时形成运维的数据质量管理规则，并对数据质量加以控制。

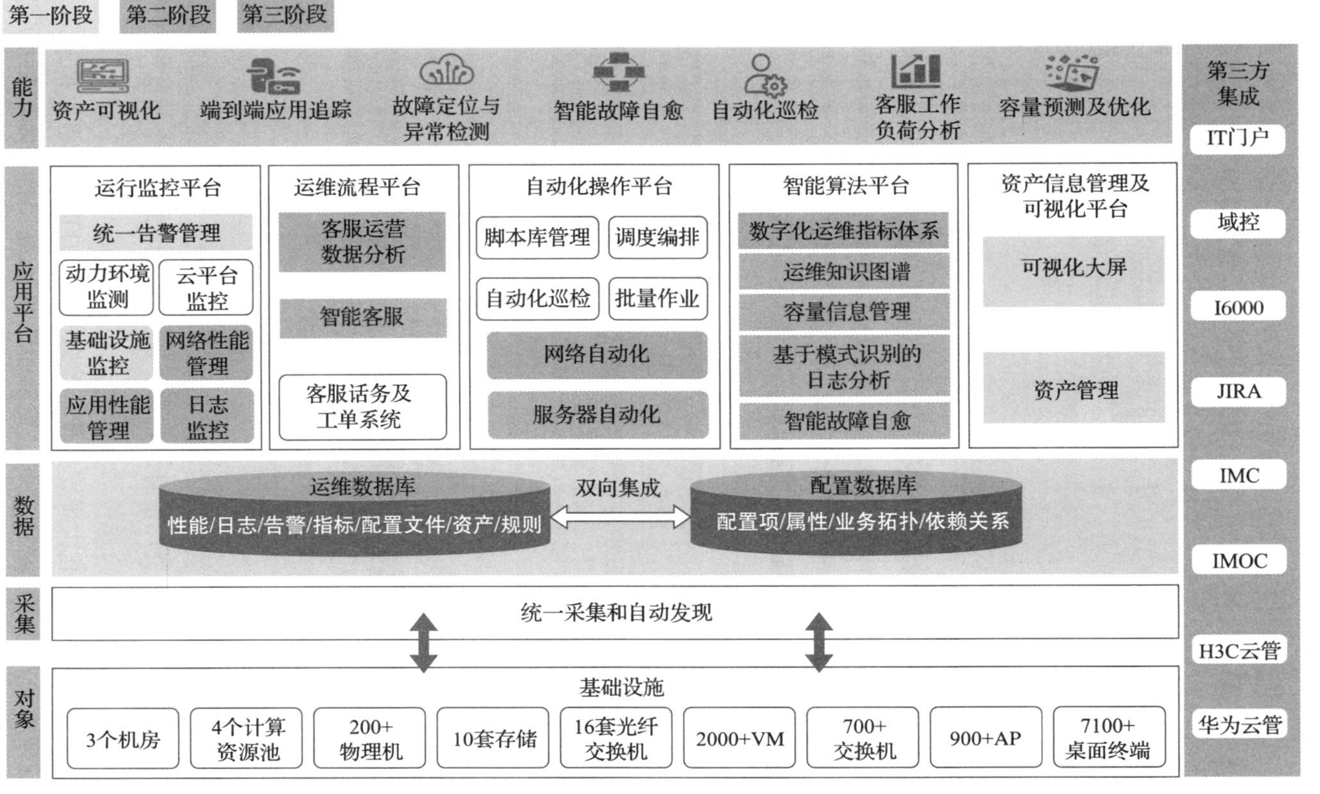

图 4-5　智能运维体系技术蓝图

- 应用平台层：基于基础设施和数据采集清洗，未来数字化运维将包含5个主要技术应用平台，以满足企业数字化运维场景，统一运行监控平台、运维流程平台、自动化操作平台、智能算法平台、资产信息管理及可视化平台。关注数字化运维场景，多应用平台综合协同，提升用户感知，效率的提升，基于未来预期建设的技术平台，关注企业现阶段运维能力提升，关注是否有提升运维能力短板，补充关键资源工具。

4. 制定规划：实施路径

智能运维能力的建设是一项长期而复杂的系统工程，为了避免后续建设混乱并实现资源有效利用，须进行整体规划，但为有效地控制风险，确保建设质量，也须进行分阶段、分步骤建设。实施路径设计与规划设计是同步进行，为了体现实施路径的重要性笔者对此做了拆分。在实施路径设计上该企业与咨询顾问经过沟通后将整体方案的实施拆解为三个阶段（见图 4-6）。

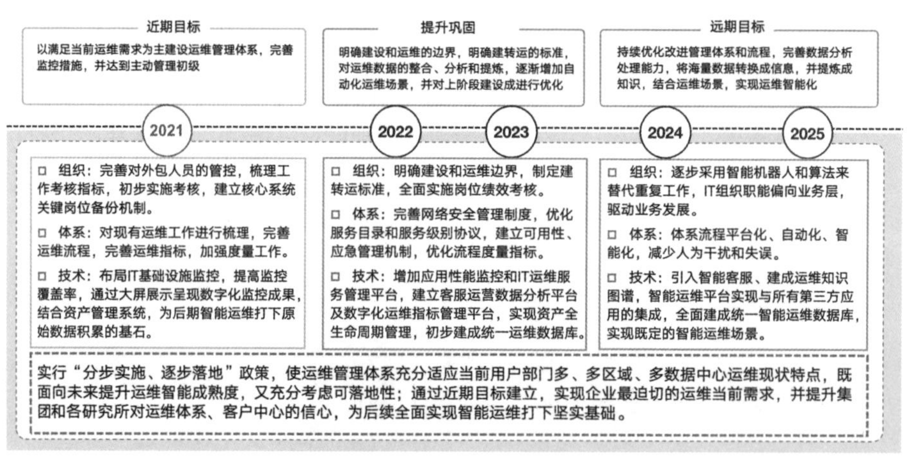

图 4-6　实施路径规划图

（1）第一阶段重点：智能运维初始化。2021 年构建了运维能力基础工具，能够加强基础监控，保障资产信息化管理、资源精细化管理，全面监控，统一告警管理平台，整体运维资源得到有效利用，优先关键业务有了良好的数据基础和能力基础，构建可视化大屏，实现了关键数据实时更新查看，多方式、多维度地保障相关人员能看见 IT 系统，能够知悉 IT 系统，能够明确感知机器状态和整体健康度。重点建设任务包括：基础监控平台、统一监控、可视化大屏、资产管理、重建工单。

（2）第二阶段：智能运维场景化。2022—2023 年，重点建设数字化运维核心流程，聚焦关键场景，覆盖 80% 运维场景的核心能力建设，实现数字化运维可以根据已有的数据对基本问题进行诊断，可根据已有的知识图谱完成一些基础级别、重复率高的数字化运维服务。初步利用数据进行简单的运营分析，可辅助 IT 发展的规划。此阶段，重点建设任务包括：应用性能管理、数字化运维指标体系、网络性能管理、网络自动化、客服运营数据分析。

（3）第三阶段：智能运维全面化。2024—2025 年，在智能运维全面化的基础上，重点攻关 20% 运维焦点能力，充分挖掘数据价值，通过数据及时反映状态、内容、进程、链路和质量，开展数据质量管理，提高数据的完整性、准确性、一致性、及时性和规范性，不断提升数据分析的利用质效和管理水平，探索科学有效的控制方法和改进措施；多领域、分阶段、有计划、有步骤地深入研究提高数据价值，赋能信息系统的建设、使用和管理。此阶段，重点建设任务包括：日志监控与分析，智能客服、服务器自动化、运维知识图谱、故障自愈、容量信息管理。

4.4.3　规划的成效：指导落地与价值创造

智能运维体系建成后能够创新运维模式，筑牢本质安全，实现运维服务“面向业务与数据”的转型，完成“降低成本、提升效率、安全运行、客户满意、资源优化、风险可控”的目标，大幅提升运维服务水平，回顾项目目标的达成效果如下：

1. 一体化监控管理

集成从应用系统、中间件、数据库、云资源、IT 设备、网络及机房多层面监控工具，制定统一的监控指标体系，以业务和系统的维度构建监控指标链，形成了“端到端”的全面监控能力，主动监控和预检能有效降低系统故障率，核心信息系统可利用率提升；运行更安全，完善“事前、事中和事后”闭环管理有效防范重大安全事件发生。

2. 资源全生命周期管理

建设资产设备从合同签署、验收、上下架、调拨、搬迁、盘点到报废的全生命周期的管理平台。通过对内部项目建设、设备盘点与清查流程的梳理，形成标准数据格式，建立资产台账快速地统计资产家底，未使用资产管理平台之前资产台账混乱且不易统计，统计一次家底的时间约为 1 周以上，使用资产管理平台后，通过首页的资产统计模块即可快速掌握家底，所需时间不到 1 分钟。硬件资产设备纳管率达到 90%，出入库上下架工单流程使用率达到 100%。

3. 运维数据的有效利用

通过数字化运维服务管理平台的建设，完成了服务目录、服务级别协议、服务请求流程、事件管理流程、问题管理流程、变更管理流程、检修管理流程及日常工作所需的工单流程的建设和应用。在 ITSM 平台建成后，推广平台在内部使用与其统一的计算运营平台进行对接、单点登录，工单流程自用户至数字化部运维人员形成闭环，数据有记可查，规范流程，形成可度量的考核依据。业务工单的覆盖率达到 90%，服务级别达标率 90%，工单使用率达到 90%。

通过 2D 可视化的呈现方式，实现管理人员的数据灵活交互，提高用户体验及管理效率，用户无须在机房内查看设备的分布情况及剩余 U 位的使用情况，可使用可视化功能代替用户前往机房的处理时间，未使用资产管理平台之前所需时间 1～2 天不等，使用资产管理平台之后约为 30 分钟。

第 5 章 CHAPTER 5

大模型赋能数字化运维

编者按：ChatGPT 的出现在人工智能领域掀起了算法革命，大语言模型在各个垂直领域的应用如雨后春笋般涌现，人工智能重塑了千行百业。在运维领域，需要将大量运维经验与大语言模型进行深度融合，形成了具备专家级运维能力的运维行业大语言模型，能够提供全栈运维经验和知识库，增强并创新运维场景，提高运维效率和质量，从而重塑智能运维。

5.1 大模型的概念、演变及应用

2023 年下半年，我国首批大模型产品陆续通过《生成式人工智能服务管理暂行办法》备案，正式上线面向公众提供服务。这 11 家大模型产品包括：百度文心一言、抖音云雀大模型、智谱 AI 的 GLM 大模型、中科院的紫东太初大模型、百川智能的百川大模型、商汤的日日新大模型、MiniMax 的 ABAB 大模型、上海人工智能实验室的书生通用大模型、科大讯飞星火大模型，以及华为、腾讯的大模型。

大模型是大规模语言模型（Large Language Model）的简称。大模型主要指具有数十亿甚至上百亿参数的深度学习模型，其具备较大容量、海量参数、大算力等特点。大模型通过深度学习算法训练而成，可以从大量的数据中学习并提供更复杂、更准确的预测和决策。

大模型的历史可以追溯到 2012 年，当时谷歌的 AlexNet 模型在比赛中大放异彩，引起了人们对深度学习和大模型的关注，而后随着硬件性能的提升和算法的改进，越来越多的大模型不断涌现。2018 年，OpenAI 推出了 GPT

（Generative Pre-trained Transformer）模型，引发了对大模型在自然语言处理领域的广泛应用。2019 年，谷歌的 BERT（Bidirectional Encoder Representations from Transformers）模型在多项自然语言处理任务上取得了领先的成绩。2020 年，OpenAI 发布了 GPT-3 模型，该模型具有 1750 亿个参数，可以识别到数据中隐藏的含义并运用此前训练获得的知识来执行下游任务。在 2022 年，OpenAI 的预训练语言模型之路出现了颠覆式的迭代，这就是 GPT 3.5，其基于人工标注数据 + 强化学习的推理和生成，具备从人类的反馈中强化学习并重新思考的能力。于 2023 年 3 月推出的 GPT-4 是 OpenAI 语言模型的最新的版本，它是深度学习发展的新里程碑。GPT-4 能够生成比之前版本更加符合事实的准确陈述，从而确保了更高的可靠性和可信度。它还是多模态的，意味着它可以接受图像作为输入并生成标题、分类和分析。

目前，大模型在自然语言处理、计算机视觉、语音识别等领域取得了巨大的成功。它们能够生成更加流畅、准确的文本，实现更精确的图像识别和语音转文字等任务。复杂性、高维度、多样性和个性化要求使得大型模型在某些任务上更易获得出色的建模能力：

- 学习能力增强：以应对更复杂的任务。
- 泛化能力加强：以实现更广泛的适用性。
- 鲁棒性提高。
- 具备更高层次认知互动能力：可模拟某些人类能力等。

大模型在各行各业都有广泛的应用场景，在医疗保健、金融领域、零售业、制造业和交通运输等各行各业都有着重要的应用。通过分析大量的数据，大模型可以提供个性化的服务和决策支持，帮助提高效率、降低成本、改善用户体验。

（1）医疗保健　大模型可以用于辅助医生进行诊断和治疗。例如，通过对大量病例数据的分析，大模型可以提供个性化的诊断和治疗建议，帮助医生做出更准确的判断。此外，大模型还可以用于基因组学研究，帮助研究人员发现与疾病相关的基因变异。

（2）金融领域　大模型可以用于风险评估和预测。例如，利用大量历史交易数据和市场数据，大模型可以分析和预测股票价格、货币汇率、利率等金融指标的变动趋势，为投资者提供决策支持。此外，大模型还可以用于欺诈检测，通过对用户行为数据的分析，及时发现可疑的交易行为。

（3）零售业　大模型可以用于个性化推荐和需求预测。例如，通过分析用户的购买历史、浏览记录和社交媒体数据，大模型可以为每个用户生成个性化的商品推荐，提高用户的购物体验和销售转化率。此外，大模型还可以通过分析历史销售数据，预测不同产品的需求量，帮助零售商优化库存管理和采购计划。

（4）制造业　大模型可以用于优化生产过程和质量控制。例如，通过对传感器数据和生产数据的分析，大模型可以实时监测设备状态和生产效率，及时发现潜在故障和生产异常，提高生产线的稳定性和可靠性。此外，大模型还可以通过分析产品质量数据，预测产品的质量问题，帮助制造商提前采取措施，减少不良品率。

（5）交通运输　大模型可以用于交通流量预测和路径规划。例如，通过对历史交通数据和天气数据的分析，大模型可以预测不同时间段和地区的交通拥堵情况，帮助司机选择最佳的出行时间和路线。此外，大模型还可以利用实时交通数据，提供实时导航和交通指引，帮助减少交通事故和缓解交通拥堵。

2024 年初，由大模型测试验证与协同创新中心作为牵头单位，中国信息通信研究院华东分院、中国信息通信研究院人工智能研究中心和上海人工智能实验室开源生态发展中心作为主编单位组织编写的《2023 大模型落地应用案例集》中汇集了从通用大模型、垂直大模型和大模型服务三个维度讲述的 50 多个应用案例，可以看到通过大模型厂商和行业共同努力，2023 年中国的大模型已经在金融、气象、制造、教育、数字政府等多个领域进行了积极探索尝试并初见成效，以下选取几个典型案例阐述。

（1）在教育行业　基于商汤“如影”数字人与“商量”语言大模型技术，中公教育通过 AI 技术分析优秀师资的教学过程，针对性训练虚拟数字人模拟他们的教学方法和风格，并通过数字化方式还原真实的教学场景，使得虚拟数字人能为学员提供高质量的学习课程。虚拟数字讲师“小鹿”能依托专业的内容知识库，分析学员的学习数据，实现与学员的教学互动，为他们提供实时的反馈和建议，帮助他们更好地理解和掌握知识，提升学习效率。

（2）在制造行业　上海传之神科技有限公司与西安恒新机电、曲靖阳光能源、西安创联电气及天通日进联合研发的针对光伏单晶硅全自动化生产控制的光伏垂类多模态大模型通过单晶硅生产中的视觉数据、工艺数据及设备实时运行工况数据，可实时分析判断当前生产情况，判断工艺数据，并反向指导自动化设备的控制流程，实现了单晶炉全自动化拉晶的技术突破。

（3）在数字政府行业　由北京中科汇联科技股份有限公司研发的面向政务服务的大模型——慧政，其智能能力包括政务问答、新闻内容撰写、翻译助理、社交媒体文案助理、战略咨询顾问等，不仅提升了政务问答、新闻撰写、多语言沟通等领域的效率，也为政府部门在日常工作中带来更精细、智能的支持，拓展了政务服务的可能性。

（4）在金融行业　天津金城银行金融私有化领域大模型利用 360 公司成熟的大语言模型、知识库等产品，结合金城银行数字员工、电销、催收、告警等业务，定制开发了企业专有大模型。通过建立天津金城银行内部办公、会议和文档处理的私有化定制大模型，在建立营销、催收、风控等数字员工基础上，进一步打造金融风险控制、保险理赔服务、财务审计、监管、贷款审核和信用评估智能化虚拟分析师，为企业办公、合规文档编写、业务发展提供高质量的智能辅助，提升了企业办公及运营效率，助力银行数字化转型。

（5）在气象行业　上海人工智能实验室联合多家机构发布全球中期天气预报大模型风乌，首次实现了在高分辨率上对全球核心大气变量进行超过 10 天的有效预报。“风乌”能够准确地模拟大气动态，预测未来 37 个高度的大气状态和地表气象信息。“风乌”AI 大模型仅需单张 A100GPU 即可运行，30 秒内就可以生成全球未来 10 天的全要素大气场预报，相比于目前运行于超级计算机上的物理模型，其推理效率至少提高 2000 倍。风乌已先后在国家气象中心、上海市气象局、香港天文台完成测试部署，实际部署中评估结果显示风乌台风路径预测结果超过了目前所有人工智能模型和物理方法。风乌为我国气象预报工作提供了有力的技术支撑，在防灾减灾、新能源、航空航海、农业等各重要领域都有重大作用。

5.2　大模型在数字化运维中的作用

大模型的出现以及其在各行业的不断广泛应用，引发了很多人对于“被失业”的担忧，事实上已经有很多国内外的公司基于 ChatGPT 进行了部分的裁员，创新工场创始人李开复撰文谈到人工智能引发失业恐慌时提到，人工智能技术是否能彻底取代人类的工作呢？比如像中低端程序员、客户服务代表、校对、律师助理、会计、译员、广告文字撰稿人、市场研究分析师、平台运营、行程规划者、电话推销员等职业在短期内都会直接感受到人工智能带来的挑战。运维领域的人员，各种运维工程师会不会被替代呢？笔者询问了 ChatGPT，结果如图 5-1 所示。

ChatGPT 的这个回答，非常谦虚且让人心安，它表示目前无意于“干掉”人工，但也可能是在说谎。

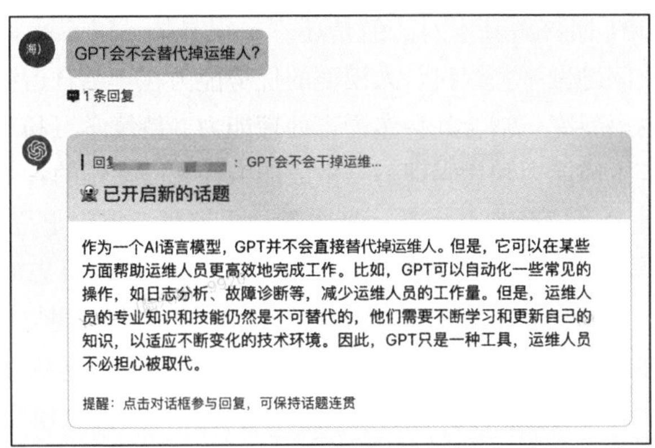

图 5-1　ChatGPT 会不会替代掉运维工程师?

5.2.1　大模型如何在 IT 运维领域发挥作用

要回答这个问题还是先问问 ChatGPT 本人，笔者问了这样的问题：大模型如何在 IT 运维领域发挥作用？得到了答案（见图 5-2）。

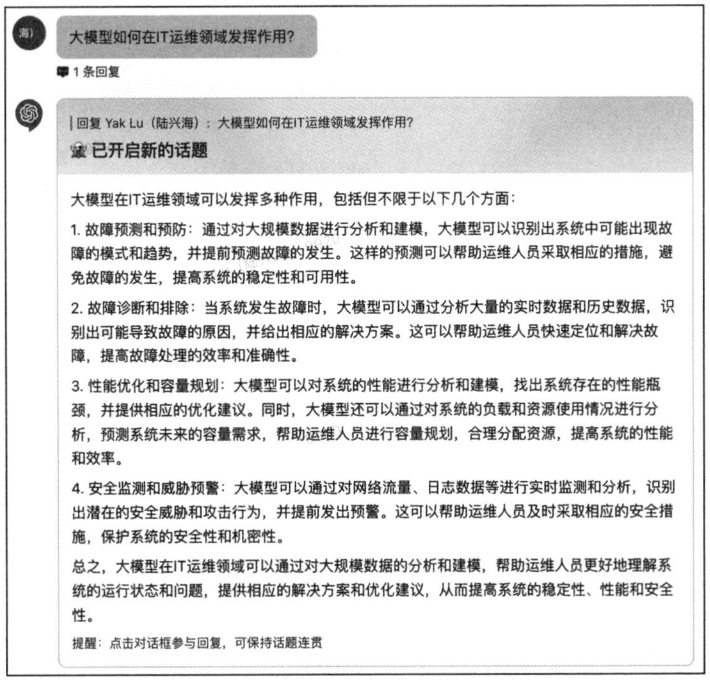

图 5-2　大模型如何在 IT 运维领域发挥作用

以上 ChatGPT 回答得基本对，但是还不是很具体，以下就其在具体的运维场景下如何解决问题做一些探讨。大模型的优势能力在于结合运维领域知识，形成庞大和专用的语料库，结合其自然语言处理能力、持续学习和改进能力、推理能力、自然语言生成能力和代码理解与生成能力在智能运维的各个场景中发挥作用。智能运维场景可以分为指标类、日志类、告警类、根因定位类、数据中心、与 IT 服务管理等大类，在每个大类中细分很多小类，如在日志分析下可以包括日志接入 Grok、日志模式识别、日志语义识别、日志异常检测与日志搜索等。但是通过研究发现，目前大模型在时序数据等结构化处理、复杂确定性推理等运维类场景如基因诊断等能力并不突出。所以笔者认为目前大模型能力并不适合所有的智能运维场景，需要根据场景的特点与需求合理地利用大模型来实现增强与赋能。表 5-1 为当前大模型与部分典型智能运维场景的匹配适应研究结果。

表 5-1　大模型与部分典型智能运维场景适配情况

<table>
<tr><th>运维大类</th><th>运维场景</th><th>能否赋能</th><th>备注说明</th></tr>
<tr><td rowspan="2">指标</td><td>指标异常检测</td><td>是</td><td rowspan="2">大模型的人文社科水平已经达到了研究生级别，但数理能力仅接近初中生水平，使用大模型可以辅助检测与预测，但其准确性还不能保障</td></tr>
<tr><td>指标预测</td><td>是</td></tr>
<tr><td rowspan="5">日志</td><td>日志接入 Grok</td><td>是</td><td>短期可替代，大模型亮点能力</td></tr>
<tr><td>日志模式识别</td><td>是</td><td>长期可赋能，大模型亮点能力</td></tr>
<tr><td>日志语义识别</td><td>是</td><td>短期可赋能，大模型亮点能力</td></tr>
<tr><td>日志异常检测</td><td>是</td><td>同指标异常检测</td></tr>
<tr><td>日志搜索</td><td>否</td><td>不需要赋能</td></tr>
<tr><td rowspan="3">告警</td><td>告警智能降噪</td><td>否</td><td rowspan="2">不适用，告警涉及的流程复杂，对业务信息依赖性强</td></tr>
<tr><td>告警智能定级</td><td>否</td></tr>
<tr><td>智能解释</td><td>是</td><td>短期可赋能，大模型亮点能力</td></tr>
<tr><td>根因定位</td><td>根因定位</td><td>否</td><td>不适用，不具备故障范围压缩和根因分析能力</td></tr>
<tr><td rowspan="2">数据中心</td><td>耗能管理</td><td>否</td><td>长期可能赋能，无法根据实际场景和客户需求完成能耗优化任务，需要进行模型 fine-tuning</td></tr>
<tr><td>容量预测</td><td>否</td><td>同指标预测</td></tr>
<tr><td rowspan="4">IT 服务管理</td><td>智能问答</td><td>是</td><td>短期可赋能，大模型亮点能力</td></tr>
<tr><td>多轮对话流程编排</td><td>是</td><td>短期可赋能，大模型亮点能力</td></tr>
<tr><td>自动工单填写</td><td>是</td><td>短期可赋能，大模型亮点能力</td></tr>
<tr><td>任务型对话</td><td>是</td><td>长期可赋能，涉及业务应用或下游任务调用开发，后续模型开源，基于业务数据进行模型 fine-tuning</td></tr>
</table>

1. 使用大模型实现日志接入

在日志接入流程中，需要对日志的进行 Grok 配置以识别出日志的 header、body 等结构化信息。由于 Grok 自动配置有一定难度，因此大部分日志管理工具会让用户提供一条日志，算法根据这条日志推荐出 Grok 配置。也有工具采用划词解析的推荐方式，即输入一个日志样例，通过划词的方式，推荐出 Grok 或正则。这一功能大模型可以完美增强。如图 5-3 所示为某组织业务日志数据，ChatGPT 推荐的 Grok 完全无误，并给出了每个字段对应的含义：

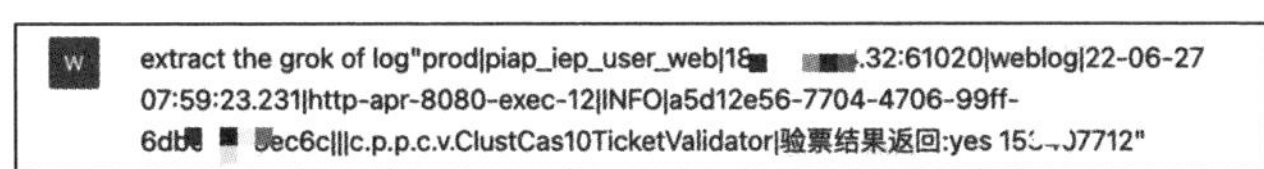

图 5-3　使用 ChatGPT 实现 Grok 自动配置

2. 使用大模型进行日志解析

大模型在日志解析领域有着天然的优势，这是因为其原本就是针对 NLP 的语言模型。本文使用脱密之后的真实业务日志中的日志数据检验大模型解析能力，这里为大模型设置了一个任务：提取出该日志的 Grok，它完美地解决了这个问题。大模型不仅明白日志各个位置的格式如何用 Grok 表示，比如 18:08:49.921，它知道这么一个时间格式，它还知道该位置的内容代表的含义，比如第一个 Grok 代表的内容是时间，第二个 Grok 内容代表的是 thread，第三个 Grok 代表的内容是 loglevel……令人惊叹的是，该日志为真实日志，大模型是没有处理过的，但取得了精准解析效果（见图 5-4）。

图 5-4　利用 ChatGPT 解析日志

3. 使用大模型进行日志异常检测

大模型在日志语义异常检测能力强大，不仅可以检测出日志是否存在语义异常，还能进一步地识别该异常出现的可能原因，以及该异常如何解决（见图 5-5），能够非常效率地帮助客户进行排障。

You

你现在是个运维专家，帮我分析下以下报错信息，包含什么样的错误，导致错误的可能原因，以及对应的解决方法。
<报错信息>(input)</报错信息>
dbus: [system] Rejected: destination has a full message queue, /sin/init freedesktop /usr/lib/systemd/systemd-logind

ChatGPT

这个报错信息似乎涉及 DBus（Desktop Bus），DBUS 是一个用于在应用程序之间进行通信的消息总线系统。报错信息中的主要内容指出消息被拒绝了，原因是目标消息队列已满。

错误类型：

1. **消息队列满了：** 这是导致错误的主要原因。当 DBus 消息队列已满时，无法将新的消息发送到目标进程。

可能的原因：

1. **进程或服务负载过重：** 如果目标进程或服务处理消息的速度不足以跟上发送给它的消息数量，那么消息队列可能会被填满。
2. **资源不足：** 系统资源不足，例如内存不足或文件描述符用尽，可能会导致消息队列无法处理更多消息。
3. **系统配置问题：** 某些系统配置可能会导致 DBus 消息队列大小受限，从而容易填满。

解决方法：

1. **增加资源：** 如果是由于资源不足导致的问题，可以尝试增加系统资源，例如增加内存、清理不必要的进程或增加文件描述符限制。
2. **优化目标服务：** 优化目标服务以提高其消息处理速度，可能包括代码优化、增加服务实例以分担负载、使用异步处理等。
3. **调整系统配置：** 如果是因为系统配置导致的问题，可以尝试调整 DBus 相关的配置，例如增大消息队列大小。
4. **检查日志：** 查看系统日志以获取更多关于消息队列被填满的信息，可能有助于进一步确定问题的原因。

通过对可能的原因进行排查并采取相应的解决方法，可以解决 DBus 消息队列被填满的问题。

图 5-5　利用 ChatGPT 进行日志异常检测

4. 利用大模型辅助日志模式识别

日志模式识别是指通过对系统日志进行分析和挖掘，识别出其中的模式和规律。日志模式识别可以帮助运维了解系统的运行状态，发现潜在的问题和异常，以及进行故障诊断和性能优化。在实际场景中，通过模式识别算法可以将大量的日志聚类成少量的模式，达到可分析的目的。此外日志模式识别还是时序异常检测的预处理过程。目前大部分日志分析工具中都有模式识别的功能。日志模式识别中最重要的一个内容就是从日志中提取模板，在 ChatGPT 中可以实现这个能力，笔者曾经给 ChatGPT 提供了四条日志数据，希望抽取出这四条日志数据的模板，刚开始其只是把日志进行了结构化，但进一步提示模板是日志消息的公共部分后，它成功地从这四条日志中提取出了公共的模板，且模板的可读性极强，这证明了大模型日志模式识别能力。

日志模式识别原本就是一个占用计算资源大的场景，用 ChatGPT 来直接实现日志模式识别任务，目前从资源上看不划算，而且当数据量过大时或者经过太多轮对话时，大模型的输出可能存在不稳定的情况，所以短期无法替代。不过，大模型对 NLP 强大的处理能力，使人无法在该场景中忽视对其的使用，未来或许可以采用现有的推理框架 + 大模型的形式，实现模式识别的能力。大模型专门用来管理模式仓库，对每条日志进行模式识别时，可以先用现有的推理框架，通过正则的方法判断日志是否在模式仓库中，如果在，直接可以知道该日志属于哪个模式，如果不在，再调用大模型对模式仓库进行更新。

5. 利用大模型辅助指标异常检测

给 ChatGPT 设置一个指标异常检测任务：给定一个 CPU 指标的时间序列，让 ChatGPT 预测 CPU 指标是否存在故障，而 ChatGPT 的答案是：CPU 从 13:00 的 0.1 突然跳到 14:00 的 0.5，又跳到 15:00 的 0.6，从 15:00 的 0.6 跳到 17:00 的 0.9，这些分析都是相对准确的，而 ChatGPT 还提出了导致这个突增的一些可能原因。从这个案例（见图 5-6）中可以看到大模型不仅可以分析数据找出异常，而且还可以给出异常的原因以及异常的语义解释，这是其他算法基本无法达到的效果。

6. 利用大模型赋能智能服务助理

在 IT 服务管理（ITSM），智能服务助理是一种会话式的代理业务应用程序（机器人），它提供信息、常见问题的答案或执行事务，以便在 IT 服务台旁边的 IT 服务管理场景中提供 IT 支持和协助。大模型的应用会在极大程度上赋能与增强智能服务助理的能力，利用大模型自动生成对话流程的能力，可直接提高复杂问题的解决能力和问题的直接回答率。大模型的多轮对话等能力使得智能服务助理与人之间的对话更流畅，拟人化程度更高。

这个智能服务助理可以通过与用户进行多轮对话，理解用户的问题，结合运维领域的行业知识库与组织内部的私域运维经验，从中获取相关的知识和信息并给出准确的回答或解决方案。同时，智能服务助理还可以实时调用组织内部接口与自动化工具进行集成，以帮助运维构建 ChatOps 体系，使通过聊天界面来管理和执行操作的方法实现，将运维任务和工具整合到统一的对话界面中。

You
10:00 0.3 11:00 0.4 12:00 0.5 13:00 0.1 14:00 0.5 15:00 0.6 16:00 0.8 17:00 0.9

ChatGPT
根据提供的 CPU 指标数据，我们可以看到每个时间点的 CPU 使用率。下面是数据的总结：

- 10:00 - CPU 使用率：0.3
- 11:00 - CPU 使用率：0.4
- 12:00 - CPU 使用率：0.5
- 13:00 - CPU 使用率：0.1
- 14:00 - CPU 使用率：0.5
- 15:00 - CPU 使用率：0.6
- 16:00 - CPU 使用率：0.8
- 17:00 - CPU 使用率：0.9

基于这些数据，我们可以进行进一步的分析：

1. **变化趋势**：CPU 使用率在一天内有波动，从早上的相对较低水平逐渐上升到下午峰值，然后稍有下降。这可能是正常的工作负载变化。
2. **高负载时段**：CPU 使用率在下午 16:00 和 17:00 达到峰值，分别为 0.8 和 0.9。这可能是系统在处理高负载任务或者是某些应用程序活动的结果。
3. **低负载时段**：CPU 使用率在早上和中午相对较低，这可能是系统处于空闲状态或者是轻负载任务。
4. **稳定性**：CPU 使用率在不同时间点的波动相对较小，表明系统整体稳定性较好。

总体而言，根据提供的数据，没有明显的异常。但是，为了更全面地评估系统性能，还需要考虑其他因素，例如与系统负载相关的其他指标以及系统日常运行的情况。

图 5-6　利用 ChatGPT 辅助指标异常检测

7. 利用大模型实现故障自愈

图 5-7 的案例来自《AIGC（GPT-4）赋能通信行业应用白皮书》，其中列举了使用 GPT-4 的能力实现故障自愈的一个方案。GPT-4 基于大量运维知识的学习与沉淀，应用到智能运维领域，当发现并识别出故障类型后，需要进一步结合专家经验或运维知识库等匹配对应故障的处置策略，然后为能快速地达到故障自愈的目的，GPT-4 基于告警中的错误信息自动生成脚本以及自动化运维工具需要的程序代码，帮助实现故障自愈。

以上场景笔者认为在某些局部场景或者小范围内是有可能实现的，但是更广泛和深入的自愈场景需要更广泛和精准的运维经验知识支撑，同时也需要在一定程度上的人为放权，需要不断探索和校正。

5.2.2　大模型将改变运维软件

我们先看一个当前典型的运维监控软件的交互界面（见图 5-8），不看具体的指标，可以看到各类的监控数据以各类图表的方式呈现给运维工程师，用以对各类监控对象进行实时的状态感知和故障预警分析。

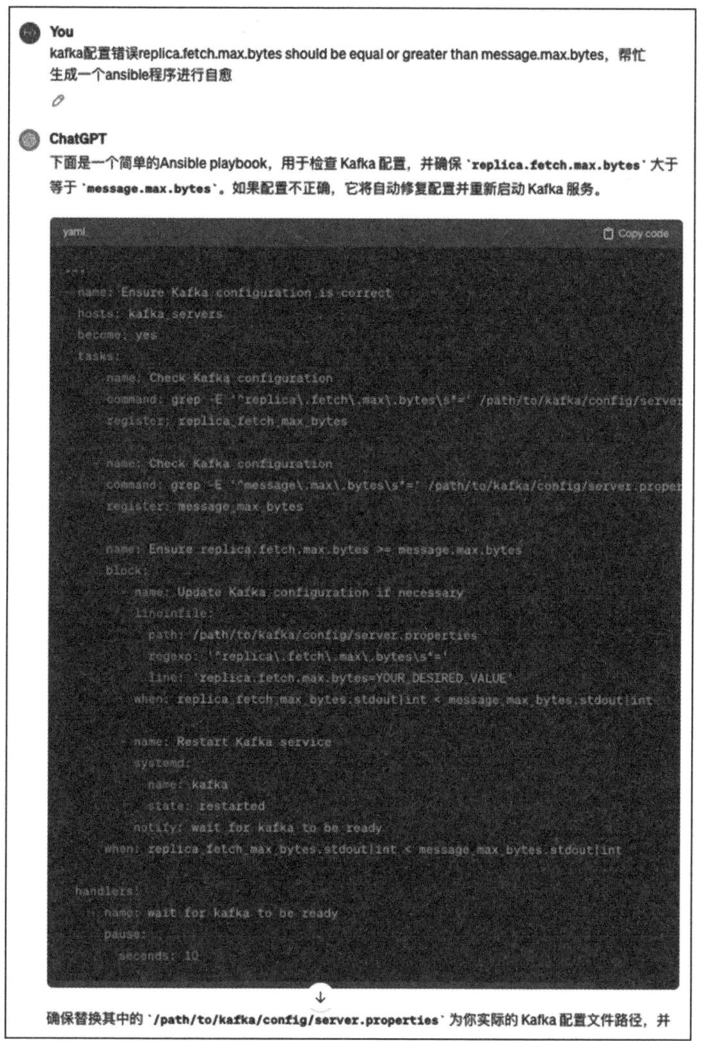

图 5-7　基于 GPT-4 实现故障自愈的思路

在 2023 年的一个 GPT 开发者大会上，创新工程 CTO 王咏刚做了很简短的有关未来编程范式的分享，主要观点就是人工智能必然成为未来 OS，或至少成为绝大多数 App 首选入口，在这个分享中他提出来的两种主要 AI 编程范式，如图 5-9 所示。

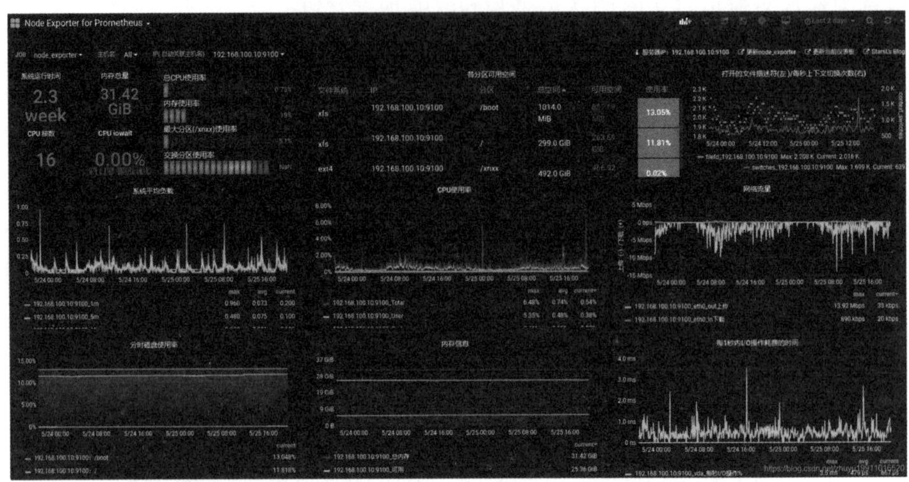

图 5-8　当前典型的运维监控软件交互界面

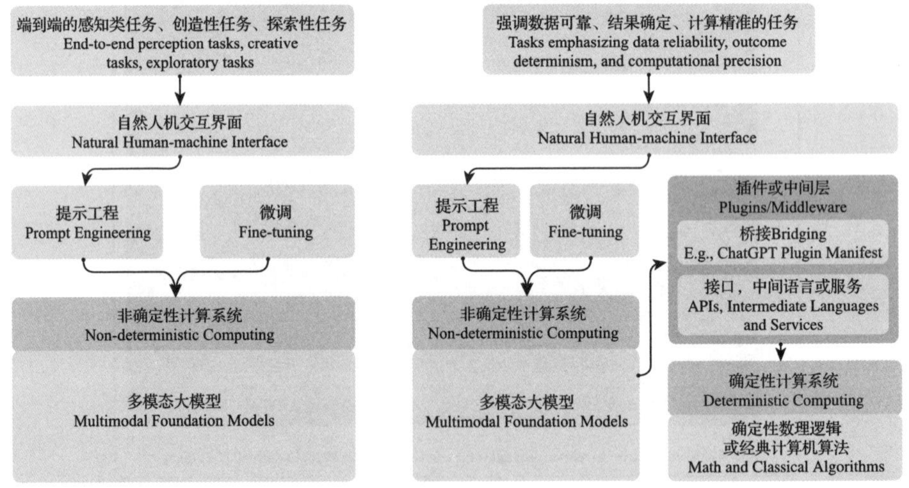

图 5-9　未来的两种主要 AI 编程范式

未来 AI 编程呈现出两种典型的范式：第一种编程范式是适用于端到端的感知类任务、创造性任务、探索性任务，大多数情况下，这类任务可以通过提示词得到结果。第二类范式是强调数据可靠、结果确定、计算精准的应用任务。在这个任务里面，我们不能放任所有的事情都交给大模型一次来解决问题。大模型接受人类指令，在完成具体任务时，通过引入插件的方式，调用人类提供的后台服务。

从王咏刚的分享中我们可以看到，运维软件（实际上应该说是所有的软件），在未来会发生革命性的变化。可以想象，在不久未来的某一天，运维软件的场景化可能是分成两大类。

- 面向管控侧（领导）的主动式实时可视化大屏，能够根据当前业务与 IT 的状态，把最关键的信息，以不同的形式推送到组织的管控中心，这种“非预装”式的可视化，能够更懂业务、更懂人的需求，根据不同角色、不同场景、不同时段以及不同的紧急程度推送最佳匹配的运维数据和对应的解决建议。
- 面向操作侧（工程师）的手机 App，因为人机交互的入口变得单一化了，自然人机交互界面会成为主流，在未来的软件交互中，大多数的场景是人通过语音和文字（占比相对会较低）与人工智能进行交互，完成各类的目标任务。具象到运维场景可能就剩下 ChatOps 了，运维工程师通过聊天就能够安排人工智能完成各类的巡检、监控、自动化运维、数据分析、报告统计工作，而且，在这些场景中可以预见到越来越多的是机器“更主动”，比如人工智能完成了某个异常的预测并进行调整后自动将处理结果反馈给运维人员，此时的人是“被通知”。因为大量的运维工作属于第二类范式中涉及的所谓“强调控制力、数据可靠性、结果确定性、计算精准性的应用任务”。在这种模式下，处于后台的人工智能会接手大部分的全栈监控、主动预警、自动操作、架构调度以及统计报告的工作。

第6章 CHAPTER 6

四位一体构建智能运维

编者按：人们对新事物的认知过程犹如螺旋般迭代演进，智能运维亦是如此。智能运维乃运维发展之方向，且为长期过程。构建智能运维需要以数据为基石，以场景为导向，以算法为支撑，以知识为依托，并从上述四个维度进行系统化思考。

6.1 对智能运维的认知是一个过程

智能运维是数字化运维领域中的一个重要构成，也是数字化运维发展到当前阶段的重要概念之一，代表了业界对数字化运维发展趋势的判断与跟进。Gartner在2017年对智能运维（AIOps）的定义和解释是：AIOps平台利用大数据、现代机器学习和其他先进的分析技术，直接或间接提高数字化运维（监控、自动化和服务平台）功能，具有主动性、个性化和动态洞察力，AIOps平台可以同时使用多种数据源、数据采集方法、分析（实时和深度）技术和呈现技术。在GB/T 43208.1—2023《信息技术服务　智能运维　第1部分：通用要求》标准中，专家们给出的定义是：智能运维（Intelligent Operation and Maintenance）是具有能感知、会描述、自学习、会诊断、可决策、自执行和自适应等特征的新型运维方式。所以，我们会有一个问题，智能运维的新体现在哪里？

人们对任何事物的了解、接受、掌握与应用都是一个不断认知波折与加深的过程。1999年，美国认知心理学家克鲁格（Justin Kruger）和邓宁（David Dunning）系统地针对自我评价问题进行研究，其结果被称为邓宁－克鲁格效应（又称作达克效应，见图6-1），此效应指的是能力欠缺的人在自己欠考虑的决定的基础上得出错误结论，但是无法正确认识到自身的不足，是一种认知偏差现象。达克效应说明，大多数人往往在前期阶段高估对事物的认知水平，而随着对事物的不断认知发展大家经常会不断怀疑和否定，甚至跌入绝望之谷，但如果能够经过恰当训练，大幅度提高能力水平，人们会认识到自己的不足程度并不断改进。

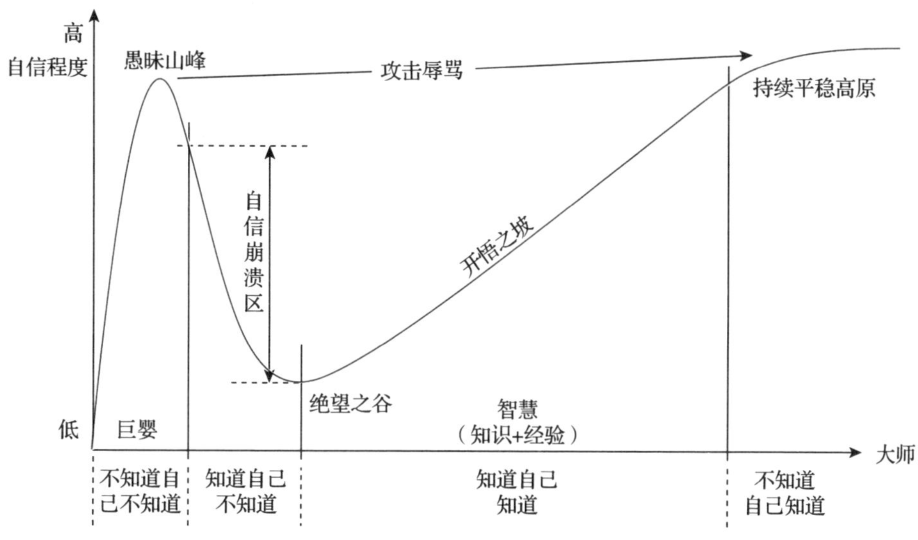

图 6-1　达克效应曲线

大家都知道从 20 世纪 40 年代以来，人工智能在全球范围的发展已经经历了三波发展浪潮。第一次发生在 1950—1970 年，当时的主要工作是计算机科学家在从事机器推理系统，同时发明了早期的神经网络和专家系统。第二波出现在 1980—2000 年，现在讲的统计学派、机器学习和神经网络等概念都是在这一阶段提出的。第三波是在 2006 年之后，得益于大数据和人工智能密切融合以及神经网络为中心的算法大突破，人工智能技术及应用有了很大的提高。

智能运维领域也是如此，我们目前所提出的智能运维，正是在人工智能技术深度发展的第三波浪潮背景下，人们尝试利用 AI 技术解决运维领域问题所提出的课题。但是从 2016 年智能运维（AIOps）概念提出到 2023 年，智能运维在行业，尤其是在我国的发展也正在经历着一条达克效应曲线。对智能运维概念的理解就是一个典型的证明：AIOps 的概念在 2016 年 Gartner 首次提出的时候被解释为“基于算法的运维”(Algorithmic IT Operations)，而在 2017 年后，改为了“基于人工的智能运维”（Artificial Intelligence for IT Operations），被解释为通过机器学习等人工智能算法，自动地从海量运维数据中学习并总结规则，做出决策的运维方式。这种概念上的认知偏差对行为的影响是相当大的，比如在 2017 年 AIOps 进入国内后，业界对智能运维的认知主要聚焦在算法本身，很多的人的理解是：算法“几乎”能够解决一切问题，但是随着实践的不断深入，大家逐渐意识到，智能运维的算法首先并不是能开箱即用的，需要与具体的运维场景、运维数据类型与特征、运维的目标等多个维度因素相融合考虑，通过不断迭代优化包括对模型的反馈修正、技术和数据的调整适配，才能达到其场景的需求如可验证性、准确率与及时性等。比如随着认知的不断加深，人们发现数据对于算法、对于智能运维的重要性，提出了运维数据治理是构建智能运维的基石的观点。再比如人们最开始探讨智能运维场景问题的时候，主要聚焦在智能运维解决运维监控的各种异常检测、根因定位问题，但是随着认知的不断加深，智能运维所覆盖的场景已经从监控扩展到运维的全领域、全场景了，如图 6-2 所示 Gartner 所定义的智能运维“全覆盖式”场景。

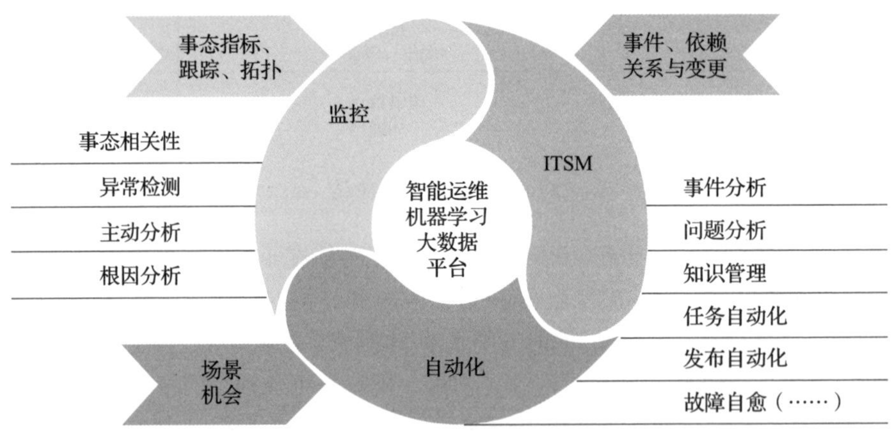

图 6-2　Gartner 的智能运维“全覆盖式”场景

再比如，随着人们在智能运维实践路上遇到一些挫折，一些组织的智能运维落地过程并没有想象中顺利，算法的应用效果也不尽如人意，导致投资回报不高。以上种种，都遵循着达克效应曲线的变化趋势，笔者认为都是正常的，而且相信伴随着认知的不断深入，智能运维体系化思维的不断落地，通过不断地学习与实践增强信心，人们终究会跃出短期的绝望之谷，寻找到智能运维的成功路径。

6.2　四位一体的智能运维框架

在 2019 年左右，在智能运维国际通用要求标准编写的讨论会上，与会专家形成了一个共识，智能运维需要以数据为基础、以场景为导向、以算法为支撑来构建落地（见图 6-3）。与人工智能、大数据、区块链等技术体系不同，智能运维并不是一项“全新”的技术，而是一个以智能运维场景为基础的智能技术应用和融合，剥离开场景单谈“智能运维算法”不具有实际意义，智能运维的核心在于探索智能技术如何转化、服务、适配运维行业的发展，如何给运维行业带来解决问题的思路。

图 6-3　三位一体构建智能运维

随着智能运维落地场景的不断深入，人们发现单纯依赖以上三个要素构建智能运维的复杂场景，还存在某些不足。因为在复杂的 IT 运维领域中，海量多源数据融合与超低频的故障样本致使智能运维很难突破对人经验的巨大依赖。系统出现严重故障，如果没有丰富的运维经验很难快速排查解决，此时被大家寄予厚望的算法也只能是纸上谈兵。所以需要“更有经验的智能运维”，而利用运维知识、知识图谱搭建智能运维体系的新构架是重要的解题方向，组织的专有 IT 知识和通用领域下的 IT 知识可以沉淀到运维图谱里面，然后结合从 IT 生产系统采集的指标和事件数据，利用知识图谱迅速判断 IT 事件之间的关系，通过推理辅助分析得出问题根因，以此可极大地提升故障分析与处置效率。

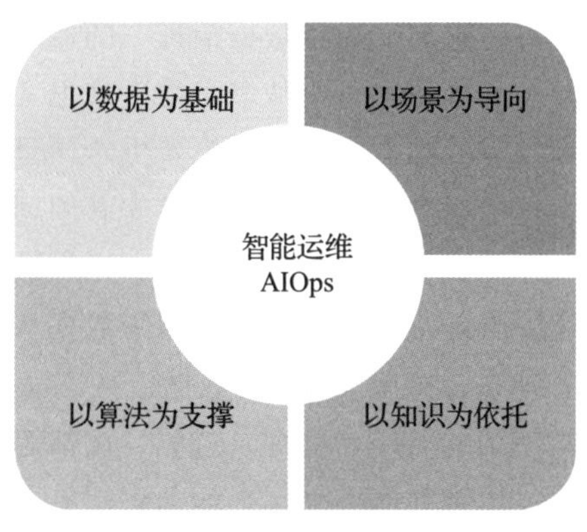

图 6-4　四位一体构建智能运维

此时新的智能运维发展到四位一体的体系架构：以数据为基础、以场景为导向、以算法为支撑、以知识为依托，如图 6-4 所示。

6.2.1 以数据为基础

1. 运维数据治理的痛点和挑战

以往很多用户忽略了作为智能业务运维“基石”的运维数据的重要性。为切实落地企业的智能业务运维规划，一方面要强调运维数据的基础作用，另一方面要形成运维数据治理与应用的全局体系，围绕规划、系统与实施三个核心阶段工作，面向运维数据的全生命周期与业务导向结果，从数据的整体规划、运维数据源、数据采集、数据的计算与处理、指标管理体系规划与实施、专业运维数据库的建立以及数据的典型应用场景等多角度进行思考。

但我们需要正视的是我们对运维数据的认识及应用还处于皮毛阶段，虽有理念但缺乏必要的、可执行的方法。随着运维数据平台的建设，将极有可能出现当前大数据领域出现的数据孤岛、数据不可用、数据质量不高、融合应用难、有数据不会用等诸多问题。上述问题，在当前运维领域资源投入不足显得尤其重要。如何借鉴大数据领域数据治理的经验，反思运维数据平台建设应该关注的问题，减少不必要的坑，做好运维数据治理，让运维数据更好用，用得更好，完善运维数字化工作空间，是本文的写作目的。

在运维领域，运维数据分布在大量的机器、软件、“监管控析”工具软件上，除了上面大数据领域提到的信息孤岛、质量不高、数据不可知、数据服务不够的痛点外，运维数据还有资源投入不够、运维数据标准比例低、缺乏成熟的专有方法论以及资源投入不够导致的人才缺乏等问题。

实际上“运维数据治理”的概念，目前在业界还没有明确的定义，对这个概念的理解也可以从多个维度来思考，比如“运维数据”的治理，以及“面向运维”的数据治理等。笔者更希望是从“运维数据”的治理角度来阐述，所以从这个概念延展看，我们首先必须理解运维数据，以及针对运维数据的治理的工作内涵。目前行业里针对“运维数据”还没有明晰的定义，我们不妨先给一个关于运维数据的解释。运维数据从狭义上讲是指在数字化运维过程中产生的各种系统感知（监控）数据，从广义上来讲，围绕运维的全生命周期的产生和被使用的监控、管理、过程、评估等数据都属于运维数据的范畴。所以形象来讲，运维数据不仅包括面向多层技术栈层面的各类参数与文件，同时还包括了各种用户体验的数据、工单数据以及与企业相关的核心业务质量 KPI 等。这些数据与客户经营过程中的各类业务数据如 ERP、OA、营销等数据有很大的不同。这些不同会体现在运维数据与业务数据本身的差异性上，同时也会体现在针对两类数据的应用场景和目的上。

从企业数字战略角度看，运维数据是企业大数据的一个子集，主要面向IT 运营侧的数据。由于组织架构、数据应用范围、资源投入等区别，运维数据治理的方法与传统业务大数据治理有一定的区别：

- 相对于业务数据治理，组织以往对运维数据治理的重视度不够，比如银行业业务数据有监管压力，上下都重视数据治理，这也导致了对运维数据治理的投入不足。运维数据治理资源投入少，传统大数据治理的方法论需要大量资源投入，无法适应运维数据治理的持续建设，运维数据治理应以痛点场景驱动进行相关治理工作。
- 运维数据类型不同，运维数据类型上更加聚焦，重点围绕监控性能、监控告警、日志、报文、IT 服务等数据，可以更加聚焦。
- 运维数据治理不是从零开始，运维组织已经构建了大量的平台化工具建设，过程中积累了一些数据运营的经验，如何将分散的数据运营工作涉及的组织、流程、工具整合在一起是运维数据治理的一个研究方向。

2. 运维数据治理体系架构

运维数据治理不属于“点状”工作，而是应站在组织数字资产化的高度上，围绕智能运维场景化建设的目的，从运维数据的组织与文化视角出发，从数据的全生命周期管理、运维数据的安全管理、运维数据的标准管理、运维数据的质量管理以及主数据与元数据管理等多个维度思考，综合利用管理办法与技术平台手段，从数据的治理文化与组织匹配，数据采集到应用的全生命周期统筹构建一整套运维数据治理体系架构，如图 6-5 所示。

运维数据治理的组织与文化建设：需要成立专门的运维数据治理团队作为管理组织，设立相关规章制度与组织相关活动，明确管理职责和范围并定义运维数据治理的工作原则等。同时治理工作的成功离不开大家对于数据治理的认同，所以该工作要能够潜移默化地融入组织的文化中，要形成数据思维，建立“用数据思考、用数据说话、用数据决策”的数据文化。

- 运维数据的全生命周期管理：包括运维数据治理的规划设计、实现和维护、应用和变现以及运营及改进四个阶段。从数据本身的生命周期角度讲是指从产生、采集、存储、整合、分析、消费 / 应用、归档、销毁等过程，对运维数据生命周期各阶段采取不同的管理方法和控制手段，确保数据价值最大化。通过跟踪运维数据价值随时间的变化，适配相应的采集粒度、时效性、存储方式、分析应用、场景消费等决策。

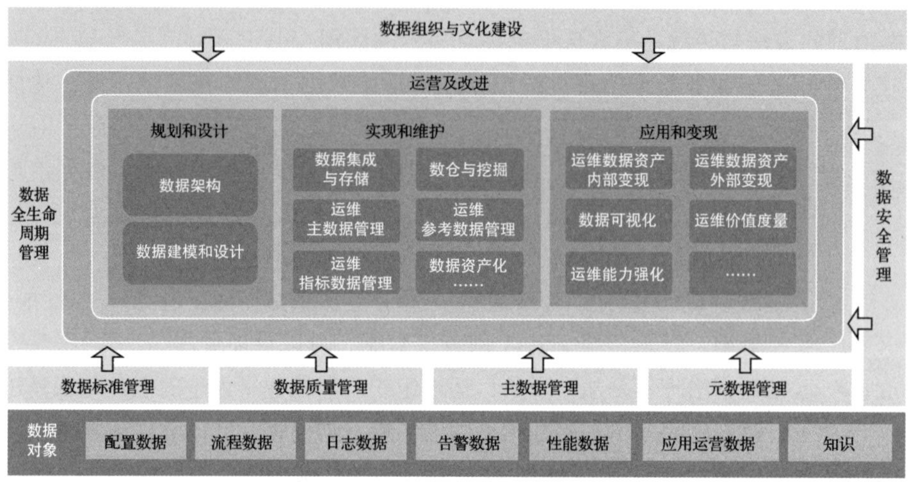

图 6-5　运维数据治理体系架构

- 运维数据的质量管理：指对数据从计划、获取、存储、共享、维护、应用、消亡各阶段，进行识别、度量、监控、预警等质量管理，以确保各环节数据符合运维消费场景具体使用需求。
- 运维数据的标准管理：指为保障数据内外部使用和交换的一致性和准确性，统一制定数据定义、数据分类、记录格式和转换、编码等标准。通常从组织架构、标准制度、管控流程、技术体系四方面着手，实现数据完整性、有效性、一致性、规范性、开放性和共享性管理。
- 运维数据的主数据管理：指对各系统（操作型、事务型、分析型）间一致并共享的、用来描述核心业务实体（如员工、客户、供应商等）的状态属性数据，进行规范化、技术化的统一管理。（包括设备、软件、关系、角色、流程、规则类）。保证主数据完整性、一致性和准确性，具有稳定、可共享、权威、连接性等特征。
- 运维数据的元数据管理：指对用于描述数据元素、属性、结构等特征的结构化数据，进行描述方式、来源口径统一管理，以确保降低人与数据之间沟通成本，描述越准确，使用数据成本就越低。
- 运维数据的安全管理：在遵循国家、行业的安全政策法规前提下，对运维数据内容敏感程度、影响等进行分级分类管理，确保数据价值最大化利用。运维数据属于生产数据，需从应用、管理两个角度对环境、研发、测试、运营、消费进行全流程的安全管理。

3. 运维数据的技术能力要求

从技术层面看，运维数据具有数据源庞杂、数据标准不统一、结构多样（强时序性、非结构化等）、高吞吐与高并发以及数据之间关联关系复杂等多种特征，如图 6-6 所示，所以对统一运维数据的采集、处理以及数据服务的技术提出了相当高的要求。

特征	描述	应对策略
数据源庞杂	数据源直接来自各个运维对象，数量大，接入方式多种多样	对数据源进行统一管理，需要灵活的适配和接入丰富的数据
数据标准不统一	不同类型运维对象的数据维度、格式、指标单位及内容等均不统一	需要具备灵活的数据处理功能，便于进行数据处理
强时序性	数据有顺序性，随时间数据价值急剧下降，处理数据实时性要求高	大数据整体框架需要支持低延迟计算和数据处理；需要具备以事件为核心的数据分析能力
高吞吐、高并发	由于运维对象多，运维数据的生成兼具高并发高吞吐的特点	大数据整体框架需要支持高并发，高吞吐量的数据处理、存储及分析能力
关联关系复杂	运维对象间关系类型多，关系链长且模式复杂，影响传播强	需要具备以关系为核心的数据分析能力

图 6-6　运维数据特征

对于运维数据治理团队，需要构建面向运维数据的一整套技术体系，通过搭建运维数据平台提供各种面向运维数据的技术能力，主要包括：

- 数据采集能力：能够实现多种不同数据源的类型数据采集，实现数据的快速接入。
- 数据开发能力：能够快速构建大数据处理任务。
- 数据资产管理能力：能够提供统一的资产管理，理清平台有哪些数据，以及数据和数据之间的关联关系。
- 数据分析能力：能够提供可视化的分析查询。
- 数据服务能力：能够以 API 的形式给外部提供数据服务，支持实现数据资产的变现。
- 数据质量管理能力：对数据是否符合业务预期能够实时监控，有问题早发现。
- 数据安全管理能力：对数据有安全管控的措施，能够防止业务数据泄漏、被篡改。

如图 6-7 所示的是典型的运维数据治理工具技术能力集合参考框架，包括建立统一的多源数据采控、实时与批量的数据处理、运维指标体系的层次划分及计算建模、数据开发模块、与运维相匹配的运维算法、存储方案以及数据服务模块等。

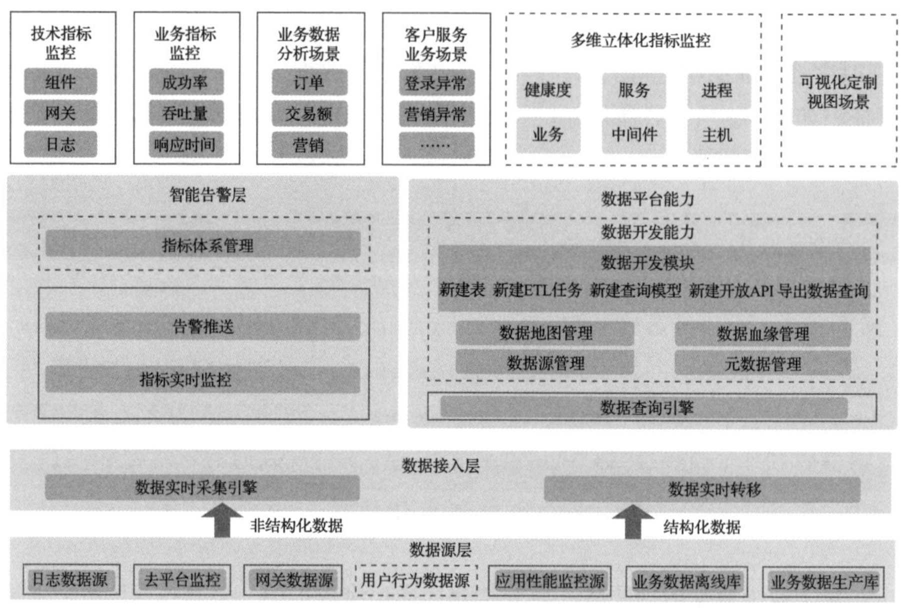

图 6-7　运维数据治理工具技术能力集合参考框架

4. 运维数据治理的价值

运维数据治理最根本的价值在于，为智能运维提供高质量的运维数据服务。通过实现运维数据的全面线上化，支撑智能运维的切实落地，为数字化转型提供基石保障。

（1）实现数据的规范化　通过构建一套适用于组织的运维数据资源管理制度和标准，实现数据的规范化、集成化、标准化管理，为数据消费奠定基础。

（2）打破数据孤岛　通过建设统一的运维数据库，与各监控平台实现对接，对运维数据进行统一管理，打破数据孤岛现象，实现数据融合。

（3）建设运维数据应用场景蓝图　以满足实际需求为目标，通过对数据应用场景进行梳理，明确智能运维建设方向，实现对 IT 资源的高效利用。

（4）落地智能运维价值　通过对运维数据的生命周期管理，结合智能运维场景，促进运维数据消费，实现智能运维能力逐步升级。

注：关于运维数据治理，其体系也是相当庞大的，涉及内容和知识点也很多，如读者有兴趣可以参考阅读《运维数据治理：构筑智能运维的基石》一书，这里不再展开赘述。唯一需要和读者探讨和强调的一个观点是：运维数据治理工作的开展，既要基于系统性思维建立面向组织长远发展的治理体系，另外同时也要按需所取，迭代式演进，说白了不能一口吃个胖子。由于运维数据核心价值就是数据的流动与变现，所以运维数据消费的热度越高，数据价值体现就越高。因此，运维数据如何以终为始，以运维工作目标——“用户体验和业务结果”为导向，清晰、合理、适度与频繁的服务运维场景，决定了运维数据价值交付能力的强弱。

6.2.2　以场景为导向

在主编参编的国家标准 GB/T 43208.1—2023《信息技术服务　智能运维　第 1 部分：通用要求》中对场景的定义是“为实现具体运维目标所需的人员、活动与对象的组合”，可以说这个概念是比较抽象地解释了什么是运维场景，但是场景在大家的认知中，应该是更具象化的，更容易理解和评价的。实际上对场景的定义，从不同的分类、不同的粒度，不同的运维业务需求等每个组织与个人都可能有自身的理解，很难用统一的划分方法来一言以蔽之，所以在这个章节中，笔者选取了领域和行业中对场景的解释说明以及其定义方式供读者参考，期望对各位有所启发。

1. 中国智能运维实践年度报告

在主编参与的智能运维年度报告工作组编写的《2021—2022 中国智能运维实践年度报告》中编委专家们对智能运维相关的场景进行了中肯的论述。

智能运维是以场景实现为中心，而不是工具平台建设为中心，这个观点是编制组专家对这两种形式在组织、人员、技术等方面异同进行了分析和讨论后得出的一致结论。本质上组织是从单一或部分运维场景出发引入或探索智能运维的实践，而区别在于对于智能运维适用的运维场景颗粒度有所差异。对于智能运维来说，其场景无穷无尽，不胜枚举。比如，多个场景可以组合成混合场景，混合场景也可以拆分成多个单一场景分阶段实现，如何以合适的颗粒度拆解场景涉及的具体活动就显得非常重要，因此在场景实现过程中：

- 需要根据场景复杂度、技术实现难度、数据质量情况、资源支持情况、需求紧迫性等，明确场景构建的阶段和步骤。

- 可采用列举、分析、归纳等方法，识别场景建设的运维角色、运维活动、运维对象、智能特征等。
- 设立可评估或可量化的指标，如故障发现准确率、平均故障修复时间等。

在编写标准的过程中，编写组专家通过一些行业案例总结出一个共性现象：智能运维场景建设可以借鉴，但很难复制。究其原因，是因为大家看到的智能运维场景，只是冰山一角的表象。想要真正建设一个智能运维场景，需要做好大量基础性工作，比如企业架构设计、开发日志规范、运维数据治理、服务流程改进、专业队伍建设等。实现这些目标并非是一朝一夕可以完成的，这也就是为什么大家都觉得智能运维很好，是未来的方向，但都觉得智能运维场景难以落地、效果欠佳的原因。

“智能运维场景实现”是一个需要持续迭代调优的过程，既要关注智能的过程，还要关注运维的结果。实现一个典型的智能运维场景，应当包含场景分析、场景构建、场景交付、效果评估四个关键过程。只有不断循环这些过程，才能持续提高运维智能化程度。

《2021—2022 中国智能运维实践年度报告》通过问卷调研了各行业的场景情况，智能运维场景衡量推荐指标见表 6-1。

表 6-1　智能运维场景衡量推荐指标

场景类别	场景名称	指标指导意见
故障类	生产系统异常拨测	覆盖率、准确率
	一键处置	数量
	告警合并	合并率
	故障屏蔽	有效率
	故障自愈	自愈率
	故障发现	准确率
	故障影响分析	准确率
	异常根因分析	准确率
	故障预测	准确率
智能类	智能网络负载	准确率
	运维聊天机器人（ChatOps）	交互识别正确率
	巡检机器人	巡检自动化率
	运维知识库智能应用	知识匹配准确率
	智能作业调度	调度准确率

（续）

场景类别	场景名称	指标指导意见
自动化类	运维工单流程自动化	自动化配发准确率
	变更自动化	配置信息配发准确率
	变更质检	检测准确率
	资源申请自动化	自动申请准确率
	资产变更智能授权	授权准确率
安全类	IP 访问黑白名单	命中准确率
	漏洞检测	检测准确率
	访问控制审核	校验准确率
	数据中心出入人员管控	识别准确率、误报率
	网络安全态势感知	预测准确率
	运维行为审计	审计检测数量、准确率
	安全基线检测	准确率、漏报率
	威胁 IP 检测	检测准确率
评估类	健康检查	准确率

- 互联网、银行和保险行业 IT 新技术广泛应用，运维对象、复杂度、难度显著增加，运维的智能化突显了其重要性并越来越迫切，因此这些行业智能运维建设一直走在时代前列。
- 各行各业数字化转型正在如火如荼进行，安全性也是从国家、行业到企业重点关注的话题，智能运维场景落地需要更多地围绕安全开展。
- 智能运维近年来一直得到国际和国内各行业的认可，场景建设是智能运维落地的主要体现形式，需要从简单到复杂逐步推进，目的是不断提升企业运维数据管理、自动控制和分析决策能力水平。

通过问卷调研，大家发现：

- 在智能运维领域，虽然从目前技术平台的建设方式上看自研和商购的比例相差不大，但随着智能运维建设逐步进入深水区，来自技术门槛和人员能力的压力和高要求将带动更多的商购平台采购。市场需要在加快自身建设的同时减少摸索的时间。
- 智能运维领域的场景具有一定的复杂程度，单一平台尚不具备支撑复杂场景的能力，因此，智能运维工具平台建设更倾向于多个工具联动来实现复杂智能运维场景的落地，但同时也看到建设统一的智能运维平台未来也将是一个趋势。

- 在智能运维的场景应用中，运维数据的体系化、规范化和平台化管理是将影响智能运维场景的实践效果，决定智能运维未来发展的深度和广度。

由于行业的差异性特征存在，导致在推进智能运维发展与实践场景应用落地等方面的过渡阶段也各不相同，因此在场景落地与应用推广过程中碰到的问题也各不一样（见表 6-2）。虽然从具体问题上来看较为分散，但从问题内在本质浓缩映射来看，上述所碰到的各类问题集中归结为运维管理基础差、预期不一致、认知不统一、需求不准确等四个方面，且运维管理基础差占比达到半数，是整个智能运维场景落地与应用推广过程中所碰到的主要问题。预期不一致、认知不统一、需求不准确等方面的问题也或多或少地是由于运维管理基础差所造成的，导致整个落地与推广过程中各方难形成合力。从解决问题的角度来看，需要优先解决运维管理基础差这个根本性问题。无论如何推进智能运维，都不能脱离包括工具、数据、流程、指标、能力沉淀等在内的运维管理“地基”。

表 6-2　行业领域分类特点及智能运维场景应用分布

行业领域	领域特点	场景应用分布
政府机构	标准化一般，内外网用户多，应用服务复杂	统一运维监控、异常检测、故障定位、数据服务运营
能源	可靠性、稳定性、安全性要求高，信息化治理和运维管控能力较弱	异常事件告警、异常检测、根因分析、智能检索、智能对话机器人、自动化工单
交通运输	对信息化依赖程度高，细分领域多，重视营运保障，可靠性、实时性、兼容性要求高；市场还处于蓝海期	运维大数据采集、时序指标监控、智能状态感知、业务运营分析、增值性创新引用
运营商	运维数字化水平高、运维体系完备，系统稳定性要求高，主动运维意识强，投入大且定制化程度高	智能告警、异常检测、根因定位、调用链故障诊断、故障自愈
制造商	系统稳定性要求高，但初具 IT 运维能力，体系化运维建设相对缺乏，日常运维问题重复性高、运维效率较低	异常检测、根因定位、自助式 IT 服务管理、知识管理、智能问答
银行	监管要求严、稳定性要求高、故障容忍度低，稳态为主、敏态为辅，运维管理体系与运维管理工具齐备，强调职能边界与职责分工，运维对象多样、异构数据明显且对数据质量要求高	统一监控、智能告警、问题预警、实时大数据分析、调用链分析、异常检测、根因定位、故障恢复、多维指标分析、动态监控阈值、动态监控基线、运行时间预测、容量预测、运维指标体系、数据中心数字化运营

（续）

行业领域	领域特点	场景应用分布
保险	监管要求较严、业务稳定性要求高，以敏态业务为主，标准化程度较高，运维体系较完备且管理分工明确	动态监控阈值、动态监控基线、异常检测、根因定位、容量预测、DevOps场景应用
证券	监管要求较严，实时性要求高，运维体系完备且管理分工明确，运维标准化程度较高，交易高峰风暴特征明显；核心业务系统较封闭，监控排障效率较低	开闭市业务巡检、异常检测、根因定位、交易明细追踪、业务排障、动态监控阈值、动态监控基线、容量预测、问题预警、业务趋势分析、应用隐患测算
互联网	注重整体业务稳定性	异常检测、根因定位
医疗	信息化需求较迫切，持续系统系统建设需求多，对系统稳定性与可靠性要求较高	一体化集中监控、故障发现、根因定位、异常检测、智能告警、降噪压缩

2. Gartner 的智能运维场景

美国的咨询公司 Gartner 在 2021 年的报告《信息图：智能运维用例棱镜》（*Infographic: Artificial Intelligence Use-Case Prism for AIOps*）一文中给出了典型的智能运维场景划分与定义（见图 6-8）。该文提出了智能运维直接相关的 17 个用例，智能运维的建设者可以利用这些信息，根据每个用例的可行性和业务价值，为其组织确定最佳的 AIOps 用例。

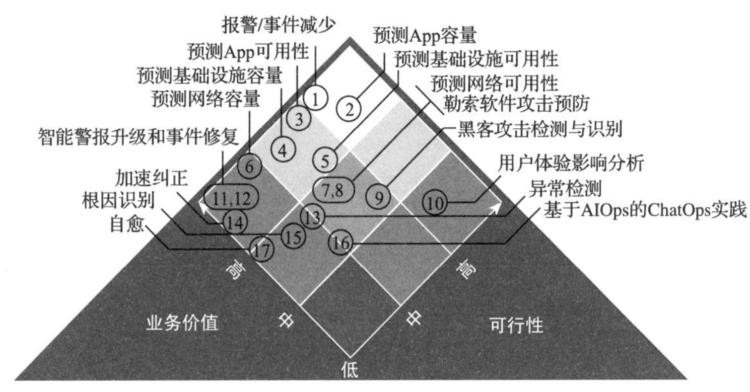

图 6-8　智能运维（AIOps）场景划分与定义

- 警报 / 事件减少：将密切相关的事件与警报聚合，以减少与单一事件相关的通知数量。
- App 容量预测：通过对应用程序的历史数据进行分析和建模，以预测在应用程序季节性变化趋势下，需要多少系统资源或服务实例才能满足应用的需求。

- App 可用性预测：预测应用程序何时会因可预知事件而故障或无法使用。
- 基础设施容量预测：预测基础设施容量以应对变化（包括新应用程序的引入、更新和季节性变化）对基础设施的影响。
- 基础设施可用性预测：预测基础设施组件何时会因可预知事件而发生故障或无法使用。
- 网络容量预测：预测网络容量需求，以确保网络资源能够满足预期的业务需求。
- 网络可用性预测：预测网络故障的发生，以便及时采取措施防止或解决故障对业务的影响。
- 勒索软件攻击预防：预测勒索软件是否正在尝试或已经成功加密数据，并及时启动防御措施，以减轻勒索软件攻击带来的影响。
- 黑客攻击检测与识别：识别可疑的流量模式，以便及时发现并应对潜在的网络安全风险和威胁。
- 用户体验影响分析：深入理解基础设施和应用程序性能监控（APM）的作用，以了解这些技术如何影响用户体验。
- 智能警报升级：在警报处理中实施优先级，并识别适当的资源进行通知。
- 事件修复：利用自动化技术，基于根本原因分析（RCA）解决已经确定的问题。
- 异常检测：识别异常信号、日志和指标。
- 加速纠正：与根本原因分析（RCA）不同，加速纠正的目的是识别异常发生的因果因素，以加快故障修复并缩短平均修复时间（MTTR），而不是永久解决问题。
- 根因识别：识别并消除问题的根因，以确保问题不再发生。
- 基于 AIOps 的 ChatOps 实践：将运维操作转化为自然语言，并实现自然语言与技术操作的无缝融合。
- 自愈：结合警报 / 事件的减少、警报升级、事故处理、诊断能力以及原因分析等功能，自动识别问题及根因，并实现自动化故障解决的系统。

3. 以场景为导向的逻辑内涵

建立以场景为导向的智能运维建设思路，其基本出发点就是以痛点、需求期为切入点，以场景要实现的运维价值为核心目标，用智能赋能运维场景，落地智能运维能力，以场景为导向的智能运维逻辑模型如图 6-9 所示。

在前述章节举例说明过行业典型的智能运维场景分类与定义参考，这里需要强调的是，针对每个智能运维的实施单位，其 IT 和运维发展阶段不一样，对未来的期待要求也不一致，智能运维场景落地到每家时，需要根据自己的行业特殊性和当前的实际情况，形成适合本身的智能运维场景需求清单，根据智能运维场景需求的迫切度与重要性，制定合理的里程碑计划。

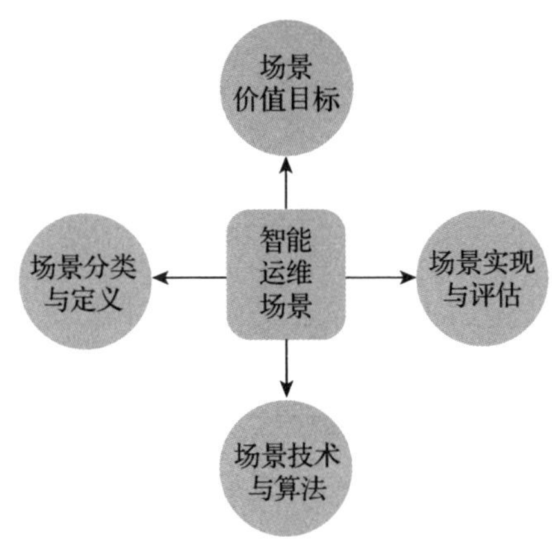

图 6-9　以场景为导向的智能运维逻辑模型图

智能运维场景目标价值是构建智能运维场景无疑是要补齐当前传统运维场景的能力缺失，或者衍生出更创新的、以往不存在的新场景，但不管是哪种情形，在构建智能运维场景之初就要充分考虑到实现智能运维场景的价值目标。这些价值目标大部分围绕智能运维价值包括质量、效率、成本、安全、效益五个维度可以通过数据指标来衡量与评价的。

6.2.3　以算法为支撑

来自 Facebook AI 研究院的团队发起了 Papers with Code 项目，其致力于在机器学习领域创建一个自由、开源的社区，提供包括学术论文、代码和评价指标在内的多种资源。他们将智能技术分为计算机视觉、自然语言处理等 16 个大类、1952 个任务。图 6-10 中展示了智能技术的部分分类及技术。

这四类技术中，与 IT 智能运维关联度比较大的是自然语言处理、时序数据和知识图谱。机器学习尤其是深度学习的大规模应用，推动了人工智能技术的快速发展，智能运维是一个以运维场景为基础的智能技术领域融合应用，其核心在于探索智能技术是如何转化、服务与适配运维的。

1. 智能运维场景化算法概览

如图 6-11 举例分析典型的运维场景，例如单指标异常检测等，并给出了典型的智能算法供各位读者参考，了解算法技术是如何与场景进行融合的。

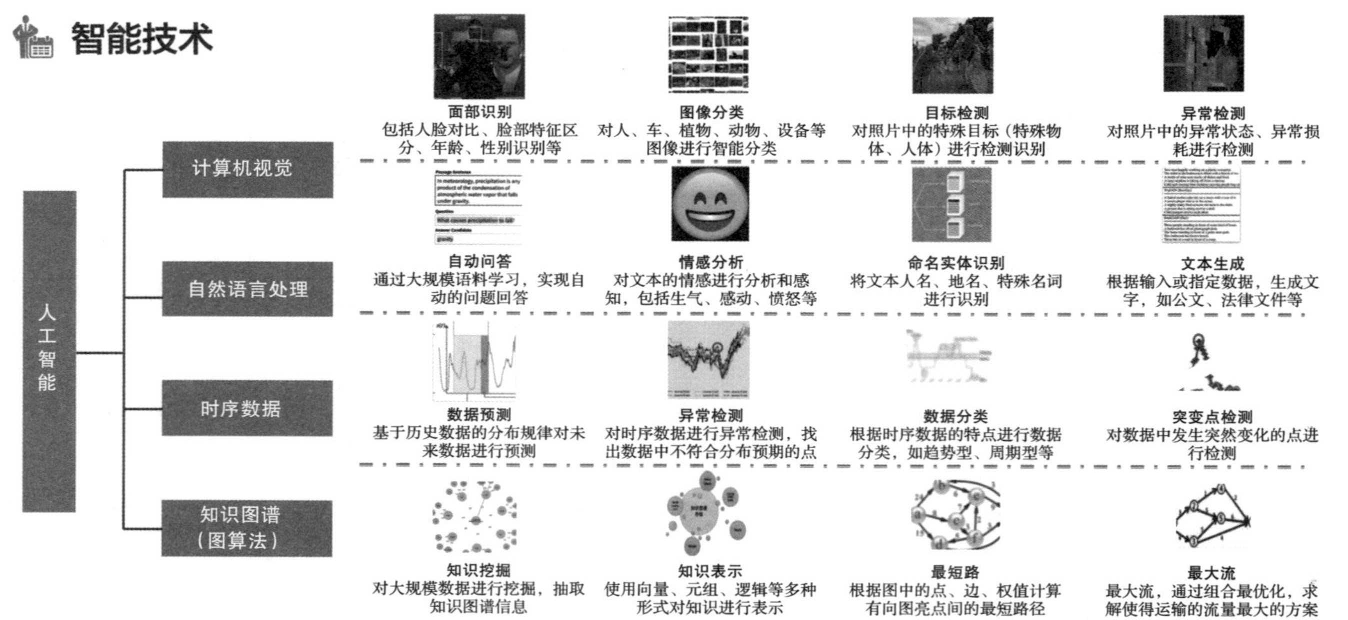

图 6-10　智能技术的部分分类及技术

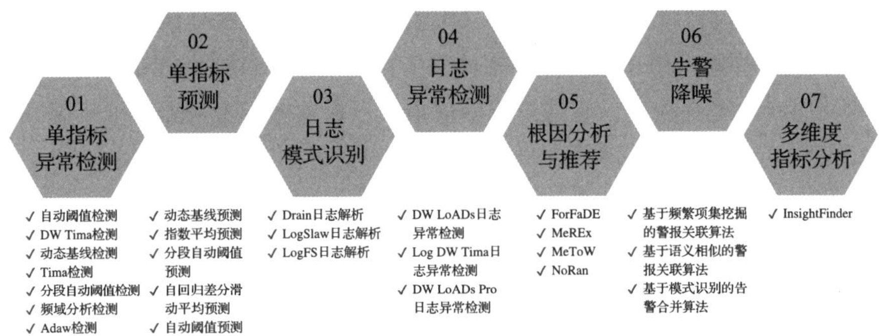

图 6-11　智能运维典型场景与算法概览

（1）单指标异常检测　单指标异常检测旨在对能反映系统问题的指标进行检测，及时发现系统问题。通过学习历史数据中的正常行为 / 模式，对数据中的异常行为 / 模式进行判定，来发现复杂单指标（例如响应时长等业务指标以及 CPU、内存等基础运维指标）的异常波动。适用于单指标异常检测的智能技术主要为数字信号处理、时间序列分解、离群点检测等。

- 自动阈值检测：自动阈值检测算法采用极值分布理论对序列数据中的极阈值建立假设分布，使用极值分布建立阈值，无须对序列数据的分布进行假设。
- DW Tima 检测：DW Tima 算法是基于能量谱的同环比异常检测算法，适用于大部分类型指标异常检测。
- 动态基线检测：动态基线检测算法基于时间序列数据分解的思想，将时序数据分解成趋势成分、季节性成分、噪声成分，对这些成分抽取特征后建立多元回归模型以预测未来是否异常。
- Tima 检测：Tima 算法是基于能量谱比的可用于离线或实时的异常检测算法，适用于大部分类型指标异常检测。
- 分段自动阈值检测：分段自动阈值检测算法基于自动阈值的方法，将时间分段，将同时期的数据划分为同一类，依据不同时期的数据分别建立分布并生成各时段的阈值。
- 频域分析检测：频域分析算法通过小波基抽取时间序列的频域信息，之后基于历史数据聚类提取正常点的模式，以此检测未来数据是否异常。
- Adaw 检测：Adaw 算法以历史每日数据为基准，使用双边滤波自适应对历史数据加权生成阈值，以检测未来数据是否异常。

（2）单指标预测　基于机器学习和统计方法，在指标的历史数据上进行训练，提取特征学习历史数据中普遍存在的规律，从而针对指标未来一段时期的发展变化进行预测，有助于资源规划、容量预测等上层业务。容量预测旨在预测未来系统的资源使用量，进而决定目前所分配给业务的计算、存储、流量、网络带宽等资源是否满足业务需要，从而决定是否需要提前对各项资源进行重新调配。适用于容量预测的智能技术包括树模型技术，时间序列分解技术等。

- 自回归差分滑动平均预测：自回归差分滑动平均预测算法能够对非平稳时间序列的未来进行预测，本算法建立的预测模型包含了基于历史数据的自回归部分和基于历史预测误差的滑动平均部分。
- 自动阈值预测：自动阈值算法采用极值分布理论对序列数据中的极阈值建立假设分布，使用极值分布建立阈值，无需对序列数据的分布进行假设。
- 动态基线预测：动态基线预测算法基于时间序列数据分解的思想，将时序数据分解成趋势成分、季节性成分、噪声成分，对这些成分抽取特征后建立多元回归模型以预测未来。
- 指数平均预测：指数平均预测算法认为未来的数据可以通过对历史数据进行指数平滑来预测。所以离预测点越远的历史数据对预测的影响越小，指数平均预测算法通过调节指数系数来控制对历史数据的记忆和遗忘程度当时间序列中含有趋势性和周期性部分时，进一步调节它们各自的指数系数能更好地预测未来。
- 分段自动阈值预测：分段自动阈值算法基于自动阈值的方法，将时间分段，将同时期的数据划分为同一类，依据不同时期的数据分别建立分布并生成各时段的阈值。

（3）日志模式识别　综合运用机器学习、自然语言处理等手段对日志的模式进行解析，识别出日志中的参数量与不变量，将日志信息结构化，为后续系统的异常检测、故障解释、故障定位、故障预测提供支持。

- Drain 日志解析：是基于树形数据结构对日志模式进行快速解析的算法。
- LogFS 日志解析：是基于特征选择的日志解析算法。
- LogSlaw 日志解析：是基于聚类进行模式匹配的在线日志解析算法。

（4）日志异常检测　在日志模式解析的基础上，将日志模式趋势转化为指标，通过学习历史数据中的正常行为 / 模式，对数据中的异常行为 / 模式进行判定，业务变化提供监控。

- DW LoADs 日志异常检测：是基于滑动窗口与滑动平均的同环比日志异常检测算法。
- DW LoADs Pro 日志异常检测：是基于滑动窗口与滑动平均的日周同环比日志异常检测算法。
- Log DW Tima 日志异常检测：是基于能量谱的同环比日志异常检测算法。

（5）根因分析与推荐　根因分析与推荐旨在从系统的问题出发，发现系统产生问题的根源，从而帮助运维人员决定如何修复问题以防止同类问题的发生。基于系统整体的状态信息（包括横向 / 纵向拓扑、节点属性等）和时序信息（包括告警消息、指标数据等），利用系统结构知识和运维排障知识对问题所产生的原因进行分析，从而简化运维人员排查故障的流程，使故障解决更高效。适用于原因分析的智能技术包括证据融合技术和关联挖掘技术等。证据融合技术用来对多种不同视角看待问题原因的结论进行整合，以达到综合分析系统问题的目的，提高根因判断的准确性。关联挖掘技术用来自动发现系统中各组成部分所发生问题之间的关联和先后顺序，给确定问题根源或排除错误的候选问题根源选项提供依据。

- ForFaDE：是基于线性时序逻辑的根因定位引擎。它利用模型检测和图搜索技术搜索系统给定现象的起源事件。
- MeREx：是相关性制导的故障定位引擎。它利用相关性计算节点上指标的根因评分，并进行指标下钻直至找到故障指标。
- MeToW：是相关性制导的故障定位引擎。它通过融合各类证据来估计根因指标的评分。
- NoRan：是相关性制导的故障定位引擎。它利用相关性证据和随机游走过程来给出节点的根因评分。

（6）告警降噪　告警降噪旨在聚合紧密相关的告警，以减少与单个故障相关的告警通知数量。基于告警信息和指标、日志、拓扑关系等数据，将海量的告警信息按照相似性整理为多个警报，并将具有一定相关性的多个警报整理为一个事件，方便运维人员选择相关事件。适用于告警降噪的智能技术包括文本相似度技术、频繁项挖掘等。文本相似度技术通过分析告警在文本之间的相似程度对告警进行聚类，进而有效降低告警的数量。频繁项挖掘技术通过考察告警时间序列的相关性和告警对应的拓扑节点之间的关系，发现同时出现或连续出现的告警特征，将相关联的警报加以聚合，从而降低最终的告警通知数量。

- 基于频繁项集挖掘的警报关联算法：是告警降噪场景中的一种关联算法，用于挖掘频繁涌现的警报之间的相关关系，并生成事件。
- 基于语义相似的警报关联算法：是告警降噪场景中的一种关联算法，用于分析警报的描述等文本内容之间相关关系，并生成事件。
- 基于模式识别的告警合并算法：是告警降噪场景中的一种合并算法，提取告警描述对应的模板，并生成警报。

（7）多维度指标分析　基于多维度指标关联性，识别系统整体状态是否异常，并给出根因指标推断。

InsightFinder：基于多维度数据，结合数据立方搜索算法及智能场景特征，主动挖掘多维度指标隐含信息，快速定位指标细分维度根因。

2. 智能运维算法工程化

智能运维的技术关键不是算法，用户的应用场景千差万别，需求也各不相同，到底哪种算法用什么样的模式匹配到客户场景中才是核心。这是一个算法与技术工程化落地的过程，对于智能运维落地来说，既要有非常好的算法能力，又要对应用场景有非常好的理解力，还要有工程化落地的能力。这几种能力都具备才能帮用户解决问题。

基于明确的智能运维工程化落地场景快速搭建人工智能工程化技术方案，是算法工程化的最大挑战。解决这个挑战的方案是智能运维的算法平台化。通过算法平台来满足复杂的检测、预测与分析类智能研发需求，覆盖从业务场景分析、数据获取到模型部署、性能监控的全流程，打通算法开发、训练、发布各环节。平台应该具备优秀的算法扩展能力，满足更多产品对算法服务的调用，支撑更多智能运维场景。算法平台的构建需要注意的要点如下：

- 算法管理：用于不同算法类型下算法的统一定义和管理。
- 模型库：使用算法服务和模型，提供有效、方便地管理和多层次的复用。
- 模型训练：实现分布式机器学习框架和训练，实现深度学习分布式框架。

- 模型发布：实现机器学习的持续构建与集成。
- 模型服务化：机器学习算法服务化、深度学习模型服务化。
- 模型评估：采集模型的调用数据反馈。

6.2.4　以知识为依托

从“三位一体”到“四位一体”代表了人们对智能运维认知的进步，这也表示人们逐步开始意识到运维知识对构建智能运维的重要性。这是因为运维工作本身就是强经验依赖型的，不管存在于人脑的知识还是计算机存储和表达的知识，对于运维在发现问题、分析问题、定位问题和解决问题四个环节的作用都是很重要的。

1. 电力设备知识图谱及应用

他山之石可以攻玉，在讲解 IT 领域的运维知识以及知识图谱之前，这里首先分享主编在做基于数字孪生的变电站综合运维管理平台时候做的知识图谱案例（见图 6-12），给各位读者一个直观的感性认识，之后再讲解数字化运维知识图谱以及其差异性和难点。

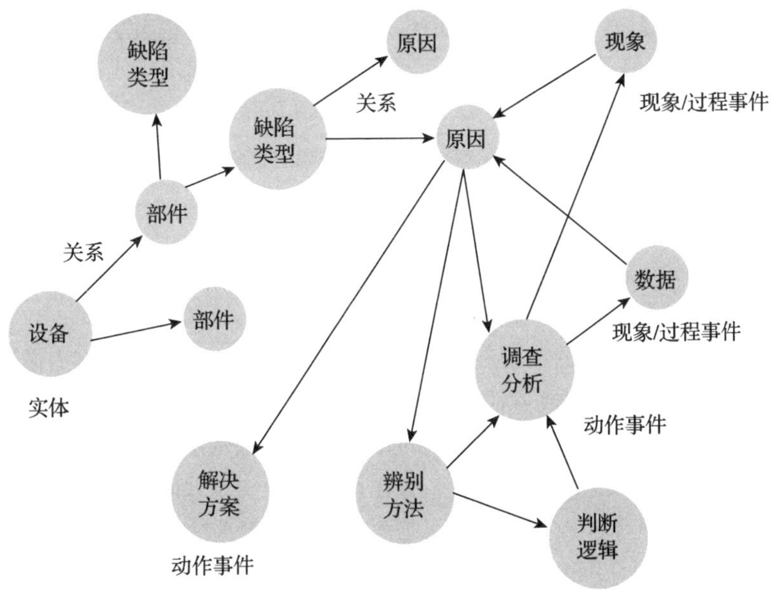

图 6-12　电力设备知识图谱示例

电力运维检修人员在设备日常巡检工作过程中，直观感知到的是设备的各种现象（声音、图像、味道等）或是各种数据（传感器或带电检测装置监测/检测数据，还有台账数据、试验数据等），但深层次的是，如什么缺陷或问题导致的这种现象和数据表象的发生是要依托运检经验，通过进一步的缺陷排查才能最终确定的。随着经验丰富的检修人员的逐年退休，新员工经验不足，新建电站和老旧电站设备不断增多，急需一种工具，通过人机交互界面上诊断查询，完成通过设备缺陷现象找出缺陷问题本质的业务场景闭环，使得传统经验得到了传承，提高运检人员的实战经验，同时可减小检修人员作业压力。

利用电力设备知识图谱构建智慧变电站统一运维管理平台，基于各类采集的电力设备运维知识构建知识图谱，实现图谱的构建、管理以及多种场景化应用，如图 6-13 所示。

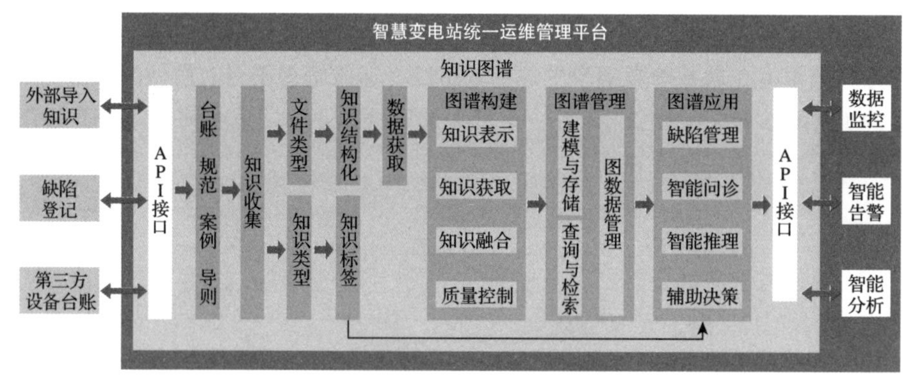

图 6-13　基于电力设备知识图谱的智慧变电站统一运维管理平台

电力设备知识图谱的应用场景侧重在于强知识依赖型的各类应用上，如智能诊断、设备缺陷案例库、相似案例推送等。

智能诊断应用：目的在于利用知识图谱为电力运检人员提供电力设备远程运维指导和辅助决策依据，利用缺陷案例知识库构建知识图谱，根据监测的现象和数据特征的输入做特征匹配，定位缺陷原因，提供缺陷消缺方案或预防措施，也可结合监控数据、智能告警、数据智能模块实现缺陷原因的自动定位。

设备缺陷案例库：设备在电力运检过程中，会产生大量的设备缺陷案例报告，这些报告里面详细介绍了缺陷发生的数据和表象特征，导致缺陷的原因，原因判别方法、判别逻辑、缺陷消缺方案和预防措施等信息。通过知识检索的方式，只要输入关键词信息，就可以把缺陷案例相关的信息检索出来，为运检人员提供处置信息参考，加强了设备定向运检的能力，提升了设备运检效率。此外，将这些输入的缺陷案例库信息，转换成结构化数据表存储在知识库，这样就可以通过缺陷案例库信息的持续补充，不断提升缺陷诊断能力。

相似案例推送：是通过缺陷案例中标签信息的提取建立缺陷案例结构化知识库，根据系统诊断结果，匹配关联知识库里的设备、部件、缺陷类型、缺陷原因，进而查找对应的缺陷案例报告。

2. 运维知识与知识图谱

运维知识描述了运维领域内有关对象定义、技巧以及排故 / 解决经验等数据，能够利用自然语义技术，构建运维知识图谱，从庞大的数据中挖掘各种运维本体及其相关联关系。知识图谱是一种结构化数据的形式，它以定义本体的方式来准确表示某一领域的知识结构，包括概念、实体属性、实体关系、事件属性和关系。目的是使人类，尤其是计算机程序能够更容易地理解和处理这些知识。运维知识图谱结合调用链模型、CMDB 关联模型、物理拓扑关系模型等信息，对各种运维特性进行描述和结构化分析，动态记录运维主体之间的关联关系，可助力运维人员评估故障影响、定位分布式系统根因、检测指标异常、预测故障以及实现系统自愈等智能运维场景。

从运维知识图谱构建应用全过程看，包括如下几项重点工作。

- 运维知识采集：从告警、指标、配置、日志、帮助手册、故障案例以及工单等结构或非结构化数据载体中采集各类知识。
- 运维知识建模：当故障与运维难题发生时，需要从数据中提炼出富有价值的知识才能解决问题，此时需要一个高效的知识组织结构，建立知识图谱的数据模型。
- 运维知识图谱存储：一般采用图数据库来存储知识图谱数据，运维知识图谱应用不仅需要图查询、图计算，也需要理解语义、承载故障问题答案，因而需要图数据库即能支撑关系存储与图计算，又能支撑语义理解所需的词典表、三元组、符号化知识表示。
- 知识抽取：为了将来自不同来源和具有不同格式的数据整合到运维知识库中，需要设计有针对性的抽取工具，使其能够从不同的来源中抽取数据，并将其转换为统一的数据格式，以便在知识库中以不同层次的形式进行存储。
- 知识表示与融合：需通过各种算法自动挖掘发现新关系，以实现对运维知识图谱的补全，包括实体间关系补全与各种故障特征传导关系补全，知识补全能够有效弥补知识抽取粒度不足等问题。

3. 运维知识图谱应用探索

如何将运维知识与知识图谱应用好，解决应用场景问题，是以运维知识为依托构建智能运维的唯一价值所在。在智能运维领域，基于运维知识图谱来支撑智能运维场景目前更多的还属于学术领域的范畴，在工程实践中还鲜有成功案例。究其根因，笔者认为，相比上述章节提到的“电力设备知识图谱”的“封闭式”而言，数字化运维知识图谱是开放式且样本不足的，很难通过“穷举”方式来构建知识图谱，所以更别谈实现应用场景。“电力设备知识图谱”的“封闭式”是指，电力设备的零部件、种类、型号相对是固定的，并且设备的故障现象、排故手段、解决方案和对应的厂商、专家等在很大程度上均是可以穷举的，通过对以往书籍、故障手册以及人工经验的总结梳理，是可以构建出相对完整的电力设备知识图谱的。

对于数字化运维而言，其体系层次庞大且复杂，IT 设备与应用种类难以穷举且故障往往难以复现，这种超出数量级的复杂性导致面向数字化运维很难构建一个全面且完整的运维知识图谱。在大规模语言模型（Large Language Model）出现前，以往只能在有限的局部的数字化运维场景中实现基于知识图谱的探索与应用，如郭盛等人在 2020 年 11 月发表的《知识图谱在智能运维中的应用研究》一文中提到基于知识图谱方法论，研究 ERP 系统运维数据建立知识图谱的方法，论证其在智能运维应用的可行性。国网数字科技控股有限公司的郭宝贤等在 2022 年《中国科技信息》发表的《浅谈知识图谱在运维大数据中的应用》一文中提出了一种运维领域的知识图谱构建与存储方案：通过运维概念、实体属性和分类关系实现知识图谱的构建。相比传统数据资产管理，利用运维知识图谱管理运维数据缩短了故障定位时间，提高了资源使用率，降低了运维成本。

不过大语言模型的出现，对于学术界和工程界而言，知识图谱在运维领域的应用模式可能会发生巨大的变化。

ChatGPT 的出现引发了一篇名为《ChatGPT 的胜利，宣告知识图谱的消亡？》文章的出现，作为搜索领域主要应用技术之一的知识图谱好似也面临着巨大的挑战。ChatGPT 的惊人之处在于其无需依赖知识图谱即可解决用户对话中的知识问答任务，具备强大的上下文理解能力和流畅的对话技巧。它将原本基于特定任务的模型转变为一个统一的、基于提示的、与任务无关的模型，能够尝试解决复杂或困难、需要人类参与的任务。因此，一些悲观的人认为 ChatGPT 的兴起意味着知识图谱的终结。他们认为知识图谱已经失去了存在的意义，一些公司甚至已经放弃了知识图谱技术路线。

从本质上讲，大语言模式和知识图谱都是知识库，两者都面临着实时性、时效性和更新的问题，两者不同点在于知识的表达形式，知识图谱是一种知识的形式化表示方式，大语言模型则是参数化的知识。在推理场景中，构建结构化知识往往具有挑战性，因为需要精心设计知识的结构体系，然而一旦建立起这种体系结构，推理过程变得更加容易。相比之下，非结构化知识的构建相对简单，只需简单存储即可。但是由于缺乏体系结构，这些非结构化知识往往很难用于推理。而大语言模型的强大之处就在于其可以轻松地从非结构化文本中提取知识，并在不需要预定义模式的情况下有效地根据知识进行推理。

在短暂的大语言冲击后，业界重新开始思考在大语言时代下知识图谱是如何发展的问题，如何能结合两者的优势更好地解决业务场景问题。业界主流观点认为大模型与知识图谱之间应该是共生和互相增强的关系。在当前以及很长时间内知识图谱会继续存在的主要原因是，神经网络目前无法解决或者非常难以解决事实性准确的问题，大模型的不可解释性决定其暂时无法作为一个可信人工智能，而知识图谱作为一种显性的、高质量的知识库，在问答、推荐与决策类任务中明显能够让结果更具可信性。

在运维领域，运维知识图谱与运维领域大模型结合，实现互相增强、融合应用主要可体现在如下几个方面：

（1）运维大模型增强运维知识图谱研发。利用大模型在语义理解、内容生成等方面的技术优势，通过给大模型更多运维方面的知识、语料实现对运维知识图谱全生命周期各环节的增强，包括增强数据标注、增强知识抽取、增强知识建模、增强知识图谱补全、增强知识图谱构建、增强知识融合、增强知识推理等。通过运维大模型增强运维知识图谱，可以提升运维的效率和准确性，提高系统的稳定性和可靠性。

- 数据预处理：将大量的运维数据进行清洗和整理，包括日志数据、设备信息、故障记录等。通过数据预处理，可以将数据转化为适合模型训练的格式。
- 模型训练：利用预处理后的数据，使用深度学习技术训练运维大模型。

可以采用自监督学习、强化学习等方法，使模型能够自动进行故障诊断、性能优化等运维任务。

- 知识图谱构建：将运维领域的知识以图谱的形式进行构建。可以通过人工标注、自动提取等方式，将运维知识整理成实体、关系、属性等形式，并存储到图数据库中。
- 模型与知识图谱的融合：将训练好的运维大模型与构建好的运维知识图谱进行融合。可以将模型的输出结果与图谱中的知识进行关联，实现更准确的故障诊断和问题解决。
- 知识图谱的应用：利用增强后的运维知识图谱，可以进行故障分析、性能优化、资源调度等一系列运维任务。通过模型的辅助，可以更快速、准确地解决运维问题。

（2）运维知识图谱增强运维大语言模型。通过人机交互创建和推理高质量知识，结构化显性的运维知识图谱与大语言模型结合，知识图谱可指导大语言模型生成更准确的答案或推理结果。综上所述，知识图谱可以为大模型提供丰富的背景知识、实体链接、关系抽取、实体属性补全和问题解答等能力，从而增强大模型的性能，主要包括以下几个方面。

- 提供背景知识：知识图谱可为大模型提供丰富的背景知识，帮助模型理解实体之间的关系和上下文信息。模型可利用知识图谱中的关联关系、属性信息等来更好地进行推理和预测。
- 实体链接：知识图谱可帮助大模型将文本中的实体链接到知识图谱中的对应实体，从而丰富文本信息。通过将实体链接到知识图谱中的相关实体，模型可以获取更多的实体属性和关系信息，提高对文本的理解和处理能力。
- 关系抽取：知识图谱中的关系信息可用于训练大模型进行关系抽取。通过利用知识图谱中的关系事实，可提高大模型在抽取关系任务上的准确性和泛化能力。
- 实体属性补全：知识图谱中的实体属性信息可用于补全大模型中缺失的实体属性。通过利用知识图谱中的属性数据，可为大模型提供更丰富的实体属性信息，提高对实体的描述和理解能力。
- 问题解答：知识图谱可用于构建问答系统，为大模型提供问题解答能力。通过将知识图谱中知识和推理能力与大模型相结合，可构建更强大的问答系统，提供更准确和全面的答案。

第 7 章 CHAPTER 7

数字化运维流程建设

编者按：近些年业界主推"数据驱动运维"（本书也有相关章节），但笔者认为没有必要像当年"交直流大战"或者"光的波粒之争"那样较真，运维需要数据，也需要流程，在现实和数字世界中，流程无处不在，在为企业提高效率、优化管理、提升体验、增强分析能力和推动创新等各方面都发挥了巨大作用。

7.1 流程和数据是双引擎

" Workflow Everything"，笔者依稀记得在 ServiceNow 网站上某次宣传的标语用的这样的英文，指的是一切流程化。众所周知，该公司拥有全球最好的业务工作流引擎之一，其愿景是借助技术手段实现企业工作流的创建、编排和自动化管理，进而推动组织的事务性工作的数字化构建与转型。ServiceNow 以提供 SaaS 化 ITSM（IT 服务管理）产品起步，并快速成长为全球 ITSM 市场领导者，后逐步扩展至 ITOM（IT 运营管理）、ITBM 和 ITAM（IT 经营管理和 IT 资产管理）、信息安全、人力资源管理、客户服务管理等领域，如图 7-1 所示。

按具体业务工作流划分 ServiceNow 公司的产品线主要包括：IT workflows、Customer workflows、Employee workflows 和 Creator workflows 几部分，不过构建这些业务产品线的底层支撑，就不得不提到 Now Platform，它是一个应用开发平台，可用于构建和管理各种企业级应用程序，该平台提供了一系列的工具和功能，用于快速创建和部署应用程序，包括工作流程、报告、仪表板、自动化流程等。

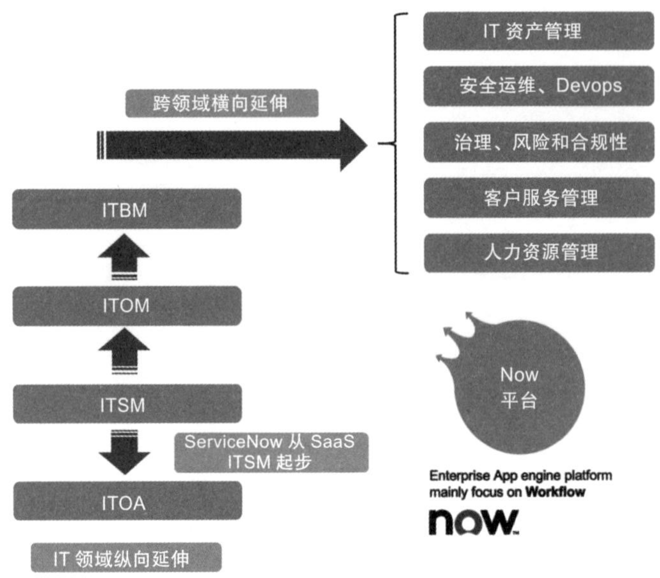

图 7-1 ServiceNow 的发展逻辑

可以说 ServiceNow 的核心词就是流程（Workflow），通过底层的流程引擎与支撑组件平台构建各种面向 IT 和业务的流程化应用。记得在 2020 年，笔者参加了某些智能运维相关的会议，与会的一位专家提到，上一代的运维是以流程为特征，而新一代的智能运维是典型数据驱动的。笔者部分同意这样的观点，新一代的运维肯定是基于运维大数据和各类智能技术来实现各类场景实现的，但是在该专家当时的语境下，所谓数据驱动更偏向比如异常检测、原因分析、模式识别等单技术栈，聚焦在"机器流程"，即程序内部的执行过程。但是，从智能运维的宏观视角看，体系化的智能运维涉及更多的管理维度，以及新技术推动下的人人协作、人机协作、机机协作等各类流程驱动的场景，所以笔者认为流程依然很主要，在新时期要赋予其新的内涵，集合运维大数据，形成流程和数据双引擎驱动下的运维模式（见图 7-2）。本章节重点还是围绕流程相关的内容展开论述说明。

图 7-2 流程和数据双引擎驱动下的新一代数字化运维

7.2　认识数字化运维流程

7.2.1　我们在无处不在的流程中

流程作为万物协作的基本框架，每天、每时、每刻都在引导和影响我们的工作和生活，如图 7-3 所示即某医院患者的就诊流程。

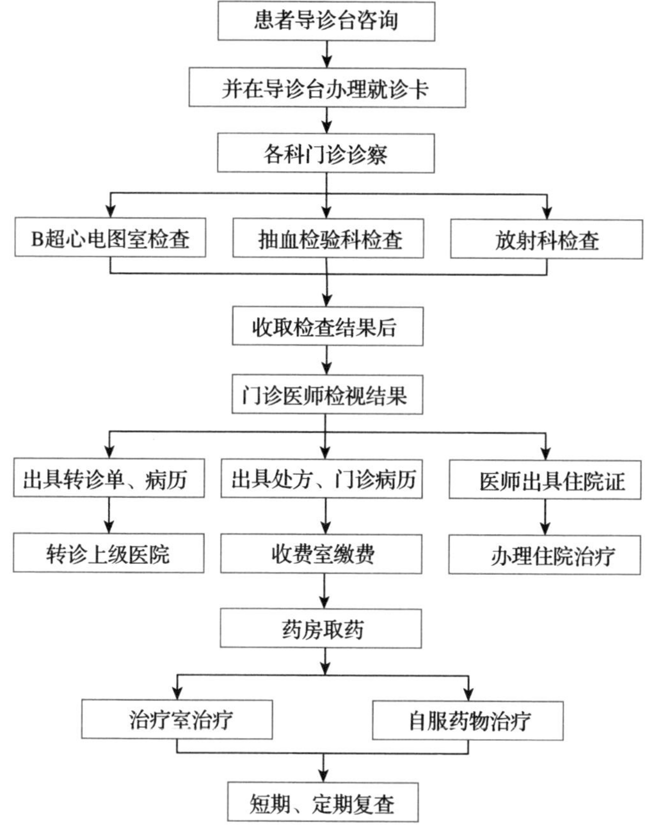

图 7-3　某医院就诊流程

图 7-3 表现的虽然是个就诊的流程，但是通过这个流程图，我们可以了解流程管理领域中一些基本的概念。

- 流程（Process）：按照特定目标和规则，一系列有序活动的集合，用于实现某个业务目标。
- 流程模型（Process Model）：将流程图形化地表示出来，用于描述业务流程中的步骤、活动、参与者、任务、决策、事件等。

- 任务（Task）：在流程中需要完成的工作或操作。
- 参与者（Participant）：流程中参与完成任务的人员或角色。
- 规则（Rule）：流程中定义的条件或限制，用于指导流程的执行。
- 事件（Event）：流程中发生的特定事情，可以触发某些操作或行为。

以上典型概念均来自 BPM（Business Process Management，业务流程管理），BPM 是一种管理方法和工具，用于优化和自动化企业中的业务流程。BPM 的发展历史可以追溯到 20 世纪 90 年代，随着企业对业务流程优化的需求不断增加，BPM 逐渐成为企业管理的重要领域。20 世纪 90 年代初期，BPM 的起源可以追溯到工业工程和质量管理领域。随着企业信息化的推进，BPM 开始逐渐向 IT 领域转移，发展出了基于软件的流程管理系统。21 世纪初期，BPM 开始出现了一些基于 Web 的服务，这些服务可以通过互联网进行访问和管理。同时，BPM 也开始涵盖更广泛的领域，包括企业资源规划（ERP）、客户关系管理（CRM）和供应链管理（SCM）等。2000 年代中期，随着 SOA（Service-Oriented Architecture，面向服务架构）的出现，BPM 开始与 SOA 相结合，形成了 BPM-SOA 集成框架。这种框架可以将业务流程和 IT 系统有机地结合起来，实现业务流程的自动化和优化。2010 年代，BPM 开始向云计算和移动互联网领域转移，出现了一些基于云计算和移动设备的 BPM 解决方案。这些解决方案可以帮助企业实现更加灵活和高效的业务流程管理。

流程领域另外一个比较重要的概念是国际通用型流程架构，其历史发展可以追溯到 20 世纪 60 年代末期和 70 年代初期。当时，美国工业界开始意识到，企业管理需要更为科学、系统化和标准化的方法，以提高效率、降低成本和提高质量。于是，一些企业开始推出一些管理方法和工具，如质量管理、过程改进、流程管理等。随着信息技术的发展，企业管理逐渐向数字化、网络化和智能化方向发展。在这样的背景下，流程架构开始成为企业管理的核心方法之一。1993 年，美国的 Gartner 公司提出了一个名为“企业流程框架（Enterprise Process Framework）”的概念，这个框架包括了企业的所有业务流程，从客户服务到供应链管理，从人力资源管理到财务管理，从营销到生产制造等。这个框架被广泛应用于企业管理和信息技术领域，成为国际上通用的流程架构方法。随着企业管理和信息技术的不断发展和创新，国际通用型流程架构也不断演进和完善。例如，2005 年，OMG（Object Management Group）提出了一个名为“业务流程建模和置标语言（Business Process Modeling and

Notation, BPMN)”的标准，这个标准被广泛应用于业务流程建模、流程自动化和流程优化等方面。近年来，随着数字化和智能化的加速，国际通用型流程架构也不断向着更加智能化、自动化和智能化的方向发展，成为企业数字化转型和智能化升级的重要方法和工具。

国际通用型流程架构作为一种用于管理组织流程的框架，包括以下主要组成部分：

- 流程定义：定义组织内部的流程，包括流程的目标、输入、输出、参与者和活动。
- 流程设计：根据流程分析结果，重新设计流程，以确保更高的效率、更好的效果和更低的成本。
- 流程实施：实施新的流程设计，包括培训、沟通和协调。
- 流程监控：对流程进行监控和评估，以确保其有效性和效率，并及时采取纠正措施。
- 流程分析：对流程进行分析和评估，以确定改进的机会和提高流程的效率和效果。
- 流程改进：对流程进行持续改进，以适应不断变化的环境和需求。

基于国际通用型流程架构的划分方法，按照服务对象划分为核心流程、支持流程、管理流程三大类。其中，核心流程服务于客户与市场，强调以业务为核心，并与业务紧密结合；支持流程服务于内部各部门，强调为核心业务提供支持和保障；管理流程服务于权益相关者，体现对核心业务流程、支持流程的整体协调与要求。

- 管理流程：这套流程主要涉及企业的管理层级和决策过程，例如战略制定、资源分配、组织架构调整等；
- 核心流程：这套流程主要涉及企业的核心业务活动，例如销售、生产、采购、客户服务等；
- 支持流程：这套流程主要是为了支持管理流程和业务流程的顺畅开展而设计的，例如人力资源管理、财务管理、信息技术管理等。

7.2.2　数字化运维流程的概念及范围

用图 7-4 帮助大家从整体上了解一下数字化运维流程的全貌，当然，运维流程涉及甚广，图 7-4 也是反映了运维流程及其之间的关系。

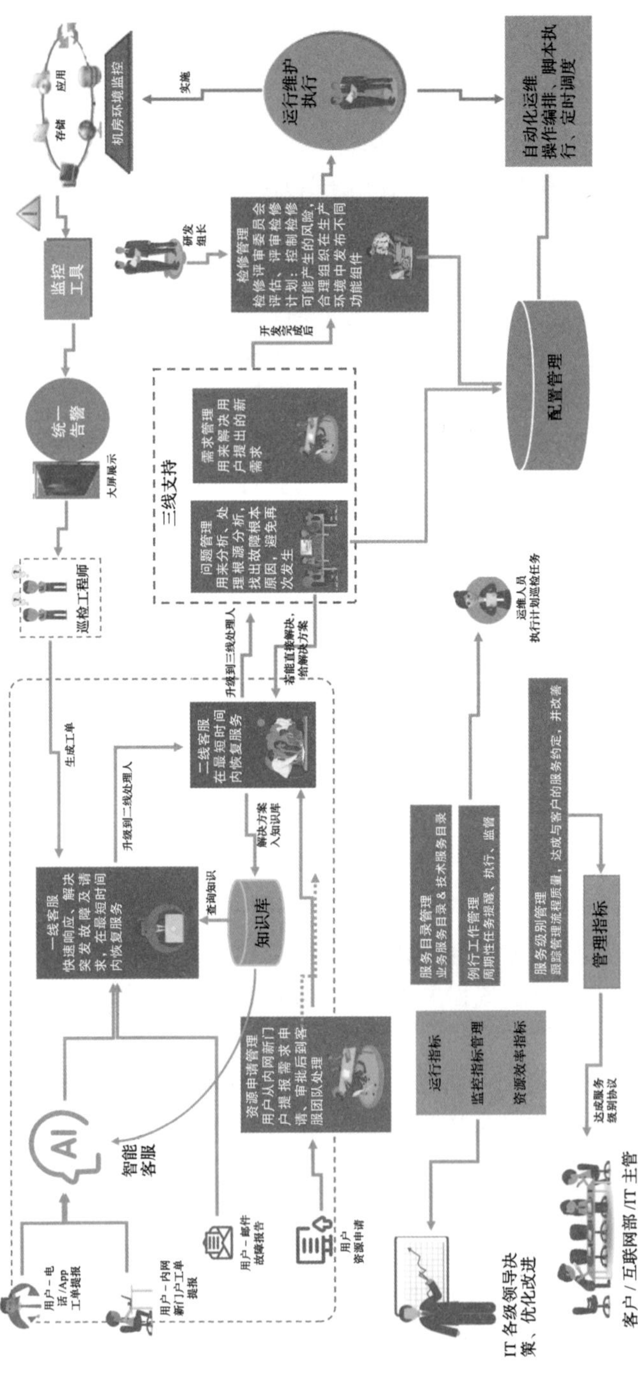

图 7-4 数字化运维流程示例图

数字化运维流程是指在软件系统或网络系统的运维过程中，按照一定的规范和流程，对系统进行监控、维护、优化和升级的一系列操作步骤。它包括从问题发现到解决的整个流程，涉及预防、监控、诊断、故障恢复、性能优化等方面。运维流程的目的是提高系统的可靠性、稳定性、可用性和安全性，以确保系统能够持续稳定地运行。数字化运维流程管理目的是确保上层业务应用稳定运行，对业务起到了保障作用。如按国际通用型流程架构的流程分类标准，数字化运维流程属于支持流程。

关于数字化运维流程的分类，有很多方法，领域最常用的是 ITIL V3 中定义的 26 个流程，见表 7-1。

表 7-1　数字化运维流程及其描述

序号	流程及其描述
1	服务战略（Service Strategy）：制定、规划和实施服务管理战略
2	服务设计（Service Design）：制定和设计服务，以实现业务目标
3	服务转换（Service Transition）：将设计的服务转换为运营的服务，确保服务质量和可用性
4	服务运营（Service Operation）：管理和维护服务的日常运营，确保服务的高效运行
5	持续服务改进（Continual Service Improvement）：对服务的不断改进和优化
6	服务目录管理（Service Catalog Management）：制定和管理服务目录，确保服务的透明度和可见性
7	服务水平管理（Service Level Management）：管理和监控服务的水平，确保服务的质量和可用性
8	容量管理（Capacity Management）：管理和规划 IT 资源的容量，确保服务的性能和可扩展性
9	可用性管理（Availability Management）：管理和规划服务的可用性，确保服务的高可用性和可靠性
10	IT 服务连续性管理（IT Service Continuity Management）：管理和规划 IT 服务的连续性，确保业务的连续性
11	信息安全管理（Information Security Management）：管理和保护 IT 系统和数据的安全性和机密性
12	供应商管理（Supplier Management）：管理和协调供应商的服务，确保服务的质量和可靠性
13	问题管理（Problem Management）：识别、分析、解决和预防 IT 服务中的问题
14	变更管理（Change Management）：规划、控制和管理 IT 服务的变更，确保变更的可控性和可预测性

（续）

序号	流程及其描述
15	发布和部署管理（Release and Deployment Management）：规划、协调和管理 IT 服务的发布和部署，确保服务的可靠性和稳定性
16	评审和审核管理（Service Validation and Testing Management）：评估和测试新或修改后的服务，确保服务的符合业务需求和质量标准
17	配置管理（Configuration Management）：管理和控制 IT 服务的配置项，确保配置项的准确性和可追溯性
18	事件管理（Event Management）：管理和监控 IT 服务的事件，确保事件得到及时响应和解决
19	请求管理（Request Fulfilment）：处理和解决用户的请求，确保用户的需求得到满足
20	计量和报告管理（ITIL Reporting and Metrics Management）：收集、分析和报告 IT 服务的数据和指标，确保服务的可视化和透明度
21	项目管理（Project Management）：规划、执行和控制 IT 项目，确保项目的成功完成
22	知识管理（Knowledge Management）：管理和分享 IT 服务的知识和经验，确保知识的可用性和可持续性
23	应用管理（Application Management）：管理和维护 IT 应用程序，确保应用程序的高效运行和可用性
24	技术管理（Technical Management）：管理和维护 IT 基础设施和技术支持，确保技术的可用性和可靠性
25	许可管理（ITIL Licensing Management）：管理和控制 IT 服务的许可证，确保许可证的合规性和有效性
26	财务管理（ITIL Financial Management）：管理和控制 IT 服务的成本和预算，确保服务的经济性和可持续性

从人机协作、流程的粒度和维度看，可以把流程分为人人协作、人机协作、机机协作三类（见图 7-5）。在表 7-1 中提到的 26 个流程，属于面向数字化运维管理宏观层面的组织与组织、人与人之间的协作关系，还有些流程属于偏操作层面的人与机器之间的交互协作，甚至是机器与机器之间的各种操作流转与调度协作。但是在实际的运维流程场景中，很难完全厘清是哪种类型，事实上为完成一个流程任务，往往需要多种协作方式并存与融合。

人人协作列举：数字化运维中的五个核心流程。ITIL 的核心模块是“服务管理”，这个模块一共包括了 10 个流程和一项职能，这些流程和职能又被归结为两大流程组，即“服务提供”流程组和“服务支持”流程组（见图 7-6）。其中服务支持流程组归纳了与 IT 管理相关的一项管理职能及 5 个运营级流程，即事故管理、问题管理、配置管理、变更管理和发布管理；服务提供流程组归纳了与 IT 管理相关的 5 个战术级流程，即服务级别管理、IT 服务财务管理、能力管理、IT 服务持续性管理和可用性管理。

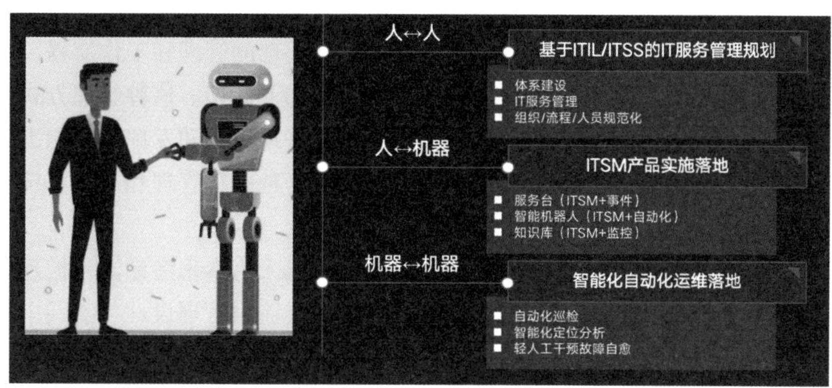

图 7-5　运维流程的三种类型

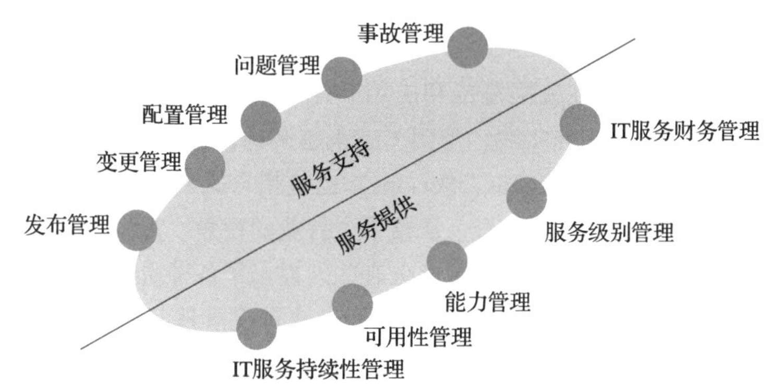

图 7-6　ITIL 中的核心运维流程

对于大部分数字化运维组织，事故管理、问题管理、配置管理、变更管理和发布管理这五个与服务支持相关的运营级流程是最基础、最核心的，所以有必要单独展开说明。

7.2.3　当前数字化运维流程管理面临的问题和挑战

1. 过度关注流程和技术本身，忽略“以人为本”

几年前，数字化运维领域的著名公司 CA Technologies 发表了一份研究报告，英文名字叫 *ITSM at a crossroads: What will it take to move IT Service Management into the 21 Century?*，翻译过来的大致意思是《 ITSM 站在十字路口，21 世纪的 ITSM 何去何从？》。在这份报告中，分析师提到了一个鲜明的观点，当前的流程和流程工具是为流程本身服务的，而不是为人服务。僵化的流程管理和流程系统是指那些过于僵硬、刻板和烦琐的管理和工作流程，它们往往追求的是规范性和标准化，而忽视了人性化和灵活性。这种管理方式往往会限制人们的创造力和自由度，使得员工不能更好地协作和发挥个人能力，反而让工作变得更加力不从心、效率低下。因此，这种流程管理和流程系统并没有真正的服务于人，而是成为了一种束缚和阻碍。

所有业务系统都是为人服务的，所以也需要以人为本来考虑流程梳理、建设以及工具的落地，但是目前的组织的数字化运维流程管理设计与实践中还缺乏对人员和文化的关注，数字化运维流程管理还需要考虑到人员和文化因素，包括培训和沟通等方面。缺乏对人员和文化的关注，会使得流程的执行效果受到限制，难以得到持续的改进和升级。

2. 新理念、方法论的实践指导作用有待验证

自 2018 年以后，在我国流传和应用广泛的 ITIL V3，作为在运维管理领域经典的顶层方法和最佳实践，受到了越来越多的新理念、新方法论的挑战，包括 DveOps、AIOps、MLOps、SecOps，也包括自家新的 ITIL 4，但是从近五年在数字化运维领域的实践看，从整个全行业的视角，很多新的方法论在落地过程中的实际效果不甚突出，因此也有些人提出了各种质疑。

新的 ITIL 4 在中国的发展并不如预期，或者说落地实践的普及程度远远不如其理念本身的普及。笔者在与行业咨询顾问、培训老师的多次沟通中发现，ITIL 4 作为新的方法论相比 ITIL V3 在敏捷、效能与价值等多个方面对原有的 ITIL V3 进行大刀阔斧的革新，但是目前在很多实施的 ITIL 项目中，真正落地的工具软件大多还是基于经典的 ITIL V3 模型来实现的，比如 ITIL 4 的精髓——价值，如何直接或间接地在组织运维流程管理类项目和工具中呈现，目前还是值得探讨的话题。其中的原因当然有很多，比如对于传统 ITIL 实践的依赖和习惯，需要进行一定的转变和调整，也需要组织进行文化和组织结构的变革，同时新的 ITIL 4 也需要基于新的这种模型的工具支持落地，这些都需要一定的时间和资源投入。

笔者在 2019 年底在美国拉斯维加斯参加 Gartner 举办的一次相关会议

时，其中的两个分会场非常火爆，一个会场的主题是讲 DevOps，另一个会场讲的是敏捷（Agile ITSM），说明在国外大家也非常关心这些话题。Garnter 的一位分析师 Mark Cleary 在 2020 年的一篇分析报告《ITSM 已死？》中提到，如果不做改变，到 2025 年 60% 的 ITSM 团队将会消失，其中的一个原因是，ITSM 团队以往解决的是记录的问题而不是面向差异化与创新的，而这两个领域目前越来越被敏捷和 DevOps 蚕食。如图 7-7 所示，ITSM 需要适应的新环境。DveOps、AIOps 等各种新的方法论（相比 ITIL V3 而言）如何改变数字化运维，或者说其如何更好地与 ITIL 融合，帮助运维流程实现其最终价值，是个值得探讨的深刻话题。

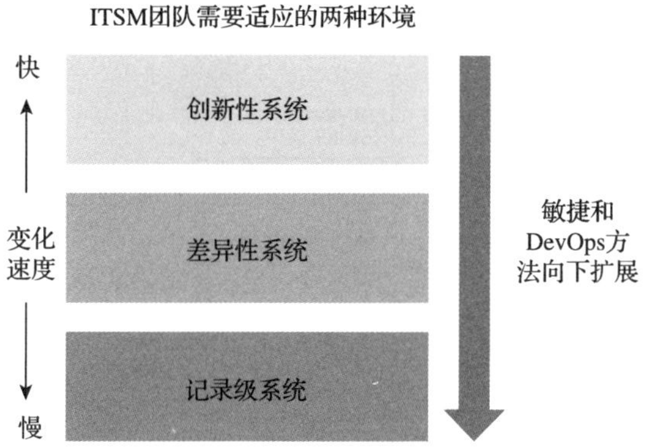

图 7-7　ITSM 需要适应的新环境

3. 人机协作、机机协作列举：运维自动化流程

人机协作、机机协作，是在比较偏“微观”的场景下，基于定义的流程模板，使用各种流程与自动化工作，更加快速、高效完成运维场景人物的模式。从人机交互的入口角度分类，主要分为：

（1）通过统一服务入口（ITSM）工具的工单流程　比如在日常化运维中，存在主机申请新开和配置（CPU、内存、存储空间）变更的情况，怎么让此类场景自动处理，同时自动更新 CMDB 信息，降低人工参与处理的过程，利用流程、工具、产品做到自动触发处理，提高人效呢？以下是资源申请的自动化流程示例（见图 7-8）。

在申请虚拟机资源后，有可能需要升级该资源，所以需要做一个资源扩容的申请（见图 7-9），研发 A 同学 2020.07.14 的时候向运维 B 同学申请了一台 8C 16G 100G 的 Centos7.9 的服务器，使用了一段时间，发现机器内存和硬盘存储大小不够了，然后告诉运维 B 同学："我需要升级一下内存和硬盘（32G 150G）。"运维 B 收到请求后，然后打开虚拟机管理平台，然后找到研发 A 同学之前申请的服务，然后执行扩容配置的一系列操作，然后告诉研发 A 同学："我按照你的需求升级完成了，看看是否可以了。"

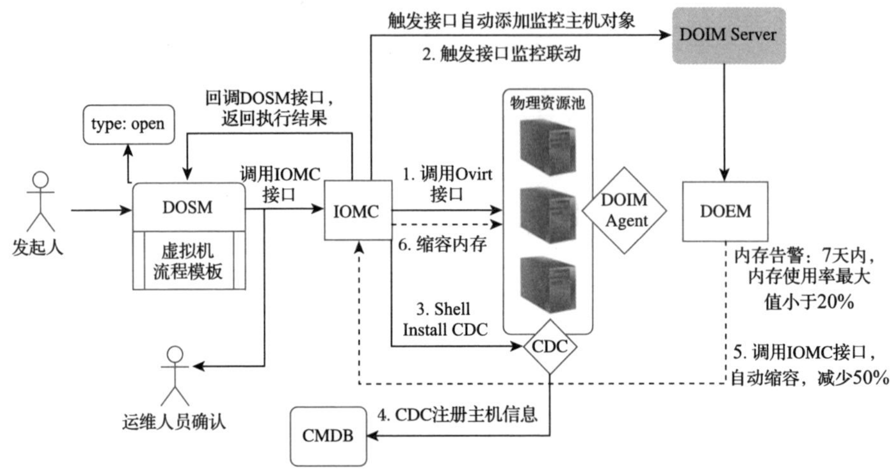

图 7-8　虚拟机资源申请流程示例

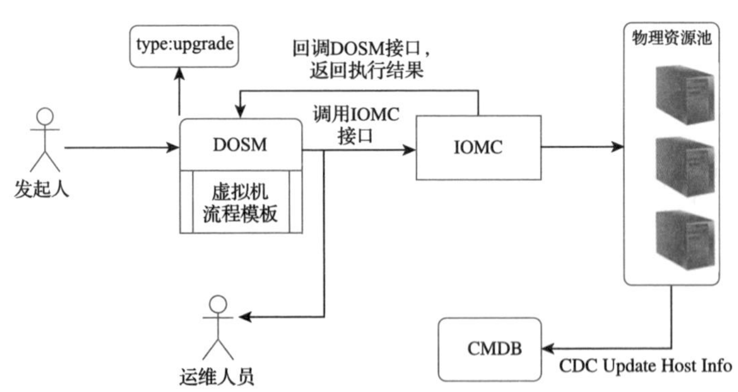

图 7-9　虚拟机资源扩容申请流程示例

（2）通过智能服务助理（服务机器人）实现交互　新一代的服务入口，很主要的一个就是智能服务助理（也有称为虚拟助理、客服机器人等），通过基于语音和文本的交互方式，快速实现对用户意图的理解与交互执行。如图 7-10 所示，基于智能助理的运维协作流程模式。

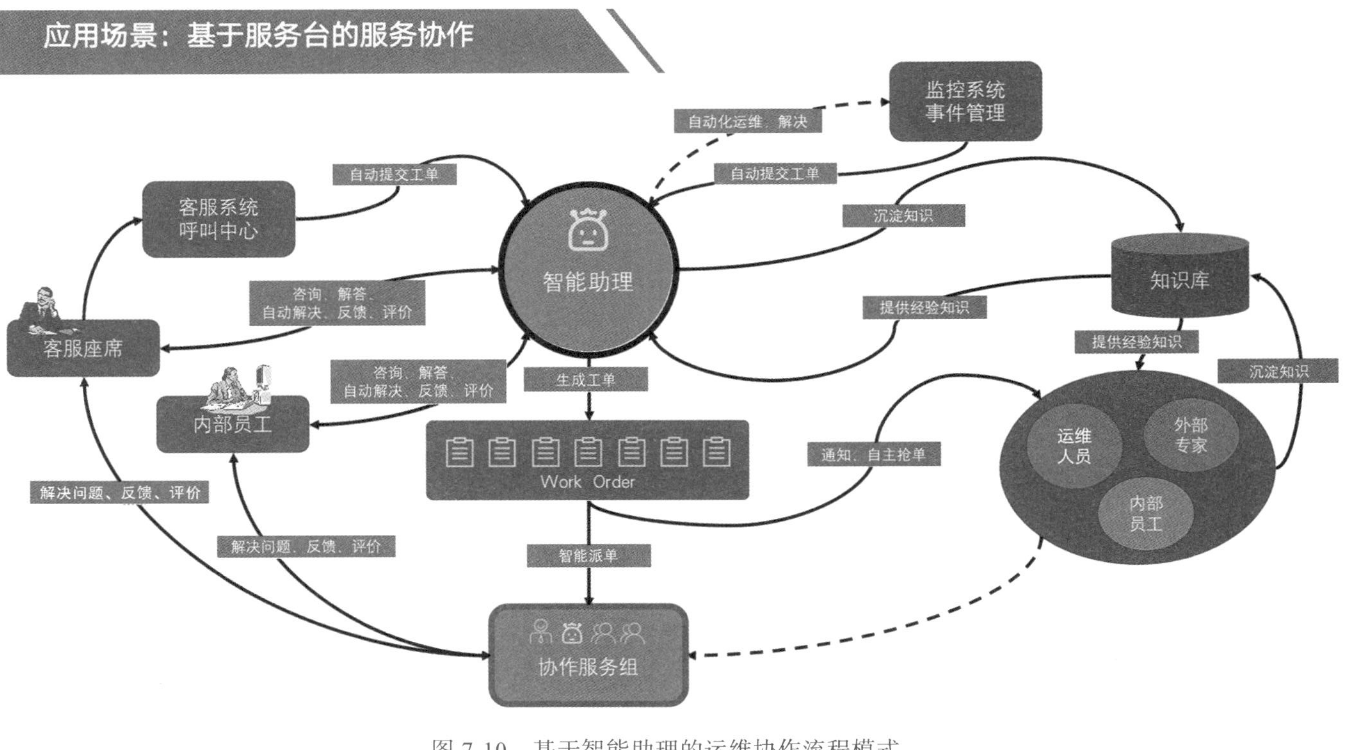

图 7-10　基于智能助理的运维协作流程模式

（3）自动化运维工具 / 定时 / 事件触发的运维流程　很多自动化流程是利用自动化的工具，通过对标准化运维经验（脚本 / 命令）进行封装，固化运维场景（操作 / 编排）来提升运维效率，从而实现对 IT 硬软件资源的自动化运维，如图 7-11 所示。

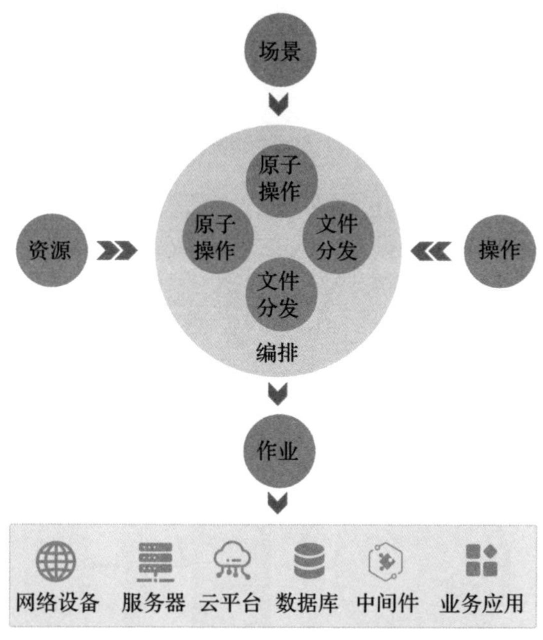

图 7-11　实现自动化运维的基本逻辑

这里的自动化运维流程主要是指实现机器与机器之间的流程协作，针对自动化流程的触发一般可以通过自动化运维工具触发，也可以通过时间或者其他条件（如故障）触发。如图 7-12 所示某组织实现的自动化巡检以及故障自愈场景示例，线框内实现的都是在一个统一的运维平台基于各个领域应用模块（自动化运维、事件管理、监控、配置管理、报告报表等）实现的多业务协同的自动化运维场景。

4. 更好用的流程管理工具（ITSM）及实施需加强

在工具层面，同样面临着很多问题。在我国的范围内看，将近 20 年前国外的 Remedy 等国外软件横扫我国市场，但是随着时代的不断进步，中国人对运维理念以及新技术的广泛使用以及国产化等政策原因，这些国外软件早已退去了早年的光环，目前基本大多悄然退出我国市场。从最近几年运维领域的发展态势和多家组织的调研结果看，在 ITSM 工具方面，还存在着不少的问题。

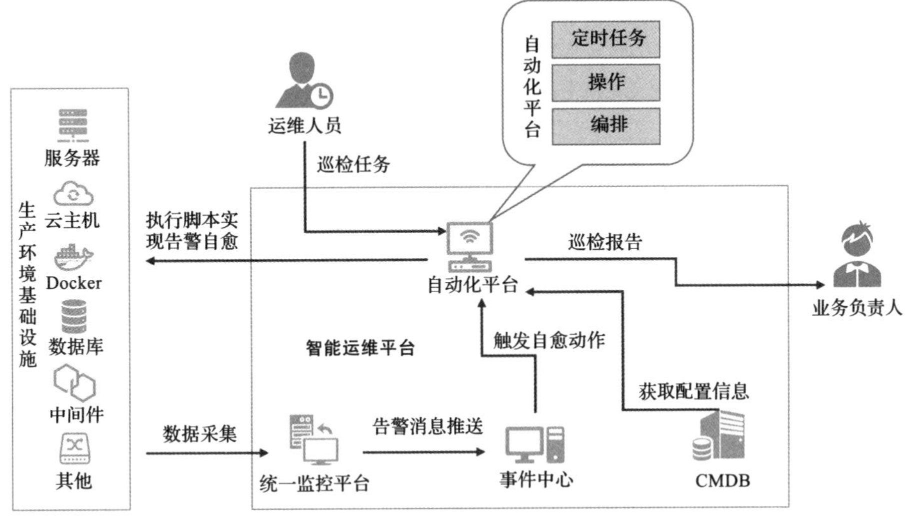

图 7-12　某组织实现的自动化巡检以及故障自愈场景示例

- 很少有企业采用了一个完全整合的 ITSM 套件，并用它来实现基于 ITIL 的最佳实践。比如基本的服务请求、故障管理、服务平台实施较多，深层次的实践（流程）则效果不佳。
- 目前仍然有一些组织采用 OA、项目管理，甚至使用电子表格之类的非专业 IT 服务管理工具来管理 ITIL 流程，非专业化的 ITSM 工具无法基于运维服务的经典流程实现对最佳实践和经验的封装，如不能很好地支持数字化运维流程的细节化管理等，同时非专业化的 ITSM 工具也很难实现在运维全栈范围内的业务协同。所以对于具备一定体量的组织而言，还是更换为专业的 ITSM 管理工具为好。
- ITSM 工具需要具有更好的业务协同能力，比如以流程为核心，需要通过业务场景打通流程与配置管理、监控工具、事件管理、自动化运维工具、报告报表、企业的 OA、项目管理、资产管理之间的阻碍，真正形成基于业务场景融合的顺畅的流程协作，如图 7-13 所示的是典型的 ITSM 工具与外部应用之间的整合对接。

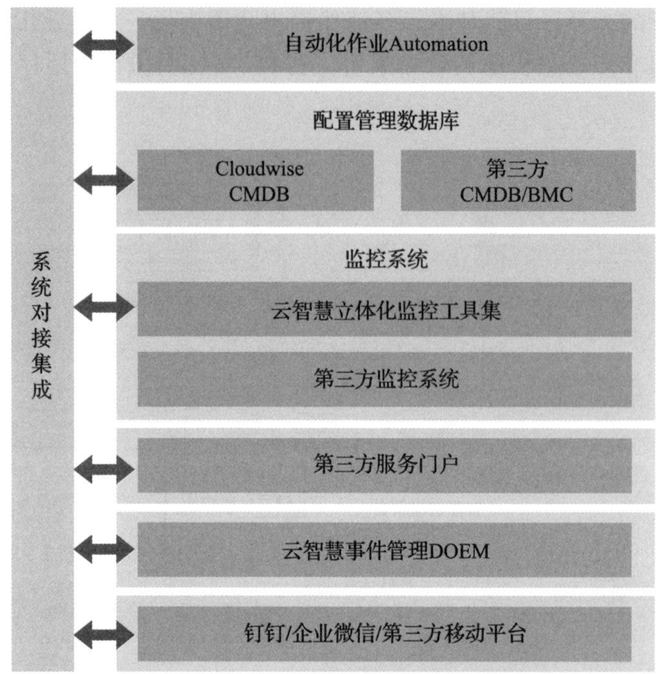

图 7-13　典型的 ITSM 工具与外部应用之间的整合对接

- 过度依赖工具和技术：数字化运维流程管理往往过度依赖工具和技术，而忽视了流程本身的设计和管理。这导致流程的执行效果不如预期，并且容易出现流程和技术不匹配的情况。

5. 量化的效果评价及持续流程改进方面不足

在数字化运维流程管理中，建设阶段通常是将流程规范化、标准化、自动化，以实现提高效率、降低成本、提高服务质量的目的。然而，在建设阶段完成、工具落地实施后，往往忽略了流程效果的运营和不断优化，这就导致了以下问题。

- 流程效果无法持续改进：如果运营和优化阶段被忽略，流程就无法持续改进。因为即使在建设阶段制定了很好的流程，但在实际运营中，流程效果可能会受到各种因素的影响，例如人员变动、技术更新等，这时需要不断优化流程以适应变化。
- 流程效果无法得到验证：如果没有对流程效果进行运营和优化，那么就无法得知流程是否达到了预期效果。因此，在持续优化阶段，需要对流程效果进行监控和评估，并根据反馈结果进行相应的调整和优化。

- 流程效果无法保持稳定：如果没有持续优化流程，那么流程效果可能会出现波动或下降。因此，在持续优化阶段，需要对流程进行稳定性测试，并及时发现和排除问题，以保持流程效果的稳定性和可靠性。

数字化运维流程管理需要注重持续优化，对数字化运维流程管理进行监控和评估，对流程效果进行运营和不断优化以持续改进流程效果，帮助管理者准确、清晰地对 IT 服务管理进行控制与决策，保持流程效果的稳定性和可靠性。

注：虽然本文多次提到 ITSM 和 ITIL，但是这不意味着运维流程就是 ITSM 或者是 ITIL，ITSM 是一种通过流程、工具和人员来规范和管理 IT 服务的方法，而 ITIL 是一种 IT 服务管理（ITSM）框架，它提供了一套 IT 服务管理的最佳实践和标准，帮助组织实现高质量、高效率的 IT 服务管理。

7.3 新时代的 IT 流程特征与管理方法

要解决上面提到的运维流程管理领域遇到的诸多挑战，需要站在当下的时代背景下，立足于业务和技术发展的未来趋势，重新思考 IT 服务管理机器相关流程。本章节将重点围绕“实施敏捷高效的 IT 流程”“构建智能高效的 AITSM”和“IT 流程挖掘与持续优化”展开深入探讨。

7.3.1 实施敏捷高效的 IT 流程

2019 年底，Gartner 在美国拉斯维加斯举办的全球 I&O 大会上有个分论坛讲解了敏捷 IT 服务管理（Agile ITSM），讲师在开始的时候做了一个关于敏捷化 IT 服务管理的现场调研，如图 7-14 所示。

根据这项投票结果，全球范围内的 IT 流程敏捷化程度似乎并不如人们期望的那样令人满意。这项调查引发了两方不同观点的争论。一方认为，如果 IT 服务管理再不引入敏捷化，到 2023 年，很可能会被 DevOps 所取代。另一方则持不同看法，并提出了他们自己的见解。笔者当时的观点是，在我国，不同的组织需要考虑不同的用户群体。对于互联网企业而言，第一种观点可能更具优势。然而，对于传统组织而言，IT 服务管理被取代的进程可能不会那么迅速，但这并不意味着不会发生变化。IT 服务管理的某些刚性特点，例如规章制度对于管理的重要性，在我国的传统组织中不太可能迅速消失。

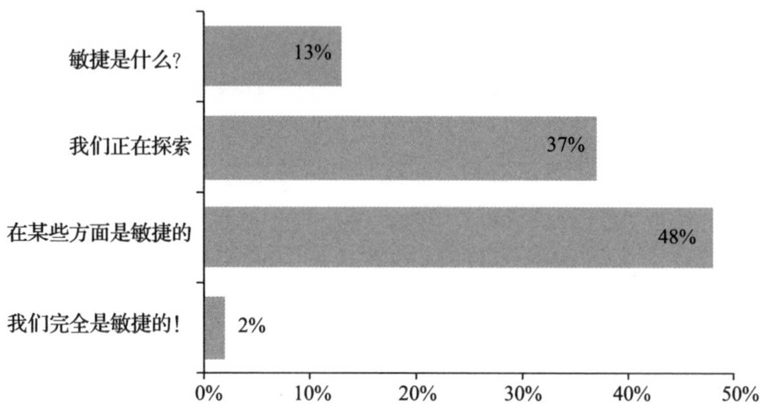

图 7-14　2019 年全球 I&O 大会敏捷化 IT 服务管理现场调研

几年过后，笔者认为当时判断基本是正确的，至少在如今的我国内，DevOps 并没有替代 ITSM，不过 IT 服务管理如今存在的问题也是切实存在并且需要解决的。现实情况是在组织内存在着很多流程误区，比如流程可以包打天下、流程是严格领导的抓手、流程管理遵循管控和命令文化、流程是规避风险的最佳手段等，这些认识上的误区会导致组织在建设与落地 IT 流程管理中的“走样”。当 DevOps 变成越来越成熟，ITSM 的流程肯定要变革的（见图 7-15），这个也是 ITIL 4 出现的一个理由。

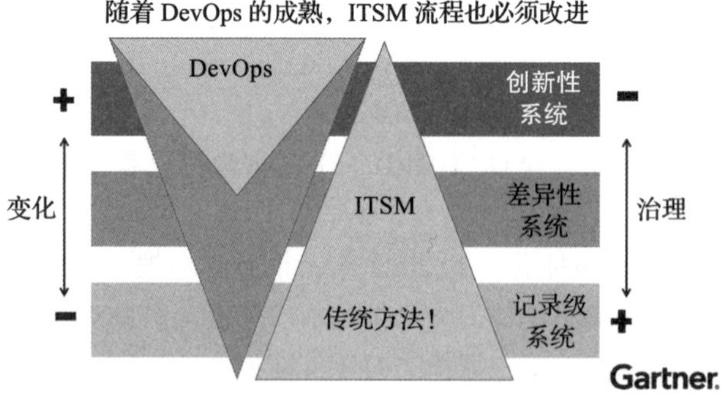

图 7-15　ITSM 和 DevOps 对应领域以及相关关系

构建敏捷的 IT 流程需要从多个方面来思考，其核心思想是要通过各种管理与技术手段解决“人与人、人与机器、机器与机器在一起高效工作”的问题，以便能够让组织更快速响应业务的变化，包括如端到端价值流与研运一体化、敏捷的文化、自适应的治理体系、扁平化的协作、基于实践场景的无缝沟通、敏捷技术、持续改进、自动化、集成化的工具箱等。以下进行部分阐述说明。

1. 端到端价值流与研运一体化

数化时代，数字化变革的结果必须体现在业务上，业务创新和发展通过数字化技术才能落地，IT 技术交付和运行效率已成为决定数字化转型成败的关键，而 DevOps 要解决的问题正在于此。DevOps 以“快速价值交付”为核心，聚焦于研发过程改善，在更紧密的愿景以及开发团队、运维团队更有效协作之上，强调快速高频交付，其目标是高度协作以生产更好的软件，是开发、测试以及运维相互工作来加快开发和解决问题的方法。在端到端的流程管理实践中，可以将 ITIL 最佳实践与 DevOps 方法论融合，形成基于端到端价值流的研发运维 & 运营一体化，如图 7-16 所示。

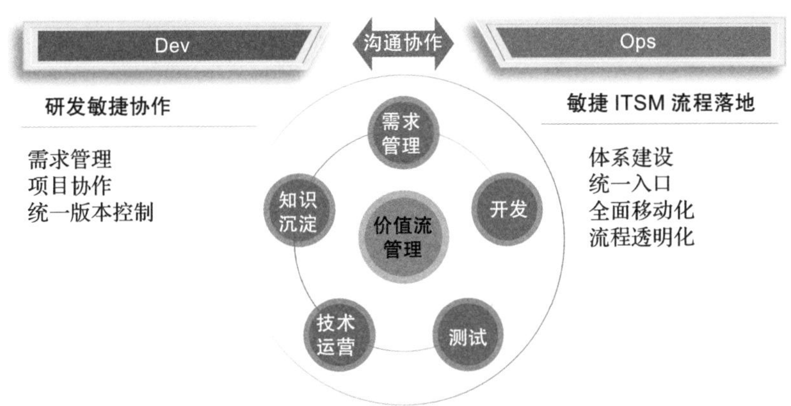

图 7-16　端到端价值流的研发运维 & 运营一体化模型

基于集成式的研发运维一体化平台（见图 7-17），实现从需求、规划、设计、开发、测试、发布、运维的端到端的管理，在需求全过程中涉及需求管理、项目协作、配置管理、测试管理、发布管理、运维管理以及研发效能度量等活动。这种一体化模式与平台的实施具有如下价值：

- 提高效率：研发和运维合作能够减少沟通成本，提高效率，加快项目完成速度。通过统一平台与入口，管理者能够掌握所有项目信息，对全过程进行可视化掌控，及时了解项目的需求、进度、风险、问题、交付物等情况，实现可视化、透明化管理。

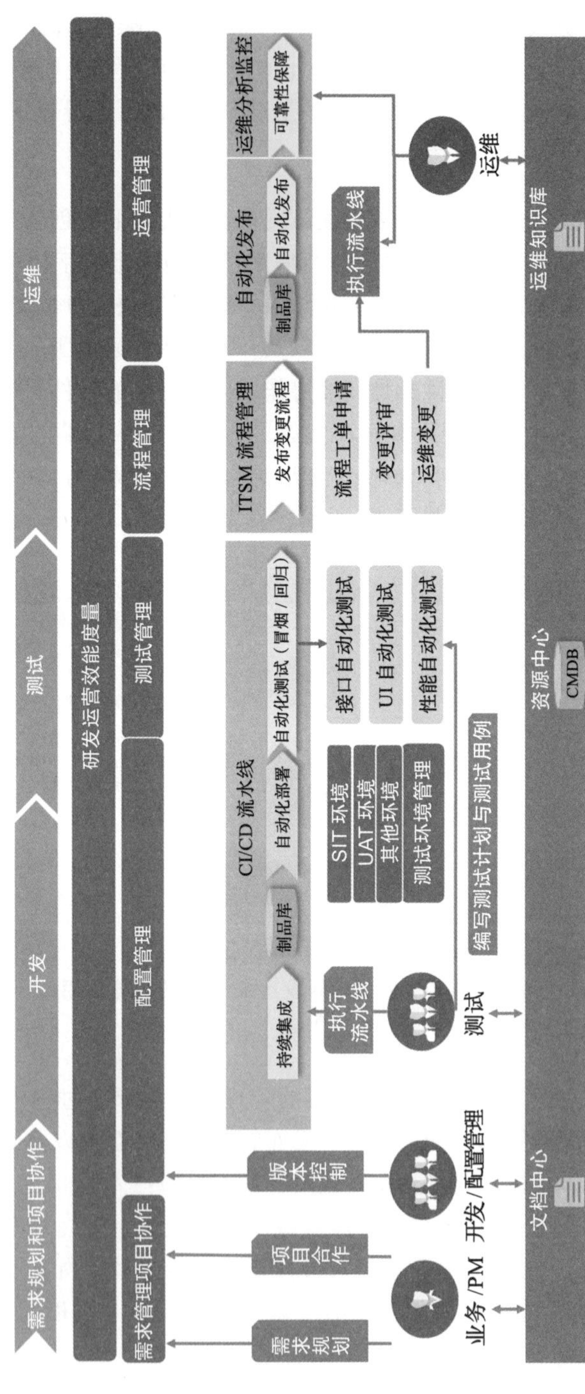

图 7-17　面向软件全生命周期的研发运维一体化体系建设

- 优化资源利用：研发运维一体化能够使得企业资源得到最大的利用，便于进行优化配合。
- 降低成本：研发运维一体化能够减少重复工作，避免不必要的人力、财力、时间等资源浪费。
- 提高质量：研发运维一体化能够从源头上减少问题，实现项目全过程的规范化管理，通过自动化流水线降低出错概率，通过集成安全、质量、自动化测试工具，实现对交付质量的自动化检测，提高交付质量。

2. 扁平化协作模式

Gartner 在多年前就提出了一个面向共享服务和扁平化协作的 Z 级服务支撑模式，在该模式中 IT 服务台不再定义层级（1、2 和 3 级），IT 服务台组织模型将更像云结构。支持流程的集成和管理的核心将是记录对话、全渠道路由和链接到知识管理系统的协作工具。这种层次结构将更加顺畅，为用户提供直接访问外部支持团队，其服务目标和流程也会无缝地融入内部 I & O 结构中，以便业务在多个团队参与时体验到一致的服务。

举个具体例子说明，在处理问题，尤其是故障工单的时候，利用扁平化协作模式打破了传统的多线服务，变成了多人直接的协作，这个模式目前已经有组织开展了这样的实践。在某保险科技公司，现在只有产品经理作为负责人，没有很多“线与层级”，通过简单直接的协作，穿透了逐层上报的模式，解决了互相推诿扯皮问题。如在某 ITSM 产品中，如成功地对接了钉钉渠道，工单处理人可在工单详情页创建针对当前工单的钉钉协作群组（图 7-18 和图 7-19），群里内的成员可直接通过钉钉群组进行工单内容的沟通，从而提高问题的解决效率。

3. 关于敏捷文化在敏捷流程中的落地

敏捷流程本质上解决的是人和人之间的高效协作问题，既然涉及人与人之间的关系，必然会涉及人与人之间的协作、信任和责任问题，除了影响流程规范与管理制度，敏捷流程文化及其落地会潜移默化影响每一个相关人。敏捷文化是指一种积极、开放、透明、协作、创新和迭代的文化，它强调快速响应变化、持续改进和团队自主决策。其意义和价值如下。

- 提升团队合作和沟通效率：敏捷文化强调团队合作和沟通，通过持续的交付和迭代改进，团队成员能够更好地协作和沟通，提高工作效率和质量。

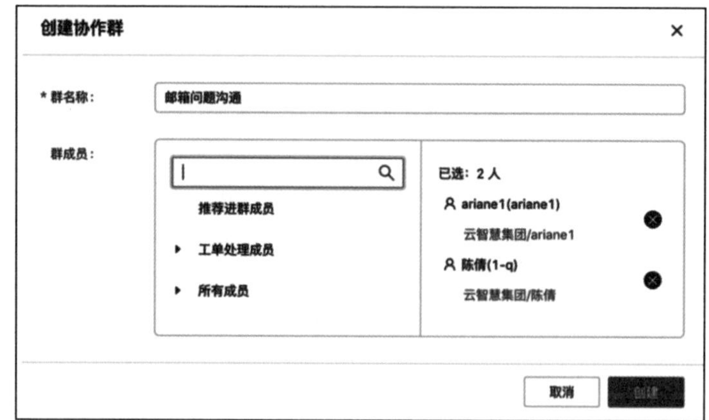

图 7-18　在 ITSM 工具中设置工单关联的协作群

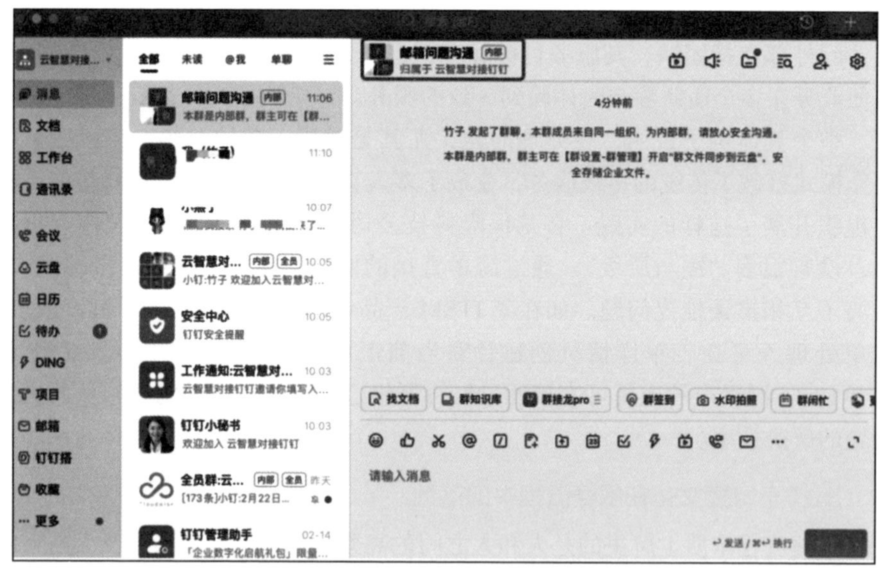

图 7-19　基于工单自动创建协作群

- 加快产品上线速度：敏捷文化通过快速迭代和持续交付，能够加速产品的上线速度，降低项目失败的风险，提高客户满意度。
- 提高团队创新和自主决策能力：敏捷文化强调团队自主决策和创新，通过持续改进和反馈，团队成员能够更好地发挥自己的创造力和主动性，提高工作效率和质量。

- 更好地适应变化和风险控制：敏捷文化强调快速响应变化和风险控制，通过持续改进和反馈，团队能够更好地适应变化和降低风险，提高项目成功率。

敏捷文化在 IT 流程管理领域落地，意味着需要从上到下适应和拥抱变化，重视客户的需求和价值，充分释放员工的活力与创新能力，提供有价值的产品和服务，最终合力打造可持续成功的高效组织。

7.3.2　构建智能的 ITSM：AITSM

当前人工智能技术在各个行业蓬勃生长，它在数字化运维各个领域的创新也不断延展与深入。Gartner 在近年提出的 AITSM 恰恰是人工智能与 IT 服务管理（ITSM）的一个融合点，在改进服务管理实践和推动行业重大创新方面具有巨大潜力。

将人工智能融入 ITSM 能更好地帮助服务提供者在跨渠道和系统收集的数据中，基于算法做出数据驱动的判断和决策，让服务提供者优化用户体验、改善业务服务，让 IT 服务员工将工作重心转为更有创新性和创造性的工作。

本节论述了现有 IT 服务管理领域的现状及其面临的问题、使用 AITSM 的策略和方法，以及如何塑造新一代的 ITSM，阐述了相关的典型场景、关键技术和用户价值。

1. 新一代的 IT 服务管理必然是 AI 使能的

传统的 IT 管理以技术为向导，是孤立的、分散的、被动的、救火式的，IT 与业务彼此割裂，IT 投入的成本和效益往往无法保证，而 IT 的精细化管理要求企业实现 IT 与业务的有效融合：在建设 IT 系统时考虑成本；在 IT 系统运行后，保证 IT 支撑系统和业务系统有效运行；在整个过程中保证 IT 资源持续、安全地有效利用，并最终实现 IT 成本和效益的可靠评估。为实现 IT 的精细化管理，企业的 IT 管理模式必须向新的、面向服务价值的、高效协作、可预防、自动化（减少人工）的新型 IT 服务管理模式转变。如何实现 IT 管理方式的转变，最终提升 IT 效率与效能，是目前各组织 IT 管理工作的重点。

IT 服务管理（ITSM），是一套帮助企业对 IT 系统的规划、研发、实施和运营进行有效管理的高质量方法，在我国运用了已经有将近 20 年的历史，它的作用已经得到了业界的普遍认可：企业通过实施 IT 服务管理，可以从商业、财务、员工利益、创新等多方面获得价值。

当前，ITSM 工具软件的发展在国内外都面临相似的问题：停滞不前。国外发表的一篇关于 ITSM 软件现状的调研文章 *ITSM at a crossroads: What will it take to move IT Service Management into the 21st Century?* 中提到：在过去的 20 年里，信息技术、移动互联网、人工智能、云计算等各种技术不断发展，但 IT 服务管理工具却还停留在 20 世纪 80 年代的水平，一切都在改变（见图 7-20）——除了 IT 服务管理（Everything has changed. Except ITSM）。

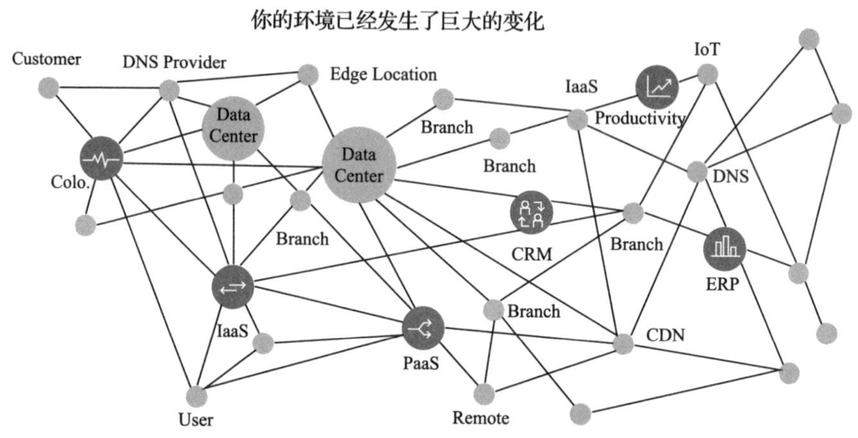

图 7-20　架构的复杂度越来越高

为什么会出现这样的问题？除了顶层的模型、标准和理念之外，技术发展的因素也不能忽视：互联网高速发展，数据、云计算、AI、物联网、区块链等各种新技术不断涌现：业务系统越来越复杂，IT 架构向容器化、云化的方向演进，而这些技术的创新与实践在 IT 服务管理领域带来的是数据的全方位挑战，服务管理数据的主要来源包括监视事件（Event）、故障（Incident）、请求、问题、已知错误、解决方法和更改等。因为系统的架构变得无比庞大与复杂，那么在处理各种服务请求、故障和变更等流程时候，涉及的数据规模和复杂度与十年前相比往往是指数级的变化，在这种情况下，以往简单的通过流程利用工具解决问题的方法已然不再生效，改变的途径只有一个：利用算法，基于数据解决 IT 服务管理问题。

在当前历史环境下，ITSM 工具向符合新的人工智能技术发展以及当前我国企业 IT 服务管理模式的目标演进将成为必然。

2. AITSM 的概念与内涵

AITSM 是美国知名的 IT 咨询机构 Gartner 在近年来提出的面向 IT 服

务管理领域的一个新概念，在 Gartner 的解释中，AITSM 不是一个缩写（用 Artificial Intelligent ITSM 不能完全表征其内涵），而是一个术语，它指在 ITSM 工具和实践中综合应用人工智能、自动化和大数据技术，以提高运维团队的整体效率并减少错误。

Gartner 进一步解释了 AITSM 的意义：随着对 I&O 组织需求的增加，他们将越来越多地寻找新的机会来利用人工智能和大数据来实现自动化和更主动的管理，将人和大型机器产生的结构化与非结构化数据集输入到工具中，优化 ITSM 实践和数据处理。这对于具有优化流程和数据处理实践的更大和更高级的 I&O 组织来说尤为重要。利用各种数据提供支持事件和问题管理流程的智能建议、自动化可重复操作和执行任务的能力是 AITSM 的基本特征。

不过纵观国内外，尤其是在我国的当下环境，虽然已经有些我国企业机构拥有较强的 AI 和自动化技术能力，但其 ITSM 工具实践还存在较大提升空间。

3. AITSM 体系及其应用场景建议

以综合利用大数据、人工智能和自动化技术为典型特征的 AITSM（见图 7-21）对 IT 服务管理的重塑将是全方位覆盖的，这种覆盖性体现在最新的 ITIL 4 的各个实践中（见图 7-22），也体现在新一代 ITSM 工具产品的系统构建中，而这种覆盖最终都会变成软件的功能，落地在实际的一个个用户场景上，最终实现提升效率的目标。

（1）智能的虚拟服务助理　2020 年 2 月份新冠疫情期间，多地政务热线迎来了海量市民问询，各地疾控中心、“12345” 热线均被打 “爆”，有人想了解疫情的最新进展，有人想知道咳嗽发热症状该如何自判，需不需要就医问诊，定点医院又在哪里。太多人有太多的疑问，急需一个能够快速准确解答的角色。阿里巴巴达摩院团队获悉后，临时组建起一支 30 余人的团队，只用 5 天时间就推出了 “智能疫情机器人”，让机器人协助人工，承接在线咨询、网络问诊、重点群体关怀等任务。

以上是对话机器人在智能客服行业的一个典型应用场景，在 IT 服务管理领域，类似的需求也非常强烈，IT 服务团队往往面向了整个企业数千、数万名员工，每个员工每天都可能提出各种各样的问题咨询、故障和服务请求，而终端用户提出的这些问题，对于 IT 服务人员而言属于量大、难度低、高重复性事务，如何利用虚拟服务助理的自动化处理模式为运维人员挡住大量的常见问题，降低运维管理中的人力成本，将运维、研发等技术人员从日常的琐事中 “解放出来”，是新一代 IT 服务管理工具的必选项，也是 AITSM 的一个重点。

智能的虚拟服务助理
自动化服务请求处置
知识工程/知识图谱
AI
智能决策大脑
决策/工单辅助
智能派单
智能故障/问题管理
智能变更管理
智能的发布管理
......
AITSM（基于人工智能的IT服务管理工具）
数据+算法+自动化

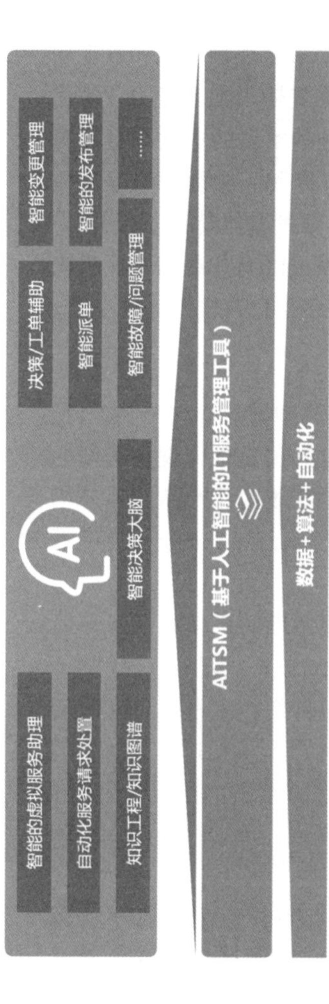

图 7-21　AITSM 对 ITSM 的全方位覆盖赋能

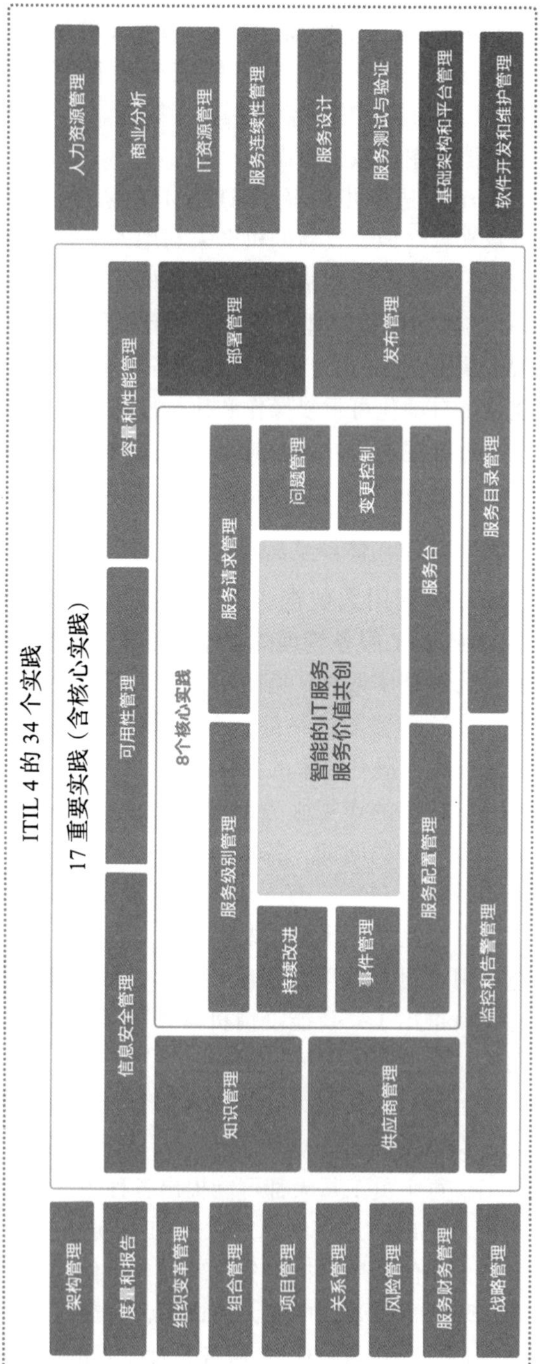

ITIL 4 的 34 个实践
17 重要实践（含核心实践）
8个核心实践
智能的IT服务
服务价值共创
架构管理
度量和报告
组织变革管理
组合管理
项目管理
关系管理
风险管理
服务财务管理
战略管理
信息安全管理
可用性管理
容量和性能管理
知识管理
供应商管理
部署管理
发布管理
服务级别管理
服务请求管理
持续改进
事件管理
问题管理
变更控制
服务配置管理
服务台
监控和告警管理
服务目录管理
人力资源管理
商业分析
IT资源管理
服务连续性管理
服务设计
服务测试与验证
基础架构和平台管理
软件开发和维护管理

图 7-22　2019 年发布的 ITIL 4 的 34 个实践

就上述提供的疫情机器人案例，在 Gartner 的报告中将其定位为聊天机器人（Chatbot），而所谓智能服务助理（VSA：Virtual Service Assistant，另外一个名称为 Virtual Support Agent，见图 7-23）是在 IT 服务管理领域聊天机器人的提升，两者不能一概而谈。

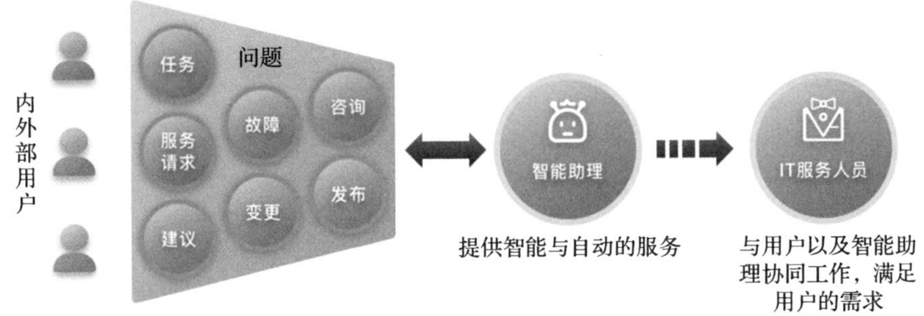

图 7-23　AITSM 中的智能服务助理

智能服务助理是一种会话式的代理业务应用程序，它提供信息、常见问题的答案和执行事务，以便在 IT 服务台旁边的 IT 服务管理场景中提供 IT 支持和协助，包括虚拟客户助理（服务终端用户）和虚拟个人助理（服务 IT 服务个人与团队）。智能服务助理利用 Chatbot 功能，还可以执行重置密码、部署软件、升级支持请求和执行更改以还原 IT 服务等操作。智能服务助理首先具备了聊天机器人的所有能力，能够基于内外部的知识库帮助用户解决 QA 问答类的知识（数字化运维相关的知识）检索，但是智能服务助理的能力以及智能化程度要远高于聊天机器人。面向 IT 服务管理的实践，基于即时通信（IM）前端的智能服务助理，应该具备以下一系列能力：为终端用户提供关于 QA 问答、工单辅助、监控辅助、巡检辅助、服务请求以及任务脚本的智能与自助服务，促进用户和 IT 服务人员的扁平化协作，提升沟通效率，降低人力成本，从而实现高效运维的能力。以下就智能助理在运维管理的典型场景使用，举例进行说明。

有工单产生，实际上意味着资源的消耗与效率的降低，所以基于 ITSM 的场景式设计首先考虑的是尽量减少工单的出现。面向内外部用户的需求、故障、建议、投诉，智能机器人助理首先来为用户进行交互式服务。通过智能助理的回答，解决了一定数量的用户疑问，此时不需要手动提交工单及人工处置。如图 7-24 示例。

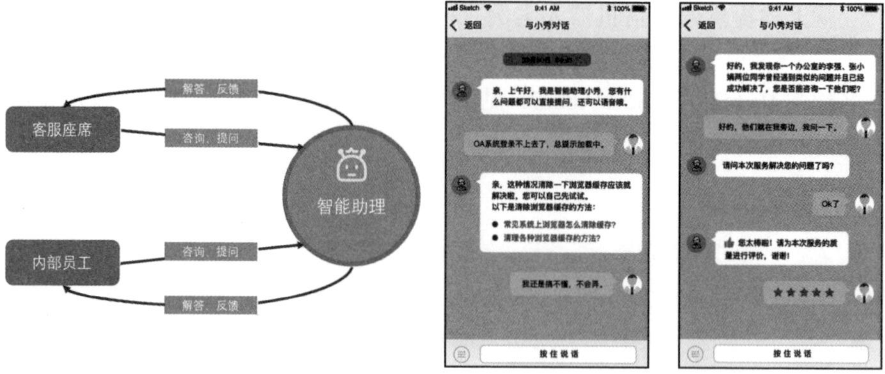

图 7-24　与智能助理交互实现在线咨询类问题解决

工单的产生有多种不同的场景和方式，覆盖了日常的主流情况，其主场景是基于 ITSM 的服务台来进行问题的咨询及解决，只有当智能助理无法就用户的问题进行解决时，才会转化为工单进行处理，流程逻辑如图 7-25 所示。

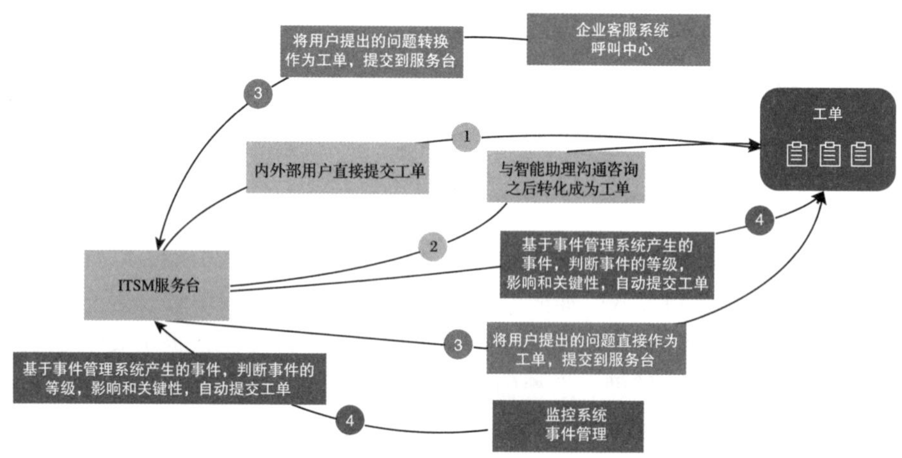

图 7-25　智能助理在线咨询解决以及工单流程逻辑

智能助理与后端的自动化平台对接，不仅能完成简单的在线咨询问题，同样也能完成服务请求等复杂的任务操作。针对某些服务请求类的用户问题，仅仅在线咨询是不能解决的，需要智能助理将问题咨询转变成一个工单对用户进行自助式的服务。该类方案适用的场景比较简单标准，并且适合自动化的工作。比如：申请云主机（需上级审批）。该方式尽量利用智能助手来解决服务处置的自动化服务处置问题，同时扁平化的审核处理，减少了流程环节，有效提升了效率。智能助理帮助用户完成资源申请的示例如图 7-26 所示。

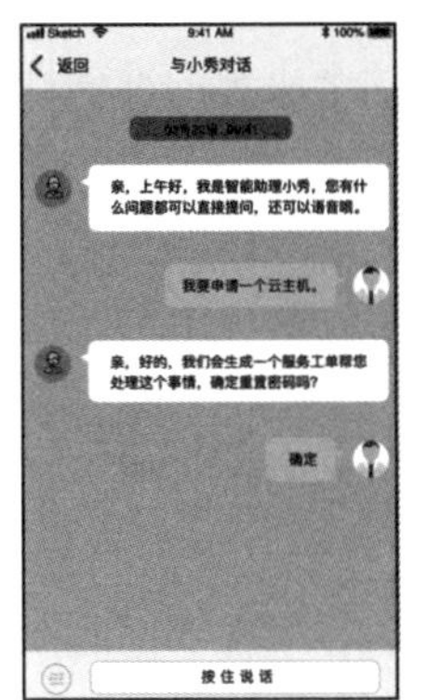

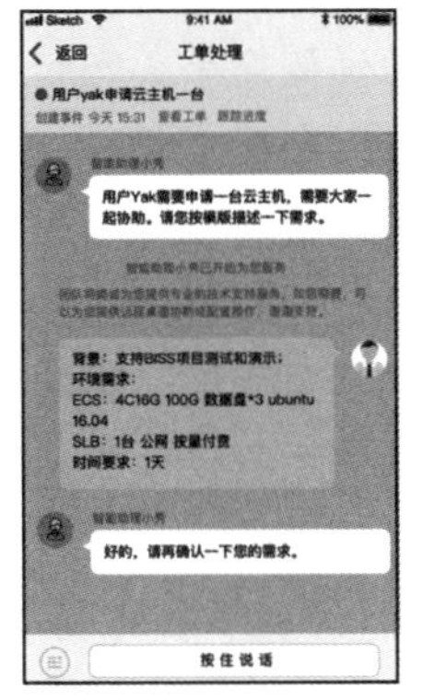

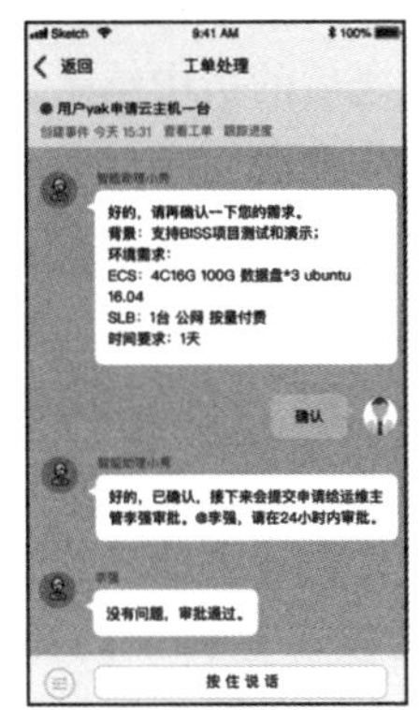

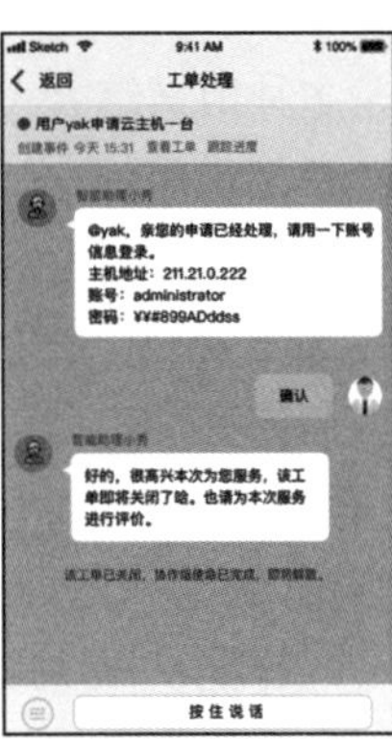

图 7-26　智能助理帮助用户完成资源申请的示例

在处理比较复杂的故障时，如果智能助理无法解决问题，可将问题咨询的会话事件自动转化为人工处理的工单，基于工单属性、业务优先级等信息自动派单或者通知相关人员抢单，之后形成解决该工单的协作组，并指定负责人。协作组和用户基于该工单的协助组群（App 或者 Web 端）一起解决问题。基于智能助理与扁平化方式的人机协作与人人协作的示例如图 7-27 所示。

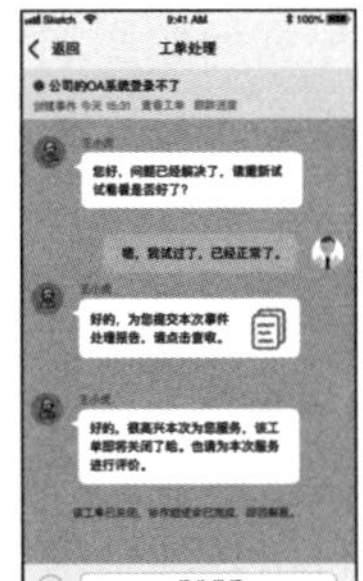

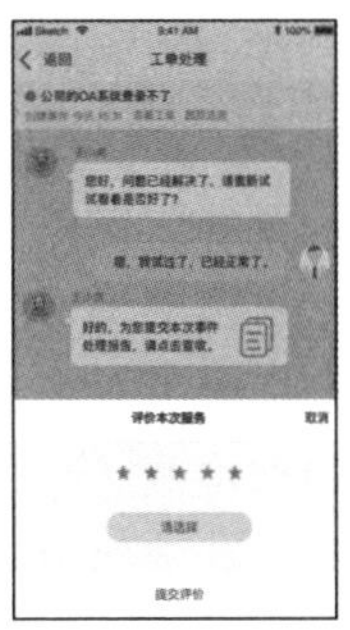

图 7-27　基于智能助理与扁平化方式的人机协作与人人协作示例

以上仅仅是智能助理在部分场景下如何实现人机协作的示例，智能助理结合实际的组织在数字化运维中的各类场景，可以解决很多的问题。在 ServiceNow 的网站上给出了数百个场景，有兴趣的读者可自行访问参考。

注：新的 ChatGPT 基于多模态大模型的技术基础，已经开始深刻影响了

机器对话的交互模式，相比之下原有的上一代的智能对话机器人已经完全不在一个层面上了，有关 ChatGPT 和运维的融合，请参见本书相关章节。

（2）智能决策大脑　在 IT 服务管理的很多实践中，一个决定的产生往往是多种因素综合考虑之后的折中结果，单纯依靠个人经验，这个决定的准确性经常很难保证。比如在变更管理过程中，一个配置项（CI）的改动将会影响哪些系统和哪些业务？将会在多大程度上影响这些系统和业务？这些影响将会直接影响变更流程的选择和执行。再比如一个故障（Incident）工单产生后，应该指派哪个工程师来处理？这个与故障的紧急程度、影响程度及范围、相关工程师的经验技能和负载等因素都有直接的关系，仅仅依靠管理者的个人能力很难达到满意的效率，从而导致最终的服务质量低下。

智能决策大脑的核心是将人的知识（经验、技术等）转化为数字化的知识，把依赖专家转变为以数据为核心，依托算法与机器学习的手段。

我们以一个场景为例进行说明。当一个终端用户在线通过 IM 工具给智能服务助理提出一个问题咨询：我的 OA 系统登录不上去了，一直在加载中。对于这个问题，最基础的回答是智能服务助理回复用户的浏览器版本有问题，或者没有安装合适的插件，接下来会在知识库中给出合适的文章协助用户自助式解决。进一步，智能助理通过调用监控数据，发现用户咨询时段内，系统的后端应用出现了极度缓慢的情况，此时智能助理会整合告警事件自动提交故障工单，同时向用户回复这是一个系统的问题，并告知已有运维人员在解决。更进一步，智能助理根据问题影响的范围和人员，会自动在 ITSM 系统中发布一个公告，及时通知相关人员这个问题，并让大家耐心等待，解决之后再统一发布恢复的公告通知。

再举一个问题排查与处置的场景案例。智能决策大脑能够对故障处理提供最优解决方案，主要分为三个步骤。①通过智能感知和监控数据，快速定位故障部位；②综合通过经验知识与知识图谱，分析故障原因；③通过人工经验和故障处理知识，得出处理结果。在这个案例中智能决策大脑的背后实现包括两个部分：第一部分是以数据为基础，应用运行的历史数据、知识图谱、专家技术沉淀及历史故障的处理方案都是决策的基础；第二部分是以算法为支撑，其中动态分类算法、基于无监督或半监督学习的最大匹配算法、特征值概率算法、有序聚类的算法都是该模型的基础。系统 AI 能够不断学习完善，在数据驱动下持续迭代，为故障的判断准确性提供算法上的支持。

智能决策大脑是在大数据和知识的基础上实现的，面向 IT 服务管理还可以实现更多的其他场景，如以下几个方面。

- 故障的精准判断与解决方案推荐。运维的很多知识都是专业技术人员发现并积累在头脑中的，智能决策大脑将技术人员和专家的技术、知识和经验都转化为数据存储起来。当发生类似情况时，系统通过智能感知与精准匹配的手段识别故障部位和故障类型，并快速为用户推荐最优解决方案。
- 问题态势综合判断。智能决策大脑可结合历史数据与监控系统数据，综合结果给出准确建议与后续动作。例如当用户咨询某个系统出现无法登录问题之后，智能助理会得到当前的系统监控状态和最近一段时间内的告警、用户咨询以及工单咨询等情况，综合进行判断，给出后续的动作，如是否创建工单、通知用户状态等。
- 智能派单。由系统依赖大数据和算法进行匹配，根据工单类型、业务信息（重要程度，紧急程度、影响范围），被影响用户与参与协作人员的技能和工作负载等情况进行判断，将工单分配给最适合的人和群组；另外引入情感派单，根据用户登记、用户的情绪、用户熟悉的服务人员等多种因素，进行综合匹配。

智能决策大脑作为新一代 ITSM 的“神经中枢”，服务于 IT 服务管理组织中需要决策的各级人员，具备实时、闭环、自动进化、可自动识别问题、全局优化等特征，充分展现了数据汇聚和知识融合的价值，提高了用户在工作过程中各种决策的效率和质量。

（3）超越知识管理：知识工程　知识管理（Knowledge Management）是 ITIL 中的非常经典的一个实践（ITIL V3 中称为流程），通过有效开展知识管理、建立知识库，能够实现知识共享、降低数字化运维成本、提高运维响应速度和质量、避免知识流失的目标。与知识管理不同，在新一代的 ITIL 和 ITSM 工具中，虽然依然称为知识管理，但是其边界已经到达了所谓的“知识工程”范畴了。“知识工程”这个词汇最早来源于人工智能领域，美国斯坦福大学的费根鲍姆教授在第 5 届国际人工智能联合大会上第一次正式提出了“知识工程”的名称（见图 7-28）。与知识管理不同，知识工程的着力点在于关键和核心技术问题的解决，通过成熟知识的沉淀、复用解决明确的工程问题，它是人工智能中最具有实用价值的部分，包括专家系统、决策支持系统、计算智能、认知智能、机器学习与数据挖掘、变换规则与公式发现等技术原理与开发。

在新一代的 IT 服务管理中，所有的实践都必须可以利用知识工程的技术手段来进行构建或优化，对知识的关注将推动数据的收集，用于自动化、服务设计、测试、预测分析、自动恢复、自助服务和其他服务管理实践，具体落地的工作包括：

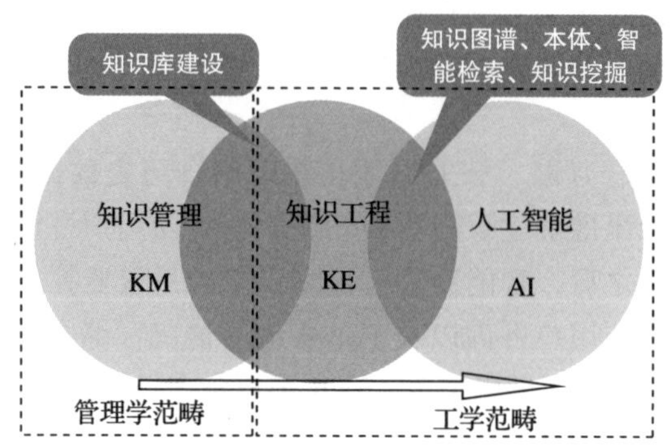

图 7-28　知识管理、知识工程和人工智能

- 获取尽可能执行重复任务的“备选知识”。
- 对知识进行表达与描述（知识的建模）。
- 在服务管理工具中实现自动化，从而减少对人员执行工作需求。
- 除了优化使用现有的知识资源，使用人工智能技术可以从自动化流程中学习，实现知识的数字化循环式沉淀。

举一个典型案例，在传统的 ITSM 工具中，所谓的知识管理往往沦落为文档管理系统，终端用户和运维工程师手动检索有限的知识，准确性和效率低下，而通过应用“深度学习”技术可以实现具体某个问题与特定知识的高度匹配，并且在工单中（如 Incident 类型的工单）主动推送给相关的运维工程师，加快问题解决的速度。这种采用 AI 技术的知识解决方案（如伴随知识、知识图谱技术）将改变最终用户寻求帮助的方式，通过在企业内部知识库和外部网络（如百度、Google 等互联网）中进行问题的精确匹配，可快速给出几乎任何问题的准确答案。

（4）面向预测和分析的监控与事件管理　监控与事件管理（Monitoring & Event Management）在 ITIL 中是一个比较重要的实践，ITIL 对其进行了严格和标准化的定义，对监控与事件管理的目的和价值、事件的产生、事件的定级、事件的升降级、事件的过滤、事件的处置和关闭等进行了详细的阐述。但是往往在落地的工具中，会将之作为独立的产品看待，如美国的 BigPanda 和云智慧的智能事件管理产品。监控和事件管理的目标是对事件的产生、通知与处置进行更加规范的管理，而这里的管理难点是对于 IT 复杂度高的系统，往往存在事件繁多、数据量大的问题，同时也会有告警风暴的影响，加之管理手段松散，会对管理提出巨大的挑战，而利用 AI 赋能的智能事件管理将会很好地解决这些痛点。

基于大数据技术和机器学习算法，告警平台能够对来自各种监控系统的告警消息与数据指标进行统一的接入与处理，平台能够支持告警事件的智能化过滤、通知、响应、处置、定级、跟踪以及多维分析，从而实现事件的智能告警收敛、异常检测、原因分析、智能预测和全生命周期的统一管控。

举一个具体的智能故障预测的案例（见图 7-29）：基于历史告警消息的相关性，对当前处于故障状态的警报可能造成的影响进行预测判断，从而实现故障的提前发现。系统在经过一段时间的数据沉淀后，可在故障发生时有效地将短期内有概率发生的其他故障一并进行通知，使运维人员在日常工作中，可做到一定程度的“防患于未然”，提升系统的整体运行质量。

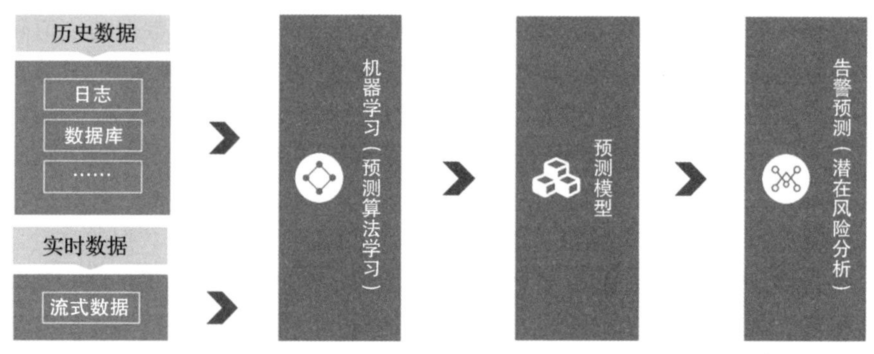

图 7-29　监控和事件管理中的智能故障预测

4. AITSM 落地的关键技术

AITSM 的很多场景都需要人工智能、机器学习和大数据的技术支撑，来实现通过 ITSM 对定位的问题进行推荐和自动化的处置，对历史变更和故障的数据进行智能分析，结合 CMDB 的数据对相似的变更进行故障预测等。

（1）自然语言处理（NLP）IT 系统中存在大量文本数据，对这些数据的有效利用将增加 AITSM 的分析能力。利用自然语言处理，通过预训练模型，结合 IT 的知识库，可构建 IT 的词向量模型。工单系统是 ITSM 的重要构成，利用文本聚类对工单进行分类，利用实体识别对工单的实体进行抽取，使用文本纠错将工单进行更正。在工单的处理环节结合知识图谱技术，对于历史工单采用主题模型和工单的文本相似度的匹配的方法，对历史的工单进行匹配并将相应的解决方案推荐给相关的运维工程师。对于服务流程，可以通过意图识别和对话管理，结合自动化处置的能力自动完成相应的任务。

（2）知识图谱（Knowledge Graph） 知识图谱具有形式统一、易于存储、表达形象、支持高效推理、语义表达丰富等优点，是 AITSM 建设的关键部分。运维知识图谱的建设相比于传统的知识获取的关系外，还要将事件和各种配置服务关系有效地整合：利用实体识别和关系抽取等技术对 IT 知识进行构建，利用模式识别的技术对 IT 数据之间的相关性进行有效学习，利用关联分析等技术对事件之间的关系进行构建，同时对 CMDB 等人工配置的信息进行有效整合。通过知识融合的技术，将不同的数据源整合到一个完整的图谱中，这个完整的拓扑依赖关系可以帮助运维人员实现知识的积累和沉淀，结合图谱的推理能力也帮助实现快速的故障排查和故障预测功能。

（3）流式大数据处理技术 大部分的运维数据都是流式数据，所谓流式数据是指在时间分布和数量上无限的一系列动态数据集合体，数据的价值随着时间的流逝而降低，因此必须实时计算给出秒级响应。针对流式的 IT 数据需要构建相应的专业运维数据库，通过深度定制和优化 Elasticsearch、Spark、Druid、CK、Ignite 等大技术框架，提供对象存储、计算集群、分布式缓存、全文搜索等高性能、高可用、水平伸缩的服务，简化大数据存储、计算、分析的使用步骤，满足中大型 IT 系统所产生的海量业务数据和 IT 数据的实时采集、存储和分析需求。一般情况下，完善的专业运维数据库需要提供统一且简单易用的数据采集、ETL、机器学习流程、建模分析等功能，还需要具备数据的安全性、可扩展性、高可用性以及环境监控运维等基础特质与能力。

5. AITSM 的发展与展望

国内外 ITSM 工具已经到必然要革新的十字路口，我国有庞大的市场，我国企业在数字化转型的大背景下大多勇于创新，敢于突破和积极尝试，而且我国的互联网基础设施与 ABC 关键技术的不断成熟都给新一代的 ITSM 提供了一切可能。以人工智能、自动化和大数据技术为典型特征的 AITSM 无疑为这一代 ITSM 工具的诞生指明了一条可行之路，相信随着数字化转型及其不断升级，企业对于精细化运营管理的不断深入，人工智能重塑后的 ITSM 工具会雨后春笋般不断出现，真正为企业降低成本、提高运营效能、培养创新型人才服务，帮助企业业务创造核心价值。

7.3.3 IT 流程挖掘与优化

1. IT 流程建设与持续运营的挑战

很多组织在完成流程建设后，仍然面临很多令人困扰的问题，又不知如何才能改善当下的局面，常见的困扰有：

- 对部门 KPI 负责，忽略业务目标。IT 团队不了解实际业务的需求和目标，执行流程时只关注部门及岗位的 KPI 要求，而忽略了实际的业务需求，导致出现各部门考核得分都很高，但最终业务部门不满意的现象。
- 过度依赖领导。存在团队分权机制不完善或者缺乏合理的流程流转标准情况，比如所有请求都需要领导层层审批，大量的工单等待领导审批才能执行下一步，领导反而成了流程瓶颈。
- 人人负责，人人无责。角色在不同流程节点的工作内容和评判标准不清晰，比如变更、发布需要层层审批，但是大家又不清楚按什么标准审批，最终工单经过层层审批，一上线就出故障，却没人真正负责。
- 衡量指标不完善。IT 团队偏向于技术指标的考核，缺乏对于流程整体的指标体系的关注，无法衡量数字化运维工作健康度。
- 流程僵化，影响创新。流程是否会影响创新？如果组织没有流程优化长效机制，就会影响。流程多了，就会让人忘记流程设计的目的和初衷，甚至会习惯于现有流程，哪怕这个流程很不合理。

2. IT 流程优化六步法

IT 流程优化项目实施过程分为六大阶段：①项目启动和理念导入阶段。②现状调研和确定基线阶段。③建立目标阶段。④优化改进阶段。⑤工具落地指导和试运行阶段。⑥持续改进阶段。如图 7-30 所示。

（1）阶段一：项目启动和理念导入　该阶段目标包括：使项目相关方明确项目的目标、范围、计划、风险、管理制度和人员职责；理念宣贯、知识转移、统一语境，为项目推进扫清障碍。在项目启动和理念导入阶段的主要工作内容包括以下几个方面。

- 启动前的准备。为确保启动会成功举行并且达到预期效果，项目前需要和客户侧沟通，充分了解项目需求、组织人员信息等。
- 项目启动会。项目启动会通常会分为几个环节，包括：甲乙方项目人员介绍，领导发言，项目的目标、范围、计划、实施路径、风险、人员角色和管理制度介绍。

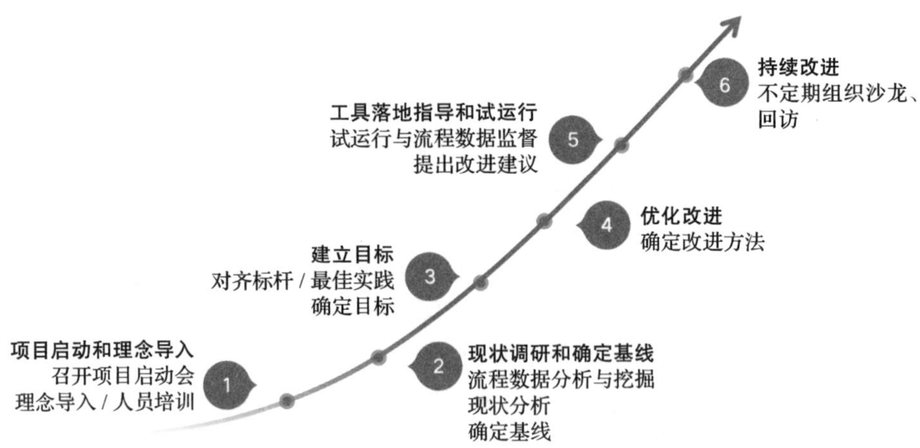

图 7-30　IT 流程优化六步法

- 成立流程优化小组。在决定进行流程优化前应该成立由企业高层、中层、业务骨干、咨询顾问组成的流程优化小组，对流程优化工作进行分工，制订流程优化的实施计划。
- 理念导入培训。咨询顾问应对流程优化小组成员进行流程管理专业知识培训，确保小组成员掌握流程梳理、流程分析、流程设计、流程图绘制、流程说明文件编制和流程实施等专业知识和技能。

（2）阶段二：现状调研和确定基线　本阶段的阶段目标：使用定量和定性分析技术，以全面了解组织的业务，通过调研访谈，借助数据分析工具、流程挖掘工具，实现对流程数据的定量分析，形成流程的现状基线。现状调研和确定基线阶段的主要工作内容包括以下几个方面。

- 调研访谈：通过访谈调研了解流程的现状和痛点。
- 流程数据分析和挖掘：通过工具（Excel、数据分析、流程挖掘工具等）实现对运维流程数据的量化分析，形成流程的绩效评估并实现流程的可视化，从而为后续的流程优化工作奠定基础（见图 7-31 和图 7-32）。
- 流程成熟度评估：基于流程成熟度模型，对每个流程的流程动能要素进行成熟度评估（见图 7-33）。
- 建立基线：根据现有的流程数据，形成定量的流程基线。

（3）阶段三：建立目标　可对标最佳实践成果、行业标杆，制定可实现的、分阶段的目标，明确每个阶段的要达成的效果、关键工作内容、需要的资源以及相关的验证标准。

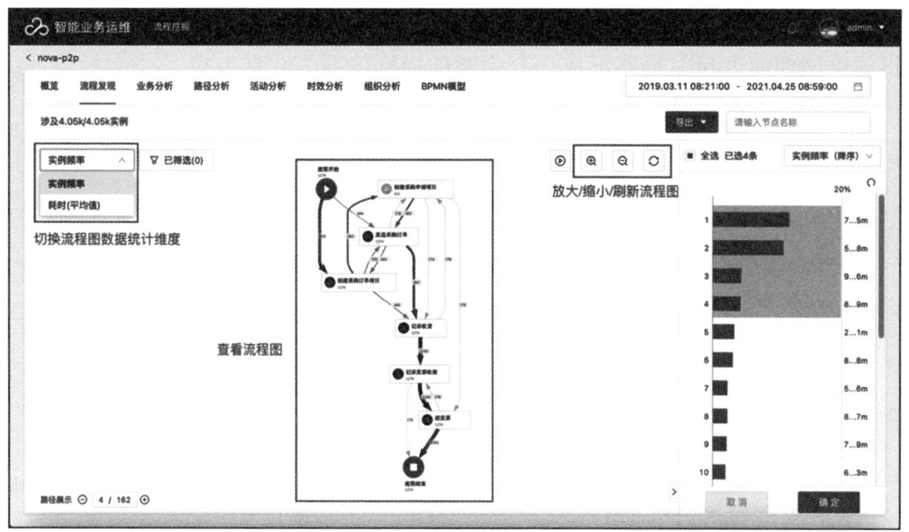

图 7-31 流程路径智能分析

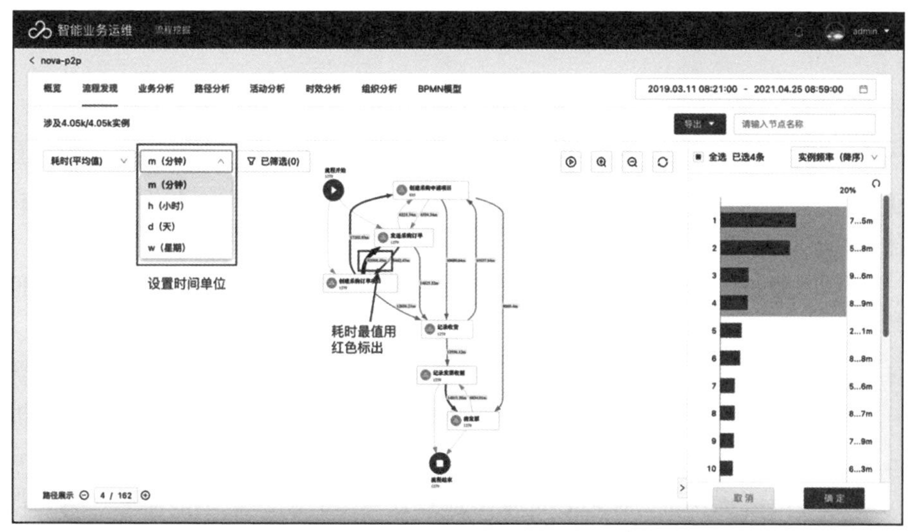

图 7-32 流程节点耗时分布

该阶段的主要工作内容主要就是建立优化目标（长期目标、阶段目标），首先对组织现有 IT 流程进行系统的、全面的调研，分析现有流程存在的问题，对标行业标杆和最佳实践，确定流程优化后要达到的目标。同时，流程绩效指标之间不是孤立的，咨询团队可帮助组织设计科学合理的指标体系，以业务目标为始，设计合理的流程优化目标，并分析支撑该目标的验证指标，以及每个指标应该如何度量，最终形成一套完整的指标体系（见图 7-34）。

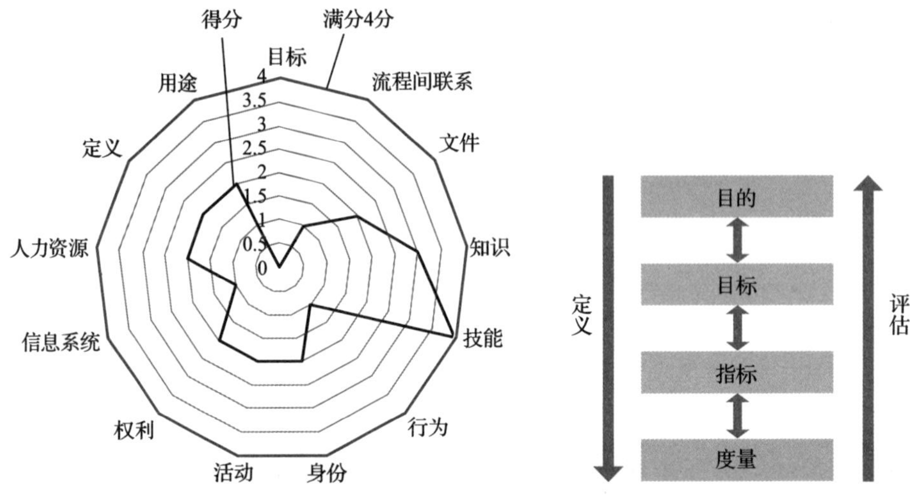

图 7-33　流程动能要素成熟度评估示例

图 7-34　规划和评价模型

（4）阶段四：优化改进　本阶段的目标是建立科学的、可执行的方案，从组织人员、流程制度、工具技术等方面提出可执行改进方案，并设计度量指标体系。在优化改进阶段的主要工作内容包括以下几个方面。

- 调研访谈：对过程和问题的充分理解，识别问题发生的原因，寻找问题所在的根源。
- 流程优化设计（见图 7-35）：经过流程分析后，根据设定的目标以及流程优化的原则，改善原有流程或者重新设计新的流程，简化或合并非增值流程，减少不必要流程环节，实现重复步骤的自动化执行，构建新的流程模型。同时，应征求流程涉及的各岗位员工的意见，调查原流程有哪些弊端，新流程应如何设计使之具有可操作性等问题。
- 工具需求：关注自动化和智能化工具能够发挥的价值，如 RPA，运维自动化工具等，充分提升流程的效率和操作的准确性。

（5）阶段五：工具落地指导和试运行　本阶段的目标是提供改进流程方案的落地指导，对试运行的流程效果进行评估，采取进一步改进措施。该阶段的主要工作内容包括以下几个方面。

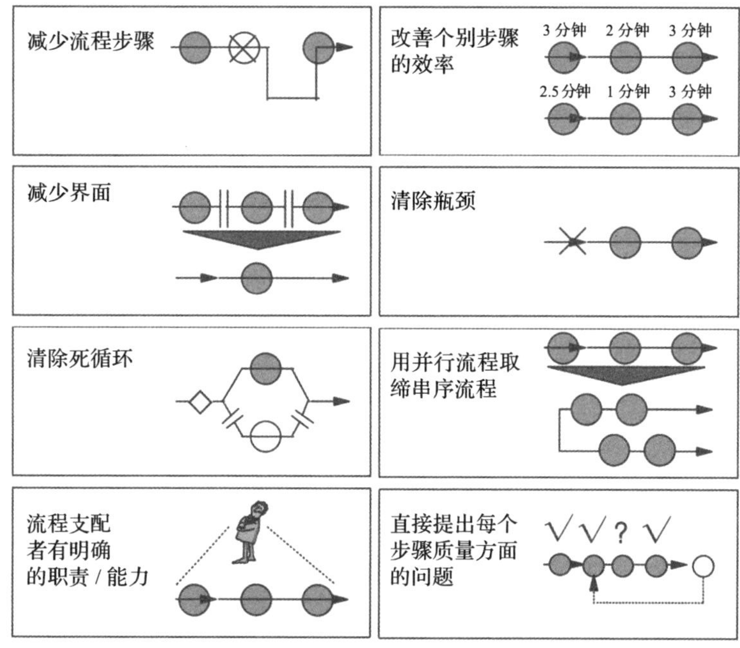

图 7-35　IT 流程优化设计

- 工具落地指导：新流程模型构建后应固化到 IT 系统中，如 ITSM 系统，使流程能通过信息技术及时运行、处理、传递，这是流程优化过程中的一个很重要的环节。同时关注采用能够提升执行效率的工具，如自动化工具，RPA 等。
- 试运行流程指标度量和分析：在流程试运行期间，咨询团队会根据流程指标体系的数据，进行再次分析，对标设立的目标和偏差，提出改进建议。

（6）阶段六：持续改进　本阶段的目标是帮助组织建立自我完善机制，根据流程实施情况，进行总结完善和持续改进。持续改进阶段的工作内容包括：

- 定期流程报告分析：根据设计的流程指标体系，定期出具流程运营报告，并进行分析，针对报告呈现出的问题，不断改进。
- 定期回访：咨询顾问定期对组织的流程运营效果进行回访，提供具有针对性的建议，保证流程运营效果可持续。

3. IT 流程优化：流程挖掘及工具

流程挖掘是一种从已有业务数据中提取出业务流程的技术。它可以帮助组织了解业务流程的实际运行情况，发现潜在的问题和改进点，并提高业务流程的效率和质量。流程挖掘利用数据分析等技术，能够在短时间内自动化发现过程模式，分析出大量数据中的关键信息，基于数据分析得出的结果，避免了主观性干扰，其结果可以被重复利用，以提高效率和准确性。对于正在寻找新的运营模式以成为数字组织和想要适应快速变化的环境的组织，流程挖掘提供了能够实现重大业务转变的能力。流程挖掘可以为组织的领导者和数据分析师提供更好的洞察力，可以帮助组织在最关键的优先事项上实现更快、更明智的决策和更好的绩效。

流程挖掘的产生背景可以追溯到 20 世纪 80 年代，当时人们开始采用计算机化方法对业务流程进行建模和分析。1998 年，Wil van der Aalst 提出了基于事件日志的流程挖掘方法，为流程挖掘技术奠定了基础。自此以后，流程挖掘逐渐得到了广泛的应用，成为业务流程管理领域的重要技术之一。随着计算机技术的不断发展和进步，流程挖掘技术也在不断发展和完善。目前，流程挖掘技术已经发展到了第三代，主要包括基于事件日志的流程发现、基于模型的流程验证、基于事件日志的流程改进和基于事件日志的预测分析等多方面，流程挖掘已经成为一种重要的数据分析工具。

流程挖掘需要利用多种技术，如数据挖掘、机器学习、统计学等，其中，数据挖掘是一种从大量数据中自动发现规律、模式、关联或异常的技术，适用于分析大量历史数据的应用场景，可提取出数据中的规律和信息。机器学习是一种人工智能技术，用于训练计算机算法，让它们自动化地学习数据中的规律和特征，并根据学习到的规律和特征，对新数据进行分类、预测和诊断。统计学是一种从概率角度出发，利用数据进行分析和推断的技术，适用于数据的描述、分析和推断。

流程挖掘可以应用于各种领域，如制造业、金融服务、医疗保健、物流运输等。在制造业中，流程挖掘可以帮助企业发现并解决生产过程中存在的问题，提高生产效率，降低成本，提高产品质量。在金融服务领域，流程挖掘可以帮助机构识别欺诈行为，减少风险，提高效率和客户满意度。在医疗保健领域，流程挖掘可以帮助医院管理识别患者的病情发展，制定治疗计划，提高医疗服务质量。

目前，流程挖掘的相关开源工具软件和商业工具软件比较多，常见的有

ProM、Disco、RapidMiner、Celonis 等。这些工具软件都可提供丰富的功能和算法，帮助用户进行数据预处理、流程模型构建、模型评估和可视化等操作。其中，ProM 是一款开源的流程挖掘工具，具有强大的扩展性和灵活性，可以支持多种流程挖掘算法和数据格式。Disco 是一款商业化的流程挖掘工具，具有直观的用户界面和易于使用的功能，适合初学者和非专业人士使用。RapidMiner 是一款综合性的数据分析工具，不仅可以进行流程挖掘，还可以进行机器学习、数据预处理等多种操作。Celonis 则是一款商业流程挖掘工具，它具有强大的可视化功能和自动化流程分析功能。Celonis 的特点是可以自动识别流程中的瓶颈和优化点，帮助用户优化流程效率。

流程挖掘最核心的应用过程包括四个阶段，即数据采集、流程发现、流程优化和流程监测，这四步法当然也应用到了 IT 流程的持续改进和优化工作中，如图 7-36 所示。

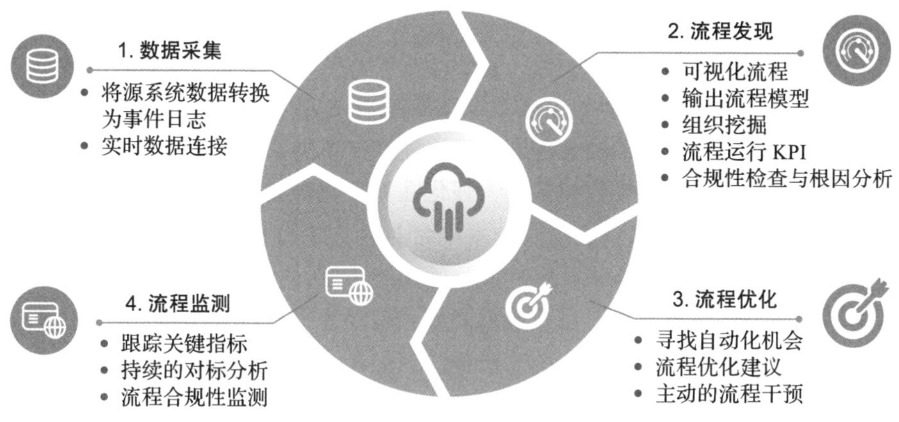

图 7-36　流程挖掘生命周期

在 IT 服务管理领域，初始流程设计与现实之间经常会存在巨大差距，这会导致业务用户的流程不理想。因此，业务用户和团队会产生并行流程和摩擦。这将会影响运营的时间、成本和质量，导致流程效率低下、缺乏合规性和客户满意度低下。为了克服这些问题，组织应努力缩小其系统的初始设计与其运营流程之间的差距，可通过基于流程挖掘的数据驱动解决方案来消除。

第 8 章 CHAPTER 8

数据驱动运维方法与实践

编者按： 数据驱动运维是近几年业界的主流观点。本章构建了数据驱动运维方法论，首次在业界提出“双轮驱动”模式，希望对行业“用数据做运维”实践有所启发与帮助。

关于“数据驱动运维”，行业上有一些零星提法，比如广发银行数据中心2022年发表的《数据驱动的运维数字化转型方法探索与实践》一文中，提出运维数字化转型是一项推动数据中心运维模式变革的系统性工程，广发银行数据中心除了不断夯实运维数据基础，强化在数字化转型过程中的数据支撑，还在坚持不懈地开展组织、流程及技术平台等各方面的演进探索。民生银行采用“数据驱动运维”战略来解决其面临的运维难题，包括基于数据提升感知能力、决策能力、执行能力，搭建数据底座，推动组织转型等。国外也有一些关于“Data Driven Operations”的一些提法，但是没有更系统地建立解决方案和方法论。

本章提出“数据驱动运维”（Data Driven Operations，DDOps）的观点，以数据为抓手打造完整的数字化运维实践方法论，为客户提供“道”“法”“术”一体的完整解决方案。

8.1 数据驱动运维与数据运维

数字化运维的实践方法论是“数据驱动”，为什么不是“场景驱动”或者“算法”驱动呢？我们要理解“驱动”：以“数据驱动”并不代表只关注“数据”维度，而是以“数据”为切入点，强调的是“驱动”；对于场景来说，数据的标准化和融合程度越高，才能有更高层次融合运维场景的实现，场景的实现是由数据来驱动的；对于算法来说，智能算法的训练一定是在大量数据样本基础上进行的，只有高质量的运维数据，才能有高质量的算法，所以说算法的开发是由数据驱动的。

以往很多用户忽略了作为智能业务运维“基石”的运维数据的重要性。为切实落地企业的智能业务运维规划，一方面要强调运维数据的基础作用，另一方面要形成运维数据治理与应用的全局体系，围绕规划、系统与实施三个核心阶段工作，面向运维数据的全生命周期与业务导向结果，从数据的整体规划、运维数据源、数据采集、数据的计算与处理、指标管理体系规划与实施、专业运维数据库的建立以及数据的典型应用场景等多角度进行思考。

数据驱动运维（DDOps）和数据运维（DataOps）很容易混淆，实际上它们是完全不同的。DataOps（数据运维）是一种将运维研发团队、数据工程师和数据科学家召集在一起的方法，旨在为以数据为中心的企业提供工具、流程和组织结构的支持，从而实现敏捷的、面向过程的分析开发和交付。此方法汇集了运维研发团队、数据工程师和数据科学家的力量，以实现从基础设施到用户体验各个层面相关的解决方案开发、数据产品开发以及数据激活。数据驱动运维是一种基于数据分析和数据驱动决策的运维管理方法。它通过收集、存储、分析和利用大量的运维数据，以实现运维效率的提升、问题的预测和解决、资源的优化等目标。数据驱动运维的核心思想是通过对运维数据的收集和分析，了解系统的运行情况、问题的发生原因和趋势，并基于这些数据进行决策和优化。它可以帮助运维团队更好地了解系统的状态和性能，提前发现潜在的问题并采取相应的措施，从而提高系统的稳定性和可靠性，数据驱动运维的价值在于提供更高效、更可靠的运维服务，帮助实现更好的业务结果，实现持续改进和优化，包括以下几个方面。

- 蓝图谋划：以数据为抓手，在数字化转型战略下帮助用户更加系统、全面地规划运维体系建设。
- 价值目标：基于指标体系，帮助用户构建数字化运维的目标（质量、成本、效率）与评价机制。
- 场景落地：指导与推动数字化运维场景的构建、运维技术的选型以及软件平台的搭建与实施落地。
- 组织提升：推动运维组织优化转型，增强业务保障支撑能力。
- 数据洞察：有助于运维数据资产化以及运维数据的分析洞察与应用。

数据驱动运维和数据运维的主要区别，见表 8-1。

表 8-1　数据驱动运维和数据运维的主要区别

对比项	数据驱动运维（DDOps）	数据运维（DataOps）
目标	以数据作为切入点，目标是通过数据治理的思想构建更为科学智能的运维体系	将数据作为运维对象，所有工作的方法都在作用于数据本身，目标是更好地管理和应用数据
管理的对象	运维	数据
数据和运维关系	数据→驱动→运维	运维→管理→数据

8.2　数据驱动运维核心逻辑：双轮驱动

对于数据驱动运维来说，数字化运维数据是其逻辑底座，是实现“数据驱动”的基础。数据驱动逻辑的内涵是数据双轮驱动（见图 8-1）。前轮驱动（聚焦目标）是价值牵引轮，负责引导数字化运维的实践方向，通过指标数据度量运维表现，验证北向驱动成果，用数字说话，形成自顶而下的数字化运维持续优化机制。后轮驱动（聚焦建设）是建设推动轮，利用数据为数字化运维的建设提供动力，驱动流程、平台、场景和运维模式蜕变。

图 8-1　数据驱动运维的核心逻辑：数据双轮驱动

数据驱动方法论总体框架着重于三大价值目标，即提升综合治理水平、保障可用性、提高效能，其覆盖的运维模式包括事前预防、事中恢复、事后复盘以及其他新业态下的运维模式，确保可用性保障及管理运营两大运维场景落地。基于以终为始原则，通过双向数据驱动策略“运维数据治理”和“运维指标体系”来指导运维组织、运维流程、工具平台的建设及持续改进。

8.3 “前轮驱动”：面向运维目标的持续优化

通过对 IT 服务价值度量的梳理，打通业务、场景、流程与资源端到端指标链，将指标数据作为抓手，用数据说话，形成自顶而下的持续优化体系，打造数据驱动的数字化运维持续优化机制（见图 8-2）。

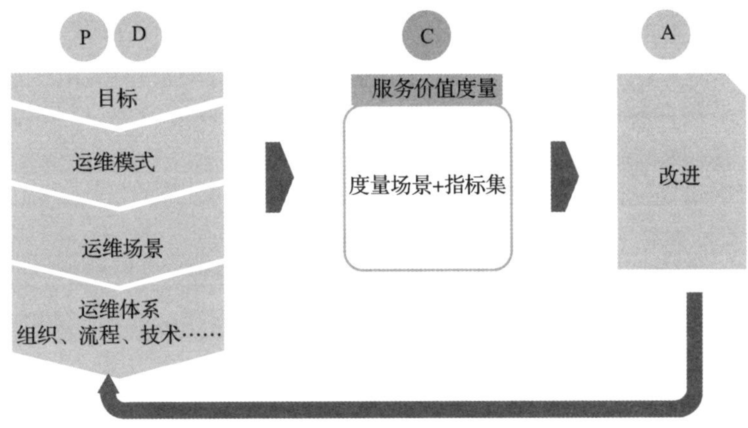

图 8-2　前轮驱动：面向运维目标的持续优化

数据驱动运维“前轮驱动”的核心抓手是 IT 服务价值度量，IT 服务价值度量是通过收集和分析相关数据来衡量和评估 IT 服务的质量、效率和效益的过程。IT 服务价值度量的重要性在于它可以帮助组织了解和评估其 IT 服务的实际效果和价值。通过收集和分析相关数据，可以获得关于 IT 服务的各种指标和度量结果，如服务可用性、平均故障修复时间、客户满意度等。这些指标和度量结果可以帮助组织了解其 IT 服务的优劣，从而指导决策和改进。数据驱动运维强调基于数据的决策和实践。通过收集和分析相关数据，可以获得客观的、可量化的信息，而不仅是主观的意见或直觉。例如，在面临故障修复决策时，可以通过分析历史数据了解不同解决方案的效果和成本，并选择最优方案。IT 服务价值度量需要依赖数据来进行分析和评估，而数据驱动运维则需要 IT 服务价值度量来提供支持和指导。通过 IT 服务价值度量和数据驱动运维的结合，组织可以更加科学地管理和优化其 IT 服务，提高效率和质量，降低成本和风险。

结合国内外的相关研究，本书提出了基于运维价值度量体系（Operation Value Measurement System，OVMS）建设的模型，主要包括总体框架、五大价值维度、全栈全生命周期覆盖、指标体系建设方法、价值度量的实施方法等。

8.3.1 运维价值度量体系的总体框架

运维价值度量体系的总体框架如图 8-3 所示。

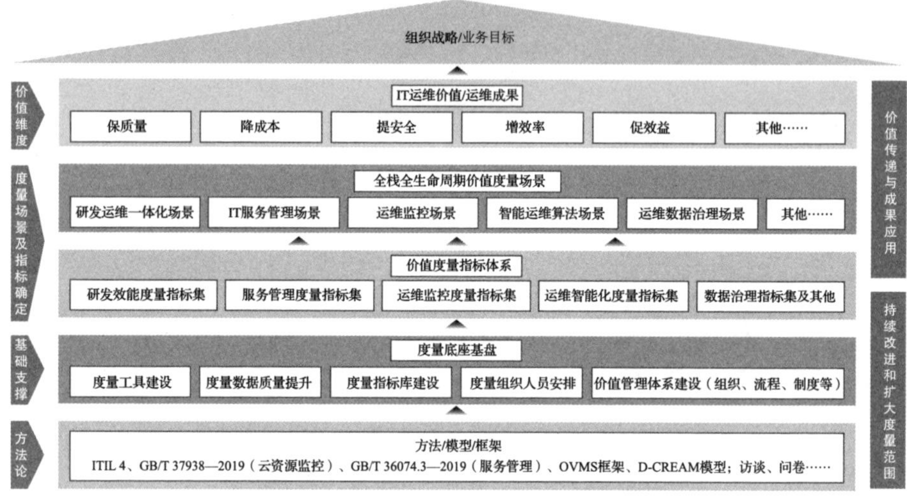

图 8-3　运维价值度量体系的总体框架

运维价值度量体系总体框架以支撑组织的业务战略和实现组织的业务价值为目标，基于国内外的一些成熟理论和模型，结合运维领域的实际需要进行逐层构建，该总体框架主要包括以下 10 个要点。

（1）以终为始，从五个维度体现运维价值　数字化运维解决的具体问题包罗万象，但归根结底是为了解决质量、成本、安全、效率、效益五个维度的业务问题，所以运维价值度量要围绕这五个维度来进行量化、细化。

（2）业务价值驱动，在业务目标和运维成果之间建立联系　运维价值始终是要站在运维所服务客户的角度来确定的，要从组织期望实现的业务目标出发，将业务目标逐层分解，直至明确在运维层面应实现的价值、成果。

（3）围绕价值度量需求，构建运维价值指标体系　价值度量的基础是数据，进一步来讲是有层次、有逻辑的数据指标体系。指标体系的构建应满足价值度量的当前需求和实际需要，也要适当考虑未来度量的需要。除了提供数据之外，指标体系的另一个重要作用是将运维价值层层分解，传导到运维一线上。

（4）将运维价值量化，并尽可能呈现经济价值　无论是财务性还是非财务性的价值，都必须用数据指标进行量化。效益和成本维度多数是财务性指标，质量、效率和安全维度的价值也可尝试用财务性或货币性指标来展现。

（5）利用价值度量来驱动运维数据治理　数据指标体系对于价值度量非常重要，但要有良好的数据治理基础才能发挥作用。如果相关数据没有线上化、指标口径（如名称、计算方式、数据来源、计量单位）不统一、数据没有标准化（如格式、类型、定义、精度、值域）、数据采集和更新不及时、数据准确性差，那么运维价值度量的效果就差。因此要在运维价值度量的驱动下，持续强化运维数据治理工作。

（6）价值度量覆盖运维全栈和全生命周期　随着 DevOps、敏捷、精益等实践不断落地，运维价值度量从研发开始就要考虑，并覆盖从研发、测试、发布、部署到运维、持续运营的全生命周期；价值度量可覆盖数字化运维及运营的全栈，包括各种运维监控（如基础监控、应用性能监控、网络性能监控、监控中心）、ITSM、CMDB、运维算法场景（如日志分析、异常检测）等领域。

（7）通过工具实现运维价值度量体系的落地实施　运维价值度量高度依赖数据，在方法论的基础上，还应该有数字化的工具来帮助落地。价值度量数据的采集、数据建模、数据的实时统计、指标体系构建和配置、运维价值计算、运维价值可视化等，都需要工具支撑，才能变得可行、高效。

（8）面向不同受众、不同对象，进行差异化的运维价值传递　应为高管、业务领导、运维平台团队分别创建数据可视化分析，以跟踪运维 KPI 及对应价值的变化，促进建立以价值为中心的决策和运营体系。为运维服务或流程的所有者、一线员工、最终用户等更广泛的利益相关者提供定制化数据分析结果，以沟通运维价值，指导日常工作。

（9）注重度量成果应用，发挥价值度量本身的价值　充分发挥和彰显价值度量的价值，对于价值度量体系的建设意义重大。在运维项目立项阶段，价值度量成果可用于支持投资决策、预算编制等；在运维项目实施阶段，价值度量成果可用于项目实施更正、优先级调整、价值呈现、阶段汇报、结算汇报等；在持续运行阶段，价值度量成果可用于运行监控、价值沟通、绩效评估、迭代改进等。

（10）强调价值管理体系建设及运营改进　运维业务价值度量应该是持续进行的，要定期跟踪运维价值目标的实现、核心指标的运行情况。要从组织、制度、流程、工具等着手，建立运维价值管理体系，持续提升运维的业务价值。

8.3.2 运维价值度量的实施方法

组织的运维价值度量应如何开展？从哪里开始？ITIL 4 的 7 个指导原则在此依然适用，包括“聚焦价值”“从你所在的地方开始”“通过反馈实现迭代式进步”“保持简单和实用”等。基于这些原则可知，运维价值度量不是要搞大规划、大蓝图，而是立足当前实际，从特定领域、场景开始进行价值度量，积极运用价值度量成果，体现价值度量的价值，通过敏捷迭代来不断提高度量水平、扩大度量范围。

运维价值度量的实施步骤包括：

- 明确度量目标。
- 设计度量内容（包括设计度量领域和场景、设计度量指标）。
- 做好价值度量准备（数据、人员、工具等）。
- 执行价值度量。
- 评审和持续改进。

以某汽车制造企业的 IT 服务价值度量为例。该企业年产销量超过百万，生产负荷高，厂区分散，开启了线上销售等业务模式，系统用户数日益增加，运维部门需要确保系统高可用，抑制系统重要故障发生，提高故障发生后的业务恢复效率。该企业希望通过 IT 服务管理价值度量体系建设项目，明确 IT 服务管理价值，提升 IT 服务管理的标准化、制度化、流程化、平台化以及移动化，为系统的高可用性提供保障。该项目围绕“降本、提质、增效”的业务价值，聚焦度量场景，设计度量指标体系，执行价值度量，做好工具落地。基于度量的需求，项目组整理了价值度量指标（集），统一了指标的名称、计算方式、数据来源、计量单位等。项目组通过 CMDB、指标体系管理平台、自定义报表中心等工具，将价值度量体系落地，持续跟踪运维价值。

通过运维价值度量的实施步骤（见图 8-4），该企业实现了对 IT 服务价值的量化度量，提升了数据治理水平，建立了成套的价值度量指标体系（见图 8-5），完善了价值度量的制度、流程。通过 IT 服务价值度量成果的应用，三个月后，该企业的运维服务成本降低了 5%，故障平均解决时间降低 10%，客户满意度提升 25%，对引导运维水平持续提升、保障业务连续性起到了积极作用。

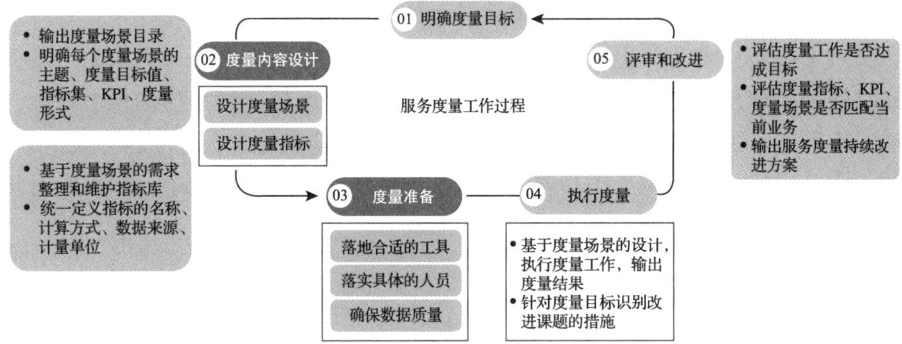

图 8-4　运维价值度量的实施步骤

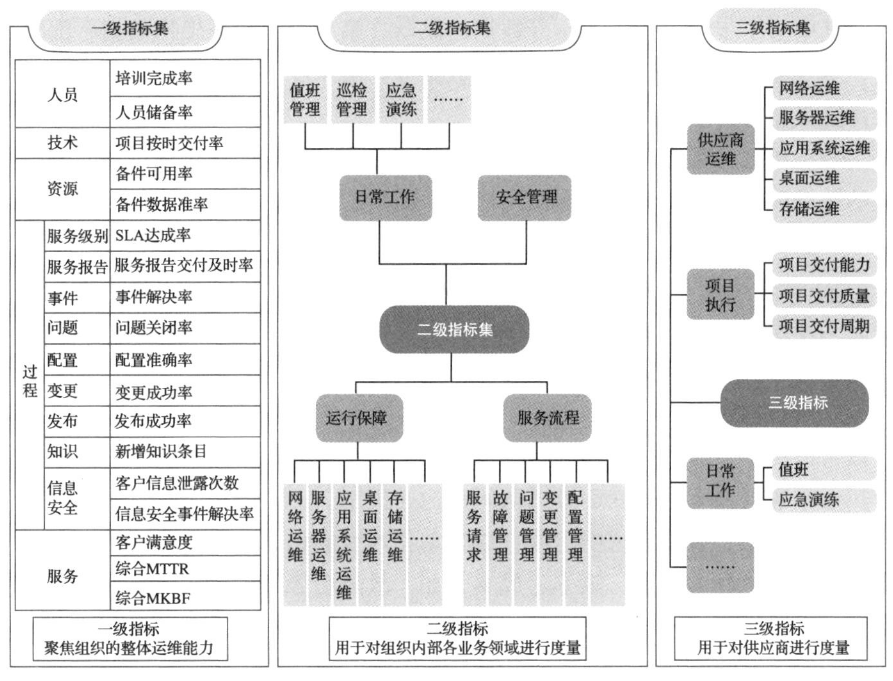

图 8-5　某汽车制造企业的 IT 服务管理价值度量的指标体系（示例）

8.4 “后轮驱动”：驱动运维的五大转变

8.4.1　IT 和业务深度融合，运维模式转型

数据驱动数字化运维模式从“被动→主动、离散→集中、人工→智能、模

糊→可观测”转变。数字化运维模式转型的四层内涵如下。

（1）被动→主动。主动预防性运维，改变传统的响应式、灭火式的运维模式，转为主动预防的模式，将避免重大故障、降低整体故障率作为核心目标开展运维工作，如开展系统可用性持续强化、风险级应急管理、故障趋势预测等。

主动预防性运维的工作开展需要建立在高质量数据的基础上，以系统可用性强化活动为例，可用性强化包含以下步骤：

1）系统脆弱项识别。

2）系统强化方案制定。

3）系统强化实施。

4）系统强化效果验证。

其中第 1 步和第 4 步离不开数据的驱动。第 1 步需系统架构数据、部署数据、节点配置数据、近期性能及负载数据等。第 4 步基于监控数据的汇聚，评价系统强化后的效果是否达成预期。

（2）离散→集中　一体化运维，以数据融合为基座，构建场景导向的一体化的运维模式，实现合作型团队向协作性团队的变革，如：一体化监控、研运一体、监管控一体等。

1）数据驱动对运维场景、流程、工具平台的改造，将影响数字化运维组织的工作模式，会促成数字化运维组织由传统的以职能为主的模式，转变为以数字化运维价值流为主线的跨职能协作模式。

2）通过数据融合，将运维团队的关注点从各自职能范畴内的业务，上移至以价值场景导向的融合业务，各团队针对同一“运维实践”实现工作界面共享、运维数据共享，改变运维团队间的沟通机制。

（3）人工→智能　智能运维，以自动化和智能化为手段替代传统人工运维方式，获得更好的质量、效率、成本，如：故障趋势分析、故障自愈、自动化发布、自动化部署等。

智能运维的核心要素包括：组织、流程、资源、技术、数据、算法、知识，其中数据又是支撑其他 6 个要素的基础，所以智能运维离不开数据驱动。

（4）模糊→可观测　可观测运维，数字化运维可观测不仅是通过监控的手段实现数字化运维对象状态可观测、性能可观测，还包括数字化运维其他的管理领域，如：运维场景效果可观测、流程效能可观测、组织绩效可观测等。

可观测运维的核心逻辑是将观测对象的各维度情况，以数字化的方式呈现给对应的观测者，而这些数字的输出均源自各领域观测到的资源数据，以及这些数据的运算结果。

8.4.2　增强与创新数字化运维价值场景

数据驱动运维，一方面增强了传统的运维单场景，一方面创新衍生出了新的运维融合场景，对价值场景的驱动，能够更深入地解决复杂的运维问题。在数据运维方法论中，将运维场景划分为“可用性保障”和“管理运营类”，如图 8-6 所示：

为了让读者更好理解，图 8-7 将场景以客户职能划分维度，再将这些场景分为单点场景和融合场景两类。

（1）数据驱动单点场景　通过跨领域数据融合，为原生单点场景提供更多的增益数据，强化单点场景的业务深度。例如离散告警场景，该场景告警由单一监控工具发出（暂时不提统一告警的模式），各监控工具因为没有获取监控对象的相关归属信息（归属方、维护方、责任人等），无法动态获取告警的通知对象及联系方式，告警的通知规则的接收方只能设置为静态的电话 / 邮箱 / IMEI 码。当人员组织架构发生改变后，这些规则的维护工作很容易被忽视，而在数据融合的基础上，即使不做统一告警服务，单监控工具也能获取到监控对象的相关权属信息，实现动态通知规则的配置。

（2）数据驱动融合场景　数据的融合为融合场景创新提供土壤。融合场景是指跨多工具平台、跨不同职能领域的运维场景，例如：全链路可观测、一体化监控、统一告警、重保综合支持等。这些场景需要跨领域、跨工具、跨团队数据流转和集成，才能具备上层业务的融合。例如一体化监控场景，一体化监控将不同分层管理对象的监控信息（网络、设备、中间件、数据库、交易等）、管理对象的近期变更信息、日志信息融合在一个监控平台里，为跨职能团队的用户提供统一的工作界面。这种监控模式的实现的核心工作就是数据的标准化、融合及应用。

8.4.3　场景导向的数字化运维流程再造

流程再造不是要颠覆已有的运维流程，而是站在运维场景的视角，以场景的价值目标导向，对已有的流程进行重新审视，再进行重构和融合。流程驱动是指通过优化 IT 流程来提高效率和降低成本，而数据驱动则是指通过收集、分析和利用运维数据来指导决策和优化 IT 流程。相比于流程驱动，数据驱动更加注重数据的采集、分析和应用，能够更精准地了解需求，从而更好地指导决策和运营。

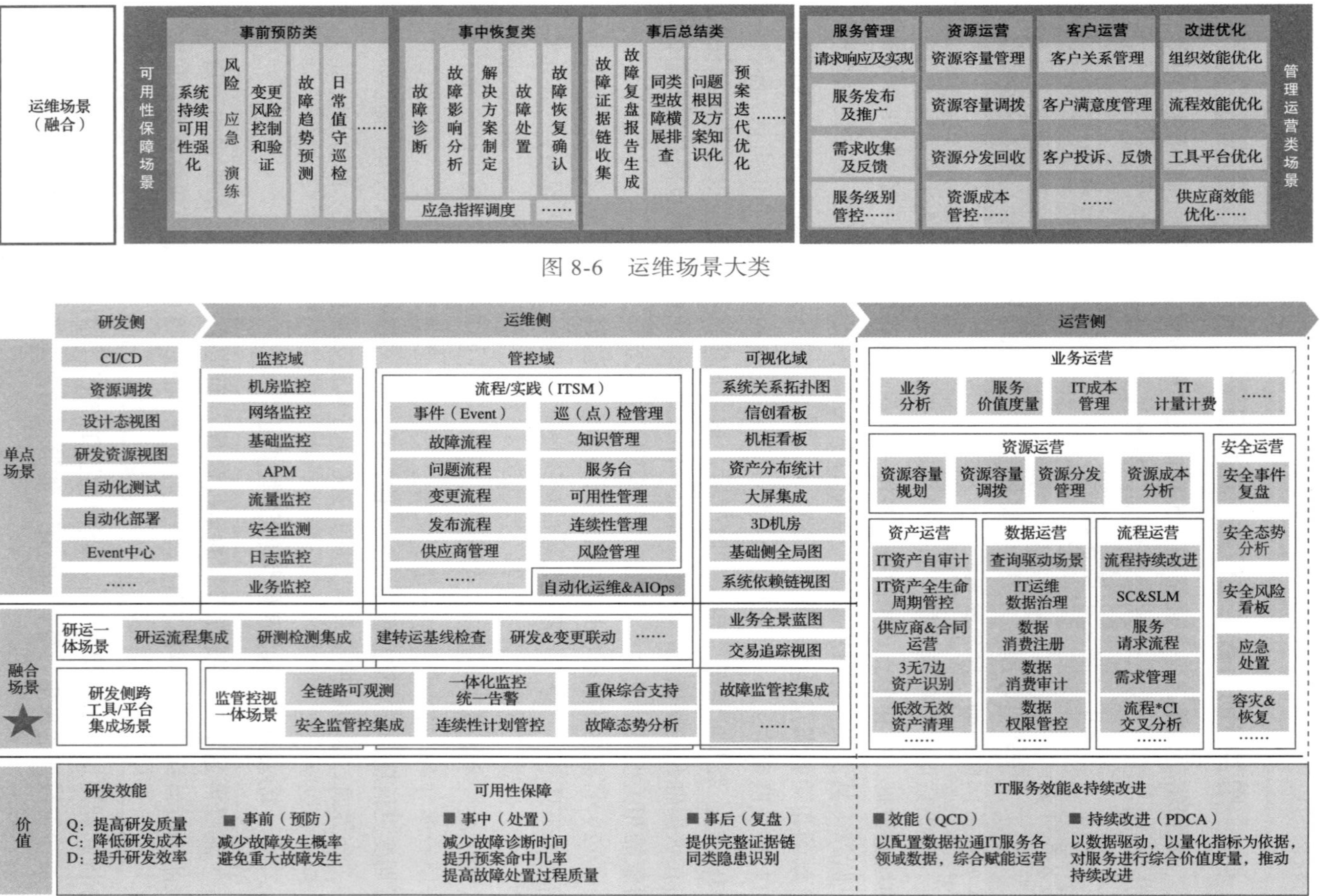

图 8-6 运维场景大类

图 8-7 数字化运维价值场景地图（客户职能划分维度）

基于数据驱动运维的方法论，传统的“运维流程网络模式”可以向“场景化实践模式”转变。数字化运维数据的融合为数字化运维流程从传统的“运维流程网络模式”向基于价值场景的“场景化实践模式”的转变提供了基础和驱动力（ITIL 4 的核心之一）。“运维流程网络模式”示例如图 8-8 所示，该模式注重流程本身不考虑价值和场景。

“场景化实践模式”的典型特征是，某个实践域中由多个流程、多类人员、多个组织参与其中，将他们凝聚在一起的是价值目标和价值链，而价值链的落地本质上是数据流的实现。

这里以“可用性保障”的流程再造为例进行说明。流程再造并不是指删除并重新设计已有的运维流程，而是站在运维场景的视角，以场景的价值目标导向，对已有流程进行重新审视，再进行重构和融合。

以“可用性保障”类场景为例，针对可用性保障，可将整体的价值目标拆解为：

- 事前——降低故障率（避免重大故障发生、减少发生概率）。
- 事中——提高故障恢复的效率，提高故障恢复的有效性。
- 事后——减少同类故障的再次发生，沉淀经验和知识。

若以传统的“流程为中心”的思维，会粗浅地将这些内容对应到“故障”处理流程，而以场景导向的思维，会将这个课题先转化为如图 8-9 所示的场景蓝图。

基于该蓝图，原有的流程，如故障、连续性管理、变更管理、应急管理、监控和告警等将面临以下的变革。

（1）流程可能是会跨多场景存在的　例如图 8-9 中故障流程将会跨事中和事后两类场景，在这种情况下，对于故障流程的设计不再局限在流程图和角色中，关注更多的是在不同场景下，干系人关心什么、想看到什么、想联动哪些信息、有哪些任何组织要进行信息共享等。

（2）单场景会包含多个流程　例如事前类的场景，会包含变更、连续性管理、SRE 工作流程、建转运流程等内容，如果按传统的以流程为中心的思路，以流程先行的设计，很容易出现场景内流程设计缺失或不足的情况，导致场景目标的达成打折扣。

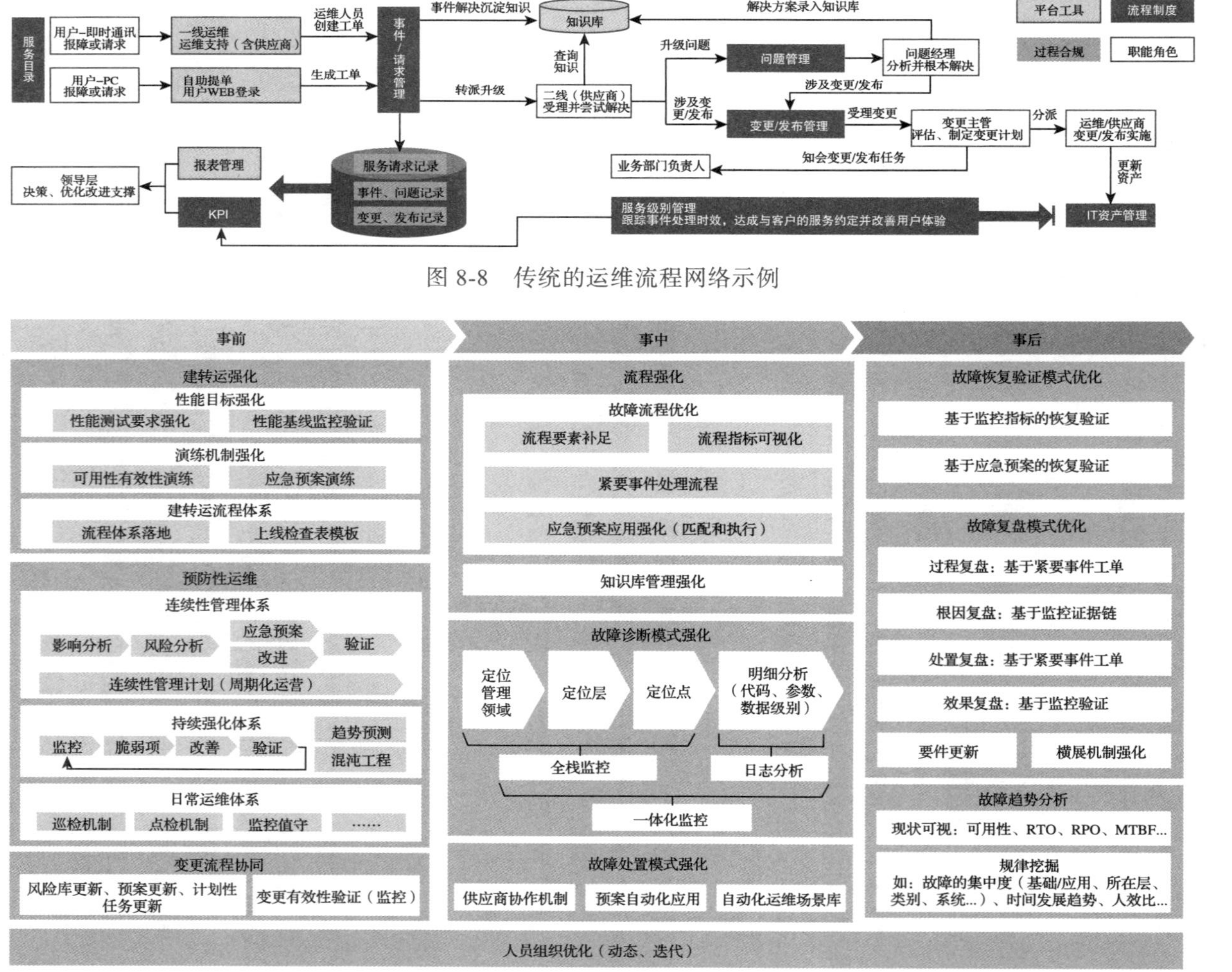

图 8-8　传统的运维流程网络示例

图 8-9　可用性保障场景蓝图

（3）流程间的关联不再是简单的数据互相引用　例如变更流程与其他流程的联动，传统的以流程为中心的模式，变更流程与其他流程联动的落地方式通常是简单的数据引用，会忽视为什么要联动、什么时候要联动、联动的时候有什么数据要进行传递、联动的过程什么样的等问题。如变更后导致的信息系统的架构发生变化，那么这个系统原有的风险库、应急预案以及配套的计划性日常保障任务是否也应同步？如果要同步，后续工作的 owner 是谁？同步的结果有谁怎么确认？这些都是场景导向的流程设计会考虑，但以流程为中心的设计会忽略的问题。

8.4.4　运维模式变革推动 IT 组织架构优化

数据驱动运维模式转型以及数据治理、智能运维带来内外部协作以及管理变革作用下，推动 IT 组织架构也需要优化。

- 数据驱动本身涉及一些工作，如数据治理、指标体系需要有具体的人员进行对接。另外，整体 IT 团队也会逐渐强化对数据的敏感度和认知，人员能力象限也应发生拓展和改变。
- 通过数据驱动的运维模式转型，重新定义各团队职责、边界以及协作模式，优化已有人员组织模式。
- 通过数据驱动带来的运维技术变革，势必对运维效率、质量带来提升，原有的人员岗位职责以及人效分配逻辑也应随之改变，同时，如何改变以及改变后端效果评价都离不开数据驱动。
- 通过数据驱动运维模式的持续迭代，为团队培养更多一专多能、多专多能的人才，进而推进数字化运维组织架构变革。

8.4.5　数据统一融合助力数字化运维平台重塑

数字化运维数据治理的核心成果之一是“数字化运维数据的集中和融合”，对数字化运维平台能形成以下驱动：驱动统一的、集成式的数字化运维数据的构建，为高端数字化运维融合场景提供融合数据，反向驱动数字化运维平台的进一步融合重塑（见图 8-10）。

在数据驱动的背景下，软件工具从“离散”的运维工具集已走向“融合”的一体化运维平台。与以往的“离散”相比，这种“融合”体现在以下几个方面。

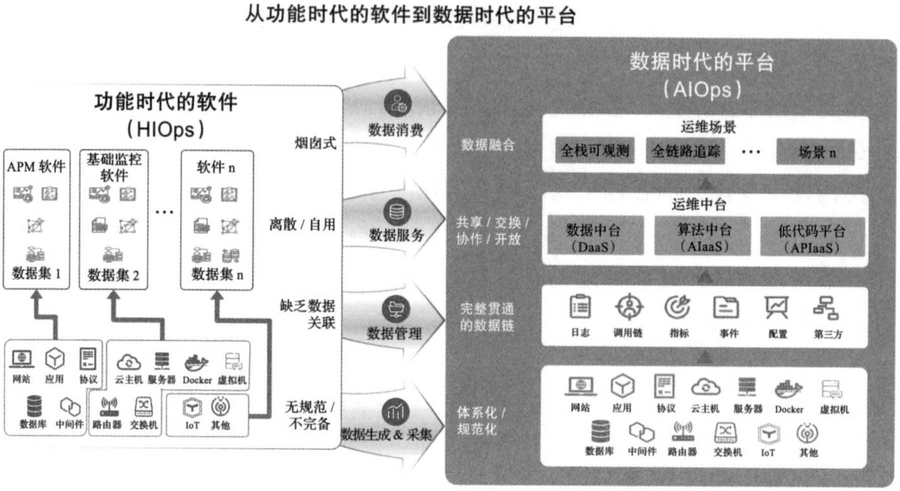

图 8-10 离散运维走向集成式的统一运维

1. 统一运维门户

- 提供统一的用户组织及权限管理，通过权限管理设置，不同的用户可查看不同的门户展示内容。
- 通过统一的运维门户实现已有和未来多个相关运维工具系统的界面整合与集成。
- 提供统一的视图、统一的运维视图及统一的领导视图。
- 可自定义门户展示，可根据权限分配人员显示不同的视图，其中用户统一管理视图，提供多种不同维度的视角展示视图。
- 将各个业务系统中的用户数据和组织机构进行统一管理，支持创建、组织与用户数据同步、启用 / 禁用、删除等操作。
- 采用基于角色的权限访问控制模型，灵活配置多种角色，实现各个系统集中授权，统一管理企业权限，为用户提供统一的身份认证管理。
- 支持双因子认证，满足安全要求，提升各产品的安全性。
- 提供组织机构管理，用于企业内部组织机构的统一定义和管理。
- 提供用户管理，用于用户的统一定义和管理。
- 统一采集各业务日志和系统日志信息，并详细记录用户的登录行为日志，集中管理分析。提供灵活的日志查询功能，使每一步操作有章可循，便于问题追溯。

2. 统一数据采控

- 通过安装部署采集代理、SDK 或提供接口的方式，给目标节点设备发送采集指令，经过采集端的解析、转换等边缘计算处理，最终将预处理完的数据发送以供上游系统消费。
- 采集应能兼容 Linux、Windows、AIX、MacOS 等系统，尤其是各类国产 OS 等多种不同类型与版本的操作系统。
- 实现节点管理，对接入的物理机、云主机、虚拟机、容器等联网设备进行统一管控。
- 实现采集任务管理，根据业务数据采集需求新建对应的采集任务对数据源数据进行采集、解析、转换和发送。
- 实现采集器版本管理，对部署的所有采集器版本进行管控，包括批量上传安装解析安装包，性能测试报告查看等。
- 实现熔断保护，提供系统级的保护机制，当监控到 CPU、内存、磁盘和网络使用情况超过设定的阈值时，则自动触发熔断机制，防止因为资源的持续消耗造成主机系统瘫痪对业务造成影响。
- 实现对被采集服务器资源使用情况的监控告警，针对 CPU、内存、磁盘和网络消耗进行监控，当监测到资源消耗触发了设定的告警规则时，第一时间通知用户对异常进行处理。

3. 统一数据管理

- 支持多种形式的运维数据存储，具备按照数据存储标准在计算机的存储装置或外围的储存设备中存储海量离线与实时运维数据的能力。
- 具备数据开发能力，提供可视化分析查询以实现快速构建大数据处理任务。
- 具备数据资产管理能力，提供统一资产管理，理清平台数据资产以及数据之间关系。
- 具备运维数据指标体系管理能力，实现运维指标统一入库管理，包括指标信息维护、指标元数据管理、指标分类、指标维度管理、实时的指标加工、批量导入与导出，指标手工录入，指标查询、指标发布功能。基于业务领域、场景特点，结合组织战略目标及精细化管理需求、确定指标体系框架、场景、指标库、维度信息库，通过实践形成一套框架合理、逻辑清晰、指标定义准确、维度丰富、评价标准科学、计量周期合理的指标体系。运维指标体系可分领域（横向）、业务系统视角垂直（纵向）、分模块、分业务场景。根据指标体系构建目的、服务对象、运用场景，确定指标体系所应涵盖的领域、层级、场景，确定各级指标和维度，根据逻辑关系对指标、维度进行指标定义、指标管理及指标应用。

- 具备数据服务能力，以接口的形式给外部提供数据服务，实现数据资产的变现。
- 具备数据质量管理能力，建立实时异常数据监控并出具全面的数据质量体检报告，形成从标准定义、质量监控、质量分析、问题告警、数据运营的数据质量管理闭环。
- 具备数据安全管控能力，对平台数据进行安全管控，防止业务数据泄漏、被篡改；应具有数据权限控制功能，可通过数据服务封装等技术手段，对敏感数据进行加密、脱敏等操作，保证数据的合法、合规消费。
- 具备运维数据运营能力，包括如数据消费侧的指标地图或目录、指标订阅、指标查询、血源管理等，数据供应侧的指标版本管理、指标分析、指标质量、指标应用追溯等。

4. 统一事件管理

- 实现统一告警管理，应支持多种告警源接入方式，对接多种主流的监控工具，接入应支持字段模板，丰富告警消息字段，统一数据规范。
- 能支持告警富集，利用额外数据赋予告警消息更丰富的信息。
- 具备告警降噪能力，基于规则或智能算法对海量持续的冗余消息进行告警压缩与合并，抑制事件数量，减少告警消息频率。
- 具备基于事件数据的智能原因分析能力，采用机器学习算法识别导致故障的各种问题，推荐可能造成故障的原因。
- 实现完善的事件流转机制，运维人员可以在统一入口进行问题事件的查看、处置、定位并进行故障分析，有效提升运维工作的效率。
- 实现与配置管理（CMDB）工具对接，将事件与配置项关联，通过配置项拓扑关系实现快速故障定位。
- 实现与自动化工具的对接，通过特定自动化脚本实现故障自愈。
- 实现与服务管理（ITSM）工具轻松对接，将告警事件与流程深度关联，基于告警事件快速生成工单，实现告警事件的快速响应与解决。

5. 统一监控管理

- 构建统一监控机制，实现从底层动环到上层业务的全资源监控，整合业务数据、应用性能数据、运行数据等。
- 提供多维监控能力，对资源提供的日志、事件、指标、拓扑、属性、变更等维度的综合监控，不用再联动各类第三方监控工具，帮助用户更快更全地进行单资源的监控和分析。
- 支持基于模型的资源统一监控，提供横向（多维度数据的综合监控）和纵向（立体化拓扑监控）的监控分析能力，便于从多种维度进行日常监控和故障分析。
- 支持多指标分析，可将体现业务、应用、服务、组件、硬件等运行状态的指标放置在同一视图中对比分析，并基于资源关系，对比关联指标的趋势，同时可实现对多维度指标的维度筛选、维度聚合、多维分析等。
- 提供统一资源运行状态查看和检索资源的能力。以模型分类展示资源列表，展示资源对应的事件、健康度、监控指标数等状态信息，帮助用户全局查看和把控监控资源的运行状态。
- 支持自定义监控视图，支持自定义仪表盘和拓扑监控，不同用户可构建不同的监控视图。
- 能围绕资源事件，联动多维监控数据，丰富监控和故障原因分析路径，帮助快速定位故障原因；基于系统整体的状态信息（包括业务横向 / 纵向拓扑、节点属性等）和时序信息（包括告警消息、指标、日志、配置数据等），整合多维度监控和算法能力，提供统一智能的故障原因分析、故障定位和处理效率。

6. 统一可视化管控

- 建立各种面向运维与运营的可视化监控大屏，如覆盖 IT 资源运行态势、网络质量、应用健康、业务链路追踪、资源台账、业务运营、网络安全、服务质量、人员效能、系统故障告警、系统质量、用户体验等维度的可观测性展示和分析。
- 建立实现数据可视化的低代码平台，实现一站式可视化开发，如通过“拖拉拽”的方式快速生成统一视图、领导视图和运维人员视图。

- 提供报表分析管理能力，实现数据的灵活展示与自助式分析，让非技术人员能够方便快捷地获取数据进行分析。
- 提供不同的业务场景进行报表分析，提供多种分析模型满足用户不同分析目标。
- 具备自助式分析与可视化操作能力、面向非技术人员、组件式组合等特点的数据分析产品备受青睐，可进行简单灵活的自助式分析。
- 实现严格的权限控制机制，能够针对专业岗和应用安全不同岗位，进行展示和查询，可以根据用户和角色对报表进行授权，报表建设内容。

7. 统一运维服务管理

- 具备问题管理功能，应提供问题管理功能，包括问题报告、问题跟踪、问题分析和问题解决等，确保 IT 系统的稳定性和可靠性。
- 具备服务请求管理功能，应提供服务请求管理功能，包括服务请求的接收、分配、处理和反馈等，确保 IT 服务的高效管理。
- 具备变更管理功能，应提供变更管理功能，包括变更计划、变更评估、变更审批和变更实施等，确保 IT 系统的可靠性和稳定性。
- 具备资产管理功能，应提供资产管理功能，包括资产登记、资产分配、资产归还和资产报废等，确保 IT 资产的管理和利用效率。
- 具备配置管理功能，应该提供配置管理功能，包括配置项的识别、控制、记录和报告等，确保 IT 系统配置的可控性和稳定性。
- 具备服务目录管理功能，应该提供服务目录管理功能，包括服务目录、服务水平指标的定义、监控和报告等，确保 IT 服务的准确性、唯一性，质量和可靠性。
- 具备文档管理功能，应提供文档管理功能，包括文档的存储、检索、归档和共享等，确保 IT 文档的安全性和可靠性。
- 具备项目管理功能，应提供项目管理功能，包括项目计划、项目执行、项目监控和项目报告等，确保 IT 项目按时、按质完成。

8.5 “后轮驱动”核心抓手：运维数据治理

运维数据治理是构筑数字化运维的基石，需要继承和借鉴传统业务数据治理的理论方法，针对运维数据的特点，明确运维数据的治权和治理框架，形成运维数据治理体系，提供高质量、全覆盖的运维数据支撑数字化运维场景更好落地实施。

数据治理是一个复杂的工程性工作，涉及大量资源投入，需要首先明确运维数据治理不是为了治理而治理，其核心意义需要进行运维价值驱动，即：控制 IT 风险、提升交付速度、提升客户体验、提高 IT 服务质量。在此价值创造的基础上，模型提出了运维数据治理的目标：获得更加准确、好用的运维信息资产。“准确”的数据是数字化运维的基础；“好用”的数据将有助于场景的应用，数据应用又能反过来提升数据的准确性；运维数据类型很多，要用好数据，需要数据达到“信息资产”级别。

要让运维数据转变为信息资产，需要围绕治理方法、治理过程、技术平台这三要素，持续完善运维数据治理。在治理方法上，要关注以运维指标体系为代表的主数据管理，以 CMDB 为代表的广义元数据管理，并基于数据标准、质量管理、安全管理形成运维数据治理的关键治理工作。在治理过程上，需要借鉴 PDCA、IT 治理、精益创新等思路，重点划分为策略、建设、运营三个闭环。在治理工具上，应建立存量与新建工具组合的工具支撑，包括运维数据平台、指标体系、CMDB、监控、数据门户等工具[㊀]。

本节阐述如何在某银行（以下简称 C 行）原有监控工具体系建设的基础上，快速且高质量地搭建基于运维数据融合场景的可观测性平台，分享可观测性平台从方法论到工程化落地的建设路径，包括可观测性平台的设计、落地以及使用等场景。

8.5.1 用户现状与需求

C 行于 2022 年成功上线了基于“分布式应用 + 微服务架构”的新一代核心系统，旨在构建具备高性能、高可用性，以及弹性扩展能力的运维体系。与此同时，经过多年的运维体系建设，C 行的各种运维工具已经相对完备。这些工具包括但不限于业务流程控制工具（BPC）、系统监控工具、数据库监控工具、中间件监控工具、日志监控工具、网络监控工具、存储监控工具，以及应用性能监控（APM）工具等。此外，还包括用于日常运维管理的支撑工具，如 IT 服务管理（ITSM）工具、自动化巡检工具、堡垒机、自动化发布工具等。

㊀ 对运维数据感兴趣读者可参考主编合著的《运维数据治理：构筑智能运维的基石》一书。

在日常运维工作中，可通过这些已有的监控工具及时发现业务、资源和网络等方面的问题，通常情况下业务故障可以在 3 分钟内迅速掌握，然而由于核心系统已进行了分布式改造，实施微服务改进，这会在很大程度上影响运维和监控的效率。

（1）业务系统关系变得更加复杂　C 行的新一代核心系统规划和建设为 8 个中心，分别是支付中心、用户中心、员工中心、权益中心、交易中心、鉴权中心、计价中心和打印中心，每个中心均提供独立服务。在新一代核心系统上线后，资源节点数量呈几何级增长（达到几百个节点），因此当出现业务告警时，不同交易类型之间的端到端服务调用关系变得极为复杂，需要跨越多个业务系统和服务进行排查。在如此复杂的交易系统架构下，降低了使用现有运维工具进行故障定位的有效性，追踪和定位业务故障根本原因的效率也受到了限制。

（2）告警信息繁多　C 行的各类监控工具会产生大量的告警信息，特别是基础资源类告警信息，一线人员难以有效地判断这对于交易是否产生影响。绝大多数运维工具是基于技术视角，缺少业务视角的考量，因此导致工具的利用率低。

（3）工具和数据的离散导致分析烦琐　在业务故障发生时，C 行的运维工具会生成大量包括指标、日志、调用链和告警信息等运维数据。通常情况下，当开发人员与运维人员进行故障定位时，涉及多个内部工具之间的相互切换，这种多工具协作的方式限制了协作效率的提升。

8.5.2　运维数据治理挑战

图 8-11 展示了 C 行业务系统和业务应用场景，这使得运维数据治理面临着多重挑战，包括数据全面性、数据质量以及高质量运维数据平台的搭建等。笔者对构建可观测性平台所需的运维数据类型和数据要求进行了总结（见表 8-2），需要对已建成的内部工具进行审查，以确定它们是否包含了所有必要的底层数据源，并且关键数据类别（包括指标、链路、日志）是否满足可观测性数据质量的要求。数据质量的通用评价标准包括完整性、唯一性、有效性、一致性、准确性和及时性六个特性。当发现数据质量和数据类型未能满足可观测性数据质量的要求时，需要逐步开展运维数据治理的工作。

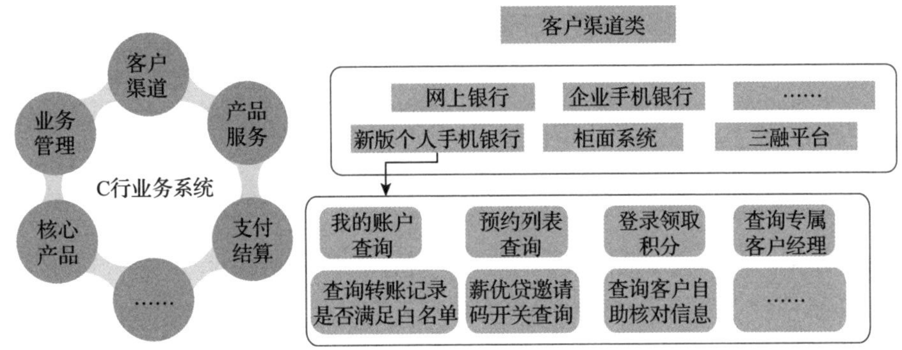

图 8-11　C 行业务系统和业务应用场景

表 8-2　运维数据类型和数据要求

数据类型	数据要求
应用系统	应用系统实例数据
	应用系统调用链数据：在指定时间范围内应用系统间发生的调用关系数据
服务	服务数据
	服务调用链数据：在指定时间范围内服务间发生的调用关系数据
服务实例	服务实例数据
	服务实例调用链数据：在指定时间范围内服务实例间发生的调用关系数据（常用于单笔交易追踪）
业务监控数据	交易类型
	指标：交易笔数、交易成功率、交易平均响应时长等
静态关系数据	应用系统与服务关系数据（包含关系）
	服务与服务实例关系数据（包含关系）
	应用系统与 IT 基础资源关系数据（包含关系）
告警	各类运维对象告警数据
堡垒机	登录操作数据
应用发布	应用发布数据
日志	日志数据
基础监控指标	基础监控指标数据

8.5.3　运维数据治理构建和实施

可观测性以及运维数据治理工作，应以指标（Metrics）、日志（Logging）

和调用链（Tracing）的运维数据为基础，从业务出发，从交易视角有效地整合来自内部各种监控工具数据，实现对业务系统和交易的多维度数据关联分析和展示，以提供更全面的洞察。运维数据治理的实施是一个综合性的过程，需要同时考虑多个关键内容。

1. 数据生成

数据生成是指被观测系统必须拥有生成规范化运维数据的能力。目前，在这方面内部各种运维工具已经生成了符合标准运维数据要求的数据，包括但不限于：日志中的全局流水号、交易日志的一致规范、APM 中的链路追踪数据、各种监控工具的指标数据以及 BPC 中的业务交易数据等。在新核心项目启动初期，C 行就已制定了多项技术规范，这些规范在全行各系统的改造过程中被严格执行。首先，全局流水号规范和应用日志规范都经历了相关改进，同时，通讯报文中所涉及的流水号也进行了规范化处理。全局流水号由初始端生成，贯穿一笔完整交易所经过的所有节点。然后，在全局流水号的基础上，对应用系统运行过程中产生的日志进行了统一规范。除了单独生成具有一致规则的链路日志外，链路信息也需要满足各个节点之间根据流水号进行上下级关联的要求。

2. 数据采集与对接

通过观测系统对于不同来源、不同形态、不同介质的运维数据进行广泛且高效地采集、存储、治理，C 行在项目中建设了统一采控平台，用于接入多种运维工具数据，统一采控平台以图形化可配置的方式实现第三方运维工具源数据接入。

C 行在数据对接工作中采集了多个运维工具的数据，分为监控类工具与非监控类工具。监控工具包括日志监控工具、APM 工具、BPC 工具、数据库监控工具、中间件监控工具、操作系统工具、网络监控工具、统一告警工具、自动化巡检工具；非监控类工具包括配置管理工具、流程工具、堡垒机、自动化发布工具等。

3. 运维数据清洗

运维数据清洗实现了对运维数据的预处理，以保证数据的质量和准确性，C 行数据的数据清洗主要包括：

- APM 工具数据清洗逻辑包含应用服务类指标数据清洗。例如服务概览性指标：APM 响应时间（ms）—Response—平均、APM 请求吞吐率（tps）—Throught—平均、APM 错误率（%）—Error—平均、Apm 异常数（code external logged）；例如运行时刻指标：Heap memory Usage、Eden Space、Old Gen、Survivor Space、Metaspace、Thread Count。

- 日志数据清洗逻辑：通过日志中全局流水号清洗出业务系统之间调用关系，主要日志字段见表 8-3。

表 8-3　日志字段含义

日志字段	字段含义
recv_ timestamp	接收时间
log_ id	日志 ID
| endTime	结束时间
errorcode	错误码
errormessage	错误信息
errortype	交易状态
logtype	0 代表接收请求 1 代码发起请求
parentrequestid	父请求 ID
requestid	请求 ID
service	服务
servi ceName	服务名
| spanid	堆栈 ID
startTime	开始时间（开始时间 − 结束时间 = 耗时）
sysid	系统 ID
| traceid	全局流水号
tradename	与 service 一致
tradeno	交易类型
I { {endtimel}-l{starttime} }	交易耗时

- BPC 数据清洗逻辑：BPC 对接数据包含 BPC 交易业务指标和交易明细数据，通过消费 Kafka 数据进行对接。主要业务指标包含：
  - 交易总量：发送请求数。
  - 交易响应时间：等于响应数据包时间戳减去请求时间戳。
  - 交易响应率：有响应的笔数除以请求数。
  - 交易成功率：成功的笔数除以有响应的笔数。

交易明细数据接入查询逻辑：在进行业务系统的业务分析时，在日志中找到全局流水号，后端可以通过 BPC 自带的 FlowId 关联具体的交易详情。

- CMDB 数据清洗逻辑：对接行内配置数据以及配置关系数据，每天更新，从 CMDB 系统获取 CI 及 CI 关系数据逐条与数据中台昨日配置数据进行对比（表中存在则更新，不存在则新增），对比完成后再删除更新时间为昨日的配置数据。
- 基础监控数据清洗逻辑：通过 API 接口或者采集数据库方式实现实时性能指标数据接入（指标的 IP 标签与 CMDB 中各主机模型中 IP 属性做映射），采集频率每分钟采集一次，清洗数据存入数据处理平台对应表。
- 自动化发布数据清洗逻辑：对接内容：变更记录（系统名称、SysId、IP、变更单号、变更时间），对接方式采用对接自动化发布平台数据库 MariaDB。
- 自动化巡检数据清洗逻辑：通过接口方式调用自动化平台把主机巡检结果返回给可观测系统，主机与应用系统关系通过 CMDB 进行关联。
- 统一告警数据对接详情，数据清洗逻辑：行内统一告警平台输入数据到对应 Kafka 主题，其中原始告警消息需要按照可观测系统的格式要求返回。

4. 数据分析建模

基于专家经验、规则、AI 等对观测数据进行建链、富集、洞察、预测等不同层次的数据分析，建立相关场景的数据模型。为了便于后期维护扩展，接入的第三方运维工具的原始数据通过可配置的数据清洗任务，输出标准化数据到具体的数据模型中，数据模型遵循下面可观测场景架构建立（见图 8-12）。

8.5.4 可观测性场景构建与落地

在 C 行，需要建设的运维可观测性核心场景不只是基于 opentrace/opentelemetry 的链路数据展示，而是要结合业务交易数据，以架构、场景、日志数据、指标数据、链路数据、告警数据为主，变更（自动发布、堡垒机、巡检、日志）、属性、CI、关系、健康度为辅的数据串联 / 下钻 / 分组聚合。以实现横向到边的服务调用链路、纵向到底的配置管理关系图，以及这个架构可视化之上的多种可观测性场景的应用，为此 C 行规划了两个阶段来逐步落地（见图 8-13）。

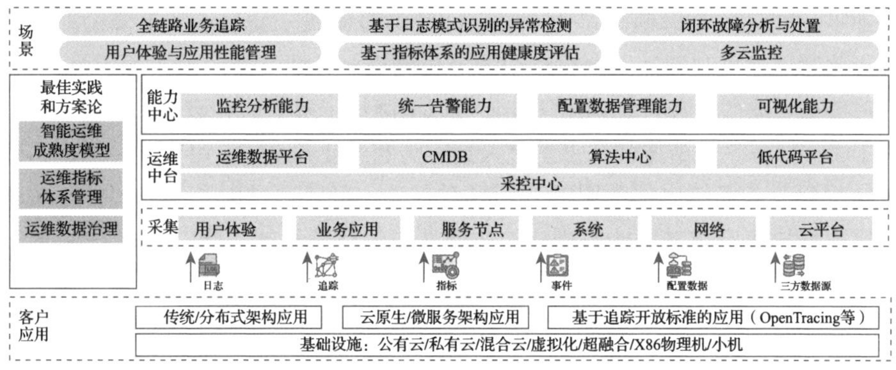

图 8-12　可观测场景架构

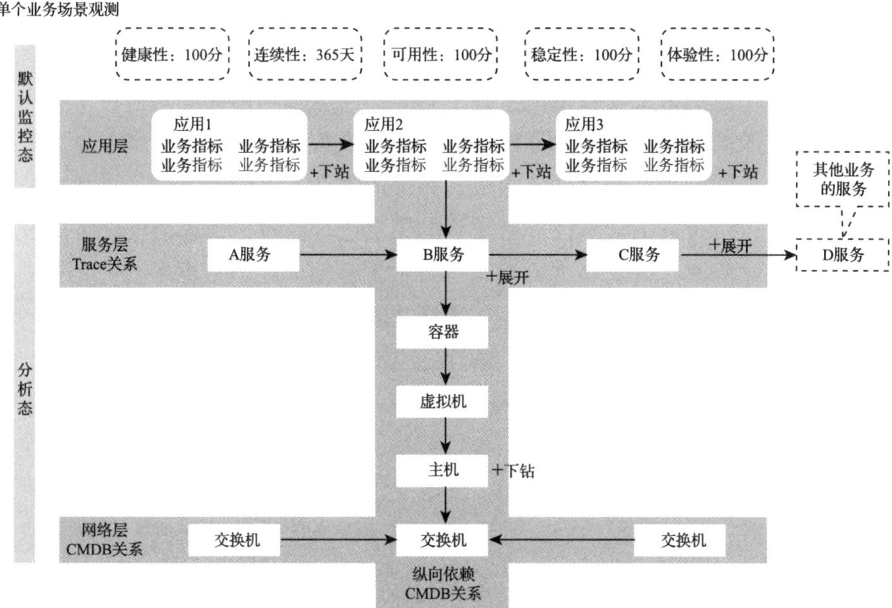

图 8-13　横向到边，纵向到底（示例）

1. 第一阶段建设：夯实数据，横纵可视

本阶段重点是运维数据融合场景，以业务交易视角进行内部现有运维工具数据融合串联，即实现以交易视角串联各个运维工具汇聚数据，也能实现单笔业务追踪的能力。

以交易维度构建上层可观测场景，当交易出现故障时，例如“手机银行每分钟平均交易响应时间超过 2000ms”，此类告警属于交易性能下降的业务告警，此时通过可观测性平台可以快速定位到交易性能下降的根本原因是什么。通过数据驱动的业务系统调用拓扑，可以清晰地了解到造成该交易性能下降是由于哪些业务系统造成的。点击进入到有问题的业务系统，可以通过链路追踪拓扑看到业务系统内部的服务调用异常节点，可以通过配置关系拓扑 + 关联指标数据快速定位是哪些基础资源故障造成的业务性能下降。通过 BPC 数据及单笔报文数据可以追溯到单笔交易流经了哪些业务系统、哪些服务、影响时间等，业务交易的内部逻辑及调用关系清晰可见。交易故障的根因定位时间由原来 50—60 分钟缩短到 15 分钟左右。

本阶段建设涵盖了 13 种工具数据的接入和维护工作，既要充分考虑已建成工具的现有接口能力，又要考虑工具数据格式质量不同问题。对于工具快速接入，可通过前台页面配置地址、端口以及鉴权信息完成这 13 种运维工具数据采集；对于数据格式及数据质量各不相同的问题，利用可观测平台中数据中台能力对接入的运维数据进行标准化工作，运维数据清洗过程前台可见，数据清洗逻辑由不同的数据清洗任务组成，每个清洗任务里包含符合运维数据特征的清洗算子，对于数据清洗任务有单独的模块进行监控，保证清洗任务的及时性和有效性。除此之外，考虑到海量运维数据存储问题，数据平台利用 CK 技术栈实现了运维数据存储，确保不同数据在输入输出和压缩比上获得平衡，这比传统 ES 技术栈节约了 30% 以上的存储空间。

通过可观测场景的构建，运维数据消费支撑能力提升了 50%，平台未建成前，对外提供的运维数据质量、提供数据的效率都无法及时地保证，而在平台建设后，全行级运维数据（指标、日志、告警、调用链、配置数据、关系数据等）接入后，通过数据治理组件，有效输出标准化运维数据供上层场景进行数据消费。

2. 第二阶段建设：快速定位，智能分析

基于第一阶段的成果，C 行已能实现对于简单交易故障的快速定位。但对于复杂架构下的交易故障根因，C 行仍希望进一步缩短定位所需时间，期望是将复杂交易故障的定位时间从目前的平均 15 分钟缩短至 5 分钟以内。

例如故障发生时，“手机银行”（业务系统）内“跨行转账”（交易类型）在上海地区近 5 分钟内交易中断（无法进行交易），“手机银行”（业务系统）内“跨行转账”（交易类型）在上海地区近 5 分内交易延迟过高。针对此类从业务视角

出发的故障分析，融合各种运维数据的智能化场景是显著提升故障定位速度的有效手段，通过应用算法技术，自动推荐业务系统交易中断或交易性能下降的故障根本原因。首先，通过智能化根因技术手段，借助已知交易类型的历史故障根因知识图谱，实现快速根因定位。然后，开展对未知交易类故障的根因知识图谱计算，并根据动态决策树，进行根因计算和定位，以进一步提高故障定位的效率。

在进行中的第二阶段建设过程中，C 行客户还提到了多源数据融合的智能场景探索，包括容量预测、告警以及日志分析。

- 智能容量预测：通过指标预测的智能化算法沉淀，可以弥补之前“运维事前”的欠缺的预测能力，平台可以通过算法对容量（业务指标、技术指标）等性能指标进行动态预测，可生成图形化曲线图，可以直观看到容量指标未来趋势走向，为业务底层计算资源扩缩容提供客观数据参考。
- 智能告警：通过指标异常检测的算法沉淀，可以提升告警 60% 的准确率。平台建成后告警除了静态阈值机制外，还支持同、环比机制，动态阈值机制，可以大幅降低之前系统抖动或者在特定运维时间（批量、变更）出现大量无效告警的情况。
- 智能日志分析：通过日志模式识别 / 异常检测场景，可以补充原有系统只能通过关键字进行日志数据分析的能力。平台落地后可以直接对接原始日志内容，完成数据分析实现故障发现，对专家的依赖度低，且开箱即用，业务价值交付快。

通过本次运维数据驱动的可观测性项目的建设，C 行不仅能够更规范、更高质、更有效地管理和利用运维数据，还能够实现更高效的故障排查、性能优化和预测性运维，这将直接有助于提升 C 行业务的稳定性、效率以及降低潜在风险。从而有助于 C 行为其客户提供更可靠、高质量的金融服务。

C 行将持续加强运维数据治理和可观测性建设，基于运维数据治理为可观测提供高质量的数据服务，利用智能化场景更深入地挖掘运维数据价值。这将进一步提高运维质量与效能，使 C 行能更好地适应不断增长的业务需求，并在竞争激烈的金融市场中保持领先地位。

第9章 CHAPTER 9

数字化运维监控能力体系化提升

编者按：监控几乎是所有运维人的入门第一课，而真正把监控做好，实现IT的高可用与业务的连续性，仅仅靠一个监控平台是不可能实现的，对于组织而言，真正需要的是监控能力系统化、可度量、可持续的提升。

9.1 IT故障频发，引发对监控的系统化思考

数字化运维往往非常复杂，然而出错的地方却可能是在最简单的环节。

2015年28日，某公司A出现大规模宕机事件，所有订单在其平台均无法下单，并且在宕机2小时后，该公司才发表声明，由于宕机，该公司不仅损失了当天的营业额，且由于部分服务器遭受不明攻击，导致该公司股价盘前暴跌11.67%，与此同时，该公司竞争对手对其瘫痪的事件进行舆论发酵，导致其社会影响处于向负面发展的境地。

2023年3月29日，某公司B服务器故障，众多网友纷纷反应多个App均出现异常，包括无法登录账号、无法正常查看内容、无法支付、文件无法传输等，经过调查，该公司公布，由于机房配套设施故障，国内部分城市的一些云产品出现服务异常，进而导致一些App无法正常使用。

同年11月27日凌晨，某公司C开发的应用程序出现崩溃，客户无法定位，无法呼叫车辆，网络异常，该现象直至次日12点才有所缓解，程序崩溃近12小时。

2024年，1月24日，某全球大型跨国连锁餐厅线上点餐程序发生故障，无论客户更换多少家门店，程序依旧显示所有的商品已售罄，或者再将商品加入购物车后，依然无法进行结算。

由此而引发的关于 IT 故障发生原因的思考，或者说是防止数字化运维故障发生的手段，大多企业都经过了很长时间的探索和建设。其中一个绕不开的话题便是监控。

事实上，监控对于运维人来说一定都不陌生，无论 IT 组织的运维成熟度如何，对数字化运维体系的认知程度有多高，都一定会先“本能”地先把监控工具实施起来。但有个问题总是在困扰运维管理者，那就是，即使布置了很多监控工具，似乎该发生的故障还是会发生，故障发生后恢复速度好像也没得到提高，这些监控工具是否发挥了应有的作用？是不是还有哪些地方可以强化完善？为了厘清这个困扰，我们不妨先思考下面几个问题。

- 我们现在的监控对象是否完备？有什么方式可以验证监控对象是否已经全部接入？
- 我们目前所设定的监控指标，应该有的是不是都已经有了？有没有非必要的监控指标？
- 使用监控工具的目的其实大多是为了提前发现故障，让监控工具提前感知故障，而不是等用户来告知，组织上了监控工具之后，有没有发生过告警逃逸的情况呢？用户向组织报障的情况多不多？告警逃逸的占比多不多？
- 目前告警通知的形式设置是否合理，是以组的形式还是直接通知至人呢？有没有发生过错误告警通知的情况？
- 对于故障的事前、事中、事后的全生命周期阶段，监控是否都充分发挥作用了，是不是仅仅当它是一个告警触发器？
- 对于监控指标、监控工具、监控应用流程的适用性、有效性有没有评价度量方法？是否能通过这种评价度量结果对整个监控域工作进行持续优化？

不难发现，对于监控业务来说，工具只是其中一部分，组织更需要的是一套完整的监控体系，一套帮助组织怎么去管理、应用、评价及优化监控业务的体系。

9.2　监控能力与监控能力成熟度评估模型

为了建设整个体系，需要先清空对于“监控工具”的“工具思维”，应该把监控当作一块业务来看待，要从提升监控能力这个角度去思考。

首先，要探究什么是监控能力？图 9-1 为监控能力参考模型。

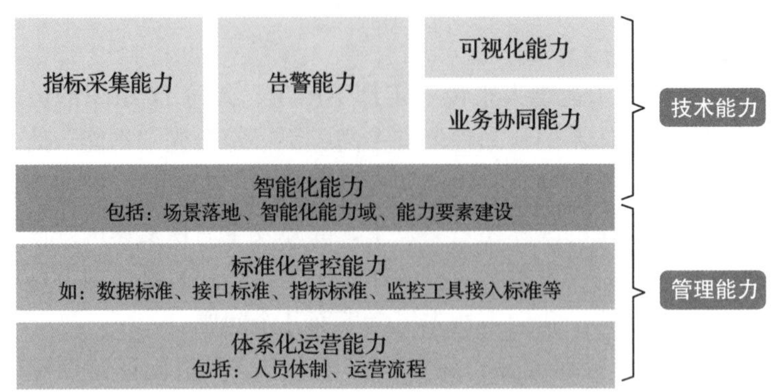

图 9-1　监控能力模型

监控能力主要由技术和管理两方面构成。技术能力依赖于监控平台，其能力即为技术水平。市场上存在多种监控工具，各自拥有独特的功能和性能。根据实际需求，可选择并部署相应的监控平台。

管理能力分为标准化管控和体系化运营两个方面。标准化管控聚焦于对监控标准、规范和应用进行体系化管理。具体而言，涵盖了监控接入标准、监控数据标准、接口标准等方面，需要根据设定的标准进行有效管理。体系化运营能力则侧重于对监控进行持续化和体系化的运营。运营过程通常涉及人员和流程，例如确定谁负责监控接入的管理以及相关的流程安排。

当理解什么是监控能力后，需要从当前所在位置开展后续工作，为了方便组织找到当前的位置，笔者给出了一个“监控能力成熟度评估模型”，如图 9-2 所示：

监控能力成熟度模型一共分为 4 个级别，划分为 L1 ～ L4，原始化到智能化。处于前 2 个级别的组织应更加关注监控能力体系的建设以及监控工具平台的建设，处于后两个级别的组织则应该更加关注监控能力体系与智能化技术的融合。

四个级别分别为：原始级、全面级、统一级、智能级。

- L1 原始级：原始监控阶段，监控工具较为零散，监控覆盖度不全，缺乏统一的监控标准。
- L2 全面级：全面监控阶段，监控工具较为完善，且覆盖度较广，拥有建设监控标准化管理体系的基础。

		L1 原始监控阶段	L2 全面监控阶段	L3 统一监控阶段	L4 智能监控阶段
主要特征		• 监控覆盖不全 • 工具离散 • 监控的统一标准	• 监控全面覆盖 • 建立管控标准化基础	• 监控统一纳管 • 统一告警服务 • 跨层架构可视化监控（全链路）	• 智能化告警 • 智能化健康度评估 • 智能化隐患识别
智能化能力建设		监控数据分散， 没有运维数据治理概念	构建智能化“数据”能力基础（数据标准）	落地智能化“数据”能力 • 监控指标、日志、告警数据集中存管	告警的降噪、聚合、收敛、抑制等场景的智能化落地
技术能力建设	指标采集能力	指标体系不健全，依赖分散的监控工具，缺乏集中的数据采集手段	• 性能指标全面采集 • 日志全面采集并集中	• 全面集中	• 基于需求扩展
	告警能力	依赖于分散的监控工具，技术与管理模式不统一，告警时有不准确与告警风暴	• 大部分故障问题能通过告警感知发现	• 统一集中 • 基于规则的压缩 • 精准告警通知	• 智能化降噪、聚合、收敛、抑制
	可视化能力	基本没有可视化概念	• 各专业领域各自可视化	• 统一集中（One UI） • 一体化可视化场景	• 可视化覆盖全面 • 支持逐层下钻
	业务协同能力	无	无，但已关注联动的问题	• 协同ITIL流程 • 协同部分自动化运维场景	• 联动主动问题管理（隐患识别）
管理能力建设	标准化管控能力	几乎没有或者具备少量标准	• 建立了监控指标库 • 制定了监控工具接入标准 • 制定了性能指标数据标准 • 制定了日志数据标准 • 制定了告警数据标准 • 制定了告警分级标准	• 监控标准全面落地执行	• 迭代前阶段标准
	体系化运营能力	没有持续运营改进的概念	• 制定了监控接入流程 • 制定了监控应用领域流程 • 制定了监控工具参数维护流程	• 监控度量模型 • 基于度量模型的优化机制 • 配套的优化人员体制	• 补充智能化场景度量及优化模型

图 9-2　监控能力成熟度评估模型

- L3 统一级：统一监控阶段，组织已将监控工具统一纳管，具有统一告警服务的能力，且监控标准已全面落地执行。
- L4 智能级：智能监控阶段，拥有统一监控阶段所有的能力，且具备智能告警、智能化健康度评估、智能化隐患识别等能力。

该模型能帮助组织对自身监控能力阶段有更清晰的认知，同时描述了更高阶段所应具备的能力特征，为监控能力建设和提升提供更有利的参考基线。

9.3 三位一体构建监控管理体系

当清晰地了解了自身定位后，如果仍然只是零散地去做一些监控工具与指标的构建工作，而不是进行整体思考，一体化构建监控能力，可能会造成以下问题。

（1）功能碎片化　缺乏整体规划和一体化构建监控能力的方法可能导致功能碎片化，各项监控工具和指标之间缺乏协同作用，降低整体监控系统的效能。

（2）信息孤岛　在缺乏一体化思考的情况下，监控数据可能被局限在各自的信息孤岛中，难以形成全面、准确的业务洞察，影响决策的全局性和准确性。

（3）资源浪费　分散式的监控能力构建可能导致资源浪费，因为可能存在冗余的监控工具和指标，而这些资源本可在一体化的监控系统中更为高效地利用。

为了防止出现以上问题，在构建监控体系时，应当从全局的视角去思考，将管理体系、工具平台、运营优化机制等三方面结合，站在组织的立场，自顶向下地去构建监控体系，本文提出了三位一体的监控管理体系模型（见图 9-3）。

监控管理体系模型是三位一体结构，包括监控域的管理体系、一体化监控平台以及数字化监控运营机制。

自顶向下看，首要的是监控域管理体系，其主要职责是提供指导，一旦监控域管理体系建设完善，后续的监控接入和指标库设定需要按照体系规范执行。一体化监控平台是承载监控能力的技术工具，负责整合各项监控功能，确保系统的协同运作和高效性。在底端，数字化运营机制发挥支持作用。通过数字化运营机制对监控体系进行持续优化，以满足不断演进的业务需求。运营机制的主要任务是评估监控效果，根据评估结果进行持续改进，确保监控系统的卓越表现。

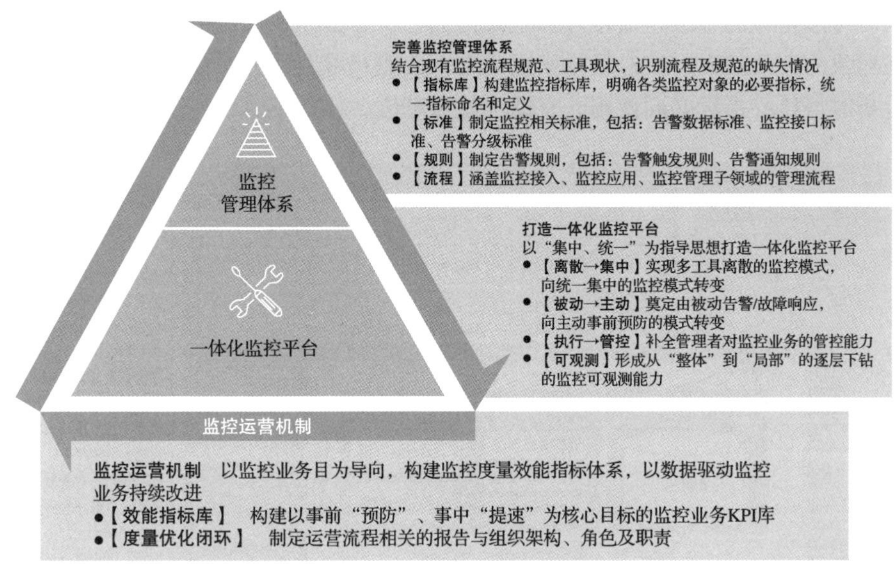

图 9-3　监控管理体系模型

这三部分共同构建了一个有机整体，为业务运作提供了全方位、协调一致的监控支持，确保监控体系在不断变化的环境中保持敏捷性和高效性。

9.3.1　监控管理体系构建

监控管理体系（见图 9-4）由三个组件构成，分别是监控指标库、监控规范和规则、监控流程。监控指标库作为监控管理体系的核心组成部分，与监控规范共同发挥对监控应用的指导作用。第二个组件是监控规范和规则，它们与监控指标库共同提供了对监控应用的引导。第三个组件是关于监控流程的接入、应用和维护。一旦监控指标库和监控规范标准建设完善，可按照规范标准和接入流程，有序地引入监控对象，并按照规范对监控进行应用。

除此之外，监控的维护也是不可忽略的一个环节。完成监控指标库和规则规范的构建并非终点，组织需要根据实际业务需求和管理要求进行持续维护，对监控指标库和规则规范进行更新和调整，以确保监控体系持续符合业务和管理的要求。

（1）构件一：监控指标库　为确保建立高效的监控指标库，需要从以下几个方面入手。首先，在构建指标库时，必须明确监控的关键指标，并根据实际业务场景将其分层。此分层分类必须与配置管理数据库（CMDB）保持一致，同时考虑指标的分级，通常包括生死指标、核心指标和普通指标。生死指标关注对象的存活状况，核心指标则更侧重于性能和可用性，而普通指标则在故障分析时与核心指标共同使用，有助于故障定位。

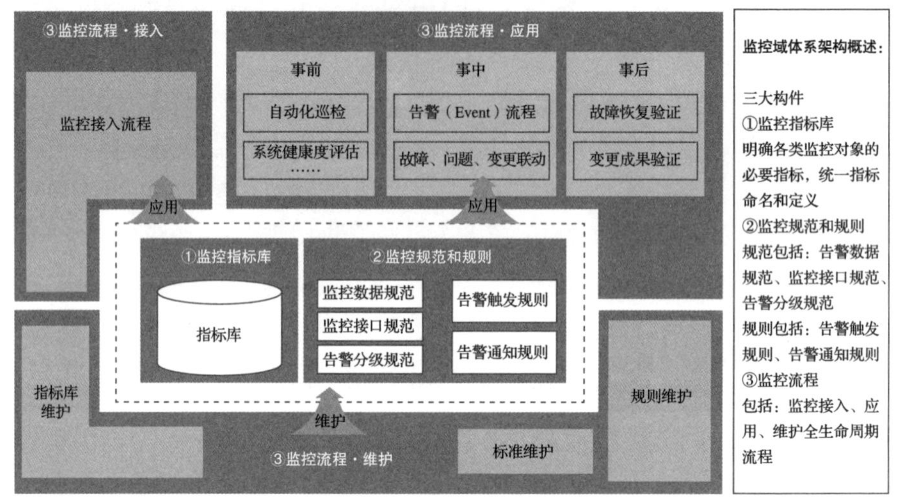

图 9-4　监控管理体系模型

其次根据指标的性质，设定相应的阈值。这一过程通常需要考虑监控对象的特性和实际业务需求，例如服务器的类型（核心服务器或普通服务器），其告警阈值将有所不同。

再次统一命名监控指标，以确保整个团队对其理解一致。缺乏一致性的命名可能导致团队内部理解不一致，进而影响后续工作的协同展开。

完成监控指标库的设定后，其价值和好处主要体现在两个方面。一方面，各个组织角色，包括运维、研发和运营，能够对监控有一致的理解，并使用相同的监控指标。另一方面，这为运维处理提供了赋能，因为组织内的团队采用统一的指标库，减少了因对指标理解不同而导致的沟通成本。

最后，需要强调监控指标库具有建、用、管三个体系逻辑。虽然建设阶段受到广泛关注，但后续的管理和迭代往往被忽视。在指标库建设完成后，其作为基线的价值体现在于在后续使用中，能够根据这个基线不断更新、迭代和改进，从而维护指标库的正确逻辑。

（2）构件二：监控规范和规则　在监控体系中，规范和规则的设定是不容忽视的，因为它们直接影响着监控的准确性和响应效率。具体而言，监控的标准包括数据标准和告警分级的标准。数据标准涉及监控所使用的数据格式、单位等，而告警分级标准则用于对告警级别进行分类，以便更有效地响应不同程度的问题。

在规则方面，监控体系通常包括通知规则和告警触发规则。通知规则规定了在何种情况下、以何种方式通知相关人员或团队，确保信息的及时传达，而告警触发规则则定义了何时产生告警，以及在不同情况下如何分类和处理告警。

这些规则和规范的维护尤其关键，特别是在一体化监控平台中。在这种平台上，所有监控规则和标准都被集成到一个系统中，因此维护的一致性变得尤为重要。如果相关规则和规范没有被明确定义和维护，可能会导致团队成员对规则的理解存在差异。例如，某人可能认为监控指标达到一定水平就需要立即响应，而另一人可能认为不同水平的监控指标需要不同的响应策略。

特别值得注意的是，如果监控平台不是一体化的，而是由多个独立的监控工具组成，那么最初的告警规则和分级规则可能分散在各个工具中，由不同的人员进行定义。这可能导致一致性和整体性缺乏，因此在一体化监控平台中，制定清晰的规则和规范尤为关键，可确保监控系统的协同性和整体有效性。

（3）构件三：监控流程　监控流程的有效接入是确保监控系统顺畅运作的关键环节。在这个过程中，需要参考相应的标准和规范，以确保接入流程的一致性和规范性。从图 9-4 中可以得知，接入申请的要求和申请节点应该是清晰明确的，确定接入监控的规定，以及确定谁负责发起接入申请。这确保了接入流程的起始点是有序和可管理的。

监控的具体接入也需要考虑一系列问题，如是否由特定的人或团队来执行接入，以及采用分批次还是统一接入的方式。当前的接入方式是否涵盖了所有监控对象，以防止遗漏关键指标。

在接入的执行阶段，必须明确执行监控接入的角色，以及如何响应需求。监控接入的方案还需要得到相关人员的确认，确保在执行监控时符合之前设定的规则和流程。这些方面的考虑都是在监控接入阶段需要明确的。方案的制定对于确保接入流程的规范性至关重要。

制定好这些规范后，可以确保监控接入按照规范化的流程执行，避免了监控接入不完全或指标遗漏的问题。规范化的监控接入流程不仅提高了监控系统的可维护性，还有助于提升整体监控效果和业务响应能力。因此，在建立和执行监控接入规范时，要注重确保其清晰、全面，并得到相关角色的共识和遵守。

9.3.2 一体化监控平台建设

一体化监控平台建设是一个复杂过程，笔者给出了四大指导思想（见图 9-5），希望在大家的实践中起到一定的参考作用，即由分散到集中、由被动到主动、由执行到管控、由整体到局部。

图 9-5 一体化监控实践指导思想

- 由分散到集中，意味着将原本分散在不同系统和设备中的监控资源进行整合和集中管理。通过建设一体化监控平台，统一各种监控对象的接入、指标及数据标准，通过集中化方式充分落地监控实践中的各种规则和标准。
- 由被动到主动，强调监控平台的智能化和预测性。传统监控方式通常是被动式的，只有在特定事件发生时才会触发监控响应，而一体化监控平台通过引入智能算法和数据分析技术，可以主动监测和预测潜在的风险和异常情况，提前采取相应措施，从而提高监控的准确性和响应速度。
- 由执行到管控，体现了一体化监控平台在管理层面优势。传统监控主要侧重于执行现场监控任务，而一体化监控平台则更加注重对监控过程管理和监控结果评估。通过对监控任务计划、调度和执行过程的监控，可以及时发现和纠正问题，提高监控工作的效率和质量。
- 由整体到局部，指通过一体化能力，构建从整体到局部逐层下钻的监控逻辑，用户在使用监控平台时，可以首先关注整体的监控状态，当整体出现异常或事件时，再往下跟踪定位具体问题。比较常见的从整体到局部的下钻逻辑如下："业务板块"→"应用系统"→"系统集群/组件"→"事件明细（日志、告警、指标值等）"。

9.3.3 数字化运营机制设计

持续运营优化是关注监控系统使用效果的重要过程，通常通过监控度量模型来评估监控的实际作用。在这个过程中，需要从事前、事中和事后这三个维度出发，通过具体的指标和数据进行衡量，以确保监控系统的运行和效果得到充分优化。不同的角色关注的指标也各异，分别在事前、事中和事后有不同的关注点（见图 9-6）。

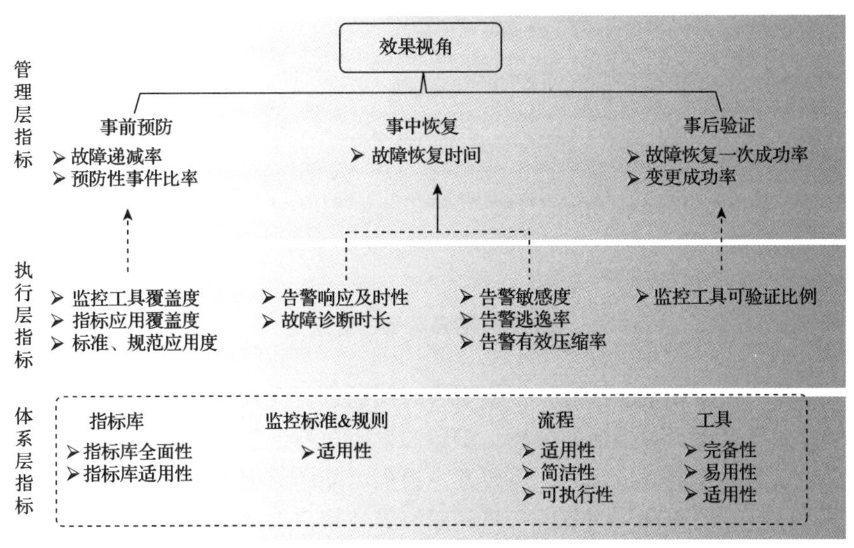

图 9-6　数字化监控度量模型参考

在事前，监控的主要作用是预防，其核心度量指标是"故障递减率""预防性事件比率"。

在事中，监控的主要作用是快速感知故障、定位故障，起到一个故障恢复提速的作用，其核心度量指标是"故障恢复时间"，该指标还可以精细拆分成："故障感知时间""故障诊断时间""故障处置时间""故障确认时间"。

在事后，监控主要帮助对故障进行确认和复盘，其核心指标是"故障恢复一次成功率"

这些指标的数据大部分需要通过流程工具采集。所以如果要开展对监控的度量和运营工作，流程的优化是一个不可或缺的前置动作，特别是针对故障流程的优化，确保故障工单中存在足够的属性可以帮助对上述指标进行统计。

在明确了监控度量模型后，如何应用这些指标，如何开展度量工作？其实度量的过程相对简单明了，如图 9-7 所示。

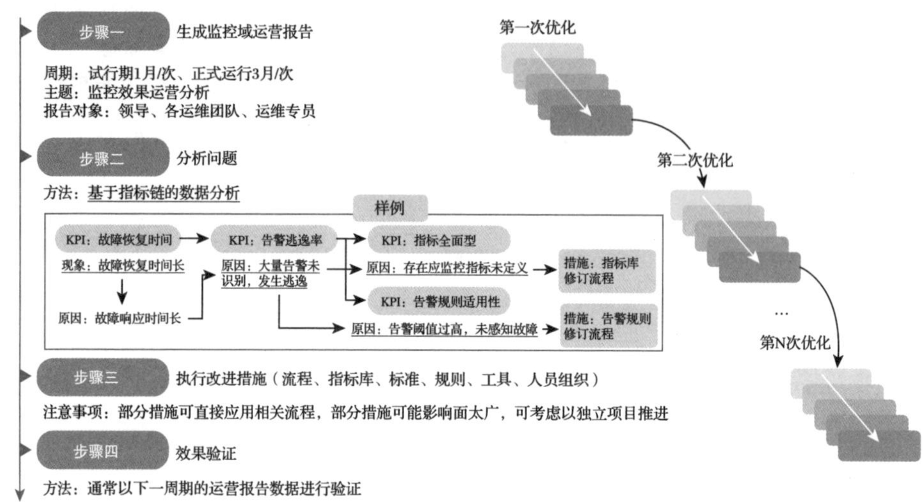

图 9-7 监控度量过程参考

步骤一，需要生成报告，根据报告对问题进行深入分析。在问题分析的过程中，主要聚焦于对指标的分析。步骤二，以故障恢复时间为例，当发现实际恢复时间超过规定的指标时，需要逐一追溯可能的原因：是因为告警没有及时感知，还是告警逃逸，抑或由于某些原因导致用户未感知到故障？需要逐一排查这些潜在原因。如果确定问题出在告警未感知这一层，就需要进一步深入下一层，分析是告警阈值设置过高，还是通知规则设置错误等。步骤三在分析找原因后，及时执行相应的改进措施。步骤四，度量过程需要循环迭代。执行改进措施后，需要验证这些改进是否取得了预期效果。通过不断度量、分析和改进，监控系统能够持续优化，提升运行效率和效果，确保监控系统在不断变化的环境中保持敏捷性和高效性。

9.4 监控在故障的全生命周期应用

监控在故障的全生命周期应用框架对于故障处置的事前、事中、事后都发挥着关键作用（见图 9-8）。

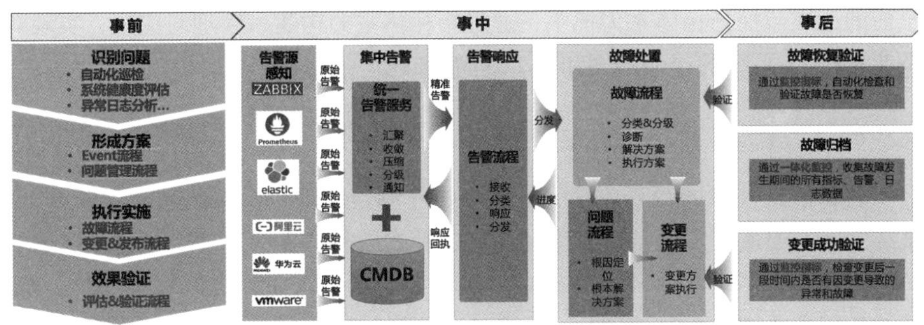

图 9-8　监控全生命周期应用框架

监控的事前应用，是运维易忽略的环节，组织容易将监控粗浅地定位为故障被动感知的工具，而忽视了其在故障事前预防可发挥的重要作用。监控可在事前进行预警和识别潜在隐患，联动运维流程开展问题识别后续解决和验证过程，以达到提高系统稳定性和可靠性的目的，从根本上降低故障发生的概率。

监控的事中应用，是 IT 组织更为熟悉的部分，通常包括与流程的联动、告警的接收和处理等。在事中，监控系统通过及时的告警通知，协助运维人员快速定位和解决问题，以减少故障的持续时间，提高故障恢复速度。在事中环节需要指出的是，监控不应该是独立于其他流程存在的，它应充分联动 CMDB 及故障、问题、变更等流程，将监控能力融入整体运维体系。

监控的事后应用，也是容易被忽视的环节，在这个环节，监控能力可有效赋能故障确认和复盘。例如，在故障验证阶段，监控系统可以利用监控指标和自动化检测进行验证，以确定故障是否成功恢复。同样，在变更验证过程中，监控系统可以监测变更成功后是否引发了后续的业务故障。此外，在处理重大故障时，监控台可以用于收集在整个事件期间产生的异常日志数据和指标数据，并进行归档。这为后续的重大故障复盘提供了数据支持，帮助团队更好地总结故障的原因、教训和改进点。

9.5　某制造企业监控能力提升实践

如上述章节所述，监控能力的提升是一个系统性工程，在不同组织落地会有不同的需求以及切入点，在某制造企业的监控能力提升专项中，选择以构建全面的运维监控指标体系为抓手，通过指标体系的构建、管理与应用，实现对企业生产 IT 系统的全面感知和对 IT 的精细化运维。

9.5.1 以数据驱动运维精细化管理

随着信息技术的深入应用，某重型汽车制造企业信息系统数量不断增加，系统之间的集成度、复杂度越来越高。这种发展趋势在为企业带来更多机遇的同时，也带来了不少挑战。特别是对于某大型制造企业，其信息系统的运营、维护和管理难度更是显著增加，提升数字化运维数字化管理能力已逐渐成为其核心战略之一。为实现这一目标，企业在标准化、数字化、自动化和智能化方面进行了全面布局。目前，该企业已完成信息技术的基础建设，初步实现了运维管理的规范化与标准化。然而，要进一步增强数字化运维的数字化管理能力，企业仍面临着一系列挑战。

- 日益复杂的系统架构：分布式、微服务、云计算等技术的发展，运维对象的数量急剧增长，运维对象之间的关系日益复杂，使得运维人员要处理的问题更加复杂。
- 无法感知的单点算法：在复杂系统中，仅仅关注单点日志或者单个维度的指标，并不足以帮助运维人员掌握系统的整体运行状况。
- 精准快速的排障要求：为确保良好的用户体验，对运维人员在系统发生故障时的排查速度和解决速度提出了更高的要求，血管系统的复杂性导致故障排查难度随之增加。
- 质量不高的指标数据：指标数据存在数据源多、离散性高、数据结构不一致及数据获取困难等问题，难以支撑智能算法全面落地。

为应对上述挑战，建立一套系统化、规范化且面向业务服务的运维监控指标体系显得尤为重要。在制定和实施面向业务服务的运维监控指标体系时，企业应充分考虑其业务需求和发展战略，确保该体系能够全面反映其 IT 系统的运行状况，并为未来的技术升级和业务拓展预留足够的拓展空间。运维监控指标体系主要聚焦在以下两个层面。

- 在管理层面：指标体系旨在让企业管理者有更多的时间用于决策，而不是了解复杂、烦琐的 IT 细节。以监控仪表盘的展现方式，从服务水平管理、服务监控和服务诊断的角度，让管理者一目了然。既满足企业需要的服务水平，确保最佳的业务系统表现，又辅助了整个企业的业务运营与 IT 决策。
- 在技术层面：指标体系可以丰富开发新业务系统时的运维与运营需求，

使开发团队在系统设计阶段就嵌入以后需要关注的监控指标，起到“未雨绸缪”的作用。同时，在老系统改造过程中增加指标的监控功能，起到“亡羊补牢”的效果。指标体系对于运维团队全面、有效地部署和配置各类运维工具也起到“有的放矢”的指导作用。

9.5.2　运维监控指标体系框架

要构建一套面向精细化运维的指标体系（见图 9-9），需要从数据、平台和算法三个关键角度进行综合思考与设计。

第一，数据是指标体系的基础。企业需要确保数据来源的准确性和完整性，同时对数据进行分类、清洗和整合，为后续的分析和监控提供可靠依据。

第二，平台是实现运维指标体系的中枢。企业需要选择或开发一个集数据采集、存储、处理、分析和展示于一体的综合平台。这一平台应具备高效的数据处理能力、灵活的扩展性和强大的可视化功能，以支持不同场景下的运维监控需求。

第三，算法是提升运维指标体系智能化的关键。企业应根据实际业务需求，运用适当的算法对数据进行深入分析，挖掘潜在问题，预测发展趋势，为决策提供有力支持。同时，持续优化算法以提高运维指标体系的准确性和效率也是至关重要的。

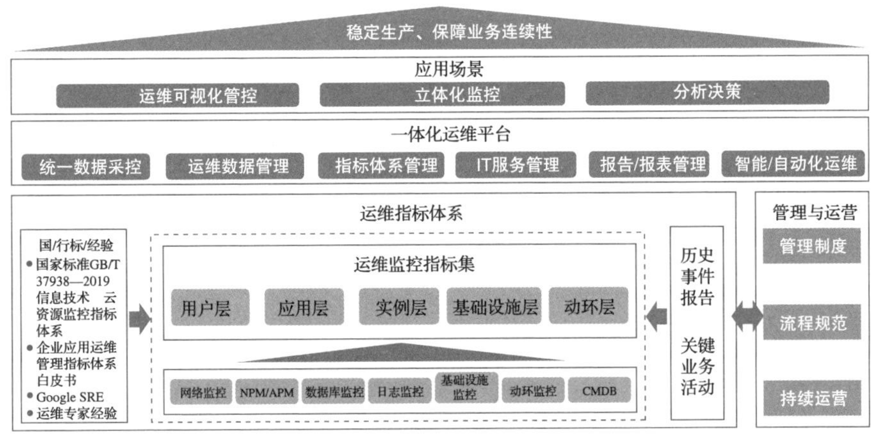

图 9-9　运维监控指标体系建设框架

运维监控指标体系在实现该企业的愿景目标中发挥着至关重要的支撑作用。为了确保 IT 系统的稳定性和提升用户满意度，企业需从以下四个方面重点关注：

- 应用场景：构建一个具备高度可视化能力的运维监控管理平台，能够直观、清晰地展示复杂的运维流程和成果。有效提高了管理效率，为制造企业的生产系统注入了稳定性，从而有力保障稳定生产目标的实现。
- 一体化运维平台：通过打造全方位、无死角的监控系统，实时跟踪业务系统的各项关键指标，包括硬件状态、软件运行、网络性能等，确保企业能够迅速发现并解决潜在问题。这种立体化的监控体系不仅确保了业务的连续性，还极大提升了用户满意度，为企业的稳定运营奠定了坚实基础。
- 运维指标体系：深入分析运维指标数据之间的内在关联和相互影响，挖掘潜在问题点和优化空间，为管理层提供科学、准确的决策依据。结合先进的监控可视化技术，将数据背后的信息和趋势以更加直观的方式展现出来，助力管理者做出更加明智和及时的决策，进一步提升制造企业的生产系统稳定性。
- 管理与运营：以运维监控指标体系为基础，不断优化管理和运营流程，确保各项工作的高效、有序进行。通过定期评估运维效果和用户反馈，及时调整策略和方法，实现管理和运营的持续改进，为企业的长远发展提供有力保障。

9.5.3 运维监控指标体系建设

运维监控指标体系建设是一个系统性的过程，包括指标需求确认、指标编制、指标评审、指标应用运营四个阶段（见图 9-10）。

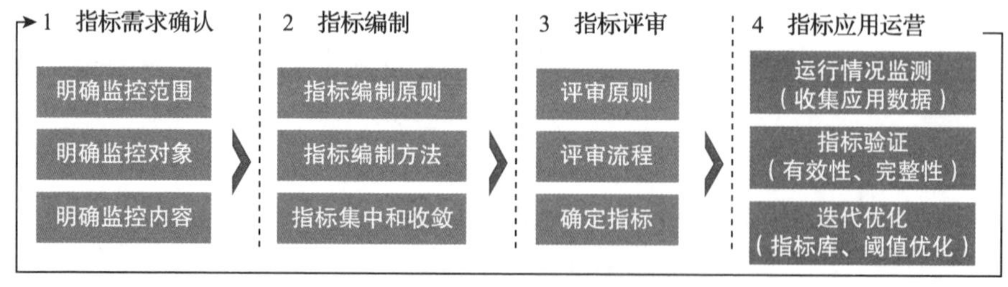

图 9-10 运维监控指标体系构建与运营

1. 指标需求确认

需要深入了解被监控的业务系统或服务的特点，清晰地理解业务需求，并明确监控的主要目标。业务相关方需要根据业务监控需求和系统架构及其他特性明确监控范围、监控对象及监控内容。

2. 指标编制

需要根据需求制定具体的监控指标。在此阶段，需要确保选择的指标具有可测量性、可理解性、可维护性和可优化性。

（1）指标编制原则　指标编制原则依据如下参考理论和参考原则。

- 参考理论：参考精益价值树理论自上至下的梳理运维监控指标，如图 9-11 所示。第一层是愿景：描述组织运维建设的未来理想状态，是组织的总体指导方向，所有运维管理都应为其做出贡献。第二层是目标：描述为实现组织愿景当前阶段所要达成的业务目标。第三层是指标：为实现业务目标需要关注的运维监控指标。
- 参考原则。SMART 原则。在 SMART 原则中，S 代表具体（Specific），是指监控指标要有针对性，不能笼统；M 代表可度量（Measurable），是指监控指标是可量化的，验证指标的数据或信息是可获取到的；A 代表可实现（Attainable），是指监控指标可以通过现有技术手段或工具采集到的；R 代表相关性（Relevant），是指监控指标与其他指标存在逻辑上的相关性；T 代表时限性（Time-bound ），是指监控指标的获取要有时间周期的限制。

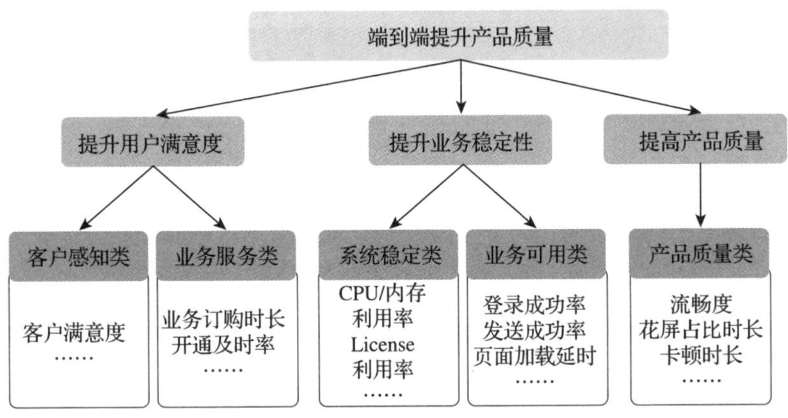

图 9-11　基于精益价值树构建指标体系

（2）指标分层方法　结合制造业监控实践经验，根据该企业应用架构特点对指标进行分层梳理，为最终系统实现立体化监控奠定理论基础。示例如图 9-12 所示。

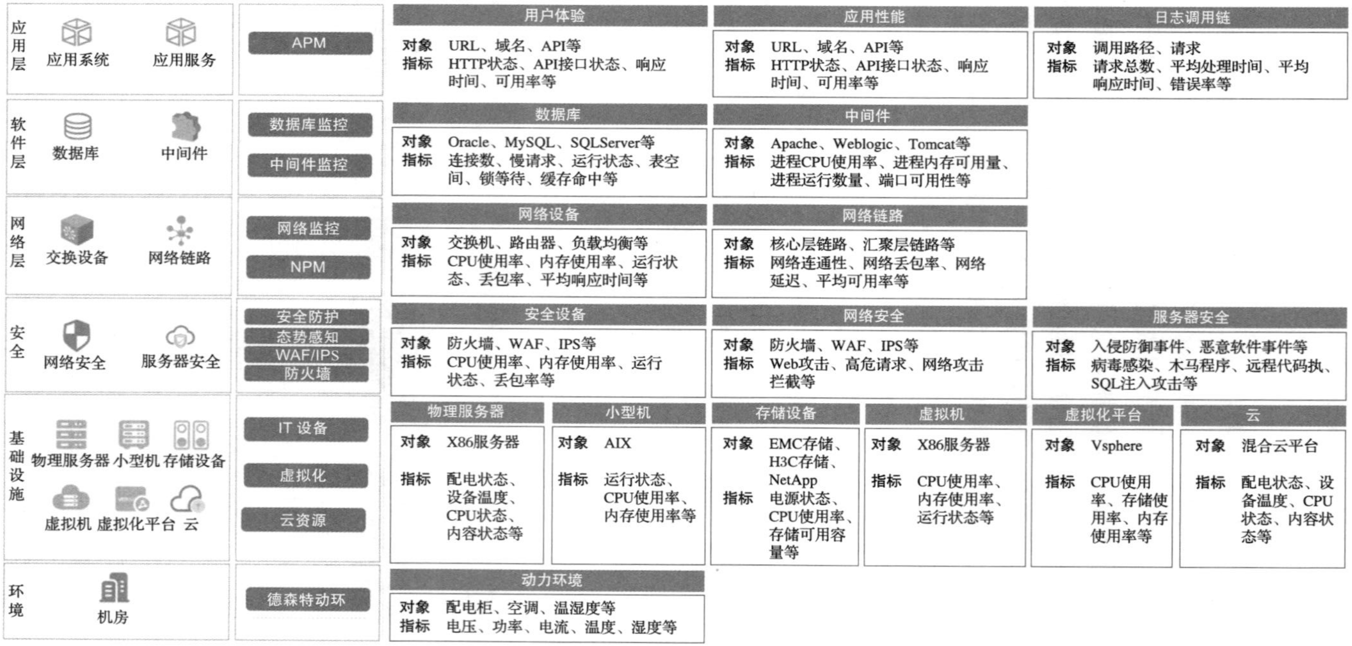

层级	对象	监控工具	监控指标
应用层	应用系统、应用服务	APM	**用户体验** 对象：URL、域名、API等；指标：HTTP状态、API接口状态、响应时间、可用率等 **应用性能** 对象：URL、域名、API等；指标：HTTP状态、API接口状态、响应时间、可用率等 **日志调用链** 对象：调用路径、请求；指标：请求总数、平均处理时间、平均响应时间、错误率等
软件层	数据库、中间件	数据库监控、中间件监控	**数据库** 对象：Oracle、MySQL、SQLServer等；指标：连接数、慢请求、运行状态、表空间、锁等待、缓存命中等 **中间件** 对象：Apache、Weblogic、Tomcat等；指标：进程CPU使用率、进程内存可用量、进程运行数量、端口可用性等
网络层	交换设备、网络链路	网络监控、NPM	**网络设备** 对象：交换机、路由器、负载均衡等；指标：CPU使用率、内存使用率、运行状态、丢包率、平均响应时间等 **网络链路** 对象：核心层链路、汇聚层链路等；指标：网络连通性、网络丢包率、网络延迟、平均可用率等
安全	网络安全、服务器安全	安全防护、态势感知、WAF/IPS、防火墙	**安全设备** 对象：防火墙、WAF、IPS等；指标：CPU使用率、内存使用率、运行状态、丢包率等 **网络安全** 对象：防火墙、WAF、IPS等；指标：Web攻击、高危请求、网络攻击拦截等 **服务器安全** 对象：入侵防御事件、恶意软件事件等；指标：病毒感染、木马程序、远程代码执、SQL注入攻击等
基础设施	物理服务器、小型机、存储设备、虚拟机、虚拟化平台、云	IT设备、虚拟化、云资源	**物理服务器** 对象：X86服务器；指标：配电状态、设备温度、CPU状态、内容状态等 **小型机** 对象：AIX；指标：运行状态、CPU使用率、内存使用率等 **存储设备** 对象：EMC存储、H3C存储、NetApp；指标：电源状态、CPU使用率、存储可用容量等 **虚拟机** 对象：X86服务器；指标：CPU使用率、内存使用率、运行状态等 **虚拟化平台** 对象：Vsphere；指标：CPU使用率、存储使用率、内存使用率等 **云** 对象：混合云平台；指标：配电状态、设备温度、CPU状态、内容状态等
环境	机房	德森特动环	**动力环境** 对象：配电柜、空调、温湿度等；指标：电压、功率、电流、温度、湿度等

图 9-12　制造业运维监控指标分层

通过分析不同运维用户的关注重点，形成指标用户画像，示例如图 9-13 所示。

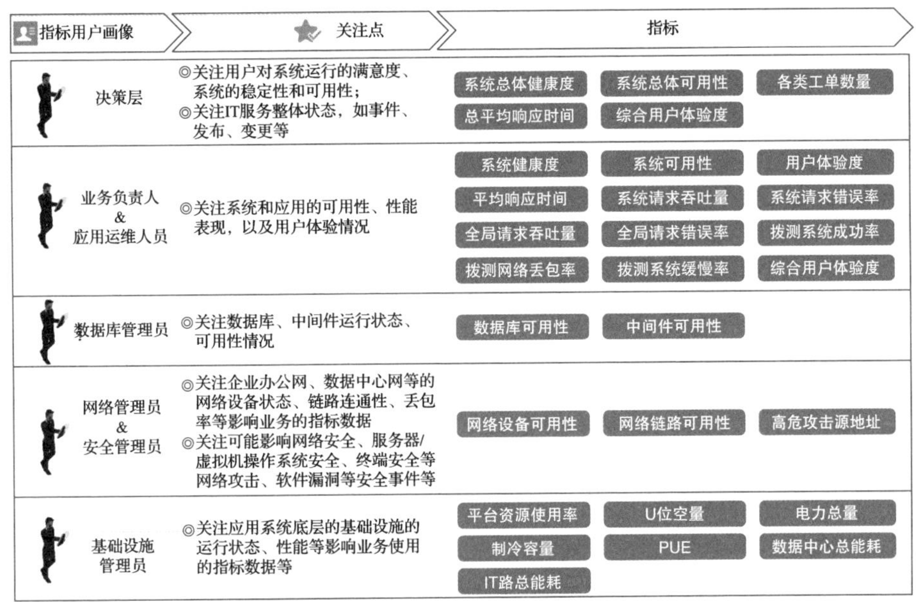

指标用户画像	关注点	指标
决策层	◎关注用户对系统运行的满意度、系统的稳定性和可用性； ◎关注IT服务整体状态，如事件、发布、变更等	系统总体健康度、系统总体可用性、各类工单数量、总平均响应时间、综合用户体验度
业务负责人 & 应用运维人员	◎关注系统和应用的可用性、性能表现，以及用户体验情况	系统健康度、系统可用性、用户体验度、平均响应时间、系统请求吞吐量、系统请求错误率、全局请求吞吐量、全局请求错误率、拨测系统成功率、拨测网络丢包率、拨测系统缓慢率、综合用户体验度
数据库管理员	◎关注数据库、中间件运行状态、可用性情况	数据库可用性、中间件可用性
网络管理员 & 安全管理员	◎关注企业办公网、数据中心网等的网络设备状态、链路连通性、丢包率等影响业务的指标数据 ◎关注可能影响网络安全、服务器/虚拟机操作系统安全、终端安全等网络攻击、软件漏洞等安全事件等	网络设备可用性、网络链路可用性、高危攻击源地址
基础设施 管理员	◎关注应用系统底层的基础设施的运行状态、性能等影响业务使用的指标数据等	平台资源使用率、U位空量、电力总量、制冷容量、PUE、数据中心总能耗、IT路总能耗

图 9-13　制造业运维角色与关注指标示例

（3）指标分级方法　有三类指标，如图 9-14 所示。

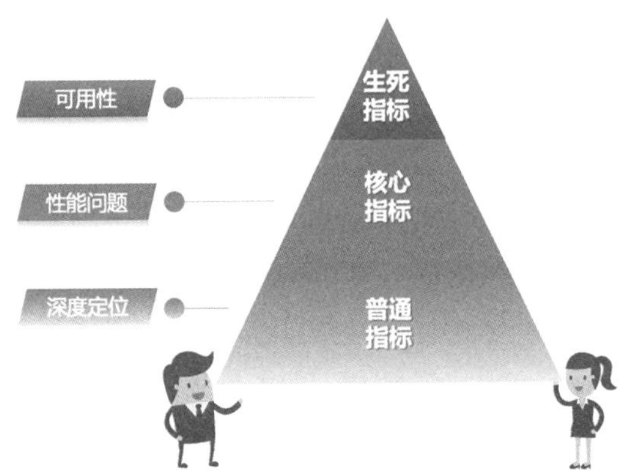

图 9-14　运维指标分级

- 生死指标：描述监控对象状态是否正常、功能是否可用的指标。

- 核心指标：能够直接反映监控箱的性能是否正常，用于故障的发现、定位的指标，且可直接用于告警。
- 普通指标：能够反映系统一般运行状态，并能为故障发现后的深度定位提供支撑的指标，或用于数据的查看及展示的指标。

（4）指标的集中与收敛　基于指标的编制原则和方法，筛选出来的指标，需要进行统一收集和收敛。

- 收集汇总需求：基于前期对监控指标的筛选，将筛选后的监控指标进行收集汇总。
- 指标收敛：基于收集汇总后的监控指标进行指标收敛（去除重复性监控指标）。
- 指标库版本管理：对收敛后的指标库进行版本管理及维护，指标收敛的目标是形成一套稳定版本的指标库。

3. 指标评审

（1）指标评审原则　指标评审原则如下：

- 唯一性：保证指标选取的全面，避免指标之间重复。
- 准确性：每项指标都必须准确体现业务监控需求，能够科学地反映评价监控对象的某一方面信息。
- 完整性：在数据提取阶段，能按照指标体系内容完整输出。传递完整性是指数据提交阶段，能按照既定分工完整交付数据指标，无缺失、无损坏。
- 时效性：运维监控指标具有特定的时效要求。
- 真实性：运维监控指标数据应建立在真实的基础上。

（2）指标评审流程　指标评审流程如下：

- 成立评审组：组织相关部门或业务相关方成立评审组，以确保监控指标集的准确性和实用性。
- 了解业务：在进行监控指标集的制定之前，评审组需要深入了解需要被监控的业务，包括业务流程、业务场景以及故障对业务的影响。
- 了解监控目的：评审组需要清晰地了解监控指标的制定目的，以及如何对监控进行度量。这包括明确监控指标的名称、定义、告警规则等内容，并确保它们与实际业务场景相关。参考如下监控指标评审内容示例（见表 9-1）。

表 9-1　监控指标评审内容示例

监控类型	监控分类	监控项	指标名称	指标描述	单位	指标分级	是否告警	采集频率	告警级别				监控工具	采集方式
									提示	次要	严重	灾难		
Linux	资源	CPU	CPU 使用率(%)	系统当前所使用的 CPU 资源百分比	%	核心指标	是	2m	X	75%	≥90%	X	基础监控工具	SNMP 协议 / Agent/ SSH

- 内容评审：根据评审标准进行讨论和沟通，以确定最终的监控指标集。评审标准应该包括监控指标的实用性、准确性和可操作性等方面。
- 系统对接呈现：评审组需要对已形成的监控指标集进行确认，并确保它们能够在系统中实现和呈现。这包括对系统接口、数据传输和可视化等方面的需求确认。
- 持续优化提升：监控指标集是一个持续优化的过程，需要不断收集反馈、分析数据并改进。评审组应该定期审查并更新监控指标集，以提高监控的有效性和质量。

通过以上步骤，可以确保监控指标集的准确性和实用性，为业务提供更好的保障和支持。

4. 指标应用运营

在指标应用运营管理方面，指标库的维护和指标应用的优化是关键。指标库的维护需要不断改进指标体系，定期调整和评审指标库及相关规则和文件，并实施严格的版本管理，以确保指标库的完整性和可追溯性，而指标应用的优化则需要针对现有应用场景进行改进，定期评估指标阈值的准确性并及时修订指标库，同时持续监控指标数据的质量和采集时效性，并采取措施进行优化，以确保指标数据的准确性和及时性。这些措施的实施将有助于提高指标应用的效果和效率，从而实现指标应用运营管理的成功和成熟。

9.5.4　运维监控指标体系应用场景

运维监控指标应用场景在该企业主要包括立体化监控、系统健康度量和运维可视化管理三个场景。运维人员可以直观地了解各项指标的状态和趋势，管理者也能快速理解运维数据，从而更好地进行 IT 决策。

1. 立体化监控建设

立体化监控是一种对 IT 系统进行全方位、多维度监控和管理的手段。它通过集成了多种监控工具，能够实时收集、分析和处理各种监控数据，从而及时发现和解决 IT 系统的故障和问题。立体化监控主要针对 IT 系统的应用、软件和硬件进行监控，确保系统的可靠性、稳定性和安全性。

（1）立体化监控的建设价值　建设价值如下：

- 全方位监控：它能够监控 IT 系统的各个方面，包括应用、软件、硬件等，确保 IT 监控的全面性。
- 故障定位与分析：由于应用系统由多个资源对象组成，任何一个资源对象的异常都可能导致其他资源对象的异常。立体化监控工具支持跨模型、跨对象的多指标对比分析，帮助运维人员快速、准确地定位和解决故障。
- 多维度查看与比对分析：运维人员可以从多个角度、多个指标对监控数据进行查看和比对，提供更为全面的分析视角。
- 统一监控：通过立体化监控工具，运维人员可以实现对应用、软件和硬件资源的统一监控，简化管理流程。

（2）立体化监控的实现方案　实现方案如下：

- 指标数据采集。采集对象是各监控对象的指标数据。为了实现全面监控这一目标，按照每个监控工具特点制定了相应的采集方式。该企业使用了以下几种监控工具（见表 9-2）。

表 9-2　运维监控数据以及监控工具示例

序号	监控对象	对接数据	监控工具	采集方式
1	网络设备	指标数据	基础监控工具	SNMP 协议
2	网络链路	指标数据	拨测工具	拨测
3	操作系统	指标数据	基础监控工具	SNMP 协议 /Agent/SSH
4	服务器硬件 / 存储硬件	指标数据	基础监控工具	SNMP 协议和厂商指定协议
5	应用	指标数据	应用性能监控工具	探针
6	数据库监控工具	指标数据	数据库监控工具	采控工具使用 Prometheus 采集插件，采集数据
……	……	……	……	……

在采集指标数据时，需重点关注网络连通性和延迟（采集网络连接状态、网络延迟等指标，以确保网络的稳定性和可靠性）、系统资源使用情况（采集 CPU 使用率、内存占用率、磁盘 I/O 等系统资源的使用情况，以评估系统的

负载和性能）、应用性能和状态（采集应用系统的性能和状态指标，以监测应用的运行情况和异常状态）、安全事件和攻击（采集安全设备和系统的日志，以发现安全事件和攻击行为）。

- 数据处理与存储。该企业在建设运维监控指标体系过程中，借助运维数据管理工具，即数据中台，实现对应用、软件和硬件等指标数据的汇聚处理与存储，利用 CMDB（配置管理数据库）中的资源拓扑关系，以及可视化监控工具，将不同层次指标数据进行端到端的立体化展示，从而为上层运维场景提供坚实的数据支撑。使运维人员可以更全面地了解系统的性能状况，快速发现和解决问题。相关图如图 9-15～图 9-17 所示。

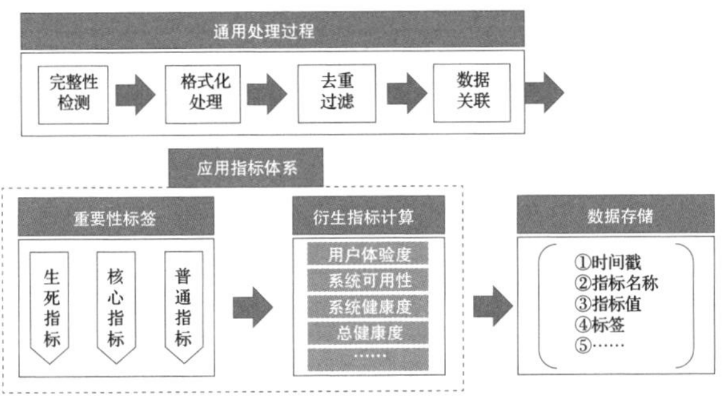

图 9-15　面向运维指标的数据处理与存储

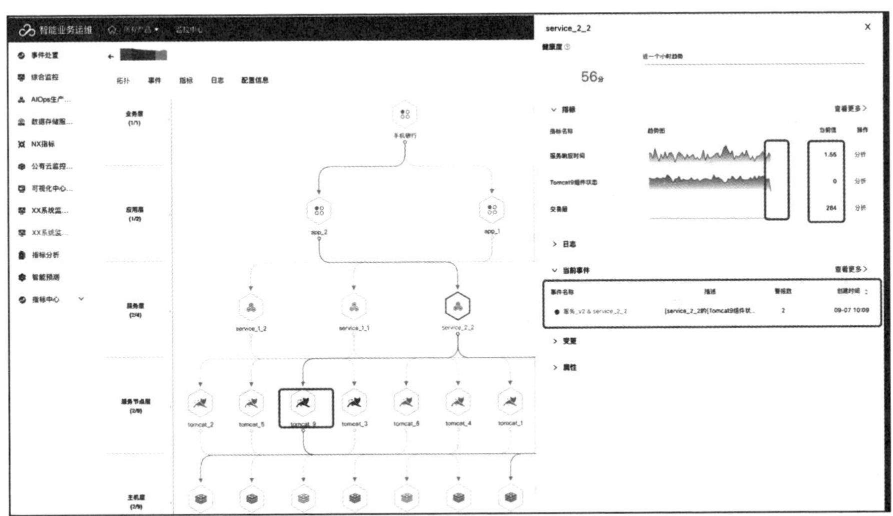

图 9-16　基于运维指标的全局监控中心示例

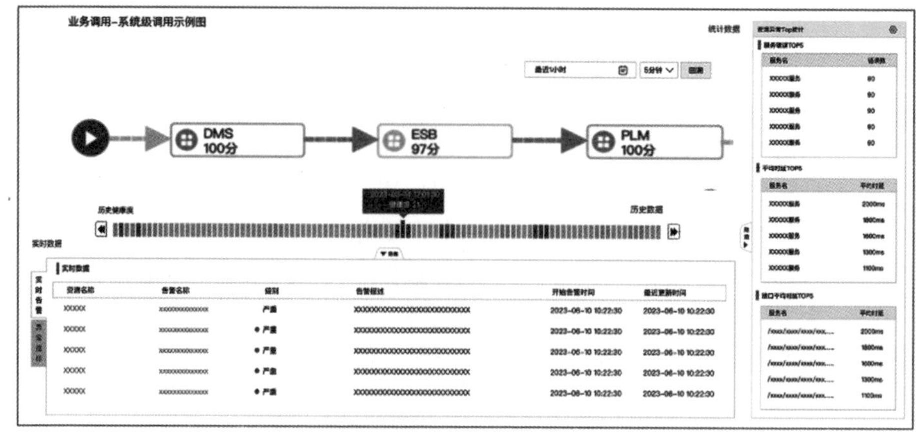

图 9-17　业务调用—系统级调用示例

- 数据应用　通过数据中台，实现了对各监控系统、IT 服务管理系统、配置管理系统以及平台数据的统一采集、处理和存储。这一建设方案有效解决了数据互通和共享的难题，使数据得以统一加工、治理和关联存储。这不仅简化了数据管理流程，更建立了稳固的运维数据基座，如图 9-18 所示，为后续的数据分析和决策提供了坚实基础。

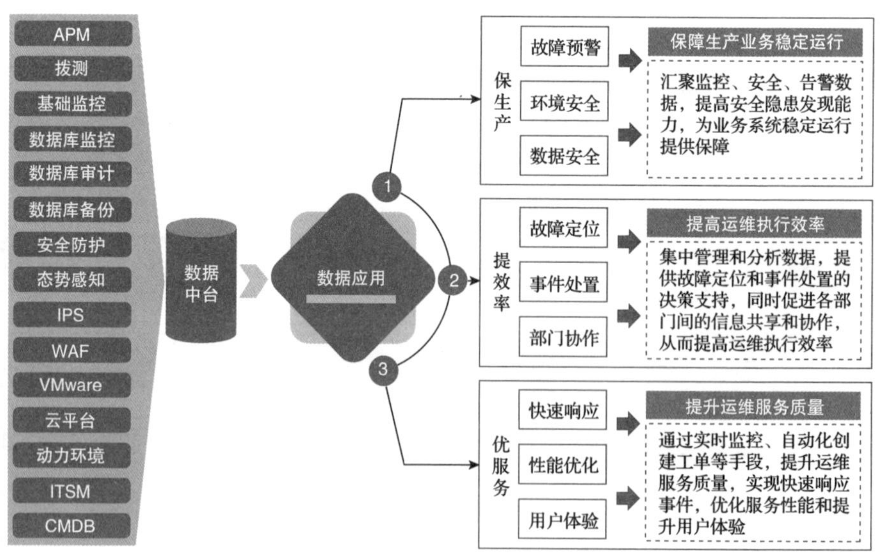

图 9-18　运维指标的保生产、提效率与优服务

在此基础上，进一步拓展了数据应用领域，通过数据挖掘和分析，深入挖掘运维数据的潜在价值，实现企业“保生产”“提效率”“优服务”的数字化运维建设目标。

在“保生产”方面，数据中台汇聚监控、安全和告警数据，提高安全隐患发现能力，为业务系统稳定运行提供保障。

在“提效率”方面，数据中台集中管理和分析数据，提供故障定位和事件处置的决策支持，同时促进各部门间的信息共享和协作，从而提高运维执行效率。

在“优服务”方面，数据中台通过实时监控、自动化创建工单等手段，提升运维服务质量，实现了响应事件快速、服务性能优化和用户体验提升。

2. 系统健康度量

（1）系统健康度概念　系统健康度是运维监控领域中的一个重要概念，用于评估系统或业务运行的整体状况。通过监测和分析健康度，运维人员可以快速了解系统运行的状态，识别潜在的问题，并采取相应的措施来确保业务的稳定性和持续性。

系统健康度是基于一系列监控指标分析得出的结果。这些指标涵盖了应用、软件、硬件等多个层面，通过量化的方式反映系统的性能、稳定性和安全性等方面的状况。

（2）系统健康度的应用价值　应用价值如下：

- 提高工作效率：健康度为运维人员提供了系统运行的整体概览，可以帮助他们从海量的告警信息中快速识别关键问题，从而提高工作效率。
- 决策支持：高层领导可以通过健康度报告实时了解业务系统的运行状况，为其决策提供有力支持。
- 资源优化：通过对健康度的监测和分析，运维人员可以更好地了解资源利用状况，优化资源分配，避免资源浪费或短缺。
- 确保稳定性与持续性：通过健康度监控，运维团队可以及时发现和解决潜在问题，确保业务的稳定性和持续性，从而降低故障风险和影响。

（3）系统健康度计算逻辑与呈现　系统健康度计算分为 IT 分层的视角以及企业业务系统（关键、核心、重要、常规）两个视角来定义，其得分可通过各层指标综合加权计算实现，在该企业中，健康度的得分区间如表 9-3 所示。

3. 运维可视化管理

运维可视化是指通过立体化监控工具和可视化图表相结合，将运维指标数据按照一定逻辑，以图表、仪表盘、地图等形式直观地呈现出来，帮助企业管理者和运维人员更好地了解和监控系统运行状况，挖掘数据背后的规律和趋势，为企业的决策提供有力支持。

表 9-3　健康度得分区间示例

级别	得分
灾难	0 ～ 59 分
严重	60 ～ 79 分
次要	80 ～ 89 分
提示	90 ～ 99 分
正常	100 分

运维可视化可以按照不同的用户视角进行划分，包括整体视角、经营管理视角和基础运维视角（见图 9-19）。这些视角涵盖了决策层、管理层和执行层。各个层级的人员可以直接看到对应视角的数据，有助于提高其决策和执行效率。

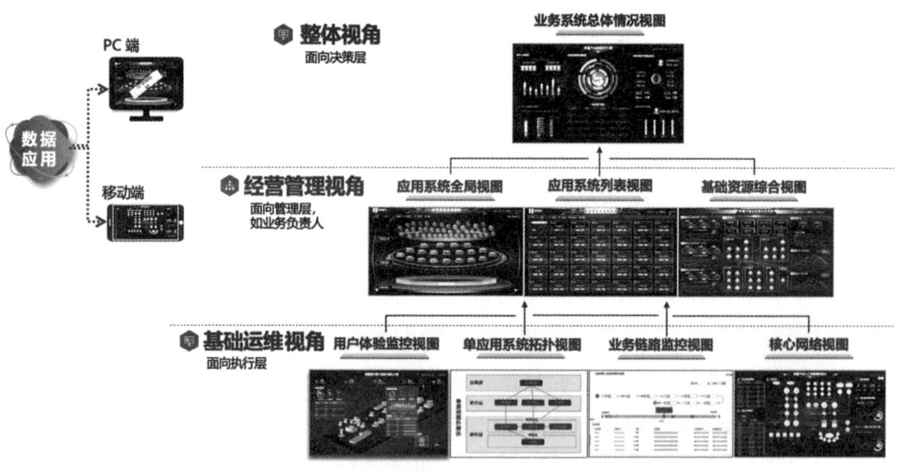

图 9-19　不同用户视角的运维指标数据呈现示例

决策层视角关注的是业务系统总体运行情况等指标，这些指标能够提供客户满意度和用户体验等方面的信息，帮助决策者了解业务系统的整体运行状况，做出相应的决策。

管理层视角关注的是应用系统全局视图和基础资源综合视图等所涉及的指

标。这些指标能够提供各业务系统的重要程度、健康度和可用性等信息，帮助管理层优化系统性能，提高工作效率。

执行层视角关注的是系统资源使用情况、系统性能和故障信息等指标。这些指标能够及时发现系统中的问题，并进行相应的维护和修复，帮助系统管理员保障系统的稳定性和可用性。

9.5.5　成效总结和展望

围绕“提升运维质量和运维效率、提升系统稳定性和可用性”的运维目标，该企业通过建设运维监控指标体系（示例见图 9-20），建立了一套全面的运维监控指标库，包含 2025 个指标，且对指标进行了分类、分级管理。

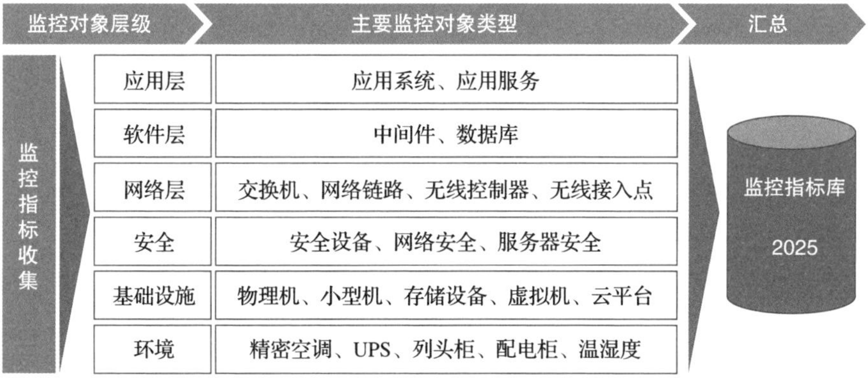

监控对象层级	主要监控对象类型	汇总
应用层	应用系统、应用服务	监控指标库 2025
软件层	中间件、数据库	
网络层	交换机、网络链路、无线控制器、无线接入点	
安全	安全设备、网络安全、服务器安全	
基础设施	物理机、小型机、存储设备、虚拟机、云平台	
环境	精密空调、UPS、列头柜、配电柜、温湿度	

监控指标收集

图 9-20　运维监控指标体系示例

该企业对常见的故障场景进行了详细的总结（见图 9-21），并将这些场景需要关注的指标纳管到监控指标库中进行集中管理。

建立运维监控指标体系是提升运维管理重要的环节。运维人员对于系统运行健康状况的判断，不仅可以像中医一样的“望、闻、问、切”，还可以像西医一样的“抽血、化验、做 CT、专家会诊、打疫苗和预防宣传”，从而让定量分析与“定性判断”相结合，“运维经验”与“实时数据”相结合，“前期开发”与“后期运维”相结合，打通系统开发和运维管理工作界面，使运维监控管理不仅为防范运维风险提供及时预警和综合分析功能，同时也为优化应用系统性能提供了翔实和科学的参考依据。

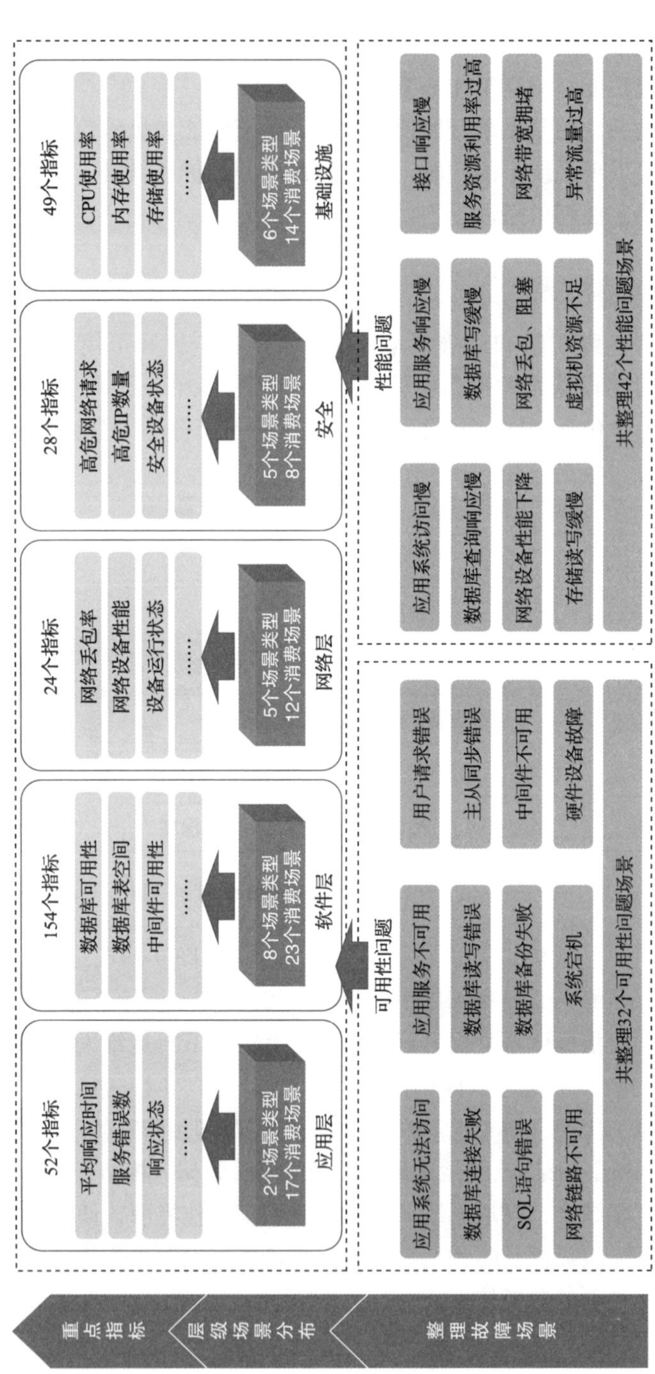

图 9-21 面向故障场景的运维监控指标示例

第 10 章 CHAPTER 10

建设面向高成熟度的新一代 CMDB

编者按：几十年了，在 IT 界，CMDB 是似乎一个老生常谈而又难以割舍的话题，既像鸡肋，又如至宝，让人又爱又恨。从近些年我国的领域实践看，虽然有成功的典型案例，但很多 IT 组织的 CMDB 建设成绩依然乏善可陈，究其因笔者认为还是对于新时期 CMDB 的定位认知、方法论体系以及对于智能运维体系场景化支撑的作用理解还需要加深。希望通过本书可以帮助读者对其有更清晰的认知，给领域带来一些解题的新思路与参考答案。

10.1 什么是新一代 CMDB

随着数字化转型的发展和云计算、大数据、容器、人工智能、VR、微服务等新技术的应用，IT 基础设施和服务的复杂度不断增加，配置管理面对的管理对象复杂度随之增加。配置管理数据库（Configuration Management Database，CMDB）也发展了非常大的变革，传统的 CMDB 虽然能够收集和管理 IT 资源信息，但是面对大规模、复杂的 IT 基础设施和服务，还存在数据不准确、更新慢、维护成本高等问题。因此，新一代 CMDB 应运而生，以应对企业日益增长的 IT 资源管理需求。

所谓新一代 CMDB 建设，并不狭义地特指 CMDB 工具，它的内涵包括新一代的 CMDB 建设方法、新一代的 CMDB 工具平台、新一代的 CMDB 数据运营模式三个层面。

针对上述三个层面的内容，我们对新一代 CMDB 的特点进行概括：

1. 新一代的 CMDB 建设方法

（1）强调规划统筹的重要性　新一代 CMDB 建设方法，更强调基于规划统筹指导落地实践。通过规划对 CMDB 进行分期建设，明确各阶段目标，基于目标细化工作项，迭代推进。

（2）强调数据消费场景导向　传统 CMDB 容易走盲目建设的弯路，即为了建设而建设，忽略了 CMDB 中的数据将提供给什么业务场景进行消费，在这个场景中发挥什么样的价值。新一代 CMDB 的建设方法，强调基于数据消费场景引导 CMDB 建设，通过场景需求推导 CMDB 模型设计，基于推导的模型设计对应的数据管理方式和“数据保真 / 鲜”机制，确保数据是会被使用，会在消费中创造价值的。

（3）提倡精益思想，敏捷迭代　新一代 CMDB 建设方法，提倡精益思想，特别是在 CMDB 模型设计阶段，建议按需设计，避免过度设计（常见错误，在设计配置属性时，盲目求全，而不思考是否将会被消费）。过度的设计将会给后续 CMDB 数据初始化、数据管理、数据保真 / 鲜带来额外负担，增加 CMDB 实践失败风险。

（4）强调验证和改进　与规划统筹配套，新一代 CMDB 建设方法强调对每个阶段的实践成果进行验证，评价每阶段实践是否达成预期目标，并基于评价结果识别改进措施，推动下一轮迭代。

2. 新一代的 CMDB 工具平台

（1）更强的自动化数据采集能力　一方面，提供更多的自动化采集能力如：自主采集、第三方数据源对接等；另一方面，具备更强的数据聚合能力，包括数据清洗、数据联邦、数据调和及数据血缘追溯等。

（2）更灵活和标准的数据开放能力　一方面，应支持绝大部分主流的数据消费方式（如：Rest 接口、消息队列、ESB 等）；另一方面，对外的数据消费服务应是标准的，且标准对外是一致开放的。

（3）更丰富的数据可视化能力　不仅可将数据提供给第三方工具支撑其可视化需求（如 3D 可视化、全链路监控视图等），新一代 CMDB 自身应内置和固化更多的常见可视化视图，CMDB 不再仅仅是一个“数据库”，而是能为更多业务提供增值服务的新工具平台。

（4）更强的数据存储能力　一方面，支持存储更多配置项的数据；另一方面，针对不同数据的特征提供多样化的数据存储和备份方案。

（5）更快的数据处理性能　新一代 CMDB 能在日益增加的海量数据基础上，提供秒级的数据查询能力。

（6）更高的数据安全控制能力　新一代 CMDB 能够保障 IT 配置数据的安全性，实现访问控制和数据加密。

3. 新一代的 CMDB 数据运营模式

（1）对于数据生产侧，更关注于其数据质量　更加关注数据的质量维度，不仅仅是将精力放在如何提高 CMDB 的质量上，也会更多关注数据质量的评价机制和数据质量配套人员配置。

（2）在数据消费侧，逐渐往数据资产化演变　不再是机械地对外开放数据消费服务，而是逐渐将 CMDB 中的数据作为"数据资产"进行看待。组织充分认识到配置数据的价值，对数据消费过程中的安全、权限、请求记录，以及消费方身份注册等内容进行管控。

新一代的 CMDB 相对于传统 CMDB 能为组织创造更多的价值：

1）更准、更新鲜的配置数据（准：指数据准确无误、账实一致；新鲜：指数据更新及时，具备高时效性）。

2）更紧密的业务协作（更加明确，且效果可见的消费场景实现）。

3）更可靠、安全、高性能的 CMDB 工具平台。

10.2　新一代 CMDB 成熟度模型

ITIL 4 的 7 项指导原则中提出了" Start where you are"（从你所处的位置出发），而这条指导原则同样适用于 CMDB 的管理实践。那么组织该通过什么方式来认清当前所处的位置呢？笔者总结十余年的 CMDB 项目实践经验和最新的理念思想，设计了一套"CMDB 成熟度模型"（见图 10-1），并为这套模型配套了相应的问卷和应用指南。

10.2.1　CMDB 成熟度模型概述

该 CMDB 成熟度模型一共分为 5 个级别，处在前三个级别的组织更加关注 CMDB 的"数据生产"业务，而处于后两个级别的组织则更加关注 CMDB 的"数据消费"业务。

前三个级别分别为：原始级、管理级、保真级；后两个级别为：消费级、运营级。

云智慧 CMDB 成熟度模型	L1原始级	L2管理级	L3保真级	L4消费级	L5运营级
	四缺失：场景、体系、人员、工具	• 数据已管理，但集中化不高 • 数据准确性不高，或更新不及时 • 数据更新更多依赖人工 • 数据消费场景不明确	• 数据集中管理，具备多数据源调和能力 • 数据准确，且更新及时 • 完善的数据质量评价机制 • 流程驱动和自动化为主要数据更新方式 • 有明确的消费场景实现	• 数据生产端业务已充分完备 • 有明确的数据消费场景规划 • 对外提供标准化的数据消费和订阅服务	• 完善的数据消费效果评价机制 • 对数据消费方施行注册管理机制 • 具备数据消费的安全和权限控制能力 • 具备对数据消费行为统计和分析能力
			侧重：数据生产	侧重：数据消费	
场景	• 场景无明确，无特定消费场景	• 无明确场景规划 • 关注“账”相关场景，更多支撑资产管理的消费需求	• 已实践所有数据生产业务场景 • 对已实现消费场景有明确效果定义 • 消费场景开始聚焦“可视化”主题 • 消费场景多为单一消费方	• 有明确的数据消费场景的实践规划 • 消费场景由单一转变为多方消费 • 消费场景更多为第三方业务	• 消费场景被管理 • 消费场景从质量和数据量上有序迭代
体系	• 未建立配置管理相关体系	• 有统一的配置编码规范 • 有统一的配置模型标准 • 对配置数据的生命周期定义不明确 • 有配置数据的更新手段，但不能完全确保数据的准确性和及时性 • 对数据质量没有评价方法和流程	• 配置数据保真&鲜机制 • 配置数据质量评价模型和治理流程 • 配置数据审计计划	• 数据消费场景规划	• 数据消费注册管理办法 • 数据消费申请流程 • 数据消费场景评价和治理机制
人员	• 无明确的配置管理的人员、岗位（角色）设定	• 有配置管理员的角色和职责定义 • 有对数据新增、变更的角色职责定义	• 配置数据质量评价相关角色（可兼任） • 配置数据治理性格角色（可兼任）	• 配置数据消费接入接口人	• 数据消费申请流程对应角色（可兼任） • 数据消费管理员（可兼任）
工具	• 无专用配置管理工具	• 无专用配置管理工具，或有专用工具但该工具纳管的数据范围不完整 • 具备基本的配置建模能力 • 具备基本的配置数据管理功能，如：CRUD、批量导入/导出、数据统计	• 支持迭代的配置模型建模能力 • 多数据源联邦调和功能 • 标准化的数据更新接口 • 自动化数据校验能力 • 数据自主采集能力（可选） • 数据血源管理	• 标准化的数据消费接口服务 • 增量数据变更订阅服务	• 数据消费注册管理功能 • 数据消费申请流程 • 数据消费安全控制 • 数据消费权限控制 • 数据消费审计功能

图 10-1　CMDB 成熟度模型

- L1 原始级：该级别处于 CMDB 的原始阶段，没有集中建设 CMDB，配置数据散落在这个专业领域的系统中。
- L2 管理级：已经开始实践统一的 CMDB 建设，但建设不完全，特别是在配置数据“保真”和“保鲜”方面比较薄弱。
- L3 保真级：已完成了统一 CMDB 的建设，也能确保数据的“真”和“鲜”，但对于数据的消费缺乏规划。
- L4 消费级：对 CMDB 的消费场景有明确规划并有计划地实现，并能基于场景需要对配置数据的生产业务开展治理活动。
- L5 运营级：将配置数据当作“资产”进行运营，进一步发挥配置数据的价值。

10.2.2　CMDB 成熟度模型应用原则

CMDB 成熟度模型可帮助组织认知、评定自己所在的位置，并描述更高阶成熟度各维度特征，对组织开展 CMDB 实践提供理论参考。

在应用 CMDB 成熟度模型进行成熟度升阶实践时，应注意以下几个原则。

1. 规划统筹原则

虽然模型可帮助组织识别自身所在的位置，并不代表组织只需要关心下一阶段的形态特征，其原因有二：

- 若只关心下一阶的特征，那么这个组织则放弃了一轮实践实现跨越多个成熟度层级的可能。
- 关注更高阶成熟度的形态特征，有助于一些重要事项的提前准备，比如预留工具的接口、预留组织体制的岗位设定等。

所以，组织应参考模型设定一个愿景目标，基于此目标进行阶段性拆解，对 CMDB 建设通过进行统筹规划，确保实践过程有章可循，减少重复投入及少走弯路。

2. 渐进迭代原则

虽然组织有可能实现跳级越阶的可能，且有足够的资金和资源支撑自身的行动，但仍不推荐成熟度较低的组织选择一步到位的做法，其原因如下。

- 虽然成熟度越低的组织实现跳级越阶的难度更低，但可跳跃的范围也是有限的，通常 L3—L4 这个分水岭需要较长的时间沉淀（如对 L3 成效的验证、数据保真 / 鲜机制的推广运营等），难以轻易跳过。

- 一步到位的做法容易将一轮实践的周期拉得过长，通常在一年内很难完成，但对于大多数组织来说，一项事务如果跨越多个财务年，最好的选择还是分阶段实践。
- 一步到位的做法很难短时间看见成效，团队容易处于被质疑的状态。

关于渐进迭代，注意成熟度越低的组织越容易实现跳级越阶。有些成熟度层级可能需要多轮实践去突破。处在较低成熟度的组织，也可能具备更高层级的部分特征。

3. 可验证原则

当组织基于模型规划了实践的路径后，应对每一阶段设定可度量的目标，并在每轮实践后通过度量验证目标的达成情况，进行自我评价，并基于评价的结果修正规划。

10.2.3 CMDB 成熟度模型应用流程

由图 10-2 所示，基于 CMDB 成熟度模型应用的核心成果为 CMDB 实践规划。

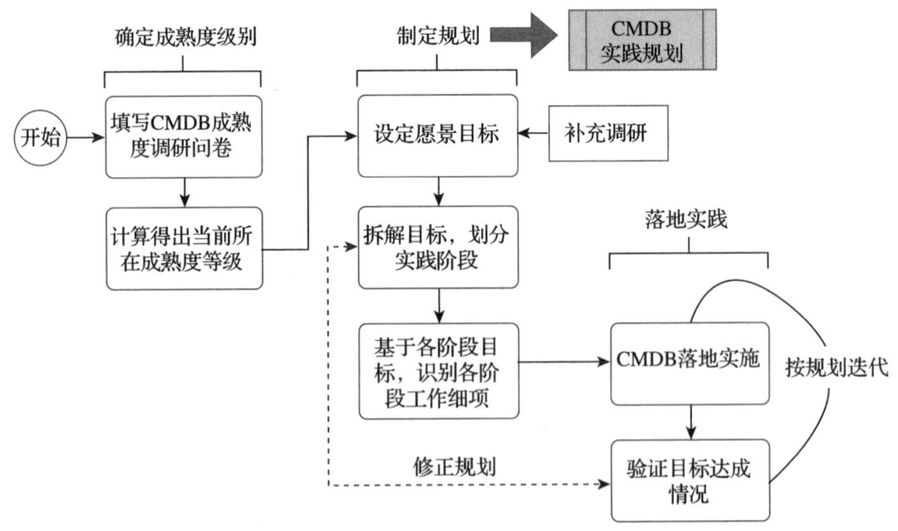

图 10-2 CMDB 成熟度模型应用流程

配置管理建设的常规路径主要有三大阶段，“确定成熟度级别”“制定规划”“落地实践”。无论贵公司当前是否有配置管理工具流程制度，都建议大家按照这三个阶段梳理一下自己公司的现状，做好未来配置管理持续优化改进的规划路径。

1. 第一阶段：确定成熟度级别

此阶段主要任务：梳理组织当前配置管理现状，完成《CMDB 成熟度调研问卷》的填写，根据计算可得出当前所在的成熟度等级。

2. 第二阶段：制定规划

此阶段主要任务有二：一是 CMDB 实践规划，二是将 CMDB 规划中的目标拆分成可实施可落地的具体工作项。CMDB 的实践规划，虽然模型评估报告已提供了一个升阶规划示例，但仍建议基于自身情况对这个规划进行完善和细化，原因如下：

- 规划示例是基于问卷的一些问题进行初步调研得出，获取的信息有限，不能百分百契合组织实际情况。
- 规划示例只给出了粗略的规划方向，还未在场景、体系、工具、人员组织层面进行深入拆解。
- 规划示例给出的阶段划分只是一个示意，组织应该根据自身组织的资源投入预算进行评估。

因为制定规划涉及大量的调研和分析，需要较高的专业和经验水平，建议引入专业的第三方咨询团队进行主导和赋能，以期达成更好的效果。第二部分拆分愿景目标，其工作质量是决定 CMDB 的规划是否接地气、能落地的重要依据，将愿景目标划分成不同的实践阶段，基于各个阶段的目标识别各阶段的工作细项。

3. 第三阶段：落地实践

此阶段主要任务是根据阶段二所拆分的具体工作细项开始执行，同时验证目标达成情况，在实施过程中不断对 CMDB 的落地情况进行迭代优化，对规划中有偏差的地方进行改进或修正变更。

10.2.4　CMDB 成熟度模型应用指南

1. 若组织在 L1 成熟度

处在 L1 初始阶段的组织在 CMDB 的实践方面可以说是一张白纸，这种情况是有弊有利的。弊端在于，没有历史经验积累，数据基础差；有利之处，没有历史负担，不需要对纠正过往的错误投入精力和成本。以下是对 L1 成熟度组织的一些建议。

- 制定一个长远的 CMDB 实践规划，至少以 3 年为期。
- 这个 3 年规划的愿景至少设定在 L4 成熟度。
- 在预算和资源允许的情况，可尝试实现跳级越阶。

L1 成熟度组织的规划如图 10-3 所示：

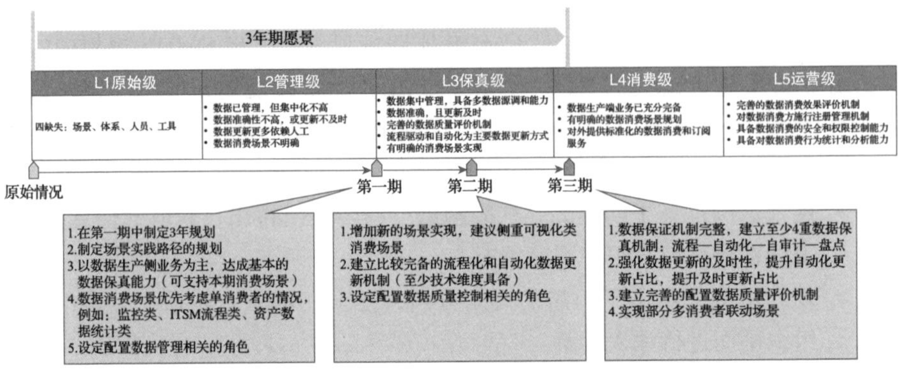

图 10-3　CMDB L1 成熟度组织规划参考

2. 若组织在 L2 成熟度

对于处在 L2 成熟度的组织，需要明确所在 L2 的具体位置，并结合可投入的资源和成本情况进行规划。对于 L2 初级组织，可参考图 10-4 的规划示例。

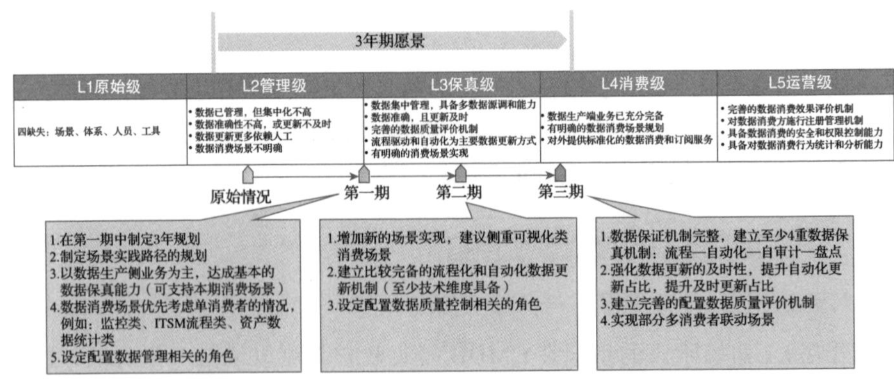

图 10-4　CMDB L2 成熟度（低 L2 水平）组织规划参考

如果组织的 CMDB 水平处于 L2 的高级阶段，甚至很多已经接近 L3 水平，可参考图 10-5 的规划示例。

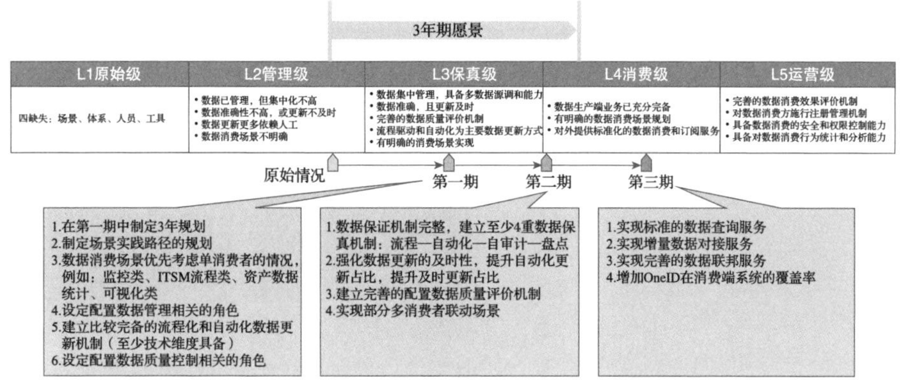

图 10-5　CMDB L2 成熟度（高 L2 水平）组织规划参考

3. 若组织在 L3 成熟度

对于处在 L3 成熟度的组织，建议尽量在一期项目完成对 L3 能力的覆盖，升阶到 L4 级，参考的规划示例如图 10-6 所示：

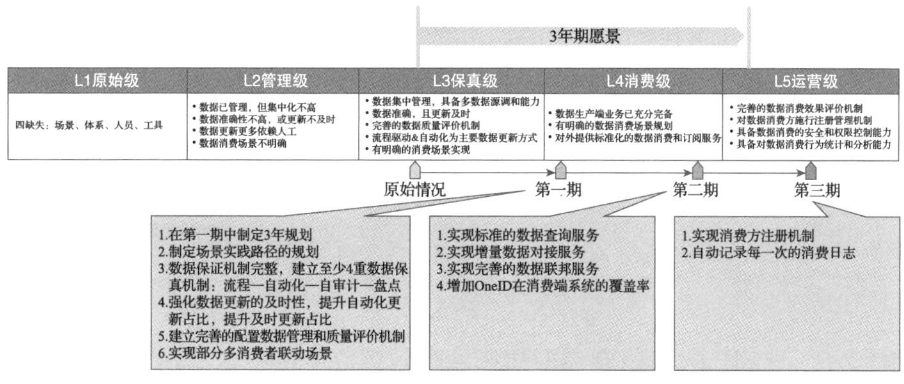

图 10-6　CMDB L3 成熟度组织规划参考

对于某些组织（有比较充足的预算和资源），可以尝试压缩实践周期，将 3 年压缩至 2 年。

4. 若组织在 L4 成熟度

需要区分组织所在 L4 级的具体位置，有针对性地制定规划。对于处于 L4

级初期的组织，参考的规划路径如图 10-7 所示：

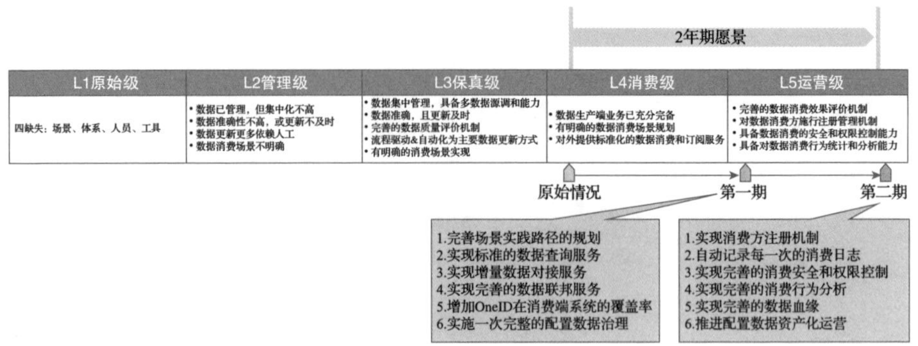

图 10-7　CMDB L4 成熟度组织规划参考

5. 若组织在 L5 成熟度

对于处于 L5 的组织，参考的规划路径如图 10-8 所示：

图 10-8　CMDB L5 成熟度组织规划参考

10.2.5　CMDB 成熟度模型应用总结

- CMDB 成熟度模型能让您快速了解贵组织所在的位置。
- CMDB 成熟度模型问卷不能代替全面现状调研，只能替代调研的“现状摸底”，其输出可让后续深入调研更有指向性。
- CMDB 成熟度模型应用指南给出的规划都只是参考，贵组织应结合自身资源和预算情况进行调整。
- 成熟度评估不是必选项，但能更好地启动 CMDB 落地实践。

10.3　新一代 CMDB 实践方法

10.3.1　实践原则

新一代 CMDB 实践方法的特点是：强调规划统筹的重要性，强调数据消费场景导向，提倡精益思想，敏捷迭代、强调验证和改进。这四个特点对应了新一代 CMDB 实践的四个指导原则：规划先行、场景导向、精益设计、敏捷迭代（见图 10-9）。

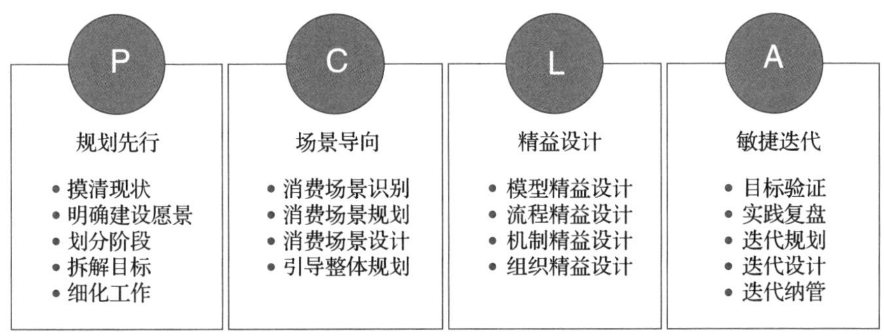

图 10-9　新一代 CMDB 实践原则

1. 规划先行

规划先行的原则，包括摸清现状、明确建设愿景、划分阶段、拆解目标、细化工作这 5 个部分。

- 摸清现状：需要对现有 IT 基础设施和服务进行全面调查和了解，包括硬件、软件、网络、应用等方面。通过调查，可以了解到 IT 基础设施的规模、结构、使用情况、问题和瓶颈等，为后续的规划和建设提供依据。
- 明确建设愿景：在了解现状的基础上，需要明确 CMDB 建设的愿景和目标。CMDB 的建设目标应该与组织业务战略和 IT 战略相一致，既要满足业务需求，又要提高 IT 基础设施的管理效率和服务质量。在制定愿景和目标时，需要考虑到 CMDB 的功能、范围、实施方式和成本等因素。
- 划分阶段：由于 CMDB 建设需要耗费大量时间和资源，因此需要将整个建设过程划分为若干个阶段，逐步实现建设目标。每个阶段应该有明确的目标和成果，同时需要评估成本和风险，确保风险可控，成本可承受。

- 拆解目标：在确定了 CMDB 愿景和目标之后，需要将整体目标拆解为具体的任务和计划。根据每个阶段的目标和成果，确定相应任务和计划，包括人力、物力、财力等资源需求和分配。每个任务和计划都需要考虑到实施的可行性，确保能够实现预期效果。
- 细化工作：需要将每个任务和计划进一步细化，制定详细的工作计划和流程，包括具体的工作步骤、时间表、责任人、成果评估等，确保每个任务和计划都能够按照预期的方式实施和完成。同时需要建立监控和评估机制，及时发现和解决问题，保证整个 CMDB 建设过程的顺利进行。

2. 场景导向

场景导向的原则，包括消费场景识别、消费场景规划、消费场景设计和引导整体规划 4 个部分。

- 消费场景识别：在实施 CMDB 之前，首先需要对当前业务环境进行全面的分析和了解，识别出各个消费场景，包括不同的业务部门及其业务需求、IT 部门及其技术能力、IT 服务管理流程、IT 基础设施等。通过消费场景识别，可以更准确地了解业务需求，以便为 CMDB 实施提供有针对性的解决方案。
- 消费场景规划：需要制定详细的消费场景规划，根据需求迫切度、实践难度、资源需求、风险等划定消费场景分阶段实施界限。在制定规划时需要充分考虑业务变化、技术发展、人员变动等因素，以确保规划的可行性和稳定性。
- 消费场景设计：在规划的基础上对 CMDB 进行具体的设计和实施。在设计过程中需要充分考虑业务需求、技术能力、IT 服务管理流程等因素，以确保 CMDB 的实施能够满足各个消费场景的需求。同时需要充分考虑 CMDB 的可扩展性、可维护性、安全性等因素，以便为未来的 IT 发展提供支持。
- 引导整体规划：需要对整体 CMDB 的规划进行引导，以确保各个消费场景能够有机地衔接。需要在整体规划中考虑各个场景的交互、数据共享、权限管理等问题，以便为业务提供更高效、更稳定、更安全的服务。同时需要对整体规划进行持续的优化和调整，以适应不断变化的业务需求和技术发展。

3. 精益设计

精益设计的原则，其核心目的是避免“过度设计”给 CMDB 实践带来的负面影响，包括模型精益设计、流程精益设计、机制精益设计、组织精益设计 4 个部分。

- 模型精益设计：在 CMDB 实施过程中，对数据模型进行优化和精简，以减少不必要的数据冗余和复杂性。模型精益设计是 CMDB 实施的基础，决定了 CMDB 的数据结构和数据关系。
- 流程精益设计：对工作流程进行优化和简化，以提高工作效率和质量。流程精益设计需要基于模型设计的结果来设计，以确保工作流程的顺畅和协同。
- 机制精益设计：建立有效的配置数据管理和运营机制，一方面确保 CMDB 数据的完整准确，另一方面，提升数据对应用场景的支撑，发挥应有价值。
- 组织精益设计：对组织结构和人员配备进行优化和简化，避免过度的人力资源投入，提升配置管理体制运转效率。

精益设计 4 个部分是相互依存的，需要相互协调和配合才能实现 CMDB 有效落地。模型精益设计是 CMDB 实施的基础，流程精益设计需要基于模型设计的结果，机制精益设计需要基于模型和流程设计的结果，组织精益设计需要基于前三者的结果。在实施过程中，需要不断地优化和完善，以适应不断变化的业务需求和技术环境。

4. 敏捷迭代

敏捷迭代的原则，包括目标验证、实践复盘、迭代规划、迭代设计和迭代纳管 5 个部分。

- 目标验证：是 CMDB 落地实践的第一步，是指对本阶段规划的目标进行评价，判断目标达成程度，基于达成情况识别遗留课题，并将课题纳入后续工作范围。在目标验证阶段，需要和相关部门进行沟通，收集各部门的反馈和意见，并对其进行整合和统一。
- 实践复盘：是 CMDB 落地实践的第二步，需要对目标验证识别的遗留课题进行分析复盘，找到根本原因，并制定改进措施。在实践复盘阶段，需要对 CMDB 的实践进行全面的回顾和分析，包括实施过程中的问题、成功经验、数据质量、数据完整性等方面。同时需要制定详细的改进措施和计划，并将其纳入后续的迭代规划中。

- 迭代规划：是 CMDB 落地实践的第三步，基于复盘情况，对 CMDB 整体时间规划进行迭代修正。在迭代规划阶段，需要和相关部门进行沟通和协调，以确定迭代计划的实施方案和资源配置。同时需要考虑到实际情况和风险因素，制定相应的措施和预案，以确保迭代计划的顺利实施。
- 迭代设计：是 CMDB 落地实践的第四步，基于迭代后的 CMDB 规划，对下一阶段的核心制品进行迭代设计，包括数据模型设计、数据采集方式、数据管理流程、数据保鲜机制、数据展示方式等。在迭代设计阶段，需要与相关部门进行深入的沟通和协调，以确定设计方案和技术路线。同时需要考虑到数据质量和数据安全等方面的问题，制定相应的措施和策略，以确保迭代设计的实施效果和质量。
- 迭代纳管：基于迭代规划的输出，对后续数据纳管的规划进行重新修订，在迭代纳管阶段，需要充分考虑场景规划和相关消费方的需求，确保纳管计划和应用消费需求保持一致。

10.3.2 整体实践流程

CMDB 实践包含 4 个子流程，分别是“P01 确定成熟度级别”“P02 制定 CMDB 实践规划”“P03 基于规划执行实践”“P04 迭代优化”，如图 10-10 所示：

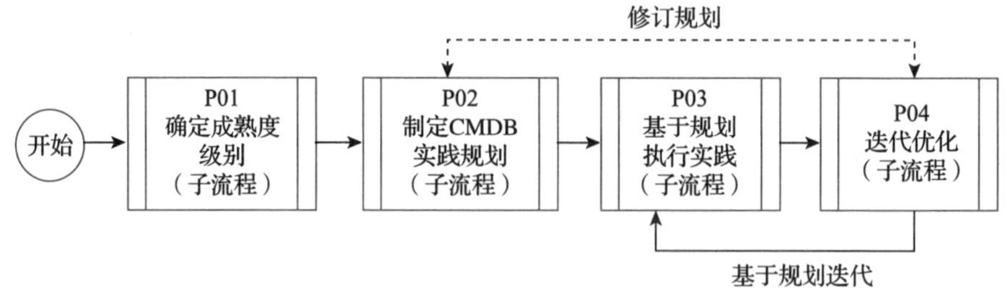

图 10-10　CMDB 实践流程（L0 级）

1. P01 确定成熟度级别

确定当前 CMDB 的成熟度级别，根据实际情况与目标的差距，制定达到目标成熟度级别需要做的事项和需要的资源，制定相应的实施计划。

2. P02 制定 CMDB 实践规划

基于“CMDB 实践规划方法”（见后续章节）明确 CMDB 实践划分的阶段，以及每阶段的目标、范围和建设时间，确定每阶段实现的消费场景、数据模型、管理机制、工具能力要求、数据纳管范围，明确实施计划和对应的实施资源。

3. P03 基于规划执行实践

按照实践计划，基于“CMDB 实践执行方法”（见后续章节）进行 CMDB 建设，确保数据的准确性和完整性，保障系统的安全性，持续监控 CMDB 的运行情况，并及时处理异常情况，记录和分析实施过程中遇到的问题，为下一步的迭代优化提供参考。

4. P04 迭代优化

评价上一阶段的实践成果，根据实施过程中的问题和反馈，进行评估和分析，识别遗留问题。需要注意的是，需要识别遗留课题是否会涉及“CMDB 实践规划”的重新修订，如需要修订则拉通相关干系人对规划进行修订和发布；反之，则将上阶段遗留课题转入下阶段迭代工作内容中。

10.3.3　CMDB 实践规划方法

作为新一代 CMDB 实践方法的首要原则，“规划先行”在成功的 CMDB 实践过程中扮演了决定性的角色。因此是否能够做好规划对于 CMDB 实践的成功与否具有至关重要的影响，而科学合理的方法对于制定 CMDB 实践流程（见图 10-11）来说则尤为重要。

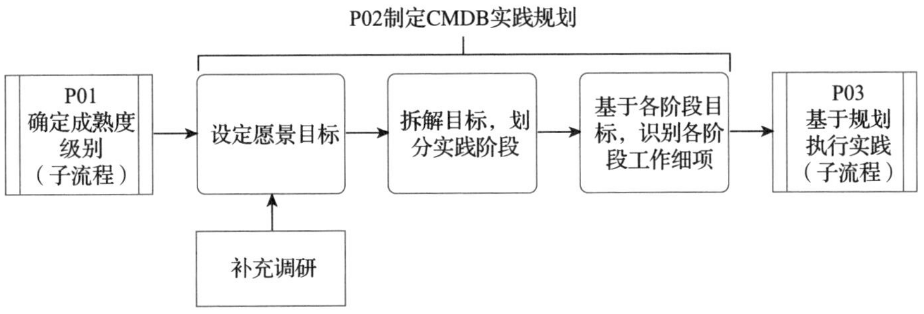

图 10-11　CMDB 实践流程（L1 级）

1. 设定愿景目标

在 CMDB 规划流程中，首先需要明确一个愿景目标，即组织希望通过 CMDB 实现什么样的目标。一方面，这个愿景目标应该与企业的战略目标相一致，并且需要考虑到公司的需求、资源和能力等方面；另一方面，愿景应与组织的现状保持契合。

（1）现状把握　需要注意的是，“P01 确定成熟度级别（子流程）”的输出物不能完全代表当前组织的现状，因为它只是通过问卷对组织的现状进行了一个粗略的评估，相当于一次摸底调研。对于组织 CMDB 完整的现状把握还需要进行一轮系统的现状调研，这个调研应覆盖 CMDB 数据生产和消费方方面面业务和所有相关的关系人和部门。

（2）如何描述愿景　对于 CMDB 的愿景的描述不应是简单的几行概括性总结文字，它应该具备可读性、全面性、可度量的特性，所以对于愿景的描述，通常建议采用以下几种形式的一种或多种。

- 愿景蓝图：在一张图中，以架构图的形式，从消费场景、管理体系、人员体制、工具能力四个维度对愿景进行描述。
- 愿景说明表：以表格的形式，对愿景蓝图各维度可达成的目标进行定性和定量的解释。
- 成熟度描述：以“CMDB 成熟度模型”为基图，在之上描述愿景所在位置，并辅以具体说明。

2. 拆解目标，划分实践阶段

对于大多数组织来说，如何将愿景目标拆解成多个阶段进行实践是一个很大的难题，因为有多个因素将影响到阶段的划分，这些因素包括：组织现在所处的位置、可支配 / 投入的资源、时间纳期要求、人员业务水平、企业文化等。这部分工作涉及的专业知识较多，同时也依赖较强的实践经验支持，通常建议组织聘请外部专家提供专业咨询服务。由于篇幅问题，本书仅对几个比较关键的问题进行讲解。

（1）拆解成几个阶段？　对于大部分组织来说，一轮 CMDB 的实践不要超过 3 年（愿景目标的设定也不要过高，不建议设定 3 年达不成的愿景），而阶段的划分通常也建议每个财务年度执行一个阶段的实践。

（2）如何对目标进行切割？　对于非资深人士来说，“CMDB 成熟度模型”是一个比较方便的工具，通过 CMDB 成熟度应用指南中的示例，组织可以很快找到与之对应的参考。组织可以根据参考规划示例，对每阶段工作的工作量进行调整，确保每个阶段工作量的均衡。

（3）确保各阶段目标的可验证性　组织应对每个阶段实践，定义一些可验证的目标，这些目标可以是定性的，也可以是定量的，以下给出一些定量验证的参考。

针对 CMDB 的效能，可从两个维度考量，即数据生产和数据消费。

- 数据生产：核心指标包括：数据准确性、数据更新及时性。
- 数据消费：核心指标包括：消费场景覆盖率、接口调用频率（次 / 日）、OneID 覆盖度、数据反哺率。

3. 基于各阶段目标，识别各阶段工作细项

各阶段工作细项的拆解建议与愿景的描述模式保持一致，从消费场景、管理体系、人员体制、工具能力四个方面进行细化描述，组织可以将内容在一个表格中进行描述，见表 10-1。

表 10-1　阶段规划表

	第一阶段（20×× 年）	第二阶段（20×× 年）	第三阶段（20×× 年）
目标	……	……	……
消费场景	……	……	……
管理体系	……	……	……
人员体制	……	……	……
工具能力	……	……	……

在实际应用中，组织可以根据自身需求将消费场景、管理体系、人员体制、工具能力维度进一步拆解，例如将消费场景按照分类进行拆解，管理体系按照数据生产和消费进行拆解，人员体制按照内外进行拆解，工具能力拆解为自助采集、数据对接、数据存储、数据管理、数据保鲜、数据消费等维度，如图 10-12 所示。

10.4　CMDB 实践执行方法

CMDB 时间执行方法用于指导每个阶段实践的具体操作，它包括实践的模型、步骤、每个步骤的制品等。

		第一阶段（拉通数据生产侧）				第二阶段（拉通数据消费侧）		第三阶段（持续运营）
		第一步 建立模型标准 建立CMDB配置管理模型标准 纳管链路监控项目涉及系统及所有基础网络设备 提供最基础的配置数据存储和维护能力	第二步 构建CMDB核心能力 纳管所有基础侧配置项的网络和配置属性信息 提供CMDB的核心能力 实现与各数据源的单向对接 具备网络和配置属性信息的自动化保鲜 实现流程化配置数据保鲜机制	第三步 构建全局配置数据"One ID" 纳管所有核心系统及所有基础侧配置项全属性信息； 强化CMDB功能，补充CMDB与流程联动能力； 实现与所有数据源的数据统一编码（One ID） 支持核心ITSM流程对配置数据的消费场景	第四步 实现归一化管理 纳管所有IT资产； 构建完整的CMDB数据生产侧功能； 实现任务驱动的人工数据保鲜机制 支持完整ITSM业务对配置数据消费的消费场景；	第五步 构建CMDB数据消费标准服务 构建标准化的CMDB数据消费服务 通过统一的配置数据，拉通ITSM流程间的关联； 为IT运维运维统计分析提供统一的配置维度数据	第六步 拉通第三方系统消费场景所有配置数据消费方通过OneID拉平数据； 达成配置数据归一化引用	
纳管范围		所有基础网络设备 #2线总装车间大小物（应用实例、主机、终端） #1 2 3 4线ALC G3（应用实例、服务器、终端） #5线总装车间大小物、电池车间大小物（应用实例、服务器、终端） #5线ALC G4（应用实例、服务器、终端）	所有基础网络设备 所有存储设备 所有安全设备 所有IaaS资源（包含公有云） 所有PaaS资源（包含公有云） 丰云行体系所有系统（包含主机、中间件实例、数据库实例） 所有钱大小物系统（包含主机、中间件实例、数据库实例）	所有基础网络设备 所有存储设备 所有安全设备 所有IaaS资源（包含公有云） 所有PaaS资源（包含公有云） 所有核心系统（包含主机、中间件实例、数据库实例）	所有基础网络设备 所有存储设备 所有安全设备 所有IaaS资源（包含公有云） 所有PaaS资源（包含公有云） 所有应用系统（包含主机、中间件实例、数库数据库实例）	无新增		
场景	数据消费场景	数据可视化类场景 链路监控（含IP拨测） 查询驱动类场景	数据可视化类场景 链路监控 查询驱动类场景 增加服务拨测能力	数据可视化类场景 链路监控 查询驱动类场景 ITSM流程类场景 服务台 需求管理流程 事件管理流程 问题管理流程 变更/发布管理流程 知识管理 资产管理 进包含设备的网络和配置参数（如：CPU）	数据可视化类场景 链路监控 内部结构图 外部关系图 网络拓扑图 位置分布图 查询驱动类场景 ITSM流程类场景 服务台 需求管理流程 事件管理流程 问题管理流程 变更/发布管理流程 知识管理 资产管理 信息安全管理 巡（点）检管理 服务目录管理 服务级别管理 …… 待CMDB覆盖全部配置项后，ITSM数据消费流程切替使用CMDB数据	数据可视化类场景 链路监控 内部结构图 外部关系图 网络拓扑图 位置分布图 信息系统依赖全景图 基础侧全景图 查询驱动类场景 ITSM流程类场景 服务台 需求管理流程 事件管理流程 问题管理流程 变更/发布管理流程 知识管理 信息安全管理 巡（点）检管理 服务目录管理 服务级别管理 ……	数据可视化类场景 链路监控 查询驱动类场景 ITSM流程类场景 服务台 需求管理流程 事件管理流程 问题管理流程 变更/发布管理流程 知识管理 信息安全管理 巡（点）检管理 服务目录管理 服务级别管理 外部系统消费场景 统一告警服务 应用监控系统 基础监控系统 云管平台 ……	
场景	数据生产场景	系统初始化 模型初定义 数据初始化 模型数据初始化 基础数据初始化 配置数据初始化 基数数据维护 基础数据维护 配置数据维护 配置数据手工维护	系统初始化 模型初定义 系统集成&接口实现 数据初始化 模型数据初始化 基础数据初始化 配置数据初始化 基础数据维护 模型维护 基础数据维护 配置数据维护 配置数据手工维护 接口同步更新	系统初始化 模型初定义 系统集成&接口实现 数据初始化 模型数据初始化 基础数据初始化 配置数据初始化 基础数据维护 模型维护 基础数据维护 生命周期流程配置 配置数据维护 配置数据手工维护 接口同步更新 流程配置数据更新 变更流程更新	系统初始化 模型初定义 系统集成&接口实现 数据初始化 模型数据初始化 基础数据初始化 配置数据初始化 基础数据维护 模型维护 基础数据维护 生命周期流程配置 配置数据维护 配置数据手工维护 接口同步更新 流程配置数据更新 变更流程更新	无新增	无新增	
保鲜机制		无	流程化数据自动更新机制 定期自动差异识别机制	流程化数据自动更新机制 定期自动差异识别机制	流程化数据自动更新机制 定期自动差异识别机制 定期人工数据审计机制	无新增	无新增	
工具应用		可视化层 链路监控视图 信息处理层 链路设计态 配置数据综合查询 数据整合层 CMDB信息存储 CMDB信息维护（配置经理） CMDB基础信息维护 数据采集层 无	可视化层 链路监控视图 配置统计分析视图 信息处理层 链路设计态 配置数据综合查询 CMDB权限管理（功能） 数据整合层 CMDB信息存储 CMDB信息维护（配置经理） CMDB基础信息维护 CMDB数据集成管理（后端功能） CMDB建模工具（列表式） CMDB生命周期流程配置（后端功能） 自动化差异识别作业管理（IP差异对比） 数据采集层 见"对接周边系统–数据生产"	可视化层 链路监控视图 配置统计分析视图 信息处理层 链路设计态 配置数据综合查询 CMDB权限管理（功能&数据） 配置数据综合导出（配置经理） 配置数据批量变更（配置经理） 配置数据质量校验 数据整合层 CMDB信息存储 CMDB信息维护（配置经理） CMDB基础信息维护 CMDB版本基线管理 CMDB数据集成管理（全面前端化） CMDB建模工具（体验优化） 自动化差异识别作业管理（持续增加） CMDB生命周期流程配置（图形化配置） 流程更新标准接口服务（优化） 人工数据审计作业管理 数据采集层 见"对接周边系统–数据生产"	可视化层 链路监控视图 配置统计分析视图 信息处理层 链路设计态 配置数据综合查询 CMDB权限管理（功能&数据） 配置数据综合导出（配置经理） 配置数据批量变更（配置经理） 配置数据质量校验 数据整合层 CMDB信息存储 CMDB信息维护（配置经理） CMDB基础信息维护 CMDB版本基线管理 CMDB数据集成管理（全面前端化） CMDB建模工具（体验优化） 自动化差异识别作业管理（持续增加） CMDB生命周期流程配置（图形化配置） 流程更新标准接口服务（优化） 人工数据审计作业管理 数据采集层 见"对接周边系统–数据生产"	可视化层 链路监控视图 配置统计分析视图 信息处理层 链路设计态 配置数据综合查询 CMDB权限管理（功能&数据） 配置数据质量校验 标准数据消费接口 数据消费注册 数据消费权限管理 数据消费日志及审计 数据整合层 CMDB信息存储 CMDB信息维护 CMDB基础信息维护 CMDB版本集成管理 CMDB权限管理（功能&数据） CMDB建模工具 CMDB生命周期流程配置 流程更新标准接口服务 自动化差异识别作业管理 人工数据审计作业管理	无新增	CMDB自身不做任何迭代，由消费侧基于自身业务需求自由使用CMDB提供的数据
对接周边系统	数据消费	无	无新增	ITSM对接 服务台 需求管理流程 事件管理流程 问题管理流程 变更/发布管理流程 知识管理	ITSM对接 服务台 需求管理流程 事件管理流程 问题管理流程 变更/发布管理流程 知识管理 信息安全管理 巡（点）检管理 服务目录管理 服务级别管理 数据反哺	无新增	ITSM对接 服务台 需求管理流程 事件管理流程 问题管理流程 变更/发布管理流程 知识管理 信息安全管理 巡（点）检管理 服务目录管理 服务级别管理 统一告警服务 应用监控系统 基础监控系统 云管平台	
对接周边系统	数据生产	无	ITSM对接 涉及CMDB数据变更的流程 应用监控系统对接 APM 听云APM 基础监控系统对接 APEX NPM Prorretheus Solarwinds IPAM 云管平台	ITSM对接 涉及CMDB数据变更的流程 应用监控系统对接 APM 听云APM 基础监控系统对接 APEX NPM Prorretheus Solarwinds IPAM 云管平台	ITSM对接 变更流程 应用监控系统对接 APM 听云APM 基础监控系统对接 APEX NPM Prorretheus Solarwinds IPAM 云管平台	无新增	无新增	

图 10-12　CMDB 阶段目标拆解

如图 10-13 所示，笔者对于新一代 CMDB 的实践执行提出了“V 模型”概念，该模型不仅描述了实践执行的步骤和各步骤的核心制品，也描述了前后期步骤间的呼应关系。

图 10-13　新一代 CMDB 实践执行“V 模型”

“V 模型”将 CMDB 实践划分为三个层面：场景、服务、平台，其核心思想为：CMDB 实践工作以“场景”为导向，基于“场景”确定支撑场景实现的服务内容，基于场景和服务，确定工具平台技术，并落于实践。

CMDB 的实践执行过程符合服务“V 模型”通用特征，即处于“V”左臂的活动范围内，并将被处于右臂的活动落实或验证，如：

- 【步骤 1：场景设计】的内容，将被【步骤 7：场景消费】所评价验证。
- 【步骤 2：服务设计】的内容，将被【步骤 6：服务运营】所落实执行。
- 【步骤 3：CMDB 平台建设】的内容，将被【步骤 5：运行维护】所应用和验证。

10.4.1　步骤 1：场景设计

CMDB 消费场景设计是 CMDB 实践过程中的第一个步骤，CMDB 中存储的“数据的实际应用场景”是什么？对日常运维工作能有什么帮助？CMDB 能给组织带来什么价值？由于组织内部 IT 环境的差异性，CMDB 建设能给不同组织带来的价值和实际能落地的应用场景蓝图是完全不一样的，这也是为何 CMDB 建设需要咨询先介入，因为直接采用 CMDB 产品只能头痛医头，脚痛医脚，治标治本。

场景设计，梳理 CMDB 建设目标，梳理 CMDB 消费场景，保障 CMDB 建设过程中能有针对性地进行行动计划，避免浪费时间和资源，且无法达到预期的效果。

1. 构建 CMDB 数据消费蓝图

CMDB 数据消费场景蓝图包括已经实现的数据应用场景以及期望能实现的数据消费场景，梳理这些场景需要考虑 IT 工程师日常运维工作所需配置数据场景、IT 相关管理人员的配置数据应用场景、未来组织 IT 战略发展所需的技术支持等，需要尽可能地多维度、多视角梳理需求，同时需求是不可能穷举的，在初次梳理时搭好框架，保留后续持续优化改进的机制，在第七步场景消费验证评价后，重新回到第一步，优化 CMDB 数据消费蓝图（见图 10-14）。

查询驱动	数据可视化			
查→读	全链路试图			
查→导出	网络拓扑图			
查→修改	外部关系图	IT服务管理（ITSM）实践/流程		外部系统/工具消费
查→看关系	内部结构图	事件管理流程	资产管理流程	基础监控管理工具
查→看视图	资产地域分布图	需求管理流程	巡（点）检管理	应用监控管理工具
查→打印	容量视图	故障管理流程	知识管理	CMTS+PNM网管
查→……	可用性视图	变更管理流程	IT连续性	端到端诊断系统
IT资产运营	信息系统依赖图	发布管理流程	IT容量管理	光平台网管
供应商评估	大屏展示	服务目录管理	可用性管理	EOC网管
维保&合同管理	3D机房视图	服务级别管理	风险管理	PON网管
低消耗资产清理	基础侧全景图	业务分析	信息安全管理	IPQAM网管
低效无效资产清理	虚拟化/容器化视图	服务台	服务请求管理	DevOps
IT资产盘点	自定义视图	供应商管理	度量和报告	AIOps
……	……	……	……	……

图 10-14　CMDB 数据消费蓝图

2. 构建 CMDB 消费场景阶段性实施规划

在梳理完消费蓝图后，可对场景实现的复杂程度和紧迫程度进行评估，将 CMDB 规划蓝图拆解成阶段性实施规划（见图 10-15）。

3. 梳理本期运维场景目标

在第一第二点两个任务结束后，会对现阶段 CMDB 建设落地后能够带来的价值期望和建设意义有一个具象的回答，再接下来就是梳理当前阶段需要实现的运维场景目标，也是第一次循环的主要任务目标。例如，建设 20 个模型、完成 20 套系统配置数据收集、实现 CMDB 数据支持 ITSM 变更流程、实现 Zabbix 为 CMDB 推送数据等具象化指标目标。

本步骤任务从组织对 CMDB 建设期望出发（包括组织明确表达以及咨询调研到的隐含期望），把远景目标拆解至阶段性目标，再从阶段性目标聚焦当下可落地、可实现的具体目标上。

第一阶段	第二阶段	第三阶段
查询驱动与ITSM流程支撑为主	IT资产运营与可视化为主	以第三方系统平台消费为主

查询驱动	数据可视化			
查→读	全链路试图			
查→导出	网络拓扑图			
查→修改	外部关系图	IT服务管理（ITSM）实践/流程		外部系统/工具消费
查→看关系	内部结构图	事件管理流程	资产管理流程	基础监控管理工具
查→看视图	资产地域分布图	需求管理流程	巡（点）检管理	应用监控管理工具
查→打印	容量视图	故障管理流程	知识管理	CMTS+PNM网管
查→……	可用性视图	变更管理流程	IT连续性	端到端诊断系统
IT资产运营	信息系统依赖图	发布管理流程	IT容量管理	光平台网管
供应商评估	大屏展示	服务目录管理	可用性管理	EOC网管
维保&合同管理	3D机房视图	服务级别管理	风险管理	PON网管
低消耗资产清理	基础侧全景图	业务分析	信息安全管理	IPQAM网管
低效无效资产清理	虚拟化/容器化视图	服务台	服务请求管理	DevOps
IT资产盘点	自定义视图	供应商管理	度量和报告	AiOps
……	……	……	……	……

图 10-15　CMDB 消费场景阶段性实施规划

10.4.2　步骤 2：服务设计

步骤一帮助我们完成了 CMDB 蓝图规划和近期目标梳理，接下来的一步能否开始工具产品落地了呢？答案是否定的。为什么？ CMDB 本质是配置管理数据库。数据管理，标准先行。为了保障能够建立一个可运营、可消费、可扩展的配置管理数据库，在整个 CMDB 建设过程中，非常重要的第二步即为服务设计。这个步骤也是很多 CMDB 厂商容易忽略的一个关键点。新一代 CMDB 从 2015 年到现在也已经 8 年了，所以在大多数 CMDB 产品中，已经内置了框架和模型，可能对于部分企业开箱即用，但是数据运营自成体系，又岂是内置工具产品就能够解决的，所以在整个 CMDB 建设中，服务设计一直是笔者在 CMDB 实践过程中反复强调的不可省略的步骤，即使在经过一整个周期建设，开始 CMDB 二阶段建设时，依旧会带领客户重新审视自己 CMDB 相关的服务设计，持续优化改进。

在服务设计过程中主要任务包括以下几个方面。

1. 设计 CMDB 模型（分类、属性、关系、生命周期）

此项主要工作任务是完成配置管理标准模型设计和配置数据标准设计，保障数据存储和使用的格式标准化和统一化，以便于配置管理数据库运行、维护便利，以及支撑多系统联动推送数据标准化操作。

2. 明确角色和职责

配置管理建设可能是由组织某一个部门发起，但是配置数据生产、消费以及日常数据维护，往往是由多个部门共同参与的。配置数据往往是组织敏感数据，为保障配置数据整体运营持续高效合规合法，在整体配置数据的角色和权限也要做好规划和设计。保障对应人员能够按需获取最小权限，保障被授权人员拥有合适的最小数据权限。

3. 明确 CMDB 数据生产管理机制

是指对 CMDB 数据的生产过程进行管理的一系列措施和方法。其目的是确保存储在 CMDB 的数据的准确性、完整性、一致性和及时性以支持 IT 服务管理的需要。主要的生产管理机制包括：

（1）数据采集机制　对于需要采集的数据，明确采集的方式、时间、频率、质量要求等，制定相应的采集计划和流程。采集过程中应该有严格的数据验证和审计机制，确保数据的准确性和可信度。

（2）数据处理机制　采集的数据需要进行处理和清洗，以确保数据的一致性和完整性。处理过程中应该有严格的数据验证和审计机制，避免数据错误和丢失。

（3）数据存储机制　存储 CMDB 数据需要考虑数据的安全性、可靠性和可用性等因素。应该制定相应的存储策略和管理流程，确保数据的完整性和保密性。

（4）数据访问机制　CMDB 数据应该有严格的访问控制机制，以确保数据的保密性和安全性。访问控制需要考虑用户权限管理、数据访问审计等要素，确保数据的安全使用。

4. 明确 CMDB 数据保鲜机制

CMDB 数据保鲜机制，可以理解为在配置数据全生命周期过程中为了保障数据准确性、可用性采取了哪些措施。CMDB 数据需要定期进行更新和维护，以确保数据的及时性和有效性。常见的配置数据保障机制包括：

（1）流程驱动数据变更

- 数据入账和退出要经过交维和报废流程。
- 其他生命周期流程对接 BPM，触发配置数据变更流程，避免因“未授权变更”产生的修改。

（2）自动发现任务

- 利用定时自动发现任务，识别在线资产的变更（增、减、改）。
- 识别的变化触发配置数据变更流程，对数据进行修正。

（3）数据审计（人工 + 自动）

- 定期制定配置数据审计任务，对账实数据进行抽查。
- 审计任务支持人工、自动两类，自动对配置信息进行检查，人工对管理类信息进行检查。

（4）资产盘点联动

- 与每年的资产盘点工作进行联动，检查账实是否对应。
- 形成报告，找出问题，制定改进方案。

（5）消费侧反馈

- 通过消费侧反馈，找到漏网之鱼。

5. 明确 CMDB 数据质量（审计）管控机制

CMDB 数据质量管控机制，可以理解为数据质量的审计结果，会影响配置数据保鲜机制的持续优化改进，是配置数据长期运行优化时的重要输入之一，也是管理侧观察配置数据运营成效的重要指标。关注的是对配置数据质量结果量化指标，制定了对 CMDB 数据质量进行定期的评估和监控的指标。常见数据质量管控指标包括：

- 配置数据标准执行情况。
- 配置数据保密机制执行情况。
- 配置项关系一致性。
- 配置项账实一致率。
- 配置数据更新及时性。

10.4.3　步骤 3：CMDB 平台建设

CMDB 平台建设包括两部分，CMDB 自身平台的选型以及 CMDB 基础功能的验证。关于工具基座选型，大多数项目 CMDB 工具基座选型是在项目立项前开展前完成了，同时部分组织会考虑将运维工具辅助的配置管理功能模块作为配置数据管理的工具基座。实际上，在配置管理初期，此类工具可以满足实际需求，但是针对大多数考虑建设 CMDB 或者期望能建设数字化运维能力的企业来说，需要考量 CMDB 工具基座是否能够满足未来发展需求。验证 CMDB 工具是否满足以下几个功能。

1. CMDB 模型数字化

建模能力、配置类模型的可编辑、可管理能力都是 CMDB 模型数字化管理的基础要求。

2. 数据自采能力规划

配置工具的自采能力，是数据初始化以及保障后续配置数据完整性和可用性的重要基础能力。

3. 数据联邦能力规划

数据的联邦能力是指利用来自其他数据源的信息，对 CMDB 中包含的记录源属性进行存取，将多个数据源合并至一个视图中，生成连同来自 CMDB 和其他数据源信息在内的报告，数据联邦可充分利用内部其他工具平台资源，实现数据的整合。

4. 标准数据消费接口规划

在技术平台建设的过程中还需要提前考量配置数据的消费场景的标准化建设，可以提高数据的可访问性，降低数据消费的成本，促进数据共享和协作。

10.4.4　步骤 4：数据初始化

在经过前 3 个步骤，可以开始数据初始化阶段工作了。数据初始化是整个配置管理数据的重要步骤，也是检验前 3 个步骤工作质量的重要环节，在数据初始化阶段，主要完成的任务有以下几个方面。

1. 线下数据收集及导入

通过系统导出的表单将配置数据录入工具平台，将传统的表格转化成系统内数据，是现阶段大多数配置管理在早期刚开始建设时试点系统或者试点范围建设时，数据初始化阶段重要数据来源采取的手段之一。

2. 多数据源联邦建立，构建数据血缘管理

数据血缘是指数据在产生、处理、流转到消亡过程中，数据之间形成的一种类似于人类社会血缘关系的数据。通过不同工具平台实现多数据联网，追踪数据的来源和去向，提高数据的质量和准确性，减少数据错误和重复，提高数据可信度从而更好地管理和利用数据。

3. 数据校验机制设计

目的是保证数据的质量和可信度，防止数据错误和重复，提高数据的价值和利用率。主要的设计规则包括采集校验、处理校验、存储校验、传输校验、使用校验等。不在步骤 2 中的服务设计，主要是需要根据实际能够采集的数据进行动态梳理设计，使其更符合配置管理数据运营业务场景。

4. CMDB“零”号基线构建

通过以上手工和工具采集数据推送等多种方式，以及数据初步校验后就可以建立一个初始的 CMDB“零”号基线，可记录所有 IT 资产的基本信息和配置项，以及它们之间的关系和依赖关系。

10.4.5　步骤 5：运行维护

在 CMDB 实践中运行和维护这个步骤主要有两块内容：CMDB 数据生产管理机制实践指导和 CMDB 数据保鲜机制实践指导。在此步骤过程中，更多的是按照步骤 2 设定好的相关数据生产机制以及数据保险机制进行日常运行维护，主要依赖于步骤 3 的 CMDB 平台建设实现的功能，进行日常运行和维护。

10.4.6　步骤 6：服务运营

在步骤 6 服务运营阶段，更多地关注整个配置数据消费运营分析与维护，关注的是在步骤 2 服务设计阶段的数据标准、数据管理流程、相关角色职责等一系列服务设计执行的运行情况。关注点如下：

- 数据消费场景的数据运营审计机制执行情况。
- CMDB 业务运营，主要支持的配置数据服务运营流程运行情况。
- 建立 CMDB 数据运营机制执行情况。
- 配置质量（审计）机制执行情况。
- 对 CMDB 工具基座优化整改建议。

10.4.7　步骤 7：场景消费

通过初次循环，按常规逻辑，应已将本期需要实现的消费场景实现，但是规划和执行不可避免存在一定量的偏差，所以在一定周期内，组织应评价本期消费场景并进行优化，制定下期消费场景实现计划，建立 CMDB 建设持续优化改进机制。

第 11 章 CHAPTER 11

安全运维护航数字时代

编者按：安全运维要求相关人员不断更新知识、管理与技术手段，应对不断变化的威胁，保障信息系统可靠性和稳定性。安全运维不仅仅是一项技术，更是一种责任、一种使命，它将引领组织驶入数字世界的安全港湾。

随着数字化浪潮愈演愈烈地席卷全球，信息技术已深刻地融入现代社会的各个角落，为经济、文化、教育等领域带来了前所未有的变革。然而，信息系统所面临的安全挑战也日益严峻，威胁程度前所未有。在这个高度互联的时代，每一次漏洞暴露、攻击事件或数据泄露，都可能引发不可逆转的损失。在这个充满活力和机遇的数字世界中，安全运维正在成为组织必不可少的安全堡垒。

信息系统是现代社会运转的神经中枢，涵盖了从金融、医疗、能源到交通等各个领域的方方面面。然而，这个数字生态系统存在着来自网络黑客、恶意软件、数据泄露等多种潜在威胁，可能会导致经济损失、个人隐私泄露甚至影响社会稳定。在此背景下安全运维变得尤为重要，它不仅关乎组织和个人的利益，更关系到整个社会的稳定和发展。

随着技术的不断进步，攻击手段也变得越来越复杂和隐蔽。近年来，各种规模的安全事件频频发生，在极大程度上揭示了信息系统的脆弱性。勒索软件、零日漏洞利用、社交工程等多种攻击手段层出不穷，让人们深刻认识到传统的安全手段已无法满足当前安全需求。安全运维的重要性凸显无遗，它要求专业人士不断更新知识、管理与技术手段，应对不断变化的威胁，保障信息系统可靠性和稳定性。

本章节将深入探讨安全运维各个方面，从近年来安全事件出发，探讨其背后的教训和启示，阐述安全运维的核心概念，描述如何实施和开展安全运维，包括方法、步骤和技术手段。重点关注安全运维体系的构建，从组织文化、技术工具到流程规范，全面探讨如何在数字世界中构建一条强大的安全防线。

安全运维不仅仅是一项技术，更是一种责任、一种使命，它将引领组织驶入数字世界的安全港湾。

11.1　安全运维是数字化的重要保障之一

11.1.1　近年来安全运维事件频发

2022 年 4 月，我国国家安全机关破获一起为境外刺探、非法提供高铁数据的重要案件。上海某科技公司为牟取利益，持续采集、传递数据给某境外公司。这起案件是《中华人民共和国数据安全法》实施以来，首例涉案数据被鉴定为情报的案件，也是我国首例涉及高铁运行安全的危害国家安全类案件。

2023 年 4 月，丰田汽车公司披露了一起数据泄露事件，暴露了 2013 年 11 月 6 日至 2023 年 4 月 17 日期间 215 万名客户的汽车定位信息。该数据泄露事件是由一个数据库的错误配置引起的，任何人都可以在没有认证的情况下访问。该安全漏洞影响了使用该公司的 T-Connect G-Link、G-Link Lite 或 G-BOOK 服务的客户。

2023 年 5 月，希腊教育部遭受了该国历史上最严重的网络攻击，攻击旨在瘫痪希腊高中考试平台。希腊教育部表示，这次分布式拒绝服务（DDoS）攻击试图超过考试平台的运转负荷，来自 114 个国家的计算机共同发起攻击，导致高中考试中断和延迟。

这些事件仅仅是近年来发生的网络安全事件中的一部分，突显了信息安全紧迫性和复杂性，也促使各行各业更加重视安全运维工作。

11.1.2　安全运维的概念

安全运维是指在信息系统生命周期内，通过合理的管理和技术手段，保障系统的安全性、可用性、完整性和可靠性的一系列活动。它涵盖了预防、检测、响应和恢复等方面，旨在降低信息系统遭受各种威胁和攻击的风险，确保系统稳定运行和数据安全。

这一概念最早来源于 ITIL 框架。在 ITIL 中，运维被定义为“日常管理和维护 IT 服务和基础设施的过程”，而安全运维则强调在此基础上保障信息系统的安全性。随着信息技术的发展和安全形势的变化，安全运维的定义已经逐渐拓展，不仅包括传统的运维管理，还涵盖了安全策略制定、风险管理、入侵检测、事件响应、灾备等一系列安全措施。安全运维的核心是将安全融入整个信息系统的生命周期中，以保障系统的健康运行。

提到“安全运维”就不可避免会讲到“运维安全”，这两个术语看起来很相似，但两者实际上涵盖了不同的概念和重点。笔者的理解是，安全运维面向业务与 IT，其概念与范围更加综合，它不仅关注信息系统的稳定性和运行，还强调了预防和应对安全威胁的全面性。它的范围也更广泛，涵盖了运维的方方面面，并将安全融入整个运维过程中。运维安全则面向运维过程本身，更注重操作细节，确保运维过程中不会因为操作失误而引发安全问题。

尽管两者有一定的重叠，但安全运维强调整体安全性和全面性，而运维安全更注重在运维过程中的安全操作。在实际实施中，将它们结合起来，可以更好地保障信息系统的安全和稳定。本文中重点讲述安全运维的实践与体系构建方法。

11.2 实施和开展安全运维

实施和开展安全运维对于保障系统安全、保护用户数据、提高业务连续性和符合法律法规和合规要求都具有重要意义。构建一套高效、合规的安全运维体系，需按照规划（P）、实施（D）、检查（C）和处置（A）四步进行安全运维工作，实现运维安全管理闭环（见图 11-1）。

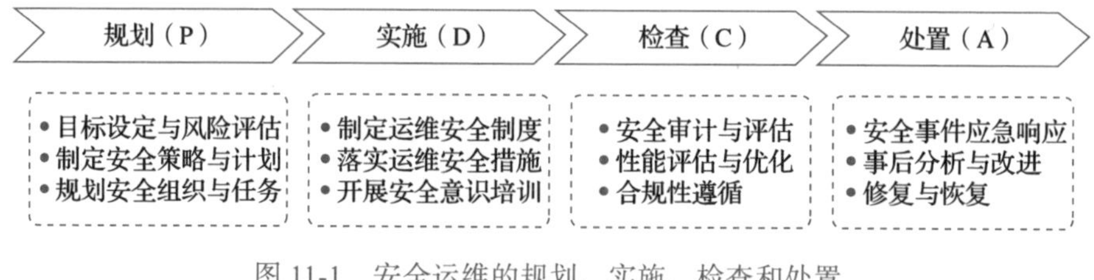

图 11-1 安全运维的规划、实施、检查和处置

- 规划阶段：组织需要确定安全运维目标，基于运维目标开展运维安全风险评估。识别运维安全薄弱环节，并制定可执行、可落地的安全管控策略及实施计划。同步开展运维安全组织的策略定义，确保安全策略及计划能够顺利推进。
- 实施阶段：制定一整套覆盖运维所有业务场景的安全管理制度，包括但不限于应用运维、网络运维、桌面运维、基础设施运维、云运维等，同时落实包括权限管控、监控盲点覆盖、漏洞及补丁管理等具体安全措施，有计划地开展运维安全意识培训，增强整体安全意识。

- 检查阶段：基于整体落地建设，定期开展运维安全审计，评估安全措施的有效性和合规性，发现潜在的问题并加以改进。检查安全措施是否对系统性能造成影响，根据性能评估结果进行优化。同步检查安全措施是否符合当地的法律法规要求，进行合规性审计。
- 处置阶段：根据预先制定的安全事件响应计划，快速响应安全事件，控制和减轻事件所带来的影响。对安全事件进行深入分析，找出根本原因，以避免类似事件再次发生，同步优化安全策略和流程。

11.2.1　运维安全规划

1. 目标设定

制定运维安全目标需要从组织的需求、风险评估和合规性要求等多个角度进行梳理。

- 了解组织需求：与组织的管理层和关键利益相关者沟通，了解业务目标与核心诉求。
- 进行风险评估：识别潜在的安全威胁和漏洞，考虑可能造成的影响和损失，并对风险进行分类分级。
- 参考合规性要求：确定所属行业涉及的合规性要求，例如：《中华人民共和国网络安全法》《通用数据保护条例》等。
- 确定安全目标：根据调研的信息，从风险、需求和合规性等方面综合考虑，制定明确的安全目标。目标应该是具体、可测量、可实现与业务目标能够对齐的。
- 量化指标设定：为确定的安全目标设定可量化的指标，以便后续能够衡量目标的实现程度，帮助组织评估目标的达成情况。
- 制定行动计划：为每个安全目标制定具体的行动计划，描述所需的步骤和资源。确定计划执行人，建立时间表和里程碑。
- 定期审查和更新：定期审查安全目标，确保其与组织变化保持一致。根据实际情况和新的风险评估结果，对目标进行更新和调整。

2. 安全运维风险评估

有效识别风险隐患并制定有针对性的改进策略，组织开展安全运维体系建设关键环节，其重要性不容忽视。

- 明确评估目标和范围：安全运维风险评估的开展首先需要明确评估的目标和范围。组织应根据自身业务需求和安全防护重点，确定需要评估的安全风险对象，如特定系统、业务流程或数据资产等。明确评估范围有助于确保评估工作的针对性和有效性。
- 全面收集信息：在确定评估目标和范围后，组织需要全面收集与评估对象相关的信息，包括系统架构、技术配置、安全策略、安全事件记录等各个方面。通过收集这些信息，可以更全面地了解现有安全状况，为后续的风险识别提供依据。
- 深入识别潜在风险：组织需要对收集的信息进行深入分析，以识别可能存在的潜在安全风险。这需要安全运维团队具备丰富的经验和技能，能够准确判断系统、流程或数据中可能存在的安全隐患。常见的安全风险包括系统漏洞、弱密码、恶意软件等。
- 科学评估风险概率和影响：在识别出潜在风险后，组织需要对其发生的概率和可能造成的影响进行科学评估。这一过程需要考虑风险的具体情况、发生概率以及可能导致的后果等因素。组织通过评估可以全面了解风险的性质和严重程度，为后续的风险处理提供依据。
- 制定风险处理计划：基于评估结果，组织需要制定相应的风险处理计划，包括风险控制、转移和规避等措施。处理计划应根据风险的性质和具体情况制定，旨在降低或消除风险影响。例如，针对系统漏洞，可以采取打补丁、升级软件或调整安全策略等措施进行控制。
- 实施风险处理计划：在制定完风险处理计划后，组织需要将其付诸实施。这需要相关部门和人员密切协作，确保计划的有效执行。在实施过程中，应关注计划的可行性和效果，及时调整和优化处理措施，确保其能够切实降低或消除风险。
- 监控和审查：为了确保风险控制措施的有效性，组织需要对其实施情况进行持续监控和审查。监控和审查的目的是及时发现和处理潜在的安全问题，防止风险再次发生或扩散。可以通过建立安全监控体系、定期检查和审计等方式实现。
- 持续改进：随着组织业务和技术的不断发展，安全运维风险评估过程也需要持续改进和完善。应定期对现有安全策略、技术手段和流程进行审查和更新，以适应不断变化的安全威胁和业务需求，同时组织应重视员工安全意识的培养和提高，通过培训和教育活动增强全员安全防范意识，共同守护信息安全防线。

安全运维风险评估作为组织信息安全的重要组成部分，需要不断地完善和发展。通过明确评估目标和范围、全面收集信息、深入识别潜在风险、科学评估风险概率和影响、制定风险处理计划、实施风险处理计划、监控和审查以及持续改进等步骤的落实，组织可以建立起高效的安全运维风险评估体系，确保信息安全防线的稳固可靠。

3. 制定安全策略与计划

安全策略与计划的制定是基于对业务需求和安全风险的理解，安全策略的制定应与企业的业务策略及方针目标相一致，并涵盖机密性、完整性、可用性和可追溯性等方面。

具体的策略制定可以从以下几个方面进行开展。

- 物理安全：确保物理设施如门禁控制等安全。
- 网络安全：保护网络基础设施，如防火墙、入侵监测等。
- 操作系统和应用程序安全：及时更新系统和应用程序，使用安全的配置和补丁。
- 数据安全：采取措施保护敏感数据，如加密、备份等。
- 人员安全：培训员工增强安全意识，遵守安全规定。

组织应定期审查和更新安全策略与计划，以适应业务发展和安全威胁的变化。建立有效的反馈机制，收集员工和相关方的意见和建议，持续改进安全策略与计划。

在制定安全策略与计划时，组织需要综合考虑自身的业务特点、技术架构和人员状况等因素，以确保安全策略与计划的可行性和有效性。同时应重视与外部安全机构的合作与交流，获取最新的安全信息和最佳实践，不断提升自身的安全防护能力。

4. 规划安全组织

规划安全组织需要从多方面进行综合考虑，以确保组织的合理性和有效性。首先，需要明确安全组织的架构，根据业务需求和规模选择合适的组织形式。其次，要为每个岗位设定明确的职责，确保每个成员了解自己的工作任务和目标。在分配责任和权限时，要确保组织成员具备履行职责所需的技能和知识。再次，建立有效的沟通机制和培训计划也非常重要，可促进信息共享和团队协作，增强组织成员的安全意识和能力。然后，应定期评估安全组织的运作状况，发现存在的问题并及时进行调整和改进。制定合适的安全政策和流程，确保组织的运作有章可循。最后，组织应确保为安全组织提供足够的资源投入，与外部机构建立合作伙伴关系，共同应对安全威胁和挑战，提高整体安全防护能力。通过综合考虑多方面因素，可以规划出一个合理、有效的安全组织，为信息安全提供有力保障。

11.2.2 运维安全实施

1. 制定运维安全制度

制定一套完善的运维安全制度是组织保障信息安全的关键。首先，组织需要明确运维安全的核心目标，确保制度与战略目标相一致。包括建立数据保护、系统访问控制、漏洞管理、事件响应等方面的制度。在制定这些具体制度时，组织可能面临一些难点。例如如何平衡安全与业务需求，如何确保制度的可执行性，以及如何应对不断变化的威胁和风险。

为了克服这些难点，组织应采取一系列应对措施。首先，运维需要加强与业务部门的沟通，充分了解业务需求，确保安全制度不会对业务造成过多阻碍。其次，确保制度具有足够的灵活性，以便应对快速变化的安全威胁。最后，提供必要的培训和资源支持，增强员工的安全意识和技能，以便更好地遵守安全制度。

在制定运维安全制度时，组织应着重考虑以下几个方面。

- 数据保护：制定严格的数据保护政策，明确数据的分类、存储和传输要求，以及数据的访问权限和加密措施。
- 系统访问控制：建立完善的系统访问控制制度，包括身份认证、权限管理和日志审计等方面的规定。
- 漏洞管理：制定有效的漏洞管理制度，包括漏洞发现、报告、修复和验证等流程。
- 事件响应：建立快速响应机制，明确事件处置流程，以便在发生安全事件时能够及时、有效地应对。
- 定期审查和更新：定期审查运维安全制度，根据业务发展和安全威胁的变化及时进行更新。

通过制定并执行这套运维安全制度，组织可以提高自身的信息安全防护能力，确保业务的稳定和持续发展。

2. 落实安全制度，开展安全意识培训

组织为落实安全制度并有效开展安全意识培训，需要采取一系列措施。首先，应确保安全制度的可执行性，将其细化并明确每个岗位和员工的责任，建立奖惩机制以激励员工遵守安全制度。同时组织应加强监督和检查，确保安全制度的执行得到有效监管。

其次，为了有效地开展安全意识培训，需要制定全面的培训计划，包括对新员工的入职培训、对在职员工的定期安全意识提升培训等。培训内容应涵盖企业的安全策略、安全制度和安全实践等方面，重点强调安全意识、风险识别和应对措施等。在培训过程中，组织可以采用多种形式，如讲座、案例分析、模拟演练等，以提高员工的参与度和培训效果。此外可以通过定期的安全演练和模拟攻击等方式，检验员工的安全意识和应对能力。

最后，为确保安全意识培训的有效性，组织应建立评估机制，对培训效果进行评估和反馈。同时应根据业务发展和安全威胁的变化，定期更新培训内容，以保持员工安全意识和技能与当前安全环境相匹配。

11.2.3　运维安全检查

通过定期的安全运维检查，组织可以及时发现潜在的安全隐患和问题，采取相应的措施进行修复和改进，从而降低安全风险，保障信息系统的安全稳定运行。

在开展安全运维检查工作之前，需要制定详细的检查计划和方案。检查计划应明确检查的目标、范围、时间、人员和资源等要素，确保检查工作的全面性和系统性。同时，应根据自身的业务特点和安全需求，制定相应的检查标准和规范，为检查工作的实施提供依据。

在制定好检查计划和规范后，需要组织专业的安全运维团队实施。团队成员应具备丰富的安全知识和技能，能够准确识别和评估潜在的安全风险。在实施检查时，应采用多种技术和方法，如漏洞扫描、渗透测试、日志分析等，全面了解系统的安全状况。在检查过程中，应重点关注关键信息系统的安全性和稳定性，如网络设备、服务器、数据库等。同时，应针对第三方服务供应商提供的软件和硬件进行安全检查，确保其符合组织的安全标准和要求。

在完成检查后，应出具详细的检查报告，对检查结果进行汇总和分析。报告应包括检查目标、范围、方法、发现的问题、建议的措施等内容。针对检查报告中指出的问题和隐患，应采取相应的措施进行修复和改进。包括漏洞修

补、配置优化、系统升级等。在实施修复措施时，需要充分考虑安全性和稳定性，避免对业务造成不良影响。同时，组织应加强与第三方服务供应商的沟通和协作，确保及时获取相应的支持和帮助。

为确保安全运维检查工作的持续性和有效性，组织还应建立完善的跟踪和监督机制，包括对修复措施的跟进、对安全事件的处理和记录、对安全运维团队的考核和培训等。通过持续的跟踪和监督，可以及时发现和解决潜在问题，提高安全运维工作的整体水平。

开展安全运维检查工作需要制定详细的计划和规范，组织专业的团队实施，出具详细的报告并提出改进措施，建立完善的跟踪和监督机制以及加强合作与交流。

11.2.4 运维安全事件处置

从安全事件分级到应急响应条件、应急处置流程以及应急演练，信息安全事件应急响应机制是一个全方位、多层次的体系。以下是对这一机制的详细描述。

1. 安全事件分级

在信息安全领域，事件分级是根据事件的严重程度和影响范围进行的分类。通常，安全事件可分为以下几个级别：

- 一级（轻微）：事件影响范围较小，对业务连续性和数据完整性无显著威胁。
- 二级（中等）：事件对特定系统或部门造成影响，但未波及整个网络。
- 三级（严重）：事件对关键系统或基础设施造成威胁，可能影响业务连续性。
- 四级（灾难性）：事件导致大规模系统瘫痪或数据严重损坏，业务连续性受到严重影响。

2. 应急响应条件

应急响应的条件主要基于事件分级和其他相关因素，如事件的性质、发生时间和地点等。以下是需要启动应急响应的条件。

- 当事件级别达到二级或以上时。
- 当事件可能引发连锁反应，导致更大规模的安全问题时。
- 当事件发生在关键或核心业务系统时。

- 当事件涉及敏感或高价值数据时。

3. 应急处置流程

应急处置流程是一个标准化的操作步骤，旨在快速、有效地应对安全事件。以下是应急处置流程的主要步骤。

- 初始响应：一旦发现安全事件，立即启动应急响应小组，收集相关信息，进行初步分析。
- 事件评估：评估事件严重性、影响范围和潜在后果，为决策提供依据。
- 资源协调：调动所需资源，如技术专家、备份系统等，确保应对措施有效性。
- 隔离与遏制：采取措施隔离受影响系统，遏制事件进一步扩散。
- 恢复与重建：修复受损系统，恢复数据，重建安全环境。
- 事后分析：深入分析，找出根本原因，制定预防措施。
- 反馈与改进：根据分析结果和反馈，持续改进应急响应机制。

4. 应急演练

为了确保应急响应机制的有效性，定期进行应急演练是必要的。演练可以模拟真实的安全事件场景，检验团队的响应能力和流程的执行情况。演练的内容可以包括以下几个部分。

- 桌面演练：通过模拟场景，检验团队对应急响应流程的熟悉程度。
- 实操演练：实际操作受控环境下受影响的系统或网络，模拟事件的发现、分析和处置过程。
- 联合演练：与其他部门或组织合作，模拟跨部门、跨机构的协同应对能力。
- 压力测试：模拟高压力环境下的应急响应，检验团队的抗压能力和决策能力。
- 事后评估与反馈：对演练过程进行评估，找出问题和不足，提出改进措施，不断完善应急响应机制。

安全运维体系构建需要从全局出发，综合考虑安全规划、实施、检查与处置等方面，确保企业信息资产的安全。

第 12 章 CHAPTER 12

业务连续性实践：误区与方法

编者按：运维的天然使命好像就是要确保业务连续。业务连续性管理已成为各行业中不可或缺的一部分，组织需要不断加强对潜在风险和威胁的防范能力，提升业务的持续运营能力。

2001 年的“9 · 11”事件对美国经济和企业造成了巨大的冲击。在这次恐怖袭击中，股市连续休市四天，飞机停飞一周，企业暂停下单，演出停止。由于位于美国世贸中心双子大厦的 1200 家公司被炸毁，其中约 2/3 的公司没有完成灾难恢复建设。这些公司由于业务数据的丧失，难以及时恢复业务，在激烈的市场竞争中被淘汰。然而，德意志银行在这次重大灾难事件中表现出色。早在 1993 年，德意志银行就制定了严谨可行的业务连续性计划（BCP）。当灾难发生后，德意志银行调动了 4000 多名员工以及全球分行的资源，短时间内在距离纽约 30 公里的地方恢复了业务运营，这一行动获得了客户和行业内的好评。如何避免业务中断，并在发生中断时最大程度降低损失，增强企业的业务连续性，是行业监管部门和经营管理者共同关注的重要课题。

本章节将从业务连续性管理定义和起源中简要介绍业务连续性是什么及其重要性，同时将指出现今企业业务连续性管理现状及问题，并配套相应的建设方法论协助企业更好地进行业务连续性管理体系建设，助力企业安全稳定发展。

12.1 业务连续性管理的概念

业务连续性管理不是一个新话题，它在 20 世纪 60 年代就开始引起业界的关注。近几十年来业界在不断探索和实践中逐渐提出了各种解决方案和策略

（见图 12-1）。到现在，业务连续性仍然是一个持续关注的话题。企业意识到，遭受重大故障或灾难事件可能会导致业务中断，对企业的声誉、财务状况和客户关系产生严重影响。因此，企业在不断努力改进和完善业务连续性策略，以应对各种潜在的风险和威胁。

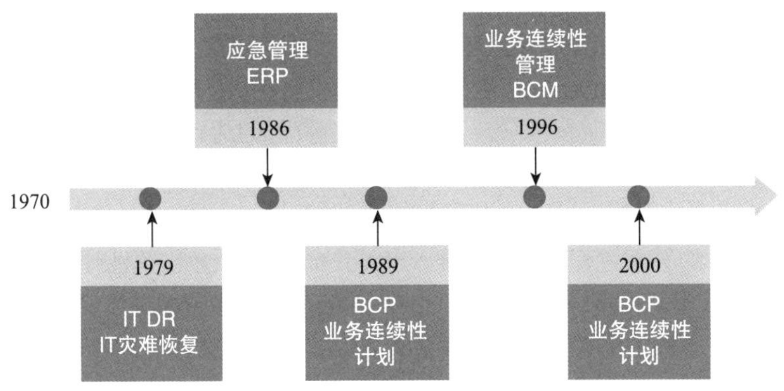

图 12-1　业务连续性管理发展历史

业务连续性管理（Business Continuity Management，BCM）的历史可以追溯到 20 世纪 60 年代，该时期 BCM 的思想和方法是包含在风险管理、危机管理等理论中的，并未作为一门单独的学科来独立研究。那时人们关注的主要是事件本身造成的直接损失，如人和物方面的损失，而对事件造成的其他损失并未给予足够重视。计算机系统在解决系统持续运行的问题时，率先对单独故障采用了冗余措施，这是最早 BCM 思想的开端。

“9.11”事件是业务连续性管理发展的重要里程碑。在付出沉重的代价后，人们认识到 IT 灾难恢复和业务连续性管理的重要性。这种重大灾难事件一旦发生，整个区域的组织都会受到严重打击，不仅组织自身，与其关系紧密的上下游组织都会受到影响，并间接导致整个行业乃至整个社会的系统性风险。因此，对组织业务连续性建设的要求不仅来自组织自身，还包括行业联盟和协会、监管部门和政府机构。与此同时，各国政府也在积极推动自身和公共服务部门的运行连续性。在 21 世纪后，随着 BS 25999 及 ISO 22301 等的推动，业务连续性管理体系（BCMS）的理念逐步得到了广泛采用。

如今，数据已经成为企业的核心资产，而客户也越来越注重服务体验，业务一旦中断，造成的损失不可估量。特别是金融、航空、电力、医疗等与民生等息息相关的行业，业务中断将给消费者带来巨大不便，甚至是恐慌。业务连续性保障已经成为企业发展的重中之重，相关标准也在相继出台，如2007年，我国发布了GB/T 20988—2007《信息安全技术 信息系统灾难恢复规范》；2009年6月，我国银保监会发布了《商业银行信息科技风险管理指引》。

关于业务连续性管理，国内外不同标准有很多不同理解和定义。《公共安全业务连续性管理体系 要求》(GB/T 30146—2013）中对业务连续性管理的定义为：识别对组织的潜在威胁以及这些威胁一旦发生可能对业务运行带来的影响的一整套管理过程。该过程为组织建立有效应对威胁的自我恢复能力提供了框架，以保护关键相关方的利益、声誉、品牌和创造价值的活动。英国标准BS 25999中对业务连续性管理的定义为：业务连续性管理是指组织通过综合的管理方法以确保在面临各种干扰和灾害时，能够持续提供关键业务功能，并最小化中断所带来的损失的管理过程。美国标准NFPA 1600中对业务连续性管理的定义为：业务连续性管理是指组织通过预防、准备、响应和恢复等措施，以确保在面临各种威胁和灾害时，能够持续提供关键业务功能，最大限度地减少中断的影响。

简要来说，组织建立业务连续性管理体系目的在于通过实施和运行控制措施来管理组织应对中断事件的整体能力，从而保障当组织的核心业务发生中断后（例如银行业ATM机故障导致所有ATM机无法存取款等），在规定的时间内（例如我国银保监会规定重要业务恢复事件不得多于4小时）将核心业务从中断事件中进行恢复，并通过控制措施保障组织在进行业务恢复过程中和业务恢复后能够与媒体、组织自身员工进行良好的沟通交流。

业务连续性管理（见图12-2）是一个包罗万象的学科，旨在确保企业在突发事件中能够持续运营，减少业务中断和损失。要保证业务的持续运行，组织必须协调与业务相关的公司上下的各个部门及其相关的管理领域，业务连续性管理与风险管理、应急管理、供应链管理、人力资源管理、公共关系管理、安全管理等管理领域互相关联，共同构成企业管理的整体。

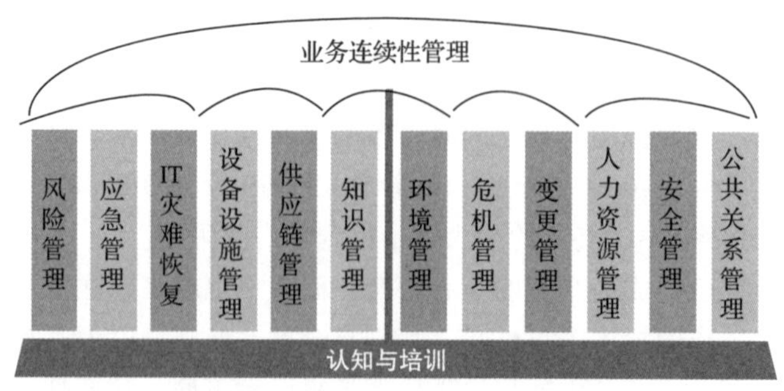

图12-2 业务连续性管理范围

12.2　业务连续性存在普遍问题

现今企业在进行业务连续性管理建设过程中，普遍存在着认识问题和实施问题。认识问题主要指的是企业在对业务连续性的重要性、风险和影响的认识上存在不足或误区。实施问题则指的是企业在进行业务连续性管理体系建设时所存在的各种困难和挑战。

12.2.1　认识误区

1. 缺乏业务连续性管理建设动力

部分人认为重大的自然灾害、突发社会 / 经济事件等风险事件是不可预期的，属于不可抗力，遇到的概率很小，即使发生了，政府机构也会进行应对处置，而且在这种事件情况下企业暂时不做业务运营也没太大问题。所以，投入很大的成本做 BCM 不值得。

也有一些企业，BCM 工作仅落在某些部门或某些团队的身上，而非全员参与，使得 BCM 体系可能存在管理盲点，不能涵盖关键业务可能面对的所有重大风险类型和风险场景。同时，也缺乏在日常对全体员工进行周期性的 BCM 意识教育，以及相应的技能培训。部分书面的应急计划或预案流于形式，未被相关人员充分地理解并掌握。这种情况造成了极大的管理成本浪费，还可能严重打击人员对于推进 BCM 的积极性和信心。

目前在我国，金融业的 BCM 建设已经走在了前面，这是因为金融业对整个社会经济活动的影响十分显著，在国民经济中位居特殊而重要的地位，甚至关系到国家安全。因此金融业率先制定了 BCM 方面的监管要求，极大地推动了金融业的 BCM 发展。而对于其他行业，目前 BCM 的监管要求基本没有，所以进行 BCM 建设的企业非常之少。

2. 认为业务连续性管理就是应急管理

应急管理偏重于人和物的救助，BCM 则偏重于挽救业务的运营流程。当前多数企业或组织的应急管理是应对突发事件的响应和处置办法，并没有解决事件发生前如何预防，以及事发后如何尽快恢复关键业务等准备，而且主要侧重于公共突发事件，并没有解决企业更为关注的业务持续问题。

BCM 方法则不同，它提供了非常具体的预案和计划的编制方法，涵盖了事情的预防准备、事中的应对响应和恢复、事后的重建和返回等，并保证了应急预案的贯彻执行、培训和演练、维护和更新等各项活动的进行。同时，BCM 方法还要求成立有效的危机管理组织机构，建立有效防范、及时响应、快速恢复的机制，并将 BCM 理念融入企业文化，确保企业能够临危不乱，从容应对，持续生存。

3. 认为业务连续性管理就是 IT 容灾，业务部门未参与进来

部分业务部门认为导致业务中断的风险只来源于信息系统，BCM 就是 IT 容灾（DRP），仅是信息科技部门的工作职责。在整个 BCM 日常管理过程中业务部门的参与程度远远不够，并且往往未能结合业务的不断发展针对所涉及的业务进行周期性的业务影响性分析和风险评估，没能够清晰、完整地识别关键的业务活动和关键资源。这将导致业务部门和 IT 部门的 BCM 计划和预案不能够有效地进行结合和联动，也不能够保证 IT 部门的资源投入满足业务所需的连续性要求。最终结果往往是投入成本巨大但收效不佳，不能保证在中断事件发生时，相关的计划能够切实维持关键业务活动运行。

数据备份、系统冗余、容灾系统、灾备中心等技术手段适用于技术环境的恢复，而 BCM 是指业务恢复的所有方面，技术恢复只是其中的一个部分。技术恢复往往只恢复基础设施和运行在数据中心的应用，测试也仅仅局限于应用能够启动。业务流程的恢复往往会涉及多个应用系统和环境，这就要求多个应用系统的配合、业务数据的正确传递和一致性，以及业务开展场地的可用。业务人员需要参与决定什么是急需要恢复的重要业务以及什么业务可以等待，并给出恢复要求，决定什么技术何时需要恢复，因此恢复计划是由业务部门驱动的，而不是技术部门。业务连续性是与恢复整个业务有关的，它需要技术人员和业务人员共同工作一起来确定什么可以保持业务的运行。

例如 2021 年发生的一个重大案例就是某游戏的中断事件，从发布的公告可以看出，由于缺乏供电意外中断情况下的应急预案和业务恢复预案，游戏运营方未能及时恢复业务。同时，运营方一直把技术故障的解决作为重点，在经过了近 4 天的故障查找和修复的努力后，只能无奈地将所有数据恢复到故障发生前的状态。事件的根本原因不是我们关注的重点，可以看到的是，仅仅关注技术恢复是不够的，业务中断如此长的时间，运营方一直在等待技术恢复，而没有业务恢复的计划和方法，对外的沟通也严重缺乏。这样的应对处理方式对该游戏的市场份额和信誉造成了极大的影响。

4. BCM 的对象仅仅局限于内部各部门

BCM 的对象不只是企业内的各部门，企业业务的持续正常开展离不开各相关方的工作，其中包括：

- 外部机构，如医院、政府、消防、气象、建筑部门等。例如，发生火灾时，需要消防部门对现场进行救灾，并在事前和事后进行评估，定期对企业进行消防演习的指导等。
- 供应商，如制造业供应链中的原料供应商等。例如，原材料供应商遇到重大灾难事件无法供货，势必影响到高度依赖于它的上游制造商的业务，从而对这些制造商的财务、信誉、客户、市场份额等造成重大影响，甚至损害到企业的长久生存。
- 机房运营商。例如，机房设施损坏（UPS 供电、火警、漏水等）有可能影响企业托管在数据中心的设备，从而影响企业的业务开展。同样，机房运营商的供应商如果遇到重大灾难事件而无法恢复业务，也可能会影响到数据中心的运营，最终也会影响到托管企业的业务开展。
- 合作伙伴，如外包的客服中心等。例如，外包客服中心遇到重大灾难无法提供服务，势必影响到企业的声誉、市场和售后服务，进而可能影响到企业的长久生存。

5. 认为业务连续性管理的持续改进不重要

很多企业觉得 BCM 组织和计划预案已经制定并经过了演练，就万事大吉了。相比 BCM，日常的业务工作更为重要。其实，这还是一个对 BCM 的认识问题，不够重视。影响企业运营的重大事件的发生是不可预测的，随时都有可能，因此必须确保 BCM 体系是随时可用和有效的，必须定期审核，持续不断地根据企业发展情况进行改进更新。

12.2.2 实施误区

1. 业务影响分析

企业往往对于业务影响分析的对象比较迷惑，经常把系统、产品作为分析对象。按照 ISO 22301 的定义，我们首先要列出主要的业务产品和服务，然后识别出提供产品或开展服务所需的业务功能或活动，以此作为分析对象。

分析时业务部门往往没有仔细考虑灾难情况下业务的运行与平时有何不同，这会造成给出的业务活动的相关信息不够准确，影响了分析结论。我们要了解该业务活动在灾难情况下是否是维持企业生存必需的，是否是时间敏感的。有些业务活动虽然可能对企业贡献巨大，但在灾难情况下是不用急于恢复的，即时间敏感度低，例如贷款业务，金额比较大，但灾难发生时暂时不办理、不审批并不会造成太大问题。

企业往往在分析之前无法确定分析模型，感觉无从下手，或者干脆照搬同行的。事实上，形成恢复优先级、损失量等数据的分析模型需要按照企业自身的情况进行定制。就是说，企业在进行业务影响分析之前应该借鉴同行的经验，根据自身情况，挑选重要的分析要素，制定计算模型，定义评分等级和分值范围，获取合适的分析结果。

基于历史原因，多数企业是从 IT 灾难恢复建设先开始的，而当前越来越多的业务依赖于 IT 系统来开展，因此很多人将业务的 RTO 与 IT 的 RTO 混为一谈，给出 RTO 恢复指标要求时基本上只考虑 IT 技术上能做到的时间。从 RTO 的定义来看，从中断事件发生开始到产品或服务恢复，或者业务活动恢复，或者资源恢复的时间称为 RTO。为了达到恢复目标，其间有应急响应的时间，也有业务应急预案和 IT 预案执行的时间，而且有些业务活动是由多个 IT 系统来支撑完成的，因此 IT 的 RTO 与业务的 RTO 是不同的。对于企业的客户、外部利益者来说，他们要求的是业务的 RTO，所以我们应当以业务 RTO 指标为要求进行恢复活动。

灾难情况下，业务开展的水平并不要求与平时相同，这是可以理解的，因此 ISO 22301 给出了 MBCO 这个指标，即可接受的最低标准的产品或服务。意味着业务恢复到 MBCO 这个指标即可。我们需要定义每个业务产品或服务的 MBCO，但要注意的是，这不一定是个数值，也可以是一种文字记述，例如只供该业务的部分产品功能或部分服务。

进行业务活动分析时，很多业务部门人员或 IT 部门人员无法给出明确的恢复资源要求，比较笼统。我们知道，业务活动的开展是由一系列资源支持的，开展活动的人员、场地也是一种资源，而且灾难情况下有些资源很难甚至无法获取。因此，必须对照 MBCO 要求，尽量细化所需的最少资源要求，而且随着中断时间的推移，需要的资源及其数量也可能会发生变化，所以在事件发生前就要做好资源的准备。如果没有明确的资源需求，后期造成资源缺失或数量不足，则必然无法完成业务恢复工作，或者需要花费比 RTO 更多的时间。

2. 风险应对措施

不能指望将所有的风险都用业务连续性计划预案来应对，因为这样的代价太大了。

在设计风险应对措施时，很多人为了简单，将很多风险应对措施写为“业务连续性计划”。其实，我们应当尽力利用代价小的手段去应对风险，例如本地修复、数据备份、购买保险等。做到事前就能尽力降低威胁发生的可能性和受到的损害。

3. 应急团队

有些应急团队并没有考虑重要岗位的备份人员。业务恢复中，人是非常重要的资源，而具有业务恢复所需技能的人员更是重中之重。灾难发生时关键岗位人员是否可用？即使可用，如果需要出差异地执行恢复工作，他是否愿意？所以关键岗位必须明确安排备份人员，对于高管层更是如此，而且，对于备份人员的技能、知识要求也应当和对正职人员的要求一致。

4. 工作场地

对于灾难情况下备用的工作场地的选择往往比较随意，对于场地内的设施是否具备、员工是否愿意去、交通是否方便等问题通常考虑不到位。经常员工是不愿意出差的，特别是在灾难情况下，很少有人愿意离开家庭。因此考虑场地时可以给出灵活的多种选择，例如通过网络在家办公，寻找具备条件的共享工作空间，或者与合适的宾馆事先签订协议。同时，也需要考虑到达后备场地的交通方式、停车场车位是否足够等问题。

企业没有专用的 EOC，或者对建立 EOC 也不重视。试想灾难情况下如果没有指定的指挥中心和配套设施，如何能够有效地协调各方快速开展业务恢复工作？

有些企业对于后备工作场地的布局、位置并不重视。设想一下，如果在紧急状况下每个到后备场地的员工都能明确知道自己该坐哪里，需要的设施、设备在哪儿，那么就节约了很多的时间。特别注意的是，领导的工位也要确定，工位要留有余量。

5. 制定应急预案

通常只有一些与消防、安全相关的措施和预案，流于形式，没有针对企业在灾难中继续生存和运行的方法，所以企业没有动力制定真正可用的预案。有些企业的应急预案只强调人员和财产的救援，没有规定在有限的时间内保护企业的生产能力，也就很难保障企业的业务持续和生存。只关注短时间内对社会造成的影响，对保持企业在灾难中的生存能力不够重视，可能会使企业倒闭、员工失业，从而对社会造成长远的问题。

多数企业的应急预案是参照政府机构的预案框架编制的，现有应急管理办法中也缺乏对企业的具体指导，所以很多企业的应急预案只有原则性要求，没有具体的执行方案，这必将导致应急预案的失效。无法预知真实事件的情况，也无法穷举事件，因此计划、预案无法写得具体准确。这是实际情况，但业务连续性计划预案的目的是恢复业务，而不是简单地应对事件，因此关注点是业务中断后的恢复手段，而不是事件的处理手段。同一场景下，可以准备多种恢复措施预案。此外，事件场景也是需要在日常工作中不断总结，加入预案中的。

12.3 业务连续性管理建设方法

为避免企业在业务连续性管理建设中存在的各项问题，企业在进行业务连续性管理建设时，应该按照以下步骤进行（见图 12-3）。

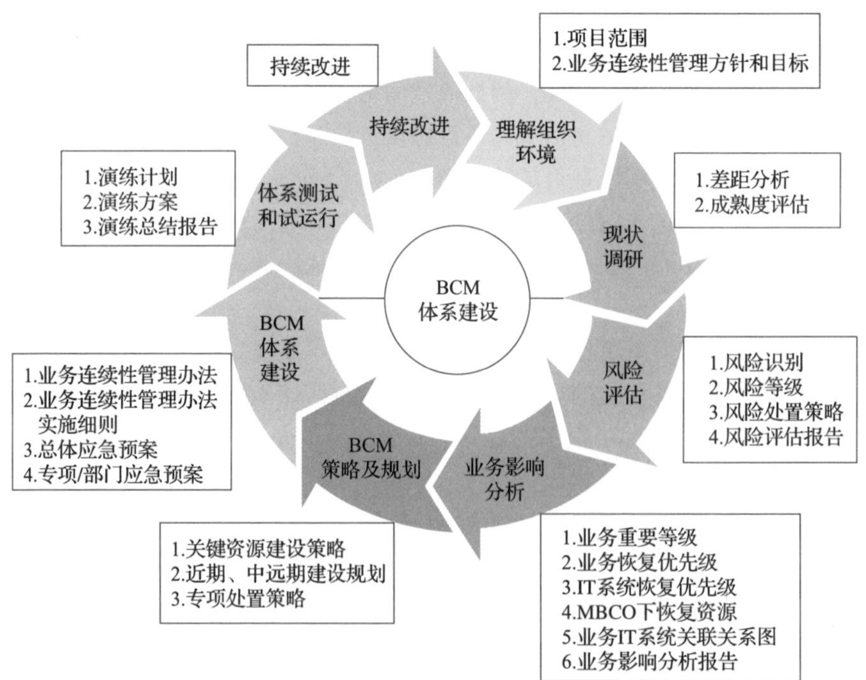

图 12-3 业务连续性管理流程

12.3.1　理解组织环境

- 确定业务连续性管理建设的范围，其中包括物理范围和业务范围。
- 确定企业业务连续性管理的方针，其中包括业务的建设规划、业务连续性管理的建设期望及资源投入偏好。
- 确定业务连续性管理的目标，其中包括本期的建设目标及短中长期的大致建设规划。

12.3.2　现状调研

1. 差距分析

针对国际及国内的监管标准及行业监管规范，从 6 大评估领域对行业业务连续性管理现状进行评估：业务连续性框架建设、业务影响分析与风险评估、业务连续性各类预案制定、应急响应和危机管理、业务连续性资源支持、体系运行及持续改进。

2. 成熟度评估

从“人员意识层面”“制度文档层面”“操作落实层面”3 个维度对业务连续性管理现状进行成熟度评估并提出改进建议。

12.3.3　风险评估

1. 确定潜在风险

分析关键业务所涉及的流程、系统、人员和外部环境等方面，确定可能出现的风险，例如自然灾害、技术故障、人为破坏等。

2. 评估风险概率和影响

对每种潜在风险进行评估，确定其可能性和对企业业务连续性的影响程度，以便对风险进行优先级排序。

3. 制定应对措施

根据评估结果，制定相应的应对措施，包括预防措施和应急响应计划，以减少风险发生的可能性和影响。

12.3.4 业务影响分析

1. 中断影响评估

根据同业实施经验、监管要求及自身发展需要，针对所选定的重要业务流程，选择合适的影响因子，如：财务因子、客户因子、合规因子和声誉因子等。之后通过外部基准法、内部指标法、量化定性法等对影响因子设定分级标准，评估业务中断后所可能造成的不同程度的经济和非经济影响。

2. 识别恢复时间目标和顺序

通过不同的分析模型，最终确定业务连续性管理的重要业务范围，同时识别重要业务流程的恢复时间目标（RTO）理论值。在进一步调研分析后，形成业务静态和动态的恢复时间值，据此确定恢复优先等级。

3. 资源识别

对业务恢复所需资源进行梳理，将每个业务流程对应的资源分为建筑、设备、技术、人力、第三方和表单六类进行调查汇总。资源的调研识别内容，一般包括资源名称、所需数量、特殊配置要求、缺失情况下的替代方式（包括替代流程、系统、功能）等。

12.3.5 业务连续性管理策略及规划

1. 评估业务连续性需求

首先需要评估企业的业务连续性需求，包括资源建设需求、业务连续性管理建设需求、业务恢复需求和系统恢复需求等，确定哪些业务必须在遇到灾难时保持连续性。

2. 制定业务连续性策略

根据评估结果，制定适合企业的业务连续性策略，包括业务恢复策略、系统恢复策略、业务连续性短中长期建设策略等。

12.3.6 业务连续性管理体系建设

1. 业务连续性管理制度建设

针对业务连续性管理日常需要建设的工作、组织架构和职责及各流程相应的方法论进行管理办法和指导手册的编制。

2. 预案体系建设

根据业务影响分析和风险分析的结果，对核心业务及系统进行预案建设，针对剩余风险等级高的风险场景输出具体的应急恢复流程。

12.3.7　体系测试和试运行

1. 演练制度建设

针对核心系统及核心业务进行演练前的准备工作，输出演练计划、方案和演练脚本等。

2. 演练实施

对所有核心业务及系统进行演练，记录演练过程中存在的问题并输出演练总结报告。

12.3.8　持续改进

1. 绩效考核制度建设

针对业务连续性管理日常工作及人员职责分配，输出业务连续性管理年度绩效考核及评价体系。

2. 年度报告

针对年度业务连续性建设成效，输出业务连续性管理年度报告。

第 13 章 CHAPTER 13

数据中心行业数字化运维转型创新实践

编者按：数据中心行业是人工智能产业的支柱和一切数字化行业的基石，其稳定可靠与高质量运行极其重要。为实现数据中心行业“数字化”到“数智化”跨越，需要基于数据中心运维 / 运营成熟度分级定义合理有序的解决方案，搭建智能的数据中心基础设施管理（DCIM）平台，实现其降本、增效、提质、降害。

13.1 数据中心行业现状与趋势

2020 年，数据中心建设被中央正式列入新基建战略，在这股浪潮推动下，加之我国数字经济及 IT 国产化的高速发展，为数据中心赋予了发展的新动能、应用的新功能、自我完善与自我学习的新机能，数据中心行业成为推动数字经济稳步发展的主力军。

2022 年 2 月，国家发展改革委、中央网信办、工业和信息化部、国家能源局联合印发通知，同意在京津冀、长三角、粤港澳大湾区、成渝、内蒙古、贵州、甘肃、宁夏等 8 地启动建设国家算力枢纽节点，并规划了 10 个国家数据中心集群。至此，全国一体化数据中心体系完成总体布局设计，“东数西算”工程正式全面启动。

受新基建、数字化转型及数字中国愿景目标等政策的促进，我国数据中心市场规模持续高速增长。中商产业研究院发布的《2018—2025 全球与中国数据中心市场现状及未来发展趋势报告》显示，2019 年我国数据中心市场规模为 878 亿元，在 2023 年增长至 2407 亿元，2019—2023 年期间的复合年增长率达到 28.68%。据分析师预测，2024 年我国数据中心市场规模将超 3000 亿元（见图 13-1）。

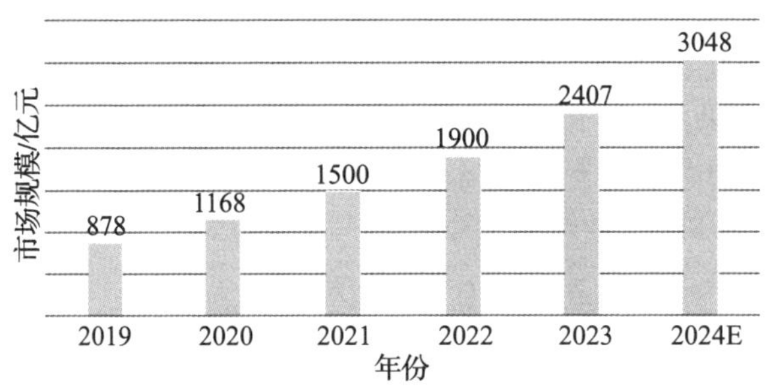

图 13-1　2019—2024 我国数据中心市场规模

数据中心作为信息高速公路的汇聚点、数据 / 内容 / 算力的承载体，是建设网络强国、数字中国、智慧社会的国家战略基础设施，是数字经济的新动能和新引擎。我国数字经济顶层设计及对数据中心的国家战略资源定位必将有力推动整个数据中心行业的高质量平衡有序发展，为国家经济战略转型提供扎实的基础保障。未来数据中心行业将呈现如下趋势。

- 优化布局：市场供需关系层面实现东西部协同发展，政策层面陆续推出能源、土地、税收、人才培养等优惠，有效降低运营成本。
- 持续创新：作为数字经济的底座，产业自身在基础设施与 IT 信息技术方向上持续创新，技术内涵持续丰富，特别在节能减排、智能运维、“无人值守”等方面保持强劲的势头。
- 算网协同：持续完善算网协同技术、运营管理机制、监管体制。通过算力调度构建全国一体化算力网络，成为推动全国算力资源优化配置的关键。
- 深化赋能：随着今年数字化转型范围的不断扩张，数据中心产业持续输出泛在算力，为传统行业企业“上云、用数、赋智”转型提供支撑，并通过算网一体服务提供更为优质、高效的 IT 基础设施。

但与此同时，也应该清楚数据中心建设仍面临布局结构性失衡、能耗水平居高不下等长期未决的难题，亟待进一步优化布局。随着基础设施规模快速增长，能耗与业务需求匹配、安全管控、智能化 / 无人化高效运营等要求不断提高，推动企业将朝着绿色、安全、高效的方向进一步发展，包括以下几个方面。

- 管理数字化：健全风险管控、运维组织、人员培训、考核奖励等机制，实现精细化管理。

- 流程规范化：依托平台，健全完善明确、规范的流程并执行。
- 人员专业化：运维人员掌握专业技能，保障 IT 系统稳定、高效运转。
- 技术标准化：建立标准的技术规范、技术方案和实施工艺。
- 运维自动化：加强自动化 / 智能化工具的使用，实现运维方式转变。

因此，数据中心相关企业围绕丰富的数据要素进行运维 / 运营相关的信息技术亟待提高。

13.2 数据中心企业数据要素管理

13.2.1 数据要素识别

在全社会数字化转型大潮推动下，云计算、大数据、人工智能、物联网等关键技术给社会带来了巨大商业潜力。但在其背后提供算力支撑的数据中心基础设施，其管理依然面临着“聋、盲、哑”的困难。

当前，我国数据中心总体处于平台化、自动化运维阶段，呈现平台化、自动化、可视化等典型特征。随着数据中心业务日益繁杂，凭借海量数据的积累，云计算、大数据、人工智能、物联网等技术在数据中心运维领域也可以发挥巨大价值，实现智能运维从单点突破到全架构、全场景的优化落地。

头部数据中心企业强力呼唤并主动拥抱这些关键技术，以达到无人化、智能化、数字孪生。这也意味着企业服务能力成熟度迈进 Level 5 级别，能够用最简单的方式运作，提升企业运营效率，降低企业 OPEX。

为达成这一目标，企业首先要完成“可观测”数据基座建设。对于数据中心来说，均以提高数据中心 ROI 为最终目标，保障数据中心业务连续性为阶段目标，通过场景关联人员生命周期、资产生命周期、管理生命周期三环，达成“人、事、物”综合管理。因此，人、事、物基础对象数据以及围绕三者运行过程产生数据均应纳入数据要素范围，予以管理。具体来说，数据中心企业数据要素包括以下内容。

1. “人”

（1）基础数据要素包括内部要素（领导、运维经理、巡检员、专业领域工程师、安保人员等）和外部要素（供应商、服务商、外包团队等）。

（2）衍生数据要素包括合同、知识、技能、经验、课程、培训计划、绩效、考核等。

2.“事”

（1）基础数据要素包括服务目录、服务级别（SLA/OLA）和流程工单等。

（2）衍生数据要素包括：

- 服务请求模板、服务请求记录。
- 巡检模板、巡检记录、巡检报告。
- 值排班日历。
- 故障、问题、临时方案。
- 应急预案、应急演练计划、应急演练记录。
- 混沌工程场景库等。
- 自动化脚本库、自动化场景库、计划任务。
- 灾备方案、灾情记录。
- 各类统计、分析报告。
- ……

3.“物”

（1）基础数据要素包括：

- 空间数据：行政机构 / 总部—分支、园区、建筑、楼宇、楼层、房间机柜等。
- IT 算力设备及配套：服务器、存储设备、CPU、内存、板卡、端口等。
- 通信设备及配套：交换机、路由器、防火墙、网线、光纤等。
- 供配电设备及配套：配电柜、变压器、不间断电源（UPS）、柴油发电动机、后备电池（铅酸、铁锂）等。
- 散热制冷设备及配套：空气冷却系统、液体冷却系统等。
- 消防设备及配套。
- 安防设备及配套。
- 应用系统、中间件、数据库等。
- 智能机器人、NFC/RFID 资产条 & 控制器、AR/VR/MR 终端、陪同仪等。
- 备品备件、辅助工具等。
- ……

（2）衍生数据要素包括：

- 能耗、容量、计算资源、带宽等。

- 知识。
- 拓扑。
- 调用链、指标、日志、告警等。
- ……

4. 关联关系数据

在数据中心日常运维和运营过程中，基于不同的业务场景、不同的用户视角、不同的管理需要，会使用并产生以上数据，用图予以说明彼此之间的关联关系（见图 13-2）。

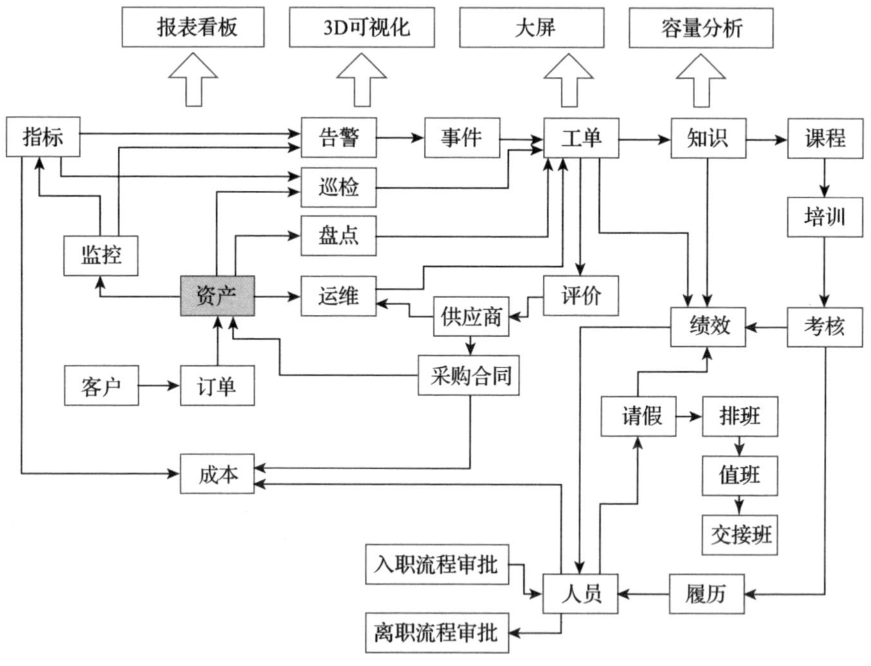

图 13-2 数据中心数据要素关联示意图

13.2.2 数据要素管理的挑战

数据中心企业围绕各类数据要素为各行各业提供稳固的数字化转型基础设施基座，快速响应算力需求。需求数据中心企业内部必须构建强大的数字化运维 / 运管平台以应对各类业务挑战。

- 如何帮助客户达成制度规范标准化，提高事项的可控性，建立高效的运维管理工作协同机制，助力管理团队提能提效。

- 如何在运营过程中，提供数据中心能耗精准计量、能效实时监控、能源合理规划，助力企业实现节能减排、绿色环保。
- 如何助力客户实现数据中心资产安全、运维作业安全、操作访问安全及物理安全场景的全面管控，提高数据中心安全等级。
- 如何通过对物联网、人工智能、机器学习、智能硬件等技术产品的充分融合，实现对数据中心管理场景的全覆盖，建立平台化、自动化、智能化的数据中心综合运维管理体系。

13.3　数据中心行业数字化运维 / 运营解决方案

13.3.1　平台建设方法论——数字化运维 / 运营成熟度模型

数据中心用以支撑数字化转型的工具平台较多，其中广义的 DCIM（Data Center Infrastructure Management，数据中心基础设施管理）体系——或称为“统一运管平台”，占据着极为核心的位置，是数据中心业务运营、日常运维不可或缺的组成部分。

以 Gartner 为代表的国际咨询组织不定期访谈全球众多 I&O 领导者，总结并预测领域发展趋势，在业务 / 技术等方面具有较深远的前瞻性。2021 年 10 月，Gartner 发布了一份基于 400 多位全球 I&O 领导者访谈的分析报告，主旨为“ The concept of DCIM is changing as data centers grow externally, become intelligent and transition to a service model”（随着数据中心向外扩展、更智能化并向服务模式转变，DCIM 的概念也在发生变化）。就 DCIM 生态体系（见图 13-3）提出了 3 点能力提升建议。

- 建议一：传统 DCIM 工具与运维领域的 IT 服务管理（ITSM）、IT 资产管理（ITAM）、IT 运营管理（ITOM）及配置管理数据库（CMDB）等软件工具紧密集成，从而可以更完整地了解运营情况。
- 建议二：传统 DCIM 工具与网（IoT）、边缘计算、微型数据中心、服务管理、工作流和自动化等新技术领域高效交互，从而可全面地了解基础设施情况。
- 建议三：利用运营分析和自动化，实施本地部署或 XaaS 模式，从而可在混合环境中最大限度地提高资源利用率，增强服务交付能力。

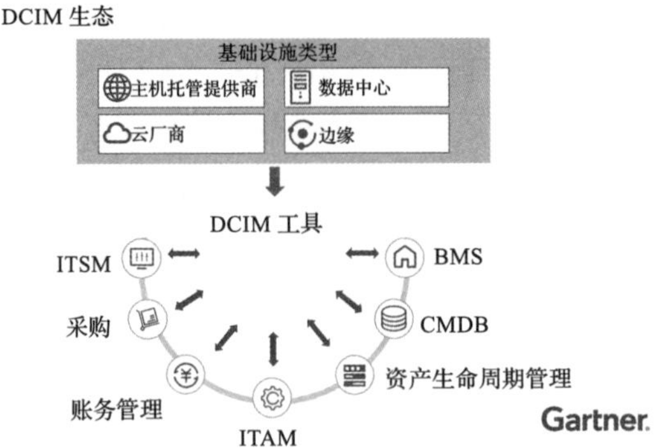

图 13-3　Gartner 分析报告——DCIM 生态体系示意图

在国内，CDCC 组织（中国数据中心工作组，下文简称 CDCC）也曾于 2016 年发布了国家标准《信息技术服务 数据中心服务能力成熟度模型》（GB/T 33136—2016）。该模型依据数据中心基础设施管理实际的硬件与软件的配置、管理内容与对象、管理平台与工具、运行维护水平等要素，将数据中心信息技术水平按照起始级、发展级、稳健级、优秀级、卓越级等五个等级进行规范化定义和能力描述。

伴随着行业业务与技术水平的迅猛发展，笔者通过充分吸收国内数据中心管理成熟度模型、国际业务 / 技术发展方向的精髓，并结合国内众多数据中心运管实践，梳理并制定了符合国内行业发展趋势的数据中心数字化转型的提升路线（见图 13-4）。

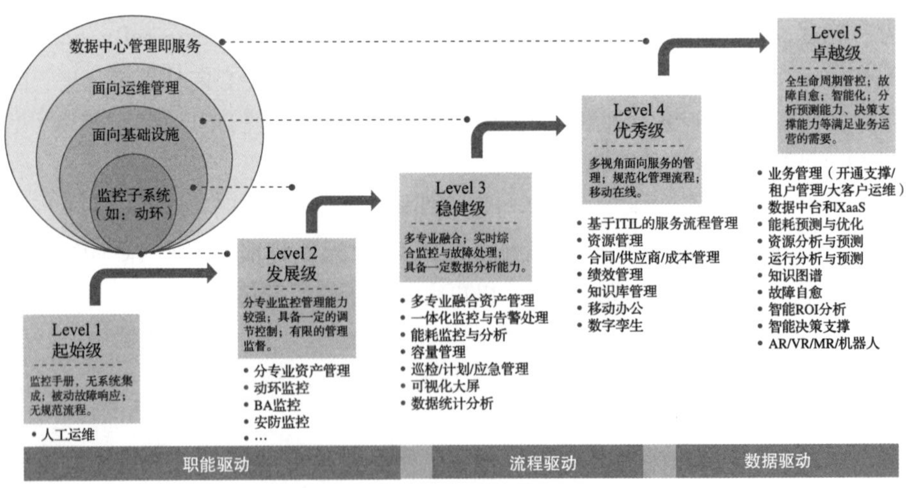

图 13-4　数据中心数字化转型提升路线示意图

具备不同成熟度级别的企业拥有不同的管理特征（见表 13-1）。

表 13-1　数据中心数字化转型成熟度级别及其特征

级别	名称	管理特征	管理能力（平台和工具）
Level 1	起始级	√ 监控手册，无系统集成 √ 被动故障响应 √ 无规范流程	√ 人工运维
Level 2	发展级	√ 分专业监控管理能力较强 √ 具备一定的调节控制 √ 有限的管理监督	√ 分专业资产管理 √ 动环监控 √ BA 监控 √ 安防监控 √ 其他专业监控子系统
Level 3	稳健级	√ 多专业融合 √ 实时综合监控与故障处理 √ 具备一定数据分析能力	√ 多专业融合资产管理 √ 一体化监控与告警处理 √ 能耗监控与分析 √ 容量管理 √ 巡检 / 计划 / 应急管理 √ 可视化大屏 √ 数据统计分析
Level 4	优秀级	√ 多视角面向服务的管理 √ 规范化管理流程 √ 移动在线	√ 基于 ITIL 的服务流程管理 √ 资源管理 √ 合同 / 供应商 / 成本管理 √ 绩效管理 √ 知识库管理 √ 移动办公 √ 数字孪生
Level 5	卓越级	√ 全生命周期管控 √ 故障自愈 √ 智能化 √ 分析预测能力、决策支撑能力等满足业务运营的需要	√ 业务管理（开通支撑 / 租户管理 / 大客户运维） √ 数据中台和 XaaS √ 能耗预测与优化 √ 资源分析与预测 √ 运行分析与预测 √ 知识图谱 √ 故障自愈 √ 智能 ROI 分析 √ 智能决策支撑 √ AR/VR/MR/ 机器人

- 服务能力成熟度处于 Level 1（起始级）和 Level 2（发展级）的数据中心，其管理模式及管理能力一般是由职能（或专业）驱动的，例如：暖通专业、动力专业、BA 专业等。

- 随着企业服务能力成熟度提升，处于 Level 3（稳健级）和 Level 4（优秀级）的数据中心，管理模式及管理能力发展为由流程驱动。企业一般会参照国际、国内成熟的规范体系进行标准化运维 / 运营流程规划和落地，例如：Uptime、CQC、ITIL 等。这也是当前国内大部分数据中心采用的主流的管理模式。
- 对于下一代的数据中心 Level 5（卓越级）来说，其数字化技术架构将发生较大改变。在这一级别中，信息化管理能力的支撑体系由传统的功能驱动转换为数据驱动，包括借助数据平台、算法平台、低代码平台的能力来优化和持续改进数据中心的整体管理水平。

从管理能力（平台和工具）角度来看，处于不同成熟度阶段的企业也极具差异性。

- 服务能力成熟度处于 Level 1（起始级）的数据中心，缺少必要的运维工具和操作规范，强依赖于个人知识、技术及经验。运维工作完全依托人员展开，工作效率、质量水平低下。
- 处于 Level 2（发展级）的数据中心一般以建设监控子系统为主，企业也围绕各运维专业逐步构建管理流程，但各专业之间缺乏联动。
- 处于 Level 3（稳健级）的数据中心一般会以面向基础设施构建专业的 DCIM 平台为主，整合数据中心各基础设施监控系统以及安全防护系统，实现多系统的一体化监控。
- 处于 Level 4（优秀级）的数据中心则会面向运维团队管理，通过整合监控、资源 / 资产、财务以及运维管理事务等系统，建设一体化运维支撑平台，并尝试采用自动化手段以提高效率和质量。
- 对于下一代的数据中心 Level 5（卓越级）说，其普遍具备了数据中心管理即服务（DMaaS）能力。DMaaS 不仅仅指的是以 SaaS 模式交付的 DCIM 软件，更是一种面向运营及客户服务、基于 DCIM 软件的服务模式。DMaaS 更多强调企业运营阶段各类数据要素的生成、采集、管理、治理、服务、共享消费能力，以实现更加自动化、智能化的业务支撑、高效决策、优化提升。

13.3.2 平台建设业务目标——场景化基础能力构建

以成熟度模型作为平台建设指导思想，数字化运维 / 运管平台需要通过以下六大场景落地及持续演进，逐步构建并提升成熟度级别，有效应对各类业务挑战。

1. 场景一：资产运营（见图 13-5）

目标概述：以资产管理、事件管理、指标管理、日志管理、用户管理等方式消除数据中心管理盲区。

针对新形态数据中心资产管理的创新型需求，通过“大数据平台 +IoT 智能硬件 + 标准化业务流程”三位一体的资产管理解决方案，实现智能化、自动化的资产运营，有效降低总体拥有成本。

- 通过资产库存管理，自动更新库存信息，降低 IT 资产的追踪成本，减少资产销账。
- 通过利用率追踪、统计和预测，自动掌控资产的利用状态和趋势，提高资产利用率。
- 通过资产安全管控，有效识别资产异动，规避降低资产缩水风险。
- 通过保养和配置管理，及时识别资产类型、质量以及位置，降低保养、维修和召回的费用。

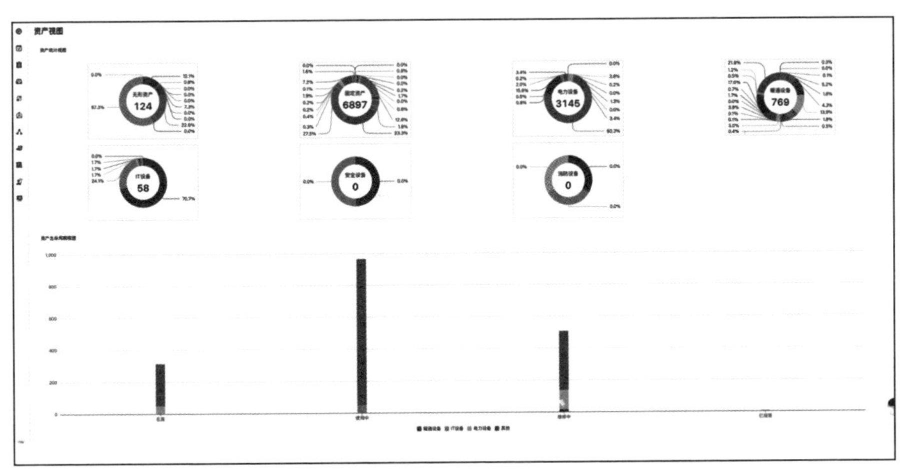

图 13-5　资产运营分析示意图

2. 场景二：运维监控（见图 13-6）

目标概述：用全资源监控、全告警覆盖等方式打造统一运维平台。

面向机房环境、机柜微环境、IT 基础资源以及机房运维人员，打造实时、实物、实景的全方位监控体系。

- 将数据中心及其各分网点机房内包含的资产、容量、线缆、供电、制冷、能耗、环境、微环境、门禁、安防、运算等资源进行有效整合与利用，消除数据壁垒。

- 可以通过 3D 可视化、2D 图表等人机交互界面对数据中心内全部资源及子系统进行集中管理。
- 利用数据处理引擎对数据进行多维度的处理与分析，不断提升故障预警的时效性和准确性。
- 通过友好的交互界面、集中统一管理、集中告警呈现、多维信息融合、问题快速溯源、故障影响判断等能力，真正做到跨专业、跨区域、跨范围综合类监控交付。

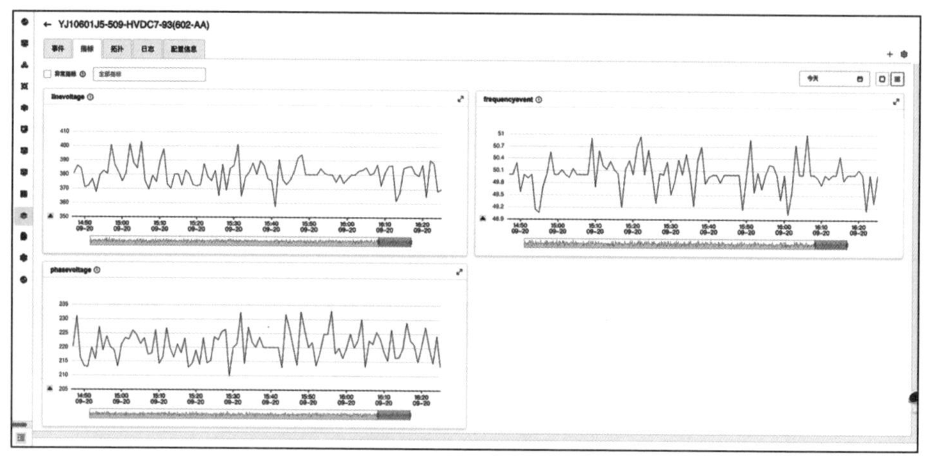

图 13-6　运维监控示意图

3. 场景三：统一调度（见图 13-7）

目标概述：打破风火水电、基础设施 /IT 等各专业领域壁垒，以工单、事件、流程等为载体实现统一调度。

以规范化的、开箱即用的标准化流程为载体、专业的、有针对性咨询服务为手段构建规范化管理体系。

- 规范资产全生命周期运营流程和操作，减少错误和风险，提升运营合规性。
- 通过流程化、标准化、精细化的巡检、维修、预防型运维、预测型运维，企业各部门将拥有统一的语言并通过统一的视角来面对业务变化挑战，有效提高管理效率，持续推进管理优化。
- 丰富的移动端应用为客户带来更便捷的使用体验，助力用户实现多渠道协同办公。

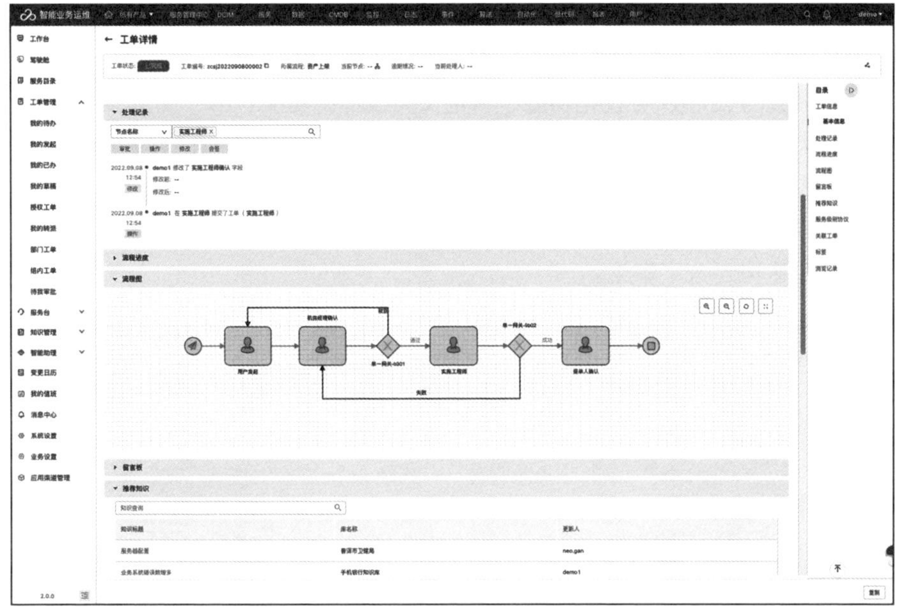

图 13-7　基于标准化流程的统一调度示意图

4. 场景四：全景可视（见图 13-8～图 13-10）

目标概述：以数字孪生、3D 全景可视化、全资源可视化等方式方法解决认知难题。

图 13-8　园区 / 楼宇 3D 可视化示意图

将多维度动态数据，融入数据中心的园区、楼宇、设备、设施、管路、桥架等实物中，将复杂数据直观、实时地呈现出来。

- 强大的 2D/3D 可视化功能、自定义路线巡游功能、第一视角参观功能极大地改善了普通静态界面的单调、交互性差、操作和信息传递效率低、决策和响应速度慢等问题，让运维工作变得简单、直观、灵活、高效。
- 利用丰富的基础资源模型库、低代码方式的个性化建模等工具和方法，快速构建数字孪生。

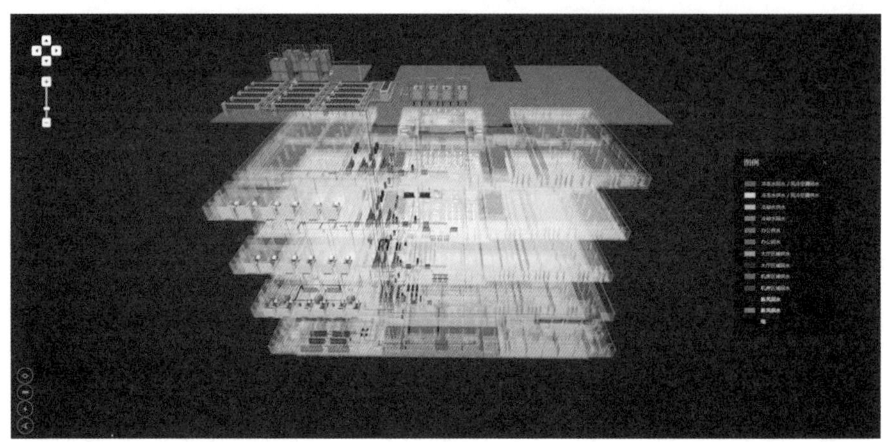

图 13-9　楼层 / 链路 3D 可视化示意图

图 13-10　机柜设备 3D 可视化示意图

5. 场景五：智能分析（见图 13-11 和图 13-12）

目标概述：以数据做底座，以算法为支撑，以报告为出口，为决策提供有力依据。

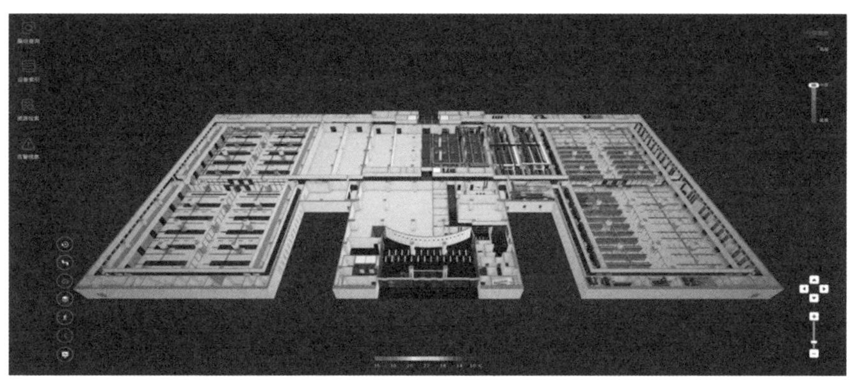

图 13-11　数据中心温度云图示意图

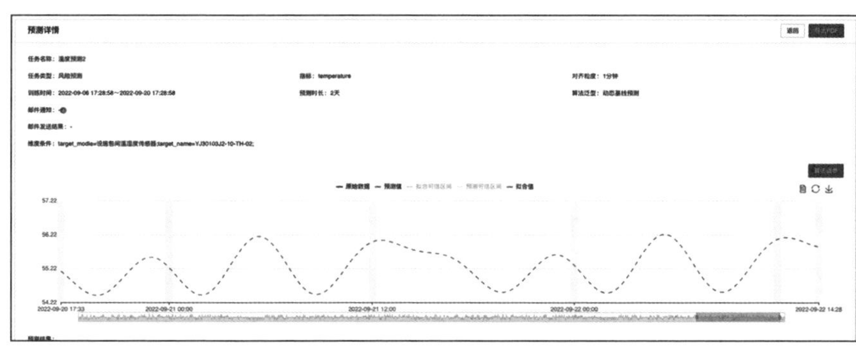

图 13-12　数据中心能耗预测示意图

通过强大的数据平台、人工智能算法引擎赋能运营管理，能够应对数据中心日益增长的资源和电力需求，解决电力效率以及功率密度方面问题，支持企业业务可持续发展。

- 通过外部采集环境、微环境、设备、设施运行数据整合，并通过大数据平台实时计算出数据中心实时的 PUE、CLF、PLF、WUE 等能耗指标，形成热度图、趋势图，定位过度制冷或者局部过热。
- 结合“人工智能 / 机器学习 + 智能 IoT 设备”对电压、温度、湿度、容量等运维指标数据进行异常检测告警、自动趋势预警，提供更快速、准确的故障发现与处置手段，提升了整个业务系统的可用性。

- 可根据变化趋势进行及时的信息预判，结合特定的算法模型分析效率损失的原因，协助客户从整体上改善效能。

6. 场景六：方案推荐 + 自动化

目标概述：用知识库、算法为数据中心赋能，实现排障、资源优化、节能减排等方案的智能推荐和自动化处理。

通过“数据 + 算法 + 报告”相结合，为决策提供有力依据，帮助企业提高 SLA、规避风险、提供可靠的决策依据。

- 支持对资源的统筹、规划与管理。
- 准确定位业务可用区域，提高资源利用率。
- 在资源规划设计或割接环节，进行资源预调配（演练），模拟构建最佳方案，根据算法引擎进行预部署的自动演算，生成计划方案与分析报告。
- 通过混沌工程，进行应急演练，模拟故障影响范围，实现关键设备影响分析的快速判断，并生成影响方案与分析报告。

13.3.3 平台建设实践——数据中心智能“数字员工”

为确保企业数字化运维 / 运营管理能力成熟度的持续演进，新一代数据中心统一运维 / 运营管理平台所需采用的技术架构显著有别于传统业务系统——以各类数据要素为驱动所打造的具备标准化、自动化、智能化特征的智能“数字员工”，而非传统的满足业务需求的功能积累。智能“数字员工”通过 6 大数据部件提供强大的应用能力（见图 13-13）。

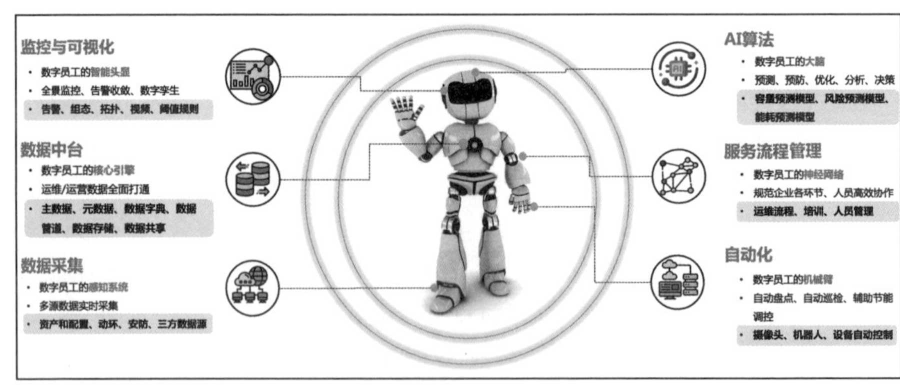

图 13-13　数据中心智能“数字员工”能力构建示意图

1.“数字员工”的感知系统：数据采集能力

统一数据采集即数据中心智能运维数据分布式采集和任务控制中心，是数据中心智能运维 / 运营的基础。包含设备直采、现有离散工具系统对接、平台内部数据归集等。

该部分负责数据的采集接入，范围包括以下几个方面。

- 电力、电气、暖通、消防、安防等基础设施实时运行信息。
- 通信、网络、服务器等 IT 设备实时运行信息。
- IoT 传感器、机器人、红外、声纹等监测信息。
- 集成 BA、门禁、视频等第三方监控子系统运行信息。
- 企业 CRM、计费、HR、ERP、财务等第三方运营支撑系统数据。

该项能力建设落地过程中，需要重点实现以下特性。

- 丰富的开箱即用数据采集器，能覆盖主流厂家常见的设备模型。
- 丰富的协议适配对接能力，支持业界主流数据交互协议，如：SNMP/IPMI/REST/JDBC/HTTP/Modbus/WebService/Socket/ONVIF……
- 具备高并发采集架构，支持千万级测点数。
- 具备高可用采集任务管控能力，支持自监控、限流、熔断等。

如图 13-14～图 13-16 所示。

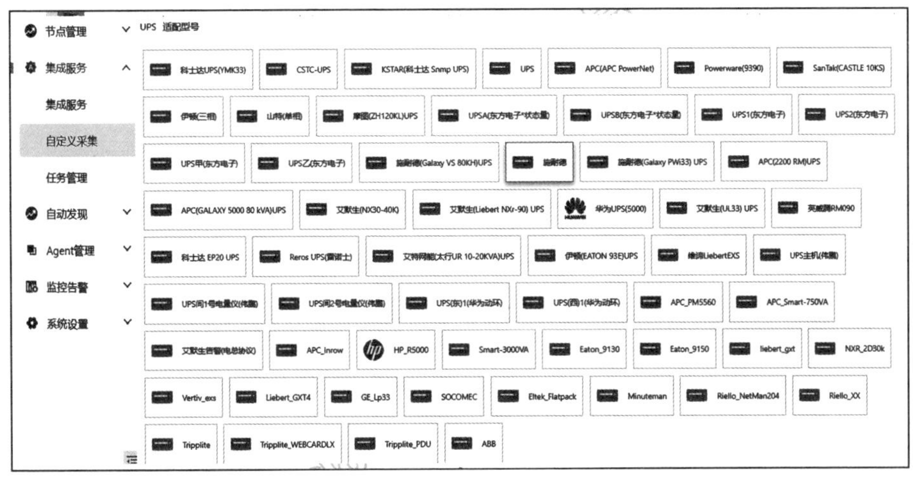

图 13-14　开箱即用数据采集器示意图

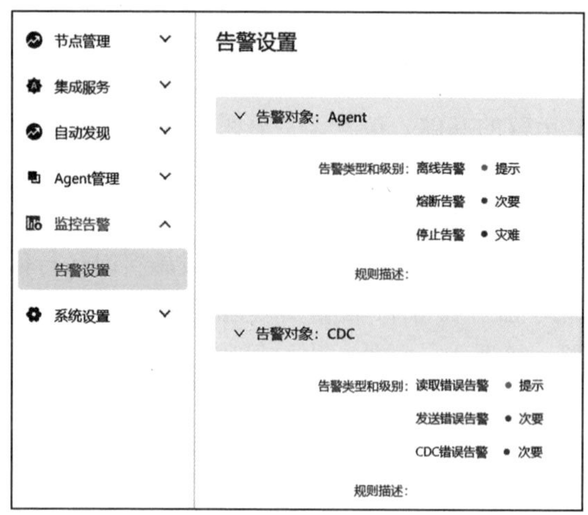

图 13-15　数据采集任务自监控示意图

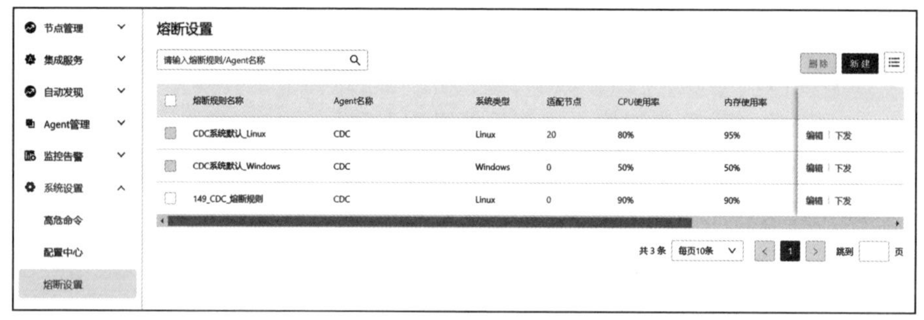

图 13-16　高可用采集任务管控示意图

2. “数字员工”的核心引擎：数据中台能力

数据中台在高粒度级别对数据中心机房基础设施的运行信息进行实时处理和存储，帮助数据中心管理人员实时掌握数据中心的运行状况，管理空间、电力、冷量、能耗等核心资源参数，持续提高基础设施的可用性、资源利用率，提升管理水平与服务质量。其基本功能架构如图 13-17 所示。

数据中台是业务能力的抽象汇聚，通过系统化建设，实现运维 / 运营数据全面打通，为内外部应用场景提供硬核能力，包括以下几个方面。

（1）面向运维 / 运营数据的统一运管数据中台能力，包括：

- 主数据管理：数据资源库数据管理。
- 数据字典管理。

- 数据管道：流式引擎、批处理引擎、OLAP 引擎、关系数据引擎。
- 数据存储：ER 数据、图数据、时序数据、消息数据、非结构化数据（流量数据、日志数据等）、视频 / 音频数据等。
- 数据分析。
- 数据共享：数据共享（数据集）、数据服务（REST API）。

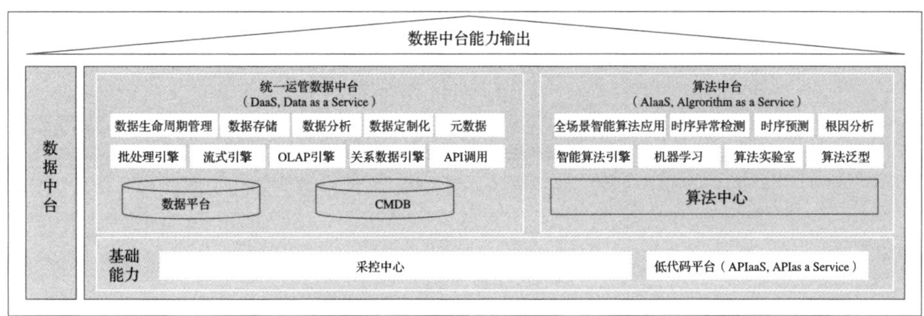

图 13-17　数据中台功能架构示意图

（2）面向复杂场景可视化编排的低代码能力。

（3）AI 赋能全运维 / 运营场景的算法中台能力，包括：

- 智能算法引擎。
- 机器学习引擎。
- 算法实验室。
- 算法参数集管理。
- 算法管理：单指标检测类、单指标预测类、日志模式识别类、基于日志模式的异常检测类、多指标分析类、单指标预测类、根因原本原析分析场景原因分析赋能（Algrorithm as a Service，AIaaS）。

3. “数字员工”的智能头显：监控与可视化能力

监控与可视化部件是通过看板、仪表盘、3D 数字孪生等人机交互界面，实现对数据中心内全部资源及子系统的集中统一管理、智能告警处置、多维信息融合、问题快速溯源、故障影响判断。

该部件涉及的数据要素包括：告警、组态、拓扑、视频、阈值规则等。该部件需要具备的能力分项至少包括以下几个方面。

- 监控能力：围绕 DCIM 为核心，将数据中心风火水电等基础设施进行统一管理，涉及对资产、容量、线缆、供电、制冷、能耗、环境、微环境、运算资源等进行机柜级微环境实时监控（见图 13-18）。

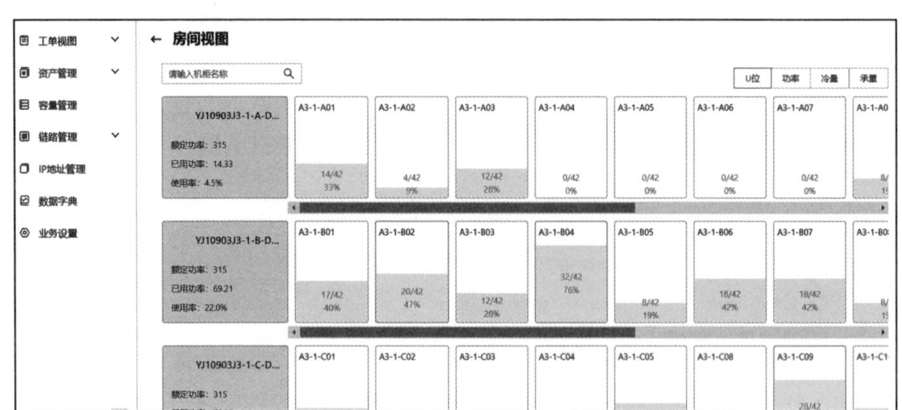

图 13-18　容量监控示意图

- 告警能力：统一数据中心企业现存众多离散的分专业监控工具的告警信息，通过人工或智能方式设定阈值，自动预警、告警，并支持智能化根因分析、告警风暴抑制。全方位建模，通过数字孪生手段，满足管理层对跨专业、跨区域、跨范围的多维信息进行统一呈现的诉求。

4. “数字员工”的神经网络：服务流程管理能力

服务流程管理能力以 IT 服务管理最佳实践为理论基础，以大数据和人工智能技术为支撑，适应企业数字化转型中新的业务发展与 IT 架构的特点，对数据中心各类要素（人、物、财）进行科学的组织，提高运维管理工作水平，提升运维整体效能。

数据中心企业常遵循的运维管理或 IT 服务管理标准或最佳实践包括以下几个方面。

（1）国内标准 / 最佳实践：

- ISO 20000。
- ISO 27001。
- ITSS。

（2）国外标准 / 最佳实践：

- ITIL 4。
- Uptime M&O。
- CQC8302。

在引入标准 / 最佳实践基础之上，匹配企业当前管理能力及业务需求，通过灵活的可视化流程编排持续构建和优化企业各项管理流程（见图 13-19），并通过桌面及移动端（见图 13-20）、小程序等多种途径发布使用。现阶段，数据中心核心的管理流程包括以下几个方面。

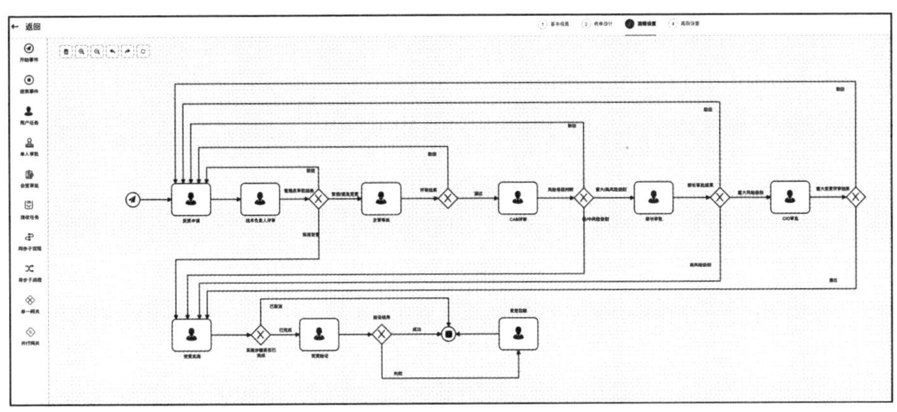

图 13-19　可视化流程编排能力示意图

- 资产全生命周期流程：设备上下架，上下电、迁移等。
- 运维流程：事件流程、服务请求流程、变更流程等。
- 运营流程：值班管理、巡检管理、供应商管理、合同管理、培训管理等。

5.“数字员工”的机械臂：自动化能力

数据中心自动化能力依托 IoT 资产条（NFC、RFID 等多种技术）、UWB 定位、智能巡检机器人等新技术手段，提供人员 / 资产准确定位、灵活制定巡检 / 计划运维等规律周期性运维任务的能力，可以有效解决机房多点分布、现场巡检频次高、巡检点多、巡检质量差的问题，支撑“无人化”诉求。

其中，基于 IoT 资产条的资产 U 位自动化管控能力对于关注高等级 / 高价值机房空间利用率的客户至关重要——可以显著提高资产利用

图 13-20　移动办公能力示意图

率、资产定位效率、资产盘点效率、资源规划可靠性、资产变更合规性，同时有效降低设备保养、维修和召回的费用。

通过智能巡检机器人（见图 13-21）可以完成自动识别故障灯、资产盘点、身份识别，减少人力成本、巡检人员到场时间。

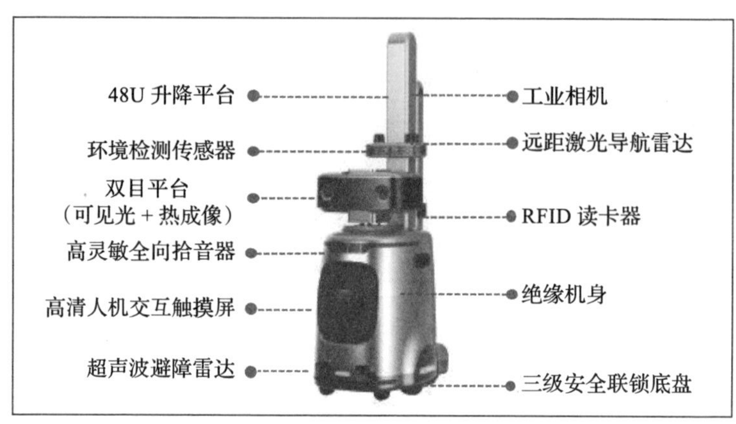

图 13-21　智能巡检机器人示意图

6.“数字员工”的大脑：AI 算法能力

数据中心相关 AI 算法能力需要结合数据中心业务场景定制专属算法模型，为机房运维及运营赋能。基于时序分解、机器学习、深度学习等算法预测，有效提高故障排查效率，减少故障解决时间，优化运营能效，并提供机房资源情况变化预警能力为数据中心运营发展助力。

面向运维工作的常见 AI 赋能场景包括：

- 机房温湿度预测。
- 机房功率预测。
- 数据中心 / 机房等多级电量预测。
- 电池健康预测。
- PUE/pPUE/WUE 预测：着重需要说明的是，基于时序分解、深度学习等算法预测数据中心 PUE/WUE；协助运营人员洞察各运行参数与 PUE 的关联影响，结合知识图谱自动寻找最优运行参数方案，提供节能优化建议。

面向运营工作的常见 AI 赋能场景包括：

- 运营成本预测。

- 资源规划智能辅助决策。
- 容量预测分析。

AI 能力可以与自动化能力有机结合，完成诸如空调自动调控、服务自动搬迁（低效资产腾退），以最终实现“无人值守”。

13.3.4 某大型 IDC 企业“数字员工”实践

某大型 IDC 服务商总部位于广州，旗下在全国拥有 14 处数据中心（未来随业务发展仍会扩展多处数据中心），资源总量大（近 3 万架）、管理难度大。

为提升数据中心运维效率，提升运维质量，提升基础设施安全等级等现代化运营能力，全面实现运维工作标准化数字化，统一全国运维管理体系，启动统一的总部基础设施运营平台建设工作。

建设之初，通过梳理各层级管理需求，确定了“降本、增效、提质、降害”平台建设目标，并从人、事、物、技术四个维度出发，规划建设蓝图（见图 13-22）。

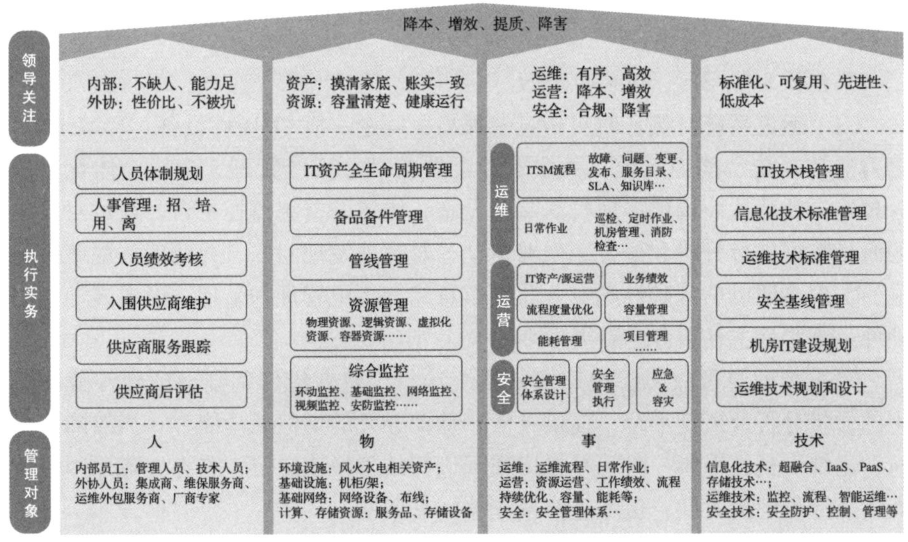

图 13-22　平台建设业务蓝图

该企业依据如图 13-22 所示的业务蓝图，围绕数据要素及“数字员工”理念，设计了新一代运管平台的能力蓝图（见图 13-23），并务实地采纳多期建设方案来实现平台落地。

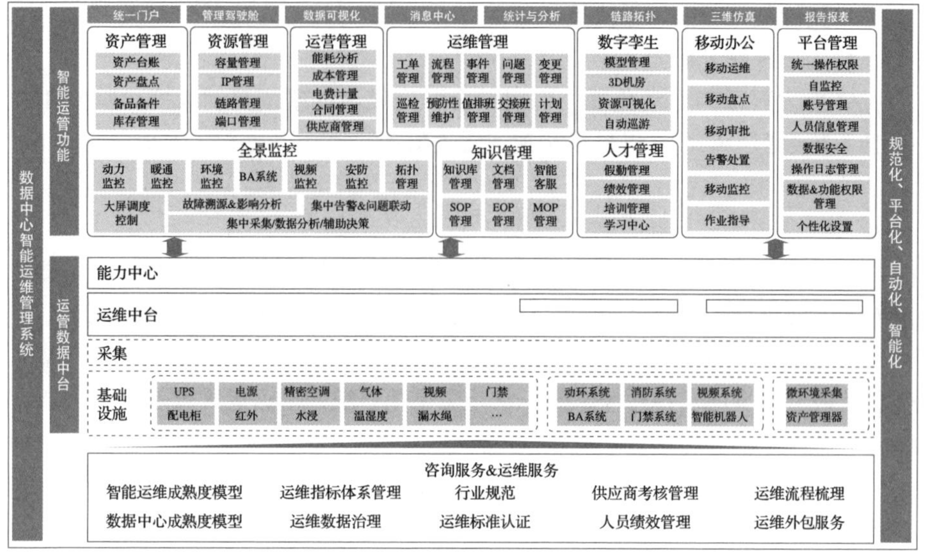

图 13-23　平台建设能力蓝图

平台投入使用后，已初见成效。

（1）通过系统对接，解决信息“孤岛”问题　以 IT 硬件设备、环境设施、电力监控系统、能源系统，关联资源配置管理、资产管理、全行一体化运维管理等系统，从而构建多地机房基础设施一体化的资源监控平台。通过对收集的海量数据进行分析和聚合，能够主动、及时地发现问题，并调度资源解决问题，实现多地机房基础设施专业监控信息综合集中管理和呈现，形成多地机房硬件运维管理主动服务的新局面。

（2）帮助定位故障，快速恢复系统运行　建立机房基础设施硬件故障集中的告警分析及展现平台，提供灵活、移动办公的事件处理能力。当故障产生时，运维人员可以第一时间在机房现场进行故障快速定位，洞悉故障原因，从而缩短故障解决时间，保障生产系统整体可用性。

（3）全国项目统一查看，落实监控　对全国数据中心进行统一监控管理，实现各类设备指标实时采集、实时监控，告警事件统一管理。

（4）规范运行管理，实现运维操作电子化　统一多地机房日常运维管理机制。梳理日常运维场景，结合属地特点，统一相关报告或表单模板及报送机制，实行运行信息扎口管理。整合生产环境的运行数据以及信息资源，建立详细准确的运维信息管理平台，实现电子化运维，提高工作效率，减少人为操作失误，从而更有力地保障机房基础设施管理的安全稳定运行。

（5）生命周期可追溯，资产管理自动化　以流程驱动实现多地机房资产从到货验收至调拨报废的全生命周期统一管理，以及供应商历史信息、合同要素的集中管理，实现资产定位和盘点，提高资产的利用率，避免资源的重复浪费，从而提高工作效率。

（6）掌握运行质量与效率，合理利用资源　实时了解多地机房资源的负载与使用情况，借助 AI 算法能力从能耗、制冷、空间等多维度衡量并优化资源的使用情况，提高机房的资源利用率及合理性。

13.4 “数字化”到“智能化”的发展之路

随着覆盖数据中心全生命周期的各种新技术普及和推广，资产维修维护成本趋于精准合理，运行维护效率得到提高，运维团队人力成本明显降低，节能工作主动性加强，节能收益显著。

特别是在“智能化”方向的进一步探索，将为数据中心运维、运营进一步降本、增效、提质、降害。

1. 运维智能化探索

- 设备状态评估：利用设备相关的多维指标时间序列，结合历史样本进行训练，建立相关分类模型实现对设备状态的评估和预测。
- 设备缺陷处置建议：基于设备状态趋势预测结果，找出可能性最大的影响因子，实施针对性检修。
- 检修时间点评估：通过劣化规律分析进行设备检修时间点评估，同时根据设备状态评估和预测结果，再进行设备检修点评估 / 评价 / 优化。
- 用电分析：提供数据中心 PUE/WUE/CLF/PLF 等能耗指标，通过智能分析资源能耗，对电费异常及时告警，防范电费“跑冒滴漏”。
- 能效优化：通过物联网技术 + 自学习增强算法，寻找数据中心各系统的最佳运行方式，实现能量按需分配，节能精确到点，实现数据中心的整体绿色运营。

2. 运营智能化探索

- 人员绩效考核：从人员考勤、培训成绩、巡检质量及工单处理时长等多数据维度构建运维人员绩效体系数据模型，汲取关键指标对运维人员进行量化绩效考核。

- 知识推荐：基于大量的事件工单、问题工单数据，引入人工智能技术总结出来历史问题的处理经验形成知识库，供后续类似问题处理时参考。
- 供应商考核：从供应商 SLA 履行、应急响应时效、故障处理质量等多数据维度计算分析，形成供应商质量报告，对供应商维保服务进行量化考核。
- 资产回报分析：实现观测设备运行情况和售后服务情况全面分析形成一站式可视化展示，为数据中心运维管理、扩容及再投入提供决策的数据支持。
- 运营成本预测：根据运营成本的当前值及历史数据，通过 AI 预测算法对未来的运营成本开销进行预测，从而支持运营成本预算。

未来，新的感知技术成本降低和智能算法自我学习特性的进一步提升，将会持续照亮数据中心“智能化”之路，让我们拭目以待！

第 14 章 CHAPTER 14

构建智能运维技术与工具

编者按： 数字化运维在技术落地的过程中，坎坷沟壑非常之多，对数据平台搭建、数据采集与传输、数据汇聚、存储与建模、数据计算、AI 体系化、场景与工程融合等方面提出了更为严格的要求，需要一个强有力的架构和开发团队。

随着应用系统效率和复杂度的提高，用于支撑应用的环境变得越来越复杂，尤其在微服务与容器化技术发展迅猛的情况下，为 IT 增加了大量的服务和技术组件。日益复杂的系统架构和规模不断扩大的 IT 系统，无时无刻不产生海量的数字化运维数据。大多数的数字化运维和运营团队，难以快速准确地获得实用信息和管理资源。

传统的 ITOM（运维管理）由于其人工 & 被动的响应方式，已远不能支撑业务如此迅速的发展，需要使用智能运维平台能力来获得数据支持和决策支持。从传统 ITOM 运维管理到智能运维的演进过程中，需要一系列关键技术的支撑。

14.1 分层和演进

国外著名的信息技术咨询公司 Gartner 早在 2017 年就对智能运维平台的架构建设做出了一系列的研究。智能运维平台架构可抽象为几个层面：数据采集层、数据汇聚层、数据存储层、建模应用层、分析学习层、应用反馈层。

- 这里提到的运维数据包括数据流和流式数据、日志数据、数据包、文档等结构化、半结构化、非结构化数据。

- 数据由 ITOM 工具或其他监控采集工具产生或采集得到。
- 经由汇聚层的清洗和转换到达数据存储层暂存或存储。
- 支持实时分析、深层分析能力的分析层，依据某种识别、检测、预测场景，应用一组或一系列算法得到结论或概率。
- 平台向外提供多种数据应用和交互方式，如可视化仪表盘、运行 / 运营控制舱、标准接口（API）/ 自然语言接口等。
- IT 服务管理（ITSM）平台或其他工具，获得平台推送的事件或结论，依据某种知识，进行某种策略执行，完成故障 / 隐患的发现、隔离与恢复等操作，形成事务循环。

这当然是一个非常理想的层次划分，实践落地时还存在诸多沟壑与挑战，怎样应对是关键。

14.1.1 采集与传输

运维监控有一个非常突出的特点是问题发现的敏捷性，故障发生后就要根据数据实现事件的产生与消息通知。因此大部分运维数据都是流式数据，所谓流式数据是指在时间分布和数量上无限的一系列动态数据集合体，数据的价值随着时间的流逝而降低，因此必须实时计算并给出秒级响应。

数字化运维管理工具集（以下简称“工具集”）至少包括：基础服务可用性和性能监控工具、网络性能监测与诊断工具、中间件服务可用性和性能监控工具、应用性能管理工具、系统运行日志管理工具、IT 资产管理工具和 IT 服务支持管理工具等。在整个故障从隐患产生到恢复的过程中，有几个明显问题：

（1）监控数据获取的问题：

- 监控工具繁杂，无效数据充斥。
- 大量人工配置，缺乏问题的第一级识别。

（2）隐患发现的问题：

- 静态阈值：潜在隐患不能及时发现、重大隐患处理延迟。
- 信息检索和甄别难度大：海量信息难以迅速定位原因。

（3）告警的问题：

- 事件处理效率低：历史告警无模型。
- 缺少事件压缩和升降级，大故障时消息风暴会带来副作用。

（4）处理的问题：

- 缺乏有效的数据依据：严重依赖人脑和经验。
- 处置后无法评价，只存在故障与否，一旦波动束手无策。

在智能运维的四个典型场景——智能异常检测、智能告警、智能故障原因分析、智能时间序列预测中，可预期的输出结果有影响范围、原因概率和影响概率、具体的某个类型的对象实体，从而要求应用到的数据必须包括以下几个特征：

- 足够存量的数据以及足够的数据增量。
- 数据维度覆盖度（时间维度、空间维度、系统级维度、应用级维度等）要足够。

只有在满足以上条件时的应用性能数据，才具备建模分析条件，才具备可被智能运维平台利用的价值。同样，基础监控工具采集的操作系统及集群运行性能状态数据、网络监测诊断工具生产的网络可用性和运行性能数据、中间件服务监控工具采集的中间件可用性和运行性能数据等，也需具备以上特征条件，才可被建模利用。

与此同时，为了达到智能运维平台及时有效，数据采集和传输的时效性、多维数据源割裂采集的现状，以及在后续建模过程中进行多维数据的高效关联，都对数据采集和传输提出了极高挑战。许多优秀的开源工具可以很好地组织、完善某领域的监测数据收集工作，为了满足上述数据特征，要求在数据采集时，充分考虑多工具的时间维度对齐、质量标准对齐、系统维度和应用维度对齐等要素，数据采集之后的传送效率，以及对原操作系统和原应用系统较低资源消耗。

在平台建设时至少要对数据采集层提出以下技术要求：

- 跨平台、跨语言栈、高兼容性的多模式统一采集质量标准。
- 兼容多种非容器化与容器化运行环境。
- 一致的维度关联属性。
- 在资源占用、数据压缩比、时效性之间可权衡、可调节的传送机制。
- 可靠的熔断和止损机制。
- 易于部署、维护和统一配置和任务管理。

14.1.2　汇聚与建模

工具采集并传输数据到平台服务器端之后，首先要通过数据汇聚层。数据量的增速是迅猛的，或将达到网络的上行极限或磁盘的写入极限，因此对汇聚层的服务自身可用性和吞吐性能要求极高。数据汇聚，首先要解决的是多工具/多平台并行导致的数据孤岛问题。汇聚层更像“数据湖”，而非“数据集市”。数据集市具备集中数据并向所需人/程序/任务提供数据的能力，而并不能解决元数据管理、数据清洗转换、数据所有权与控制访问等管理和处理问题。

一个完善的数据湖的优势包括：元数据限制更为宽松的数据写入和获取途径、简易的数据清洗任务创建与管理、灵活的数据访问控制和使用行为审计、具备从原始数据的发掘中更便利地进行价值发掘的特性、具备更敏捷的扩展特性等。

我们所熟知的 Kafka、Palsar、NSQ、RocketMQ、RabbitMQ 等消息中间件，Zookeeper、EtcD 等元数据和状态同步中间件，YARN、Oozie、Sqoop、Spark、Flink、Storm 等任务调度工具或框架，MongoDB、Hbase、Elasticsearch、HDFS、Clickhouse 等分布式数据存储工具或系统，HIVE、Pig、Impala、Druid、Spark、Kylin 等实时或近实时数据抽取分析工具或系统，Ambari、CDH 等分布式部署扩展管理工具，以及其他大数据组件或中间件，均只能拼凑为智能运维平台汇聚与存储层的一部分功能。

14.1.3 分析与可视化

1. 分析维度

数据在分析时，对数据维度的覆盖度要求极高，至少要求以下维度的覆盖度足够，数据分析才能发挥其作用，即时间维度、地域维度、系统级维度、应用级维度等。

- 时间维度：时间维度的提高有助于指标时间周期性和预测的准确度，没有足够的时间跨度将因损失周期性而降低数据价值。
- 地域维度：从业务角度讲，大规模复杂系统，网络层面的故障往往会造成区域性的影响，如 CDN 的故障影响、骨干网络质量的影响以及区域性网络质量的影响。通过分布式主动网络监测和真实用户体验的监测手段，可以在刚开始影响用户时就及时地感知到隐患的直接影响范围，从而降低故障影响时间。
- 系统级维度：业务系统的软硬件规模日趋庞大，而软硬件的组合和调用关系也更加复杂，大规模复杂系统一旦发生故障往往是以点带面的影响。同时随着子业务的变更频率增大，相关联上下游的业务系统的性能和稳定性也会受到严峻的挑战。在复杂系统中，因为某个或某些子系统的突变事件，往往形成多米诺骨牌式的连锁效应，而采集的数据如果拥有完善的系统级维度，将为隐患和故障的发现定位和预测带来便利。

- 应用级维度：一旦应用系统发生隐患或故障，除去因物理和网络因素导致外，服务端故障多因程序缺陷或数据库脚本使用不当而引起。在分析问题所需的数据中，出现程序运行缓慢或异常、错误发生时的代码执行栈、运行切片、数据库脚本调用详情、进程或线程锁等信息，都将为故障定位速度和预测结果带来直接影响。
- 数据间归属和关联标记维度：非监督算法得到的数据有时需要人工监督或半监督的方式来进行修正，而此时对数据分析工程师或业务人员的要求都会非常高，这只在小数据规模或简单业务场景中可行，当面临大规模的或复杂的业务场景时，是不可取的。假如数据产生时就具备某种天然的联系，则必然会为模型的训练、校验和修正带来事半功倍的效果。

2. 常用技术栈

可以用来进行运维数据分析的开源框架或平台非常丰富，以下列出一些常用栈。

- Hadoop。Hadoop 是一个开源的分布式计算框架，可以处理大规模的数据集。它包括两个核心组件：Hadoop Distributed File System（HDFS）和 MapReduce 计算框架。HDFS 将数据分布在不同的计算节点上，MapReduce 计算框架可以并行处理这些数据。Hadoop 可以处理 PB 级别的数据，适用于大规模的数据分析和处理。
- Spark。Spark 是一个快速的、通用的、分布式计算系统，可以处理大规模的数据集。Spark 可以与 Hadoop 集成，也可以独立使用。它比 Hadoop 更快、更灵活，适用于实时数据分析和处理。
- Druid。Druid 是一个开源的分布式列存储数据库，可以实时查询和可视化大规模的数据集。它支持多种数据源，包括 Hadoop、Kafka、Elasticsearch 等。Druid 可以提供实时的数据查询和可视化功能，适用于实时数据分析、数据探索等场景。
- Flink。Flink 是一个开源流处理框架，可处理实时数据流和批量数据。它提供了高性能、低延迟、可伸缩的数据处理能力，支持多种数据源，包括 Kafka、Hadoop、Cassandra 等。Flink 可以提供实时的数据处理和可视化功能，适用于实时数据分析、数据探索等场景。

以上列出的 4 个常见栈各有优劣势，表 14-1 仅列出一些关键点。

表 14-1 4 种技术栈优劣势对比

技术栈	优势	劣势
Hadoop	1）社区成熟，应用场景广泛 2）分布式存储和计算，处理海量数据 3）支持 MapReduce 编程模型 4）可以与多种数据存储和处理工具集成	1）计算速度相对较慢，无法满足实时性要求 2）编程模型相对复杂，需要掌握 Java 编程语言和 MapReduce 编程模型 3）数据存储和处理需要一定的硬件资源和维护成本
Spark	1）内存计算框架，处理速度快 2）支持多种编程语言，容易上手 3）提供了丰富的 API 和库 4）可以与多种数据存储和处理工具集成	1）内存计算需要大量的内存资源，处理大数据时需要高性能的硬件支持 2）实时性相对较差，无法满足对实时数据的处理需求
Druid	1）高性能的实时数据分析系统 2）列式存储，查询速度快 3）支持实时数据录入和查询 4）提供了可视化的查询界面和 API	1）实时性相对较好，但处理大数据时性能不如 Hadoop 和 Spark 2）需要一定的硬件资源和维护成本 3）尤其注意其纬度爆炸问题，上手成本高
Flink	1）实时流处理和批处理框架，实时性和批处理性能好 2）支持多种编程语言，容易上手 3）提供了丰富的 API 和库 4）可以与多种数据存储和处理工具集成	1）内存计算需要大量的内存资源，处理大数据时需要高性能的硬件支持 2）编程模型相对较复杂，需要掌握 Java 编程语言和流处理模型 3）部署和维护相对较复杂

14.1.4 数据应用和算法体系

数据应用和算法体系的建设是至关重要的一个环节。在运维大数据资源的基础上，赋予智能运维的能力，包括动态基线、异常检测、原因分析、智能合并、智能故障预测、知识工程等。一个智能分析平台在产出算法方面需要满足跨平台，多样化的客户现场环境、最小单元化部署到大规模集群式部署等要求。

数据应用和算法体系建设方面，应从三个角度来考虑智能运维的实现思路。

- 感知：如异常检测、趋势预测、问题定位、智能告警。
- 决策：如弹性扩缩容策略、告警策略。

- 执行：如扩缩容执行、资源调度执行。

智能分析系统将感知、决策、执行三个角度落地到智能运维解决方案中。形成发现问题、产生告警事件、算法模式定位问题、根据分析结果解决问题的闭环。

- 发现问题：通过异常检测、动态基线、故障预测、指标预测，自动发现时间序列数据中的异常波动，提高复杂环境的检测能力，有效发现故障和风险。
- 告警事件：通过告警抑制、统一告警管理，实现告警风暴的有效抑制和告警消息的统一管控，有效减少海量告警对运维人员的干扰，提升问题解决效率。
- 定位问题：通过原因分析、关联分析、智能分析，实现对海量监控数据与历史数据的关联分析，利用决策推导与权重分析方法快速定位问题原因。
- 解决问题：基于知识图谱技术建立庞大的运维知识库，通过问题事件的关联推荐，把解决方法与经验推送给用户，实现快速解决故障的知识支撑。

算法体系平台的构建首先是要满足算法工程师的日常工作需要。通常一个算法工程师的日常工作主要是模型构建、模型优化，这两者之间没有本质区别，可以细化为以下流程。

- 算法工程师根据自己设定的检索条件获取数据，并组装训练、测试和验证数据集。
- 算法工程师根据模型的需要对数据进行预处理。
- 算法工程师对于模型设定合适的超参数。
- 利用 GPU/CPU 资源进行模型训练，查看模型的收敛效果。
- 根据模型收敛情况和模型精度等指标判断模型优化是否成功。
- 根据模型优化结果决定模型是否发布上线，如果达到上线指标，模型发布生产环境，正式上线，否则回到开始步骤。

智能分析平台应具备以下功能或模块。

- 交互式建模功能：该功能支持用户在平台上交互式地进行模型的开发调试，通过简单的方法配置完成模型的构建。
- 算法库：可以在算法库中找到常见常用算法直接使用，算法按照用途分类，以供用户方便地使用，如指标分析类，容量预测类。

- 样本库：样本库用于管理用户的样本数据，供用户建模时使用，支持样本的增删改查等基本操作。
- 数据准备：该功能支持用户对数据进行相关的预处理操作，包括关联、合并、分支路由、过滤等。
- 可扩展的底层框架支持：平台本身要能够灵活地支持和兼容多种算法框架引擎，如 Spark、TensorFlow 等，以满足不同的场景以及用户的需求。
- 数据分析探索：让用户能够方便快捷地了解认识数据，用户只有基于对数据充分的认识与理解，才能很好地完成模型的构建。
- 模型评估：对模型的效果进行评估的功能，用户需要依据评估的结论对模型进行调整。
- 参数以及算法搜索：自动快速帮助用户搜索和选择算法参数，对比不同算法，辅助用户建模。
- 场景模型：针对特定场景沉淀的解决方案，都是通用常见的，用户可以借鉴参考相关的解决方案以快速地解决实际问题。
- 实验报告：模型除了部署运行，相关挖掘出来的结论也要能够形成报告，以供用户导出或动态发布使用。
- 模型的版本管理：模型可能有多个不同版本，线上运行的模型实例可能分属各个不同版本，版本管理支持模型不同版本构建发布以及模型实例版本切换升级等。
- 模型部署应用：模型构建完成后需要发布应用，模型部署应用功能支持模型的实例化，以及相关计算任务的运行调度管理。

14.2 挑战和应对

14.2.1 跨网采集和传输

在上文中提到，在平台建设时对数据采集层提出了各种技术要求，怎么应对呢？在建设采集层时要构建以下关键能力。

- 多数据源、海量数据的快速接入能力。系统能够同时连接多个数据源，以及快速地将海量的数据导入到系统中。这种能力可以让组织在处理数据时更加高效和灵活。通过多数据源的连接，可以从不同的数据来源中获取数据，包括数据库、文件、API 等，从而拓宽数据来源的范围。同时，快速接入海量数据的能力可以更快地处理大量数据，提高数据分析的速度和准确性。

- 元数据提取和管理能力。元数据是描述数据的数据，包括数据的类型、格式、长度、来源、作者、时间戳等信息，是数据管理和分析的基础。元数据提取和管理能力有助于快速准确地识别和理解数据，提高数据管理和分析效率。此外还可以帮助对数据进行分类、归档和检索，提高数据的可用性和可重用性。
- 极其简易的、高性能的数据清洗转换能力。高效地处理大量数据，能够快速地清理数据中的错误和重复内容，并将数据转换为不同的格式，使其更易于分析和使用。这对性能要求非常高，需要在短时间内处理大量数据，提高工作效率。同时，它的操作要求非常简单，即使没有编程经验的用户也能轻松上手使用。
- 可根据数据字典或特征算法对数据进行关键字识别、模式识别的标记能力。数据字典是一个包含数据元素和它们的属性的文档，有助于识别数据中的关键字。特征算法则是通过识别数据的某些特征来识别模式。这些算法可以用于自然语言处理、图像识别、声音识别等各种场景下。这种标记能力可以帮助人们更快地识别和理解数据，提高工作效率和准确性。
- 自动的或自助的，对敏感数据进行脱敏或加密处理能力。系统要能够自动地或用户能够自主地对敏感数据进行脱敏或加密处理，以保护数据的安全性和隐私性。这种能力可以在数据输入、存储、传输等多个环节实现，通过采用不同的加密算法和技术，确保敏感数据的保密性，避免数据泄露、被篡改或被窃取等风险。同时该能力能够提高系统的可靠性和安全性，为用户提供更加安全和可信赖的服务。
- 数据存储要高压缩比、能够不占用过多内存。在尽可能小的存储空间内存储尽可能多的数据。同时，数据存储还需要在不进行应用时最好能够不占用过多的内存，即在内存使用方面要尽可能节约。这样可以提高数据存储的效率和灵活性，减少存储成本和资源浪费。因此，数据存储的设计需要兼顾压缩比和内存占用两方面的需求。

14.2.2　数据泥沼和自助建模

在设计汇聚存储层的建设方案时，需要避开以下困境。

- 数据泥沼：缺乏质量检查和跟踪措施，一味地将数据接入以及大而全的发掘规划，越来越多的数据接入平台，组织形式、质量标准、有效性检查、管控和审计缺失或非常弱，导致不可治理和变更，脱离了业务规则，而变得很难建立分析模型。
- 无法自助建模：没有便捷易用的自助分析建模工具，无法直接对数据进行分析。一般地，由大数据开发工程师经过开发清理整理得到一部分符合某种规则的数据集，并以此数据集交付给下一个环节的开发工程师进行利用。这限制了更广泛的业务应用，几乎每一项工作都基本从头开始，难以快速地适应新需求或已有需求的变化。从纯技术的角度看，跨源、跨表的多维度可视化建模成了一个必备特性。
- 无法执行权限管控：普遍的想法是任何人或应用，可以得到任意数据。这会带来无穷大的数据安全管理问题。任何一家组织对自己的数据有着天然的保护本能，原始的交易明细、应用运行日志，甚至运行环境状态信息等，都具备一定的业务属性，它将天然的存在职能和权限范围，不能对数据进行权限分级的划分，对于平台自身的存在价值，最终将是致命的。

很明显的，在实践落地时，要由一组大数据业务专家 / 架构师，明确地为汇聚与存储层设计一系列的能力项，这些能力项不仅要能够满足“数据湖”的诸多特征、避开三个困境，还要求经过相当工作量的开发以具备便捷的开发和实施友好性，以充分地降低数据接入与抽取清洗的成本。

怎么应对呢？在建设分析建模层时要做好以下关键能力的考虑。

- 对数据质量检验并对质量标准进行归一化处置的能力。数据质量检验是指对数据进行评估，确保其准确、完整、一致和可靠。对质量标准进行归一化处置的能力是指在数据质量检验的基础上，统一制定数据质量标准并采取相应的措施，以达到数据质量的一致性和准确性。这种能力需要具备对数据质量的敏感性和专业知识，能够针对不同类型的数据进行质量评估和修复，保证数据的可靠性和可用性，为数据应用和决策提供可信的支持。
- 数据可依据某种纬度或特征进行所属和应用权限控制的能力。这种能力可以通过对数据进行分类、标记或分组来实现，以确保只有授权的用户才能访问和使用特定的数据。例如，可以将数据按照部门、职位、权限等纬度进行分类，然后为每个用户分配相应的访问权限，以保障数据的安全性和保密性。这种能力可以有效地管理和控制数据的访问和使用，避免数据泄露和非法使用，提高数据的可靠性和可信度，为组织的决策和业务提供有力的支持。同时，数据可依据某种维度或特征进行所属和应用权限控制的能力也是现代数据管理和处理的重要标志，对于保障信息安全和数据隐私具有重要作用。

- 自动的或自助的，数据建模探索能力。这种能力可以帮助组织和个人更好地理解数据，快速发现数据中的问题和机会，并通过相关的决策和行动提高运维绩效和效益。自动化数据建模探索工具可以减少运维数据分析时的工作量，提高数据分析效率和精度，同时也可以使非专业人士更容易地进行数据分析和建模。自助式数据建模探索工具则可以让用户根据需求自行选择数据源和建模方法，灵活地进行数据分析和建模，从而解决数据非预知规则外的探索性分析难题。
- 对已建立的搜索、过滤、关联、探索模型，友好地进行数据输出能力。这指的是能够方便地将这些模型所输出的数据进行整理、导出、共享等操作，这些操作不仅仅应该限制在技术人员手中，而应该让所有用户都能够轻松地使用。友好的数据输出能力应该包括以下两个方面：首先是数据格式的灵活性，能够支持多源数据格式的输出，比如 CSV、Excel、JSON 等；其次输出数据的可定制性也很重要，能够让用户自由选择输出哪些数据，以及数据的排序、过滤等操作。友好的数据输出能力对于用户来说非常重要，它能够帮助用户更好地利用搜索、过滤、关联、探索模型所输出的数据，从而更好地满足他们的需求。同时，它也能够提高数据的可用性和可重复性，让更多的人能够轻松地使用这些数据。
- 对外提供高效、敏捷数据服务的能力。通过 API 接口，向外部提供快速、准确、可靠的数据服务。这种能力需要具备高效的数据处理能力、敏捷的 API 开发能力和可定制化的 API 自定义能力。通过自定义 API，用户可以根据需求，灵活地选择需要的数据元素和数据来源，实现个性化的数据服务和精准的数据分析。API 的自定义能力也可以提高数据的安全性和可控性，保护数据的隐私和安全。这种能力的实现需要依托于技术平台，以确保数据服务的稳定性和可靠性。

14.2.3　算法工程融合

在智能运维平台落地的实践中，算法和数据的工程融合，第一步是数据的采集和汇聚，在本书前续章节中已充分阐述了重要性与关键技术点，在本章节中不再冗述。通过前续的关键技术，我们已经获得了质量标准归一化的、经过了提取和转换的、时间 / 空间 / 业务纬度标记清楚的数据，需要补充的是数据的预处理相关的核心要点。

在数据挖掘中，海量的原始数据中存在大量不完整（有缺失值），不一致、有异常的数据，严重影响到数据挖掘建模的执行效率，甚至可能导致挖掘结果的偏差。数据预处理可以有效地提高数据自身的质量。数据预处理的目的是，预处理数据，提高数据质量，从而提高挖掘结果的质量。例如对数值型字段或指标类数据基于滑动时间窗口进行聚合统计计算，如取 1 分钟 CPU 平均值。数据预处理的方法包括了我们前续章节阐述的数据清洗、数据集成和转换，以及数据归约。

需要注意的是，各种方法所处理的核心问题：

- 数据清洗：主要是删除原始数据中的无关数据、重复数据，平滑噪声数据，处理缺失值、异常值等。
- 数据集成：数据往往分布在不同的数据中，数据集成就是将多个数据源合并存放在一个一致的数据存储中的过程。
- 数据变换：主要是对数据进行规范化处理，将数据转换成“适当的”形式，以适应数据挖掘任务及算法的需求。
- 数据规约：在大数据集上进行复杂的数据分析和挖掘需要很长的时间，数据规约产生更小但保持原数据完整性的新数据集。

通过数据预处理，期望得到的结果包括：数据清洗可以去掉数据中的噪声，纠正不一致。数据集成将数据由多个源合并成一致的数据存储，如数据仓储或数据立方。数据变换（如规范化）也可以使用，例如规范化可以改进涉及距离度量的挖掘算法的精度和有效性。数据规约可以通过聚集、删除冗余特征或聚类等方法来压缩数据。这些数据处理技术在数据挖掘之前使用，可以大大提高数据挖掘模式的质量，降低实际挖掘所需要的时间。

需要注意，有些算法对异常值非常敏感。任何依赖均值 / 方差的算法都对离群值敏感，因为这些统计量受极值的影响极大。此外，一些算法对离群点具有更强的鲁棒性。数据分析中的描述性统计部分当我们面对大量信息的时候，经常会出现数据越多，事实越模糊的情况，因此我们需要对数据进行简化，描述统计学就是用几个关键的数字来描述数据集的整体情况。

在智能运维算法分析系统中，不同算法对应不同场景，需要根据数据特征模式来选择合适的算法应用。需要注意的是，以开箱即用的方式，采用某种标准的机器学习算法直接应用，通常并不可行。

如指标异常算法的应用，基线算法适用于周期稳定性数据；频域分析算法（小波分析），可适用于周期不稳定数据；自动阈值算法，适用于稳定性数据；动态基线算法，可适用于单指标基线拟合、检测及预测。在实际落地时，粗放地直接使用某种算法来应用于指标异常，而不考虑业务特征明显是不可行的。需要考虑该组业务指标间的关联性，如果有应用或系统间的调用链或调用拓扑供参考，这是最好不过的，无论是同步调用还是异步调用，要找到可单向传播故障的性能指标，例如响应时间或错误率，于是当链或拓扑中的指标异常时，可以利用原因分析快速地找到可能影响该 KPI 的节点指标概率。如果没有调用链或拓扑，则需要先根据已知可能的业务相关性，进行曲线波动关联、回归分析等算法，获得极限阈值尝试得到因果匹配，通过一系列的事件归集得到相关性，再对每一次反馈进行适应，尝试自动地匹配更为准确的算法和参数，才可能达到期望的异常检测目标。

智能运维的工程化过程，是一个算法算力与数据相结合、平台自身与业务系统反馈相结合的过程。在与业务场景结合的前提下，灵活的算力组织、高效的数据同步、可插拔的服务化、模型应用过程中的高精度与高速度，是智能运维工程化本身的核心诉求。

14.3　技术与工具小结

数字化运维在技术落地的过程中，坎坷沟壑非常之多，这是实践得到的现实情况。它对数据平台搭建、数据采集与传输、数据汇聚、存储与建模、数据计算、AI 体系化、场景与工程融合等方面提出了更为严峻的要求，也提出了更为专业的、更高质量标准的运维数据库的需求，这需要一个强有力的分析、架构和开发团队支撑，其实践落地也必将为整个组织带来极大的生产力提高。

第 15 章 CHAPTER 15

数字化运维典型场景的技术挑战及方案实践

编者按：建设智能运维系统“这盘菜”，需要结合运维场景的各种功能与非功能要求构建合适的落地方案，此时软件实现技术更多、更像做菜的原材料，菜谱以及厨师才是“美味”的关键。

本文提到的所谓运维技术，并不是单纯的软件实现技术，而是考虑在实际的运维场景边界条件下，如何构建技术实现框架。综合使用各类软件研发技术栈，如大数据、大模型、人工智能、可视化、自动化等，而提出的可落实的解决方案。这些解决方案具有特别的针对性，能够很好地解决在运维系统研发过程中遇到的各种难点与挑战。构建运维系统所涉及的场景有很多，包括海量运维数据的高性能的统一采集、构建面向运维使用的“千人千面”、大规模数据处理的一致性保障、面向多数据中心异地多活的运维系统、如何保障海量告警的时效性（秒级告警）以及基于大模型实现运维知识的精准、可信问答等，本章选取了几个较为典型的场景供读者参考。

15.1 分布式海量运维数据的统一采集挑战与方案

在运维领域，分布式海量运维数据的统一采集是一个重要且具有挑战性的任务。随着云原生时代的来临，随着软件部署规模的不断扩大和复杂度的增加，采集主要存在两大现实问题：

（1）有“采”无“控” 在大规模环境下，用户的各类设备数量往往可能超过万台，以往使用多种采集（监控）工具，实现零散的采集需求。但是从整体缺失统一的标准手段与管控，导致采集器人工安装部署人力和时间成本耗费巨大、导致问题定位和解决困难，不适用于大规模 IT 架构运维。

（2）有“采”但“不强”　原有的各类采集手段存在多种问题，比如缺乏保护机制来保障业务的稳定运行，没有对采集工具的运行状态（包括产生的资源开销或带来的潜在影响，如主机故障导致业务中断、负载不均导致单机节点过热等问题）进行监控。

要解决以上运维数据采控竖井式问题，需要建设统一的采控平台、研发功能强大的数据采集器（OmniAgent）。提供一站式各类采集任务的配置与自动化部署功能，支持针对各类日志、IT 基础设备等数据进行采集、清洗、转换、发送、监控和告警等操作，同时也对采集任务及行为进行统一规范的调度和管控，避免不规范操作导致宕机等异常情况的发生，全面保障业务正常运行。统一采控平台的典型架构如图 15-1 所示。

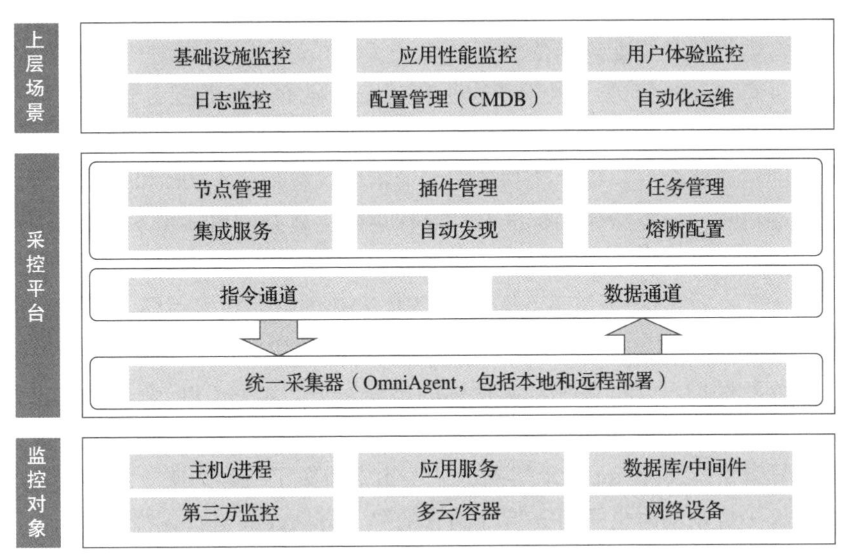

图 15-1　统一采控平台典型架构

OmniAgent 只需在目标主机上“安装部署一次”，就支持在采控平台实现各种采集能力的扩展，而不需要再登录到目标主机上做任何操作。采控平台的采集能力支持以 Agent 和采集模板方式扩展，OmniAgent 提供了第三方 Agent 集成规范，只需要做少量调整，就可以实现将第三方 Agent 纳管到采控平台。

（1）如何实现统一管控　对于统一采控平台而言，提供统一的管控“大脑”，对所有 Agent 和采集任务进行集中管控，收集各 Agent 状态，并统一反馈到采控平台的管理控制台上，方便运维人员在管理控制台端下发安装、卸载、升级、启停、更改配置等运维指令，需要的能力项可以细化为以下几种。

- 安装部署：只需要在目标主机上安装一次，就可以轻松实现全栈监控。全栈监控对象覆盖主机，数据库 / 中间件，应用服务，第三方监控系统，云，容器 /K8S 等；全栈数据覆盖日志，指标，调用链，事件，属性数据等。
- 主机批处理：针对大规模及超大规模的数据中心服务器众多的情况，支持大并发主机（千台以上）处理量，包括批量安装插件，批量升级、卸载、重启 Agent 以及批量删除离线主机等操作。
- 插件批处理：管控所有插件全生命周期，包含插件的批处理式上传，安装，卸载，启停，升级等操作，并支持以极少资源纳管更多（万级）节点。
- 集群操作：对 Proxy 主机组建集群，集群内的 Proxy 主机自动组建高可用集群，当单 Proxy 主机故障时，根据集群内其他 Proxy 负载情况自动将任务分配到其他节点。
- 采集 Agent 管理：对部署的所有 Agent 版本进行管控，包括批量上传安装解析安装包，查看性能测试报告等。
- 网络通路合一：指令流和数据流通信协议统一，Agent 和采控平台通信端口统一，支持使用标准 HTTP 代理解决复杂网络环境下的跨网问题。

（2）如何实现统一采集的能力提升　统一数据采集 OmniAgent 是实现在大规模分布式 IT 架构环境下海量异构数据采集的唯一技术手段，其非功能能力对于采集任务的达成至关重要，主要可以体现在如下几个方面。

- 熔断保护：支持多种资源指标的熔断保护，包括 CPU 使用率，内存使用率，磁盘使用率，网络连接数，文件句柄数等。如果发生资源消耗异常情况，Agent 主动熔断，从根本上避免了对客户服务的影响。熔断保护机制同时也需要支持与纳管的第三方 Agent 进行无缝集成。
- 安装保障：明确统一各业务插件在安装、卸载以及运行时的文件变更操作物理活动范围，保留安装、卸载日志，提供文件变更审计，同时需要以非 root 用户运行，root 用户仅在安装和卸载时使用。
- 可扩展性：通过 OneAgent 底座和业务插件的无耦合特性，约定集成规范，以低代码方式降低插件集成门槛，使得组织内外部插件均能较易进行集成。内置网络远程通信端口数据业务分类 (配置流，数据流，文件流)，便于数据统一规划拓展。

- 稳健性：在非网络问题引起 Agent 不能正常工作情况下，尽可能保障程序基本功能能正常工作。如要保障心跳和基本主机信息采集正常工作。各 Agent 插件程序应该通过破坏性、异常测试以确保对业务主机资源开销的低影响。
- 易用性：部署零手动配置、一键运行以及配置变更等均可由用户交互界面完成；可灵活地改变数据采集能力，即各业务插件可按需重新组合；通过内置插件实现软负载以及代理，更加匹配大体量数据采集的应用场景。

通过实施统一采控平台与统一数据采集器，不断构建面向大规模 IT 架构下海量数据采集能力，在实际工程应用的高负载情况下，采控能够实现至少 2160 小时持续高吞吐量稳定运行，采集任务不中断且支持断点续采。实时性指标能够达到几乎 0 延迟、秒级数据回传到服务器、最高传输数据 4 亿条 /min、数据传输 950Mbit/s 以上。

15.2　海量运维数据的处理一致性保障实践

随着信息技术的迅速发展，企业和组织在运维领域产生了大量的数据，运维数据的规模也随着企业的发展其规模和复杂性不断增加。海量的运维数据在采集、处理、消费的过程中可能会面临数据不一致的问题，这可能会使监控系统出现错误的结果，导致监控指标的错误，产生误告警、无法正常进行故障排查分析等，这些问题将严重影响监控系统的正常使用，因此，保障运维数据的一致性是运维监控系统建设中一个关键的技术挑战。

15.2.1　数据一致性关注时效和完整性

运维数据的不一致实际上属于数据质量的范畴，但由于运维类场景的特点，应重点关注数据的时效性和完整性两个方面。

首先，时效性是指数据能否及时地被采集、处理、存储和应用。在运维领域，时效性的重要性体现在实时监控和快速响应上。例如，监控系统需要能够及时地采集到各个节点的性能指标和状态信息，并在发现异常时立即触发告警通知运维人员进行处理。此外，日志数据的时效性也至关重要，及时采集和分析日志数据有助于快速定位和解决系统故障。

其次，完整性是指数据在采集、处理、存储等环节或在系统故障发生时能否保证不丢失。在运维领域，完整性的重要性主要体现在数据的可靠性和可恢复性上。例如，监控数据的完整性意味着所有节点的监控数据都能够被准确地采集到，并且不会因为网络故障或系统故障而丢失。此外，日志数据的完整性也很重要，确保所有关键的日志信息都能够被完整地记录和保存，以便后续的故障排查和审计分析。

因此，针对运维数据的不一致性，重点应该是确保数据的时效性和完整性。这需要在数据采集、处理、存储和应用的每个环节都设计相应的机制和策略，以保障数据能够及时地被采集、处理、存储和应用，并且在出现系统故障时能够保证数据不丢失。只有这样才能够有效地提高系统的稳定性和可靠性，确保业务的正常运行。

15.2.2 数据一致性的保障方案及实践

针对完整性和时效性的问题，在运维系统的设计中需要采用一系列策略和机制来确保数据的准确性和可靠性。

1. 关于数据丢失

在数据采集的环节，需建设并使用统一采集器，以保证采集方法的一致，对采集器进行守护进程、熔断限流保护和重试机制等设计，如图 15-2 所示。这些措施可以确保采集器能够持续运行，并在采集过程中遇到异常或错误时能够及时处理和恢复，从而保障数据在采集和上报环节的时效性及一致性。在采集端采用守护进程这种机制能够在低资源消耗下达到保障采集任务运行保护的目的。

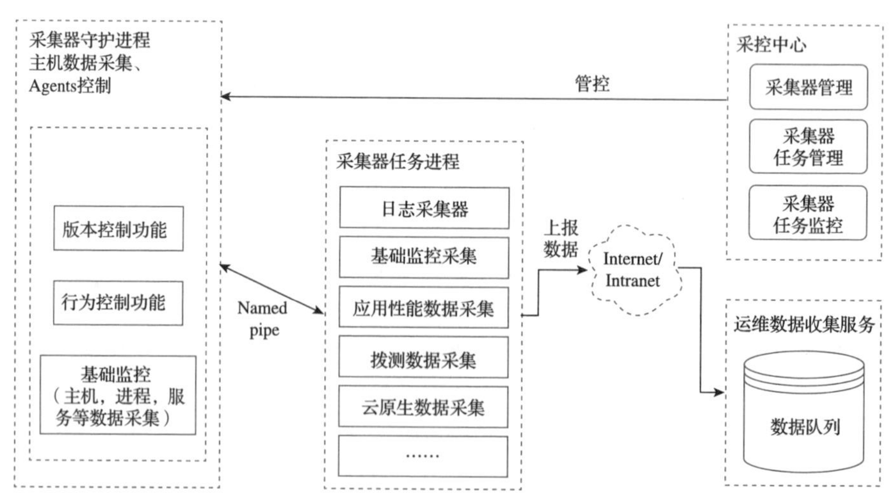

图 15-2 数据采集以及采集器的守护进程机制

在数据传输和处理的环节，引入 Kafka 作为数据队列，其极强的吞吐能力够非常好地应对在业务高峰期产生的大量运维数据的缓冲，起到削峰填谷的作用，同时也是利用其高效的消息传递机制和一致性能力来保证数据的一致性。Kafka 可以确保消息按照顺序被传递和处理，同时也提供了消息的持久化存储，保证数据不会丢失。主要用到的 Kafka 的副本、ACK 确认、Offset Commit 三种措施来进行保障，其中副本机制是用在数据收集之后因为主机、磁盘等故障引起的不一致性问题保障；ACK 主要是用在采集器上报数据至数据收集服务这个环节，通过 ACK 的确认机制，能够确保数据到达关安全落地 Offset Commit 则是在数据处理和存储阶段的保障，确保数据被正确处理后才能进行事务提交，以确保数据的不丢失。关于 Kafka 的这三种能力网络上有大量的介绍就不再进行赘述。

在数据存储的环节，由于数据是分布式的，需要考虑到写入失败和数据库集群整体不可用的情况。因此，引入写入重试机制和 WAL（Write-Ahead Logging）技术。重试机制可以在数据写入失败时进行自动重试，确保数据成功写入，而 WAL 技术则可以在数据库故障或崩溃时，通过日志记录和恢复机制来保证数据的安全性和完整性，它是写入重度机制失败之后的一个额外的保障。

此外，针对关键数据，还需要通过 Kafka 的 Partition 和 Offset 的唯一性，通过与记录在数据库的值进行数据一致性的判断，并通过此原理实现了数据的补偿机制。当出现不可预知的复杂情况导致数据不一致时，可以通过这种机制进行检查和比对来发现问题，并通过补数据的方式进行修复，从而保证数据的一致性和完整性。这个设计尽管会使数据存储时增加了一些元数据的存储，但它对于关键的数据来说，在一致性方面确实起到了检查和修复的依据，可以在设计时，根据业务需要进行参考采纳。

2. 关于数据延迟

对监控系统来说，保障运维数据的低延迟是至关重要的，而实现低延迟又离不开采集、处理、存储、应用等环节的优化和协同。

在采集端，需要选择性能优越的采集工具和技术，以实现更高频率的数据和指标采集。同时，采用诸如 LZ4、ZSTD 等高性能的压缩算法，可以提升数据传输的效率，减少网络传输延迟，从而实现数据的快速传输。

在数据收集环节，采用类似 Kafka 这样高性能、高吞吐量的数据队列是一个不错的选择。Kafka 能够有效地缓冲和处理大量的数据流，确保数据在传输过程中不丢失，并能够提供较低的传输延迟。

在数据处理和存储环节，需要根据实际数据量进行性能相关的压力测试，从而选择合适的技术方案。例如，针对大规模数据处理和存储需求，Flink 和 Clickhouse 等技术是非常适合的选择。根据我们在多个生产环境下的实践结果，即使在运维数据达到每天 100TB 以上的规模时，系统仍然能够保持数据的最大延迟在 5 秒以内，而绝大多数运维数据能够在产生后 1 秒内就能够被系统查询或应用。

除了在系统设计阶段对性能进行保障外，对数据延迟进行监控也非常重要。为此，需要在采集到的运维数据上增加元数据，即数据在各个环节流转时，在数据上增加采集时间、处理时间、入库时间等关键信息，以便进行延迟监控和定位延迟原因。这些元数据的记录不仅能够帮助我们及时发现数据延迟问题，还能够为分析延迟原因提供关键信息，从而及时采取措施解决问题，保障数据的时效性和完整性。

综上所述，通过在运维系统设计中采用统一的采集器、Kafka 队列、写入重试机制、WAL 技术和元数据一致性判断等策略和机制，通过对各个环节进行优化和数据延迟的监控，可以有效保障数据的时效性，提高系统的稳定性和可靠性，为业务的正常运行提供有力支持。

15.3 面向多数据中心的运维系统构建实践

随着组织业务的快速发展和数字化转型的加速，越来越多的组织开始采用多数据中心的架构来提高系统的可用性、容错性和性能。在这种架构下，运维系统需要能够支持多数据中心的部署和管理，以满足业务的需求。同时，运维数据的规模也在不断增长，如何高效地采集、处理、存储和查询这些数据，成为运维系统面临的主要挑战。

15.3.1 异地多活场景下的运维平台需求场景

在面对异地多活的 IT 环境下，运维系统建设面临着诸多挑战。以某金融业务为例，采用了上海和北京的异地双活部署架构，两个机房分别承担 70% 和 30% 的流量，两机房之间通过专线连接。在这种场景下，运维平台的建设必须具备跨机房的高可用能力，尤其需要重点考虑如何进行运维监控。

由于异地环境下跨数据中心的带宽是有限的，而监控场景所涉及的数据量巨大，因此在部署运维监控系统时必须充分考虑地域间网络带宽和专线连接的因素。基于此，数据存储和处理应遵循就近原则，以降低数据在异地传输中所带来的成本、时延、可靠性和高可用性等问题。通过就近存储和处理数据，可以减少对网络带宽的依赖，降低数据传输延迟，确保监控数据的实时性和准确性。

运维监控系统在保证高可用性的同时，也需要兼顾方便落地和应用的透明性。即使数据存储和处理采用了就近原则，也需要确保监控系统的部署和管理对于运维人员来说是简单、直观且透明的。这意味着监控系统的架构和管理界面必须易于操作和理解，同时需要提供全面的监控指标和报警机制，以便及时发现并应对潜在问题。

综上所述，在构建异地多活的 IT 环境下的运维系统时，关键挑战在于如何实现跨机房的高可用性和就近化运维监控。通过合理规划和设计监控系统的架构，以及充分利用地域间的网络资源，可以有效解决这些挑战，保障金融业务的稳定运行和安全运营。

15.3.2　场景化方案细节思考

面向异地多活场景的方案需要从几个细节方向思考具体的落地，包括运维监控系统的架构设计、监控数据采集和传输、数据的处理和存储以及建立实时监控和告警机制。

（1）运维监控系统架构设计　需要考虑建立跨机房、高可用性的监控系统架构，采用主从 / 主备、集群等模式，保证即使一方数据中心发生故障，另一方仍能正常运行。在上海和北京两地的数据中心部署监控系统，保证就近化部署，并通过专线连接实现数据同步和备份，如图 15-3 所示。

考虑到系统设计中采用类似 Paxos 的一些算法，通常要求奇数个实例才能正常工作。在双机房架构中，为了满足这一要求，需要额外在两个数据中心之外找到一个仲裁节点进行第三个实例的部署。这个仲裁节点通常需要位于物理位置、供电网络和网络连接上都与两个数据中心相互独立的地方，以确保在发生网络分区或数据中心故障时，仲裁节点仍能够独立进行决策，维护系统的一致性和可用性。

设计监控系统的业务逻辑，统一管控跨机房的监控采集任务、数据处理和存储任务，确保监控系统的一致性和高效运行。

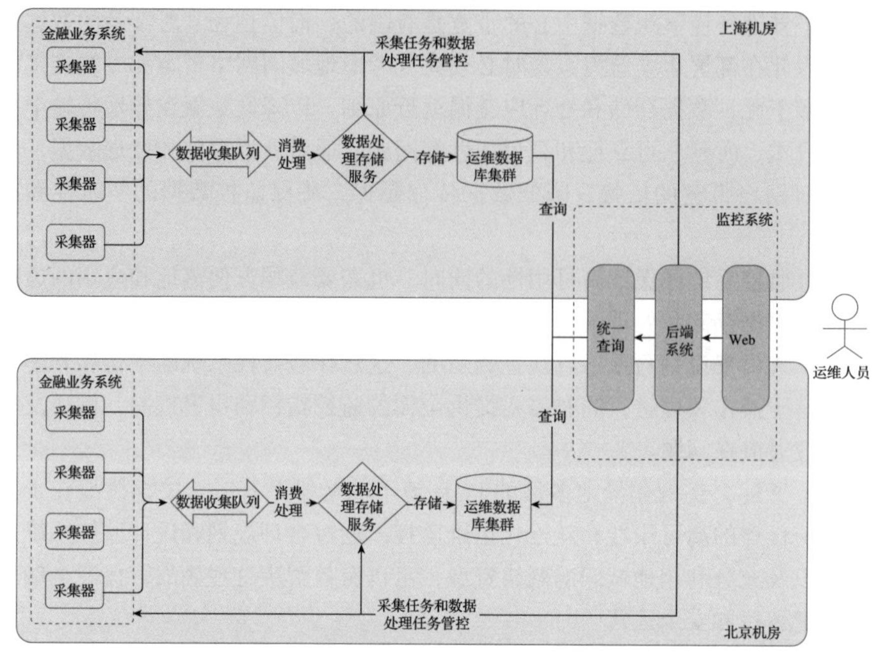

图 15-3 跨机房、高可用性的监控系统架构

（2）监控数据采集和传输　考虑利用轻量级的日志收集工具实时收集各数据中心的业务系统中的监控数据。将采集到的监控数据传输到当前机房的数据收集队列，以便后续的消费处理和存储。如果要考虑到数据中心大面积宕机的场景，采集器上报数据的目的地也可以在设计时能够做到动态切换在发生这种场景的问题时，能够将运维数据跨数据中心进行传输至其他机房。

（3）数据处理和存储　在每个数据中心部署独立的数据库实例，降低数据在异地传输中的成本和延迟。推荐使用 Elasticsearch、Clickhouse、Apache Doris 等分布式数据库，以获得较好的性能和相对低的存储成本。上述综合性的运维数据库除了海量的日志数据的存储外，也能兼顾时序数据的存储，但如果对时序数据有较高的存储需求，还可以引入专门的时序数据库用于时序数据的存储，可供参考的有 InfluxDB、OpenTSDB、VictoriaMetrics、TDengine、IotDB 等。数据中心的数据处理存储服务进行监控类数据的加工处理，并存储到当前机房的运维数据库中备查。另外有一些监控类指标的可能需要多个机房的数据进行合并才能计算，针对这种情况可在数据处理环节将数据同步到对方机房的数据收集队列来解决，或选择支持跨机房数据合并计算的数据库引擎也可以进一步简化架构。

（4）建立实时监控和告警机制　建立实时监控和告警机制，通过预设的阈值和规则及时发现异常情况，并发送告警通知。在数据消费和处理环节，如有业务需要，可考虑采用流式处理技术进行重要业务的实时监控，以提供更快速、更精确的监控指标和报警信息。同时要对监控系统构建可视化和报表分析，设计直观友好的监控系统界面，提供实时监控指标、报表分析和数据可视化功能，便于运维人员及时了解系统状态和性能指标。结合业务需求定期生成监控报表和分析结果，为业务决策提供支持和参考。

以上方案细节可以有效应对异地多活环境下的运维监控挑战，保障金融业务的稳定运行和安全运营。同时，不断优化和完善监控系统，提升系统的性能和可靠性是持续保障业务稳定运行的关键。

15.4　告警时效性保障技术的实现与思考

随着数字化转型深入，保障业务系统运行对于运维人员来说是一个巨大的挑战。告警系统可以及时发现系统中的异常情况并通知相关人员进行处理，从而保证系统的稳定性和可靠性。所以告警时效性对于业务系统的稳定可靠运维是极其关键的。

如某金融企业数据中心需要管理的设备约有 3000 多个，企业运维技术人员每天都要做多次完整巡检，每次巡检要花费 1 个小时以上。同时业务系统的故障发现不够及时，发现问题后的故障分析和定位依然需要依赖运维人员的经验和能力。再如某国企的业务应用采用微服务设计实现，以及容器模式进行部署运行。业务节点 4000 个，微服务节点 10000 个，日志量每天百亿条。微服务与容器的技术架构会导致应用的碎片化程度更高，分布式依赖关系更复杂，故障的快速发现与定位分析更加困难。这就要求信息系统能够稳定可靠、持续为企业业务提供支撑。

组织在运维工作中存在诸多难题，特别是对 IT 稳定运行要求极高，1 分钟发现、5 分钟定位、10 分钟处置已经是企业对运维工作的普遍要求。这其中时效性是其中非常关键的一个指标，告警的时效性更是保证系统高质量运行的前提，如何保证告警时效性是构建面向复杂 IT 架构的监控系统需要首先解决的问题。

要实现告警时效性，需要解决以下几个问题。

（1）支持异构数据监控　由于所观察的数据来自于不同的设备或服务，数据有着各种各样的差异，需要能够支持异构数据的系统与统一监控。

（2）高效快速发现问题　需要能够高效、快速地从大量数据中发现问题，尽可能保证时效性。

（3）降噪机制避免海量通知　在同时产生大量告警的情况下，需要有一定的降噪机制，避免海量通知。

（4）灵活的通知策略　需要能够根据告警信息灵活地决定如何发送通知，例如不同服务的告警发送给不同的人，或者不同严重度的告警使用不同的方式来通知。

告警时效性的保障方案要解决的核心问题是“时效性”，包括几个方面：数据采集时效性，告警判定的时效性，海量告警的抑制以及告警通知的时效性等。数据采集时效性可根据企业的 IT 基础设施和监控需求，选择如 Prometheus、Grafana、Zabbix、ELK 等异构监控系统，这些系统能够提供更全面的监控数据，帮助企业更好地了解 IT 基础设施。本书重点分析后续相关的几个问题。

要实现告警判定的时效性，首先需要解决“支持异构数据监控”和“高效快速发现问题”两个问题。

企业的指标和日志数据量与应用 / 服务的数量成正比，为了尽可能全面的监控服务运行状态，采集的指标数据和日志数据也可能达到 TB 级别，从各种多源异构监控系统中采集的告警数据，其数据结构也是千差万别。针对如此海量的异构数据，如何保证告警的准确性和及时性是一个巨大的挑战。

这里要做的第一个工作是解决数据规范化问题。基于服务端设计的数据存储模型，将采集到的数据做数据的 ETL，最终将清洗完成的数据入库，便于后续告警使用。

存储模型对于告警的及时性很重要，设计存储模型要基于数据特征，可以采用宽表存储或者分表存储，宽表存储可以避免联表查询。宽表存储适用于稠密数据、低基数属性、稳定模式、需要复杂查询等数据及应用特点。根据数据的不同特征，选择了宽表存储和分表存储相结合的方式。既保证了数据的查询的实时性，又保证了数据的查询的灵活性。

第二个需要考虑的问题是如何压缩数据存储，使数据尽可能少，为后续告警判定的实时性提供数据基础。最直接的方式就是使用查询性能好的存储数据库。告警一般是查询多修改少，而且是针对某些指标进行聚合操作，如求和、平均值、最大值和最小值等。需要对数据进行大量的聚合操作，那么列式存储模型可能是一个好选择。列式存储对稀疏数据的存储非常友好。因为在这种情况下，只有有值的单元格会被存储，可以节省存储空间。列式数据库可供选择的有很多，比如：Apache HBase，ClickHouse，Apache Druid 等。

关于如何在异构数据监控中高效快速发现问题，笔者总结了如下最佳实践，包括协同监控、缓存机制、规则管理以及定时查询等方法，可以有效地在异构数据监控中实现高效的告警时效性保证。

（1）多源异构数据协同监控　利用日志服务告警的能力为一个告警配置多条查询分析语句，分别查询得到不同的数据。然后将这些查询结果进行集合操作，如 Join、拼接、笛卡尔积等，以提高监控的准确性和效率。

（2）采用本地 + 内存的缓存机制　为保证监控数据的时效性，可以采用本地 + 内存的缓存机制，将最新的数据保存至内存，历史数据保存至本地磁盘。这样做可以避免延时数据对后续的影响，确保监控数据的实时性。

（3）智能监控的规则管理功能　在进行数据产出及实现监控前，需要确定调度任务的优先级。优先级越高的任务节点可以给予更加严格的数据及时性监控和告警规则。这有助于提高监控系统的灵活性和响应速度。

（4）定时执行配置的查询语句　根据告警的查询时间范围定时执行配置的查询语句，将查询结果作为告警条件的参数进行计算。如果计算结果为 true，则触发告警，从而保证了告警的时效性。

由于在定制执行查询语句时不可避免会产生大量的告警消息，告警消息量跟定时执行的频率和故障的指标数成正比。这就引发了另外一个问题：告警风暴，也就是本文要解决的第三个问题：降噪机制避免海量通知。告警系统中降噪机制的最佳实践主要包括以下几点：

（1）告警合并　通过监控系统或平台的告警合并功能，有效减少告警数量，减轻运维人员的负担。

（2）调整安全告警策略　通过攻击成功技术判定，仅关注真正重要的告警，以减少不必要的告警数量。

（3）智能降噪算法　基于用户反馈的自适应机器学习模型，利用文本相似度模型等技术，提高告警的准确性和降噪效果。

（4）基于规则降噪与智能降噪　根据生产实践，降噪方法大致有两种方法：基于规则降噪和智能降噪，前者通过配置明确的告警规则进行降噪，后者则通过 AI 算法实现降噪功能。

（5）提升告警精度　通过 NLP 算法和信息熵理论从大量历史告警事件中挖掘事件模式规律，为每一条事件打上信息熵值与噪音识别的标签，帮助用户快速识别噪音，提升告警精度。

告警判定动作完成后需要考虑如何将消息及时通知到处置人，这里涉及告警通知的时效性问题，可通过以下几个方面考虑。

（1）通知策略的灵活性　针对不同的告警级别可以设置不同的通知策略。例如对于高级别的告警，可以采用电话通知，而对于低级别的告警，则可以使用邮件和 IM 通知。同时，还支持不同时段、不同事件的发送策略，以及配置聚合窗口做告警聚合，减少通知打扰。

（2）分派升级策略和延迟通知策略　为避免告警的遗漏，可以设置分派升级策略。如果告警在指定时间内没有被认领或关闭，则会通知到第二责任人。此外对于高频但一定时间后会恢复的告警，可以设置延迟通知策略，如设置延迟时间为 10 分钟，在此时间内的告警不会通知，超出 10 分钟未关闭的告警会正常通知。

（3）告警通知模板的动态配置　支持配置不同的告警通知模板，自定义展示内容，提高通知的个性化和效率。

（4）告警升级机制　如果告警触发后长时间未响应且告警未恢复，应触发告警升级机制升级给管理者以保证告警闭环。

告警系统是一个复杂的系统，需要综合考虑实时性、准确性、多样性、可配置性和可扩展性等多个方面的需求。采用分布式架构、实时监测、智能识别、灵活配置和高可扩展性等技术，可以成功地解决了告警系统设计与实践中关于“时效性”的难点。

致　谢

最近看了一部电影叫《飞驰人生 2》，在影片结尾大篇幅展示演职人员名单的时候，我就在想，电影真的是一个系统性工程。从编剧、导演、演员、摄影师、剪辑师、场记、美术设计师、服装设计师、音效师等多个团队成员的合作，到影片的拍摄、剪辑以及后期制作等环节，都需要密切配合，每个人都发挥自己的专业能力，才能呈现出一部完整、精彩的作品给到广大观众。

完成一本书又何尝不是如此？本书每个章节的知识点以及知识点外延的很多知识，都是编委会成员所不能完全涉猎与掌握的，需要依靠我们的同事、领域的各位专家，是你们的真知灼见与行业实践为本书提供了丰富的营养，本书的很多观点也是站在你们的肩上才有了进一步的洞察。所以我代表编委会真诚感谢：云智慧咨询部的王弋、余文辉、褚佳琪、王祎、何浩辉与郭婧琳等，云智慧其他团队的张博、张鸿春、郑亮帆、应建敏、王旭、赖彩林、司冬雪、张磊、杨力波、刘宝成、王海虎、孟武帝、张峥、李月霞与周明军等，智能运维系列国标各位专家们、制造业信息技术服务相关国家标准的各位专家们……

本书的编委会想借此感谢为本书做推荐序的领导与专家，他们是清华大学软件学院院长王建民、华为云 SRE 运维使能中心总监林华鼎、云智慧创始人兼 CEO 殷晋、翰纬科技副总经理陈宏峰以及 ITIL 先锋论坛创始人长河，感谢大家拨冗垂阅，为本书奉献了精彩的推荐语，也感谢一直以来的关照，为本书提供了很多中肯的建议。

我也要感谢为本书付出大量精力的各位副主编、编委，也正是与各位一次次的秉烛夜谈与不断深度沟通，才让本书的成稿质量有了保障。因时间和篇幅所限，难免有所遗漏，如果你的名字没有出现在本致谢中，还请海涵。

再次感谢大家！

陆兴海

2024 年 2 月 28 日深夜　杭州